D1690277

PETRA PAULSEN

ZIVILCOURAGE
Frieden und Freiheit für alle

MSW
MACHT STEUERT WISSEN

Hinweis

Die Autorin erhebt keinen Anspruch auf Absolutheit für den Inhalt, da dieser lediglich ihre subjektive Betrachtungsweise wiedergibt.

Sie übernimmt keinerlei Haftung für Schäden, die durch falsche Schlussfolgerungen jeglicher Art entstehen könnten. Die in dem Buch weitergegebenen Informationen beruhen auf einer intensiven Recherche. Trotz dieser Bemühung können Fehler auftreten. Die Autorin schließt Haftungsansprüche jeglicher Art aus.

Die Autorin nutzt mit diesem Buch ihren Grundrechteschutz entsprechend Artikel 5 GG Absatz 1 Satz 1 und 2, sich frei zu äußern.

Alle Links in diesem Buch wurden zuletzt im September 2019 geprüft.

Sollten Sie, liebe Leserin und lieber Leser, Fehler entdecken, würden wir uns freuen, wenn Sie uns dies unter info@macht-steuert-wissen.de mitteilen, damit wir es in der nächsten Auflage beheben können.

Alle Rechte vorbehalten
© Macht-steuert-Wissen Verlag, Mühlenbecker Land, 2019

1. Auflage

ISBN: 978-3-945780-76-3

Weitere Informationen zum Buch finden Sie unter: www.macht-steuert-wissen.de
Coverlayout: Macht-steuert-Wissen Verlag
Coverfoto: Inga Sommer
Druck und Bindung: Finidr, s.r.o. Cesky Tesin

Besuchen Sie uns im Internet unter: www.macht-steuert-wissen.de

Bibliografische Informationen der Deutschen Nationalbibliothek
Die Deutsche Nationalbibliothek verzeichnet diese Publikation in der Deutschen Nationalbibliografie.

MSW – Macht steuert Wissen ist eine beim Deutschen Patent- und Markenamt eingetragene und geschützte Marke.

Dein Weg beginnt da,
wo Du aufhörst, anderen zu folgen."

Verfasser unbekannt

„Wie viel sie auch flattern und flunkern,
wie viel sie auch gaukeln und junkern,
doch siegt das ewige Recht."

Ernst Moritz Arndt,
deutscher Schriftsteller, Historiker, Freiheitskämpfer
und Abgeordneter der Frankfurter Nationalversammlung.
(1769–1860)

Allen Menschen, die freiheitsliebend sind,
sich des selbstständigen Denkens nicht berauben lassen
und im Rahmen ihrer Möglichkeiten die Welt
zu einem besseren, gerechteren
und zu einem friedlicheren Ort machen wollen.

Inhalt

Danksagungsvorwort 9
Einleitung 17

Im Reich der Verschwörungen 21
    Die Welt der WELT 21
    Geheime Machenschaften 24
    Zum Wohle der Menschheit 27
    Hamburg-Amerika-Connection 31
    Elitäre Clubs 36
    Geheimniskrämereien 40
    Die schlauen Jungs 46
    Unter den Augen der Eule 49
    Antidemokraten 54
    Geheimwaffen der CIA 58
    Gehirnwäsche 64

Zwischen gestern und heute 69
    Hamburger Nachkriegsjunge 69
    Ostpreußisches Flüchtlingsmädchen 72
    Unter deutschen Dächern 75
    Frieden in Armut 77
    An der Nadel 82
    Risiken und Nebenwirkungen 86
    Versorgungslage 89

Schadstoffalarm 92
Ahoi Mobilität 95
Bescheidene Verhältnisse 100
Militarisierung 103
Scheidungskinder 106
Verblödungs-TV 111
Kinderjahre 116
Gender-Wahn-Sinn 120
Geschichtsunterricht 124
Kriegsmachenschaften 130
Märchen und Sagen 134
Schweigen verboten 137
Politisch (in)korrekt 140
Geschäftsmodell Mensch 143
Big Brother und die Kohle 147
Mal gewinnt man, mal verliert man 152
Kinder, Kinder 154
Sicherheit geht vor 161
Immer auf die Kleinen 165
Solidarität 170
Öko-Ersatzreligion 175
Weltuntergangsstimmung 180
Heimat- und Nächstenliebe 186
Gottes schöne Natur 191
Ein Mensch wie jeder andere 196

Das Leben in historischen Zeiten 199
Nichts ist mehr so wie früher 199
Erinnerungen an den Herbst 2015 202
Der erste Schritt 206

Eine schwere Geburt 218
Brief an die Kanzlerin 222
Post aus Berlin 236
Einladung vom ZDF 242
Es ist geschafft 247
Hetz- und Stimmungsmache-TV 252
Hallo Schlafschafe 256
BAMF-Skandal 261
Schamesröte 265
Augen öffnen 275
Hallo Deutschland 282
Noch mal Post an Merkel 293
Lachnummer Bundeswehr 309
Von wegen Land der Dichter und Denker 316
Servus Kanzler Kurz 321
Innen wie außen 328
In Sachen Bildung 334

Die vielen Gesichter des Krieges 341

Globalisierungselite 341
Entgrenzung 345
Geld regiert die Welt 350
Der Teufel und das Weihwasser 354
Aufklärung ist das A und O 357

Schlusswort 361

Dank 367

Anhang 368

Anmerkungen 381

Danksagungsvorwort

Donnerstag, 4. April 2019, Claus Kleber im ZDF-heute-journal. Mit sehr ernster Miene verkündet er folgende Botschaft: *„Guten Abend! Zu Wasser und in der Luft sind heute Nacht amerikanische, deutsche und andere europäische Verbündete unterwegs nach Estland, um die russischen Verbände zurückzuschlagen, die sich dort ähnlich wie vor einigen Jahren auf der Krim festgesetzt haben."*[1] Diese Meldung ganz am Anfang der Sendung dürfte so manchem Zuschauer das Blut in den Adern gefrieren lassen haben. Sie wurde nach einer klitzekleinen Kunstpause von Kleber selbst, dem gefühlten ZDF-Urgestein mit 600.000 Euro Jahresgehalt und Mitglied der Atlantik-Brücke, als eine Vision, als eine fiktive Nachricht enttarnt.[23] Was aber sollte das? Sollte dies ein verspäteter, wenn auch verdammt schlechter Aprilscherz im öffentlich-rechtlichen Fernsehen sein oder Werbung für das 70-jährige Bestehen der NATO, dem einstigen Verteidigungsbündnis der USA und ihrer Vasallen? Sollten wir gar auf einen bevorstehenden Krieg mit Russland in naher Zukunft eingestimmt werden? Wie dem auch sei, eine Frage bleibt: Darf man sich solch rhetorischer, stilistischer und kriegstreiberischer Methoden im zwangsgebührenfinanzierten Fernsehen bedienen?

Seit dem Ende des Zweiten Weltkrieges leben wir in Deutschland schon mehr als 70 Jahre zumindest gefühlt in Friedenszeiten. Wir schreiben das Jahr 2019: Weltweite Terroranschläge, Attentate und Kriegseinsätze der NATO in jüngster Vergangenheit, die ohne UN-Mandate und unter dem Deckmantel eines humanitären Einsatzes geführt werden, nehmen wir mittlerweile kaum noch wahr. Allenfalls entlocken sie uns ein stummes, ratloses Achselzucken. Den wachsenden Antisemitismus in Europa verzeichnen wohl die meisten Menschen als Randnotiz. Was kann man als Einzelner schon dagegen tun?

Andererseits gehen Menschen in Deutschland gegen Fahrverbote, mordende Asylbewerber und Wohnungsnot auf die Straße, während weltweit von Hamburg bis nach Sidney, von Finnland bis nach Südafrika Hunderttausende Schüler freitags die Schule aufgrund von Klimawandeldemos schwänzen. Im benachbarten Frankreich wird mit äußerster Brutalität gegen die wochenlang stattfindenden Gelbwesten-Demonstrationen vorgegangen, die mancherorts sogar verboten werden, während am Montag in der Karwoche 2019 das Dach von Notre-Dame in Paris in Flammen aufgeht. Am Ostersonntag fallen – nach einigem Hin und Her bezüglich der Opferzahl – 253 Christen mehreren islamistischen Anschlägen in Sri Lanka zum Opfer. Einen Monat zuvor werden 50 Muslime Opfer eines rechtsextremen Einzeltäters in Neuseeland. Wiederum einen Monat früher erheben sich Teile des Volkes in Venezuela gegen den sozialistischen Präsidenten Maduro. Im Sommer gehen in Hongkong über eine Million Menschen gegen die befürchtete Aushöhlung des Rechtssystems durch China auf die Straße. So erfahren wir es zumindest aus den TV-Nachrichtensendungen und der Mainstreampresse.

Während wir in deutschen Medien über Zwangsenteignungen und sozialistische Planwirtschaft lesen, wird die deutsche Autoindustrie mit 200 km/h gegen die Wand gefahren. In postdemokratischen Zeiten von scheinbar gottgegebener Massenmigration, einer zunehmend infantilisierten sowie gespaltenen westlichen Gesellschaft mag so manch einem nur noch die Flucht ins Privatleben helfen. Wo ständig von Fake News, Verschwörungstheorien, Hassreden, Trump-Bashing nebst gleichzeitiger Putin-Dämonisierung sowie einer seitens Politik und Medien prophezeiten Klimakatastrophe apokalyptischen Ausmaßes insbesondere in Deutschland die Rede ist, möchte man sich an manchen Tagen nur noch die Bettdecke über den Kopf ziehen, um nichts mehr hören und sehen zu müssen. Leider bringt dies einen aber nicht wirklich weiter. In Untätigkeit und Lethargie zu verfallen und darauf zu warten, dass andere etwas tun und auf die Beine stellen, kann auf Dauer auch keine Lösung sein.

In turbulenten Zeiten wie diesen, wo mittlerweile die ganze Welt kopfzustehen, durchzudrehen und in Unordnung geraten zu sein scheint, möchte ich den Text ebenfalls auf den Kopf stellen. Ich werde mit dem beginnen, was normalerweise am Ende eines Buches steht: mit einer Danksagung in Form eines Vorwortes. Verrückt, oder? In so einer ver-rückten Welt – der Bindestrich an dieser Stelle wurde nicht etwa versehentlich gesetzt oder gar beim Lektorat übersehen –, in der wir mittlerweile leben, tut es einfach mal gut, nicht dem Mainstream zu folgen, und Dinge anders als gewöhnlich zu machen. Dies kann für einen selbst wie ein persönlicher Befreiungsschlag sein.

Daher beginne ich mein zweites Buch mit einer Danksagung an alle, die mit dazu beigetragen haben, dass das erste: „Deutschland außer Rand und Band – Zwischen Werteverfall, politischer (In)Correctness und illegaler Migration" binnen nicht einmal drei Wochen nach Veröffentlichung zu Beginn des Jahres 2018 auf der SPIEGEL-Bestsellerliste landete. Mit diesem Erfolg hatte ich niemals gerechnet. Natürlich hat mich dies glücklich und auch ein klein wenig stolz gemacht. Von Berufs wegen bin ich schließlich Lehrerin und eben nicht Schriftstellerin, Journalistin oder Ähnliches, doch vielleicht hat ja gerade dieser Unterschied für diesen Erfolg gesorgt. Nicht umsonst ist beispielsweise auch das 2015 erschienene Buch „Deutschland im Blaulicht: Notruf einer Polizistin" der Bochumer Polizistin Tania Kambouri, die täglich ihren Dienst auf Deutschlands Straßen verrichtet, so erfolgreich gewesen.

Als Allererstes geht ein großes Dankeschön an Herrn Gerrit Bartels vom TAGESSPIEGEL, von dem ich mit seiner „Rezension" in die rechte Ecke gestellt wurde.[4] Kritik an der Migrationspolitik zu üben bzw. die Hintergründe zu beleuchten, reicht heute schon aus, einen Menschen gesellschaftlich ins Abseits zu drängen. Können Sie sich erklären, warum jemand als rechts gilt, wenn er sich für die Einhaltung der Rechtsstaatlichkeit, den Frieden innerhalb Deutschlands und in der Welt ausspricht? Ich kann es beim besten Willen nicht, zumal wir doch die im Grundgesetz verbriefte Meinungsfreiheit haben. Darüber hinaus ist die freie Meinungsäußerung in Artikel 19 der UN-Menschenrechtscharta verankert, weswegen auch staatliche Zensur verboten ist. Durch seinen Artikel über ein Buch, was er möglicherweise gar nicht (komplett) gelesen hat, hat Herr Bartels wahrscheinlich sogar ungewollt Werbung für dieses gemacht. Daher gehen an dieser Stelle ein dickes Bussi und ganz viel Liebe an den Journalisten vom liberal eingestuften TAGESSPIEGEL, dessen Motto „rerum cognoscere causa" – die Ursachen der

Dinge erkennen – lautet. Im Gegensatz zu den meisten Journalisten belege ich sämtliche Aussagen und Zitate immer mit den entsprechenden Quellen. So auch in diesem Buch. Auch dieses Mal habe ich in erster Linie auf Artikel aus den Mainstreammedien zurückgegriffen, um dann weiter zu recherchieren. Schon heute bin ich gespannt, was Herr Bartels oder auch andere Journalisten mir demnächst an Attributen zuschreiben werden.

Ganz besonderer Dank geht natürlich an alle Käufer meines Erstlingswerks sowie an die Freien Medien, Blogs, Verlage und Wochenzeitungen, die mein Buch beworben haben. Ehrlicherweise muss ich sagen: Ohne diese Werbung wäre es wohl nie ein Bestseller geworden. Dabei bilden die Freien Medien ein überaus wichtiges Gegengewicht zu den sogenannten Leitmedien. Die Freien Medien geraten aber zunehmend aufgrund ihrer oftmals anderen Sicht der Dinge, ihrem aufklärerischen Blick hinter die Kulissen und der Benennung unbequemer Wahrheiten unter Druck. An dieser Stelle sei an die EU-Urheberrechtsreform, die damit verbundenen Uploadfilter und das bereits 2017 im Hauruckverfahren installierte Netzwerkdurchsetzungsgesetz (NetzDG) nebst Shadow banning erinnert. Ebenso sei hier auf die Rolle der Freien Medien im Zusammenhang mit dem Journalisten Billy Six und dessen Inhaftierung in Venezuela hingewiesen. Es waren die Freien Medien, die überhaupt über dessen Einzelhaft berichteten, womit sie einen großen Beitrag zu seiner Freilassung geleistet haben dürften.

Die Freien Medien und Blogs sind entgegen der Mainstreampresse immer gerne bereit, Artikel und offene Briefe von Andersdenkenden und kritischen Geistern wie mir und vielen anderen zu publizieren. Dass diese möglicherweise auch auf Internetseiten landen, denen man sein Einverständnis zur Veröffentlichung nicht gegeben hat, ist leider die Kehrseite im Copy-and-paste-Zeitalter. Den Kommentarspalten der Freien Medien, aber auch hinsichtlich der Interviews bei SchrangTV-Talk und BewusstTV konnte ich den vielen positiven Reaktionen entnehmen, dass ich vielen Menschen mit meinen Artikeln und meinem Buch aus der Seele zu sprechen scheine. In Zeiten der zunehmenden Künstlichen Intelligenz bedarf es durchaus vieler kluger Köpfe mit kritischer Intelligenz, wobei eine gute Portion gesunder Menschenverstand schon ausreichen dürfte.

Ebenso habe ich mich über die vielen Briefe und E-Mails gefreut, die mich seither erreicht haben. So waren neben den Zuschriften aus ganz Deutschland auch viele aus Österreich und der Schweiz dabei, aber selbst aus Finnland, Thailand sowie Nicaragua haben mir Menschen geschrieben, die Deutschland schon vor einigen Jahren verlassen haben. Auch von einem Briten inmitten des Brexit-Ping-Pongs, der ein großer Fan von Deutschland und Österreich ist, habe ich eine sehr nette Mail bekommen. Wenngleich ich jede Leserzuschrift gelesen habe, war es mir leider irgendwann nicht mehr möglich, jedes einzelne Schreiben persönlich zu beantworten. Liebe Leserinnen und Leser, die mein Erstlingswerk kennen, mir geschrieben haben und keine Antwort erhalten haben sollten: Ich bitte, mir dies nachzusehen! Schließlich bin ich „im richtigen Leben" in erster Linie eine berufstätige Mutter. Naturgemäß hat auch mein Tag nur 24 Stunden, die meist gut ausgefüllt sind mit dem ganz normalen Wahnsinn des Alltags- und Berufslebens.

Interessanterweise waren es viele Berufskollegen aus ganz Deutschland, die sich bei mir meldeten. Noch beruflich aktive, aber auch pensionierte Lehrer haben mir beispielsweise ihren Unmut über die Tragik des deutschen Bildungssystems kundgetan. So mancher besorgte Pädagoge, Eltern mit bald, noch oder nicht mehr schulpflichtigen Kindern, aber auch kinderlose Bürger fragen sich zunehmend, wohin die Reise des einstigen Landes der Dichter und Denker zukünftig gehen wird. Ebenso haben sich auch etliche Polizisten bei mir gemeldet, die als Sicherheitskräfte immer mehr gefordert sind und oft am Rand ihrer Belastbarkeit stehen.

Natürlich war auch meine Freude über die vielen positiven und ausführlichen Rezensionen bei Amazon und Audible groß, anhand derer ich gemerkt habe, dass ich mit meinem Buch als Person aus der Mitte der Gesellschaft – ich bekenne mich zur freiheitlich-demokratischen Grundordnung dieses Landes und bin noch nie mit dem Gesetz in Konflikt geraten – mit meinen Sorgen und Ängsten nicht alleine bin. Viele Menschen haben darin immer wieder meinen Mut erwähnt, so ein Buch zu schreiben, und mir ihren Respekt gezollt. Allein ein Blick auf die Rezensionen bei Amazon hierzu genügt. Ist es nicht traurig, in einem ach so freien Land wie Deutschland als mutig bezeichnet zu werden, wenn man Missstände benennt und diese mit Fakten und Quellen untermauert? So ist „Deutschland außer Rand und Band" nicht etwa ein Buch mit sieben Siegeln, sondern eines mit 760 Quellenangaben. Sollte die im Grundgesetz verbriefte freie Meinungsäußerung aber nicht eine Selbstverständlichkeit in einem demokratischen Land sein, als das Deutschland vornehmlich seitens Politik und Medien gepriesen wird?

Nein, ich bin keine Heldin. Menschen, die mich kennen, sagen über mich, ich sei eine echte Powerfrau. So kann ich Steinwälle bauen, Gartenteiche ausheben, Blumenbeete anlegen oder 1.000 Meter Raufaser an die Wand bringen. Ich selbst sehe mich vielmehr als ein Mensch, der seine Heimat liebt und der sich für alle Menschen dieser Welt Frieden wünscht. Mutig finde ich persönlich Menschen, die in der Öffentlichkeit an vorderster Front für den Erhalt des Rechts- und Sozialstaats kämpfen, gegen die illegale Migration aufbegehren, sich gegen eine Scheindemokratie aussprechen, ihren Finger in die mittlerweile vielen offenen Wunden der Bundesrepublik Deutschland legen und Kritik am politischen Islam, den es aus Sicht vieler Ex-Muslime gar nicht gibt, da es für sie nur den einen Islam gibt, unter Todesdrohungen üben. Diese Menschen sind neben vielen anderen für mich persönlich die wahren Helden der Gegenwart. Dabei kenne und schätze ich selbst viele säkulare Muslime und Juden, die mit großer Sorge die momentane Entwicklung in Deutschland und Europa beobachten.

Ein Erlebnis der besonderen Art hatte ich Anfang Juni 2019 auf dem Neuen Hambacher Fest, auf welches ich im Jahr 2018 durch eine wunderbare Rede von dem im Libanon geborenen Filmregisseur Imad Karim aufmerksam geworden war, der Deutschland als die Heimat seiner Werte bezeichnet. Ich bin dort zusammen mit ein paar Freunden aus Ost- und Westdeutschland hingefahren, um mir all die schlimmen Besucher dieser Veranstaltung – es gab einen Patriotenmarsch nebst einem Kongress für Frieden und Sicherheit in Europa – einmal näher anzusehen. Doch auf wen sind wir dort getroffen? Auf viele politisch interessierte Menschen, allesamt friedlich, aber alles Menschen, die sich kein X mehr für ein U vormachen lassen. Das Verrückte für mich persönlich war, dass ich ungefähr zwanzig Mal angesprochen wurde, ob ich nicht die Autorin von „Deutschland außer Rand und Band" sei. Das führte dazu, dass ich irgendwann von meinen Freunden damit aufgezogen wurde. So sprachen mir völlig fremde Menschen ihren Dank und ihre Hochachtung für meinen Mut aus, viele drückten mir die Hand. Ich war auf das alles gar nicht vorbereitet und tatsächlich ein wenig überrumpelt von der Situation. Erfreut war ich darüber, dass mir Prof. Dr. Max Otte (CDU), der Initiator dieser Veranstaltung, erzählte, dass er im Besitz des von mir verfassten Buches sei. Ebenso hat mich die Freude des von mir außerordentlich geschätzten Daniele Ganser, der bei dieser Veranstaltung als Gastredner auftrat, über ein von mir für ihn signiertes Exemplar beglückt. Bedauerlicherweise konnte Willy Wimmer (CDU), ehemaliger Staatssekretär des Verteidigungsministeriums unter Helmut Kohl, aus privaten Gründen nicht als Referent an dieser Veranstaltung teilnehmen.

Neben all der Begeisterung über mein Buch gab es für mich auch Grund zum Schmunzeln. So in dem Fall, als man mir in einem YouTube-Kommentar „mehr Eier in der Hose als so mancher Mann" diagnostizierte, was nun einmal von Geburt an in der Natur der Frau liegt, wenn Sie verstehen, was ich meine. Manche Kommentatoren wünschten sich mich als Justizministerin oder gar als Kanzlerin, während mich irgendjemand auch mal als das schlechte Gewissen von Angela Merkel und der Bundesregierung bezeichnete. Haben diese Menschen denn tatsächlich ein Gewissen oder laufen sie nicht vielmehr ihren politischen Ideologien und den guten Diäten hinterher? Nein, ich bin nicht für die Parteipolitik gemacht, da ich auch weiterhin aufrecht durchs Leben gehen und mich nicht verbiegen lassen möchte. Ich selbst bezeichne mich gerne als „Außerparlamentarische-ein-Frauen-Opposition" (APEFO) – überparteilich, mit beiden Beinen auf dem Grundgesetz stehend, kritisch denkend und nur meinem Gewissen, jedoch keinem Fraktionsdruck verpflichtet. Dabei leiste ich meine Oppositionsarbeit nicht laut im Parlament oder auf der Straße, sondern eher leise vom Schreibtisch aus. Außerdem liebe ich mein Privatleben und habe keinerlei narzisstische Anwandlungen wie so viele Politiker.[5] Im Gegensatz zu vielen von ihnen habe ist jede Menge Empathie für meine Mitmenschen, denn ich habe meine eigenen Wurzeln nie vergessen.

Ein ums andere Mal wurde die Bitte an mich herangetragen, weiter am Ball zu bleiben und meine Stimme – aus Sicht vieler scheinbar eine Stimme der Vernunft – weiter zu erheben. Diesem Wunsch habe ich versucht nachzukommen, indem ich mich immer wieder mal in den Freien Medien zu Wort gemeldet habe, sei es in schriftlicher Form oder durch eine Interviewzusage. An dieser Stelle allen Leserinnen und Lesern von „Deutschland außer Rand und Band" noch einmal ein großes Dankeschön von ganzem Herzen!

Einleitung

Mit meinem Erstlingswerk wollte ich den Menschen ein wenig die Augen über den Ist-Zustand in Deutschland öffnen. Voraussetzung dafür kann aber nur sein, dass man dies überhaupt zulässt. Schließlich kann durch belegte Fakten in Form von Daten, Zahlen und Ähnlichem in einer so geballten Form wie in einem Buch das bisherige Weltbild, welches uns durch Politik und Medien vermittelt wird, erheblich ins Wanken geraten. Schon die Nascherei vom Baum der Erkenntnis hatte in der Bibel bekanntlich zur Vertreibung aus dem Paradies geführt. Selbst wenn ich nur einigen Menschen die Augen ein wenig geöffnet haben sollte, hat es sich gelohnt. Nein, damit ist nicht der finanzielle Lohn gemeint. Schließlich verdienen insbesondere Amazon und das Finanzamt am geistigen Eigentum anderer kräftig mit. Von dem Buchverkauf habe ich bislang noch nicht einen einzigen Cent ausgegeben. So bin ich noch immer am Überlegen, was ich wirklich Sinnvolles mit diesem Geld anfange. Mein Herzenswunsch wäre es, irgendwann ein Hospiz für Kinder eröffnen zu können, mit denen es das Leben nicht so gut gemeint hat, denn das Leben ist leider oft nicht fair. So würde ich gerne ein bisschen Glück, von dem ich rückblickend ganz viel in meinem bisherigen Leben hatte, an sterbenskranke Kinder und deren Familien in ihrer letzten gemeinsamen Zeit weitergeben wollen.

Reich zu werden ist aber auch nicht mein Interesse gewesen, sondern lediglich ein wenig Aufklärung über die derzeitige Situation in Deutschland und wie es dazu kommen konnte. Ich persönlich möchte gar nicht zur High Society dieser Welt gehören, denn ich stelle mir das Leben der Schönen, Mächtigen und Reichen keinesfalls rosig, sondern ganz schön anstrengend vor. Außerdem zähle ich mit einer A13-Besoldung und einem ebenfalls erwerbstätigen

Ehemann zur bürgerlichen Mittelschicht, leide derzeit also noch keine finanzielle Not. Diese Mittelschicht ist allerdings als Bindeglied der Gesellschaft zunehmend vom „Aussterben" bedroht, was für den gesellschaftlichen Zusammenhalt natürlich negativ, wenn nicht sogar gefährlich ist.

Das Schreiben selbst ist für mich vielmehr eine Form von Zivilcourage, zugleich aber auch eine Form der Schreibtherapie, um mit diesem ganzen Wahnsinn, der in Deutschland und weltweit gerade geschieht, besser umgehen zu können. So werden regierungskritische oder Bundeskanzlerin Angela Merkel widersprechende Stimmen zunehmend verächtlich und mundtot gemacht. Dies kann mittlerweile nicht nur zur gesellschaftlichen Ausgrenzung, sondern sogar zum Verlust des Arbeitsplatzes führen. Aus zahlreichen Gesprächen bzw. Schriftwechseln mit Menschen ganz unterschiedlicher Herkunft konnte und kann ich immer wieder entnehmen, dass sich viele mit einem unguten Gefühl bezüglich der Zukunft dieses Landes plagen. Manchem gelingt es, diese Sorgen erfolgreich auszublenden und sich durch Shoppen, Netflixen, Workaholismus und dergleichen erfolgreich abzulenken oder eine Art Schutzmechanismus zu entwickeln, während andere ihre negativen Gefühle einfach nicht mehr unterdrücken können. Und ja, es gibt auch diese Sorte Mensch, die meint, es sei doch wirklich alles bestens: Das Geld ist pünktlich auf dem Konto, der Strom kommt aus der Steckdose und drei Urlaube im Jahr sind locker drin. Das Leben kann so schön und einfach sein – ist es aber für viele Menschen in Deutschland und weltweit nicht, denn: Fairplay und Fairtrade kennen wir zwar aus Sport und Handel, Fairness seitens Politik und Wirtschaft gegenüber vielen Menschen in allen Teilen der Erde jedoch nicht.

Da ich wiederholt gefragt wurde, wann denn mein nächstes Buch erscheinen würde – ich hatte ja nicht einmal vor, überhaupt ein einziges Buch zu schreiben –, kam mir irgendwann die Idee, wie dieses zweite Buch aussehen könnte. Schließlich geht es in rasendem Tempo voran mit dem gesellschaftlichen Zerfall und mit nicht mehr nachvollziehbaren Entscheidungen seitens der Politik in Deutschland, in der Europäischen Union, aber auch in entlegenen Ländern der Erde. Dies bemerken zumindest die Menschen, die mit offenen Augen und Ohren durchs Leben gehen und all ihre Sinne beisammenhaben. Insbesondere war mir ähnlich wie bei „Deutschland außer Rand und Band" schnell klar, was für einen Titel es tragen sollte, auch wenn dieser im Falle des neuen Buches nicht wie beim ersten einer Eingebung gleichkam. Natürlich hätte ich es der Einfachheit halber „Die ganze Welt ist außer Rand und Band" nennen können. Doch ich wollte dem zweiten Buchprojekt einen positiveren, einen Mut machenden Titel geben. Ein paar Überlegungen und einige angestrengte graue Zellen unter dem mittlerweile immer schneller ergrauenden Haar aufgrund biochemischer Alterungsprozesse und gesellschaftspolitischer Entwicklungen waren deshalb schon damit verbunden. Irgendwann aber war es dann so weit und der Titel stand fest.

Wie aber fängt man ein neues Buch an, das von Zivilcourage, von Frieden und Freiheit handeln soll? Ich habe lange hin und her überlegt. Mittel- und Schlussteil waren schon so gut wie geschrieben, hingegen wollte mir keine rechte Idee für den Anfang in den Sinn kommen. Doch dann bin ich am 7. Juli 2019 zufällig auf einen Artikel in der WELT aus dem Jahr 2014 gestoßen. Dieser sollte mir als Aufhänger für den Buchanfang dienen. Ich lade Sie nun also herzlich ein, sich mit mir auf eine Zeitreise zu begeben. Ich werde Sie mit auf die Spuren der Vergangenheit nehmen, um in der Gegenwart zu landen. Ich verspreche Ihnen: Wir werden auf so manche Persönlichkeit aus Politik, Medien und Hollywood treffen. Außerdem werden Sie Ella-Marie Arndt und ihre Familie kennenlernen. Und vielleicht, ja vielleicht verstehen Sie nach dieser Lektüre, warum es wichtig ist, Zivilcourage zu zeigen und seinen Mund aufzumachen. Doch seien Sie gewarnt: Auch in diesem Buch wird Ihnen so manches Negative, so mancher Irrsinn nicht erspart bleiben.

Das Allerwichtigste aber ist, dass Sie die angesprochenen Inhalte selber recherchieren und vertiefen, denn dieses Buch ist ein Mitmach-Buch. Viele Themen werde ich nur anreißen, da die Fülle der Inhalte zu einem mehrbändigen Werk führen würde. So bin ich eine Art Stichwortgeberin, die Sie nicht davon entbinden möchte, selber zu denken, die Punkte miteinander zu verknüpfen und Ihre eigenen Schlüsse zu ziehen. Doch halt! Ich warne Sie lieber noch ein zweites Mal: Wenn Sie erst einmal anfangen, sich in den Kaninchenbau hineinzubegeben, wird Ihr bisheriges Weltbild in sich zusammenstürzen, denn sie werden auf äußerst unschöne Dinge stoßen.

Im Reich der Verschwörungen

Die Welt der WELT

Mit dem Titel „Geheime Mächte steuern die Welt. Echt? Wahnsinn!" beginnt der in der Einleitung erwähnte WELT-Artikel von Torsten Krauel. Darin ist die Rede von Verschwörungstheorien, den Bilderbergern, den Globalisten, von Manipulationen u. a. des Goldpreises einer geheimen Weltregierung wie auch von dem früheren US-Präsidenten George Bush. Die Rede ist auch von Heiko Schrang, dem Mann von Schrang-TV, bei dem schon mehrfach die politisch äußerst kritische Kabarettistin Lisa Fitz zu Gast war, die sich so gar nicht verbiegen lässt.[6] Mittlerweile bin ich selbst einige Male in dessen Sendung gewesen. O mein Gott, was hatte ich als verbeamtete Lehrerin nur getan? Worauf hatte ich mich denn da bloß eingelassen? Schließlich wird dieser ominöse Herr Schrang in der WELT mit folgenden Worten zitiert: *„Mit ihrer Weltleitwährung Dollar musste jedes Land der Welt im internationalen Zahlungsverkehr sich Rohstoffe bezahlen lassen, und die FED konnte dafür ohne Ende bunte Papierdollar drucken. Gegen die Länder, die in der Vergangenheit nicht an diesem Spiel teilhaben wollten, sondern ihre Rohstoffe für andere Währungen weggaben, wurde ein Krieg inszeniert (Irak, Afghanistan etc.)."* Mit dieser Aussage wird Herr Schrang, der in diesem Artikel als deutscher Wahrheitssucher betitelt wird, in dem Qualitätsmedium aus dem Hause Springer am 5. Dezember 2014 zitiert. Herr Krauel behauptet in seinem Artikel darüber hinaus, Verschwörungstheoretiker – damit ist dann sicherlich auch Herr Schrang gemeint – seien einsame Menschen.[7] Woher aber nimmt er dieses Wissen? Kennt er die von ihm in seinem Text erwähnten Personen etwa persönlich? Belegt er seine Aussagen mit Quellen? Ganz vergessen scheint der

WELT-Chefkommentator auch zu haben, dass es Menschen gibt, die lesen und im Internet recherchieren können. Die meisten sind sogar in der Lage, selbstständig Quellen zu überprüfen. Nicht zu vergessen die Menschen, die auch heute noch Bücher lesen, denn Lesen bildet ungemein.

Ist es im Jahr 2019 nicht so, dass sich viele Begriffe wie Verschwörungstheoretiker, Rechtspopulisten oder Nazis durch deren inflationären Gebrauch abgenutzt haben? Ich selbst habe mich bis zum Jahr 2015 als eher unpolitischer Mensch in keinerlei Form mit Verschwörungen beschäftigt, doch dann setzte die vermeintliche Flüchtlingskrise ein, die schließlich nicht einfach so vom Himmel gefallen ist. Und – Herr Krauel würde jetzt bestimmt enttäuscht sein – das Vorurteil des einsamen Menschen trifft für mich nicht zu. Sorry, aber dieses Ressentiment kann ich leider nicht bedienen. Vielmehr kenne ich persönlich viele Menschen, die sich zunehmend mit dem Blick hinter die Kulissen der politischen Bühne beschäftigen. Was für mich tatsächlich zutrifft: Ich bin in der Lage, sinnentnehmend zu lesen. Was also wäre, wenn selbst hinter dem Begriff der Verschwörungstheorie eine Verschwörung stecken würde?

Schon 2009 war im FOCUS, also ebenfalls in der Mainstreampresse, ein Artikel erschienen, der sich mit den Amerikanern beschäftigte, von denen manche der Überzeugung seien, *„dass hinter der offiziellen Politik eine ‚geheime Regierung' ihr Land kontrolliert."*[8] Weiter wurde die Frage aufgeworfen: *„Steckt hinter jedem Geschehen ein größerer Plan?"* Besonders empfänglich für Verschwörungstheorien seien demnach politische Extremisten, religiöse Fundamentalisten sowie Esoteriker. Kurze Anmerkung meinerseits: Auch zu diesen Gruppen gehöre ich definitiv nicht. Weiter liest man in dem Artikel: *„Ihnen gemein ist eine gewisse Paranoia und die Weigerung, an Zufälle zu glauben."* Unterdessen wird dem früheren US-Präsidenten und Hochgradfreimaurer Franklin D. Roosevelt (1882–1945), dessen halbes Kabinett aus Freimaurern bestanden haben soll, folgender Satz zugeschrieben: *„In der Politik geschieht nichts zufällig. Wenn etwas geschieht, kann man sicher sein, dass es auch auf diese Weise geplant war."*[9] Roosevelt selbst war ein machtbewusster wie auch ein trick- und fintenreicher Präsident, der im Jahr 1940 einen der verlogensten Wahlkämpfe der Geschichte Amerikas führte. So zog er noch *„im Herbst 1940 im Wahlkampf durchs Land und beschwor seine Landsleute, er* *werde den Teufel tun und sich in den Krieg zerren lassen: ‚Ich habe es schon einmal gesagt, und ich werde es wieder sagen: Eure Jungs werden nicht in irgendwelche fremden Kriege geschickt werden.'"*[10] Rund ein Jahr später erklärte Roosevelt den Japanern den Krieg. Ebenso stand Roosevelt unter dem Druck der Briten und ließ einen Plan für einen Angriff gegen Deutschland vorbereiten, der am 4. Dezember 1941 in der Chicago Tribune mit der sensationellen Schlagzeile „F.D.R.s Kriegspläne" in aller Ausführlichkeit veröffentlicht wurde. Viele Amerikaner lehnten diesen Krieg jedoch strikt ab. Sie waren der Meinung, der Präsident habe sie belogen, würde die eigenen Männer in den Krieg und das Land in die Pleite treiben.[11]

Na, sind Sie jetzt ein wenig angefixt? Dann schauen wir mal, was die freie Enzyklopädie von Wikipedia zum Thema Verschwörungstheorien sagt: *„Als Verschwörungstheorie wird im weitesten Sinne der Versuch bezeichnet, einen Zustand, ein Ereignis oder eine Entwicklung durch eine Verschwörung zu erklären, also durch das zielgerichtete Wirken einer meist kleinen Gruppe von Akteuren zu einem meist illegalen oder illegitimen Zweck."*[12] Auf dieser Internetseite ist alles an Verschwörungen zu finden, was das Herz begehrt. Angefangen vom 11. September 2001, über die Juden und den Holocaust bis hin zum Mord an J. F. Kennedy. So darf selbst der untote Elvis Presley nicht fehlen, aber auch der Philosoph Karl Popper mit seinem Werk „Die offene Gesellschaft und ihre Feinde" ist dort zu finden. Interessanterweise fehlen die Theorien über die flache Erde und über Außerirdische, die mit Verschwörungen gerne in Verbindung gebracht werden. Wissen Sie was, wir schauen uns einfach mal ein paar vermeintliche Verschwörungen und geheimnisumwitterte Organisationen etwas genauer an.

Geheime Machenschaften

Noch heute beschäftigen sich Menschen mit dem Untergang der Titanic im Jahr 1912, die zur Flotte der britischen Reederei White-Star-Line gehörte, unter dem äußerst erfahrenen Kapitän Edward J. Smith manövriert wurde und als unsinkbar galt. Immer noch kommen neue Erkenntnisse wie z. B. ein Feuer als eigentliche Ursache hinzu.[13] Daneben ranken sich verschiedene (Verschwörungs-)Theorien wie ein Versicherungsbetrug mit der baugleichen Olympic um dieses Schiff, die es gelegentlich bis in die Mainstreammedien schaffen. So wie beispielsweise am 17. Mai 1995 und zwar interessanterweise in der WELT im Zusammenhang mit dem Buch „Das Rätsel der Titanic". Die Titanic gehörte dem US-amerikanischen Finanzmagnaten, Reeder und Unternehmer John Pierpont (J. P.) Morgan. Dieser ging nicht wie geplant an Bord zur Jungfernfahrt, da er krank gewesen sei. Jedoch soll er nur wenige Tage später mit seiner Geliebten in Frankreich gesehen worden sein – und zwar kerngesund. Doch nicht nur er ging nicht an Bord. Auch seine Kunstsammlung schaffte es nicht wie geplant an Deck und hängt heute noch im New Yorker Museum für Modern Art.[14] So entging J. P. Morgan zwar der Kollision des Luxusliners mit einem Eisberg, starb aber nur ein Jahr später auf dem europäischen Festland in Rom.

Morgan galt damals als einflussreichster Privatbankier seiner Zeit. Er soll *„Gerüchte über den Bankrott einer großen New Yorker Bank verbreitet und somit die Panik von 1907 ausgelöst haben, die dann auch andere Banken betraf."*[15] Teilhaber seines Bankhauses war beispielsweise Nelson Aldrich, Senator von Rhode Island, Vorsitzender der nationalen Währungskommission und Schwiegersohn von John D. Rockefeller junior, einem dem reichsten Männer der Welt. Dessen Vater John D. Rockefeller senior war Mitbegründer einer Erdölraffinerie, aus der im Jahr 1870 die berühmte Standard Oil Company hervorging.[16] Durch das Geschäft mit dem schwarzen Gold wurde dieser zum ersten

Milliardär der Weltgeschichte. Aldrich selbst verkehrte u. a. mit Paul Warburg aus der Hamburger Bankendynastie, der nach Amerika emigrierte und dort zusammen mit seinem Bruder Felix an die Wall Street in New York ging.[17] Mit Paul Warburg und anderen ebenfalls sehr (einfluss-)reichen Männern, nämlich Frank Vanderlip (Präsident der National City Bank of New York, Vertreter von William Rockefeller und der Investmentbank Kuhn, Loeb & Company), Henry Davison (Teilhaber von J. P. Morgan), Charles Norton (Präsident der First National Bank of New York) und Benjamin Strong von J. P. Morgan Bankers Trust traf er sich bereits im Jahr 1910 heimlich auf Jekyll Island vor der Küste eines kleinen Fischerdorfes im nordamerikanischen Bundesstaat Georgia, wie man am 17. Juli 2014 im FOCUS lesen konnte.[18] Dieser Artikel erschien bereits knapp fünf Monate vor besagtem WELT-Artikel von Torsten Krauel und enthält jede Menge Zündstoff, da er sich mit Rothschild & Co. sowie dem Finanzwesen befasst. Offiziell wurde jedenfalls die Entenjagd als Grund für dieses geheime zehntägige Treffen angegeben, doch hatte es einen ganz anderen Grund. Diesen möchten Sie jetzt sicherlich gerne wissen, nicht wahr?

Paul Warburg, dessen frühester bekannter Vorfahre laut Wikipedia der aus Venedig stammende Geld- und Pfandleiher Anselmo Asher Levi Del Banco (1480–1532) ist, entwickelte zusammen mit den bereits erwähnten Herren Aldrich, Vanderlip, Davison und Strong im Clubhaus des elitären Jekyll-Island-Clubs, der Aldrichs Schwiegervater John D. Rockefeller und J. P. Morgan gehörte, einen Plan.[19] Dieser wurde später als Aldrich-Plan bezeichnet und sollte das Geldsystem für immer revolutionieren.[20] Während das klammheimliche Treffen dieser sehr einflussreichen Herren, die es von Berufs wegen mit jeder Menge Zaster zu tun hatten, bis in die 1930er-Jahre geheim blieb, wurde nur drei Jahre später als Folge des Aldrich-Plans die US-Zentralbank am 23. Dezember 1913 unter vorheriger Zustimmung des Kongresses und Senates gegründet.[21]

Erfüllt deren Gründung hiermit nicht alle Kriterien einer Verschwörungstheorie, ist sozusagen das Paradebeispiel einer solchen? Ist diese nicht sogar als hohe Kunst der Verschwörung zu bezeichnen? Das Besondere daran war schließlich, dass sie sogar von staatlicher Seite legitimiert wurde. Die US-amerikanische Notenbank läuft auch unter der Firmierung Federal Reserve, kurz

Fed genannt. Paul Warburg selbst, einer der Hauptinitiatoren und treibenden Kräfte zur Gründung der Fed, wurde Mitglied des ersten Aufsichtsrates der amerikanischen Zentralbank, die über den US-Dollar herrscht. Schon Mayer Amschel Bauer, später umbenannt in Rothschild (1744–1812), einer der Vorfahren der gleichnamigen Bankendynastie, so der FOCUS, hat einmal gesagt: *„Gebt mir die Kontrolle über die Währung einer Nation, dann ist es für mich gleichgültig, wer die Gesetze macht."* Lesen Sie diesen Satz bitte gerne noch ein zweites oder drittes Mal und lassen Sie ihn einfach auf sich wirken.

Woodrow Wilson, der damalige US-Präsident, der den Federal Reserve Act unterzeichnete, soll sich dies nie verziehen haben. Er war der Meinung, sein Land betrogen zu haben, obgleich oder gerade weil das Unternehmen Fed durch sowohl den Kongress als auch den Senat demokratisch legitimiert wurde. Dazu muss man Folgendes wissen: *„ Als 1914 in Europa der Erste Weltkrieg ausbrach, verlangte die überwältigende Mehrheit der amerikanischen Bevölkerung vom Weißen Haus, sich aus dem Kriegsgeschehen herauszuhalten. Die Politik griff die Stimmung zunächst auf und erklärte die USA für neutral."*[22] Dass die Geschichte einen anderen Verlauf unter Führung dieses US-Präsidenten genommen hat, ist allgemein bekannt. Auf die Entscheidung von Roosevelt über Krieg und Frieden entgegen dem Wunsche des amerikanischen Volkes im Zweiten Weltkrieg wurde bereits hingewiesen. Einem ihrer Amtsvorgänger, Thomas Jefferson (1743–1826), dem 3. Präsidenten der Vereinigten Staaten von Amerika, wird häufig das folgende Zitat in den Mund gelegt. Nachweisliche Belege für diese Worte, natürlich in englischer Sprache, ließen sich nicht eindeutig finden, dennoch sollen sie an dieser Stelle erwähnt werden: *„Ich denke, dass Bankinstitute gefährlicher als stehende Armeen sind. [...] Wenn die amerikanische Bevölkerung es zulässt, dass private Banken ihre Währung herausgeben, dann werden die Banken und Konzerne, die so entstehen werden, das Volk seines gesamtes Besitzes berauben, bis eines Tages ihre Kinder obdachlos auf dem Kontinent aufwachen, den ihre Väter einst eroberten."*[23] Halten Sie auch an dieser Stelle gerne noch einmal einen Moment inne und denken Sie über diese Worte in Ruhe nach.

Zum Wohle der Menschheit

Das Jahr 1913 betreffend muss allerdings noch etwas ebenfalls sehr Wichtiges erwähnt werden. Denn damals wurde nicht nur *die Kreatur von Jekyll Island* in Form der Fed geschaffen, wie übrigens das 2008 erschienene gleichnamige Buch von G. Edward Griffin mit weit über 600 sehr lesenswerten Seiten heißt. Im Frühjahr anno 1913 hatte es nämlich ein weiteres Ereignis mit dem Zweck gegeben, das Wohl der Menschheit und zwar auf der ganzen Welt zu fördern. Gemeinsam gründeten der alte und der junge John D. Rockefeller, deren Vater bzw. Großvater der Hausierer und Quacksalber William Rockefeller war, in New York City die Rockefeller Foundation. Diese arbeitet bis heute in Bereichen wie z. B. Gesundheit, Erziehung, Geburtenkontrolle, Frieden und Konflikte.[24] Und, hat´s geklappt? Denken Sie nur mal an den weltweiten Kampf gegen den Terror und all die Kriege nach dem 11. September 2001. Wie sieht es mit der Geburtenkontrolle in Afrika aus? Für welche verheerenden Zustände diese und andere Stiftungen durch ihr Bevölkerungsexperiment in Asien gesorgt haben, wo heute fast 200 Millionen Frauen fehlen, dokumentiert ein investigativer Film des deutsch-französischen Senders Arte mit dem Titel „Bloß keine Tochter!" aus dem Jahr 2018.[25] Dieser zeigt auf, wie einflussreiche Männer in den USA sich zusammengeschlossen haben, um in anderen, in ärmeren Regionen der Erde die Bevölkerung zu reduzieren, indem weibliche Föten gezielt abgetrieben werden. Und nur mal so: In den USA müssen sich gerade der Pharmagigant Bristol-Myers Squibb, die Johns Hopkins University und die Rockefeller Foundation vor Gericht wegen Menschenversuchen in Guatemala in den 1940er- und 1950er-Jahren verantworten, die erst 2010 von der Professorin Susan Reverby aufgedeckt wurden. Man hatte Soldaten, Menschen mit psychischen Erkrankungen und Prostituierte ohne ihr Wissen mit Syphilis infiziert.[26] Doch damit nicht genug, denn diese Stiftung unterstützte auch das Kaiser-Wilhelm-Institut für Anthropologie, menschliche

Erblehre und Eugenik in Berlin-Dahlem. Hierbei wurden dem Institut in der Zeit von 1932 bis 1935 großzügige Finanzspritzen für die Zwillingsforschung durch die Rockefeller-Stiftung verabreicht. Das Institut selbst war in die Verbrechen des Naziregimes verstrickt. Die Wissenschaftler des Instituts griffen in ihren anthropologischen Untersuchungen auf Menschen zurück, denen das Recht über den eigenen Körper abgesprochen wurde – etwa KZ-Häftlinge, Kriegsgefangene und Minderjährige. Anfang 1943 arbeitete Josef Mengele, der in Frankfurt am Main bei Verschuer promoviert hatte, am Institut mit. Während seiner Tätigkeit als Lagerarzt im Konzentrationslager Auschwitz sendete Mengele Blutproben und Leichenteile zur Untersuchung nach Dahlem.[27] Otmar Freiherr von Verschuer selbst, ein international anerkannter Zwillingsforscher, war einer der führenden Rassenhygieniker der NS-Zeit und übernahm 1942 die Leitung des Institutes, wobei die Kaiser-Wilhelm-Gesellschaft, deren Nachfolgerin die Max-Planck-Gesellschaft ist, allein mehr als 20 Nobelpreisträger hervorbrachte. Das Institut, das den Namen des letzten Kaisers von Deutschland trug, bestand aus schmucken Laborvillen, von denen viele im schönen Berliner Stadtteil Dahlem lagen.[28]

Diverse Stiftungen und Organisationen gehen auf die Rockefellers zurück. So auch die 1991 gegründete allgemeinnützige Rockefeller Philanthropy Advisors, deren Vorgeschichte wiederum auf Rockefeller senior hinweist, der schon 1891 begann, seine philanthropische Ader professionell zu managen *„als wäre es ein Geschäft".*[29] Hört sich das nicht irgendwie nach Geldverdienen an? Diese Organisation gehört mittlerweile zu den größten, den Globus umspannenden philanthropischen Service-Organisationen, die laut ihrer Homepage Folgendes erkannt hat: *„Während unserer langjährigen Tätigkeit in humanitären Notfällen wurde uns zunehmend die Bereitschaft der privaten Geber bewusst, einen positiven Beitrag zur humanitären Hilfe und Entwicklungshilfe zu leisten."*[30,31] Ja, Philanthropen und private Spendengelder sind tatsächlich eine feine Sache, doch selbst die durch Papst Johannes Paul II. quasi im Eilverfahren seliggesprochene Mutter Teresa war laut einer Studie keine Heilige, sondern soll eine fragwürdige und teils unmenschliche Seite gehabt haben. So hat sie Millionen an Spendengeldern von großzügigen Spendern eingesammelt und auf geheimen Konten aufbewahrt, sodass sie nie in den

Armenhäusern angekommen sind.[32] Dem alten Patriarchen Rockefeller jedenfalls soll schon damals die Sittenlosigkeit in den damaligen Ölstädten mit Alkohol, Prostitution und Glücksspiel ein Graus gewesen sein.[33] Unterdessen erklärte 1970 Gouverneur Nelson Rockefeller, Sohn von J. D. Rockefeller und Bruder von David Rockefeller, der Rauschgiftsucht den Krieg. Dies endete jedoch mit einem Pyrrhussieg, wobei Hasch knapp wurde und im Preis anzog, während Heroin gleichzeitig billiger wurde.[34] Der Drogenhandel ist schließlich ein sehr einträgliches Geschäft und laut UN-Drogenbericht, der sich auf das Jahr 2017 bezieht, ist weltweit die Zahl der Drogenkonsumenten seit 2009 um 30 Prozent gestiegen.[35] Afghanistan ist dabei der größte Drogenexporteur der Welt.[36] Also das Land, in dem nach dem 11. September 2001 die USA und deren westliche Gefolgschaft den Kampf gegen den Terror begann. Dem alten Rockefeller, dessen Vater wie bereits erwähnt ein Quacksalber war, also jemand, der ohne die notwendige Qualifikation und Befugnis die Heilkunde mit zum Teil dubiosen Mitteln und Methoden ausübte, war nahegelegt worden, eine Forschungseinrichtung zu gründen und Männern mit Ideen, Vorstellungskraft und Mut die Mittel zu geben, um wissenschaftliche Forschung über Infektionskrankheiten zu betreiben. Gesagt, getan, gründete er kurzerhand 1901 das Rockefeller Institute for Medical Research.[37] Dies ist deshalb so erwähnenswert, als dass für die Herstellung von Medikamenten das schwarze Gold, also Erdöl, der Grundstoff ist.[38]

Bereits seit den 1960er-Jahren bestehen enge Verbindungen zwischen den Bankendynastien der Rockefellers und der Rothschilds. Diese beiden, über die monetäre Kohle herrschenden Häuser warfen ihren Zaster sozusagen auf einen Haufen, indem sich die Investmentgesellschaft des Lord Jacob Rothschild mit 37 Prozent an der Finanzgruppe des Rockefeller-Clans seit 2012, also nach der Finanz- oder besser gesagt nach der Bankenkrise von 2008 beteiligte.[39] Während die alten Rockefellers mit der Standard Oil Company, dem ersten multinationalen Konzern, und dessen Nachfolge-Unternehmen Exxon über Jahrzehnte milliardenweise US-Dollar scheffelten, sind ihre Nachfahren grün geworden. Also nicht wirklich grün natürlich, sondern im Sinne von umweltfreundlich und ökologisch. Ob die das aus reiner Liebe zur Natur machen? Oder ist damit möglicherweise jede Menge Geld zu verdienen? Die Rockefellers sollen ein Gesamtvermögen laut Forbes von 11 Milliarden US-Dollar haben. Dabei kommt auf jeden heute noch lebenden Rockefeller des rund 200 Mitglieder umfassenden Clans ein Privatvermögen von schätzungsweise „nur noch" 50 Millionen US-Dollar, wie die FAZ am 25. Mai 2016 schrieb. Ob tatsächlich sämtliche Immobilien, Kunstgegenstände, Firmenbeteiligungen usw. in die Schätzungen mit eingerechnet wurden? Mit welchem Spruch würden Kinder und Jugendliche, von denen in Deutschland fast 2 Millionen auf Hartz IV angewiesen sind, diese fast schon ärmlichen Verhältnisse der Vielfachmillionäre kommentieren?[40] Wahrscheinlich mit „LOL", „Voll krass, ey!" oder „Oooh – eine Tüte Mitleid!"

Hamburg-Amerika-Connection

Einer der vermeintlichen Entenjäger auf Jekyll Island war bekanntlich der in Hamburg geborene und nach Amerika ausgewanderte Paul Warburg, der dort 1895 die Tochter Nina von Salomon Loeb, dem Mitbegründer und Inhaber des New Yorker Bankhauses Kuhn, Loeb & Co., heiratete.[41] Der gemeinsame Sohn James wurde nach seinem Studium an der Harvard-Universität u. a. Mitglied der Denkfabrik Council on Foreign Relations, stellvertretender Vorstandsvorsitzender der Bank der Manhattan Company und während dieser Zeit der Finanzberater von Präsident Roosevelt. Darüber hinaus half er nach dem Zweiten Weltkrieg bei der Organisation der Gesellschaft zur Verhütung des Dritten Weltkriegs zwecks Unterstützung des Morgenthau-Plans.[42]

Machen wir nun einen Sprung über den großen Teich aus den Vereinigten Staaten von Amerika in die schöne Freie und Hansestadt Hamburg. Dort sitzt seit 2014 Max M. Warburg, Enkel von Max Warburg und Großneffe von Paul Warburg, im Aufsichtsrat der Hamburger Privatbank M.M. Warburg & Co. in der Innenstadt der Metropole an der Elbe.[43] Hundert Jahre zuvor hatte sich sein weltweit vernetzter Großvater, damals als „König von Hamburg" bezeichnet, mit Kaiser Wilhelm II., den er auch in Finanzangelegenheiten beriet, zum Lunch getroffen. Sein Ziel war es, den Kaiser von einem Präventivkrieg gegen Russland in der bereits 1914 herrschenden Vorkriegsstimmung abzuhalten.[44,45] Einen Weltkrieg und vierzehn Jahre später hatten sämtliche Teilhaber dieses Bankhauses insgesamt 87 Mandate in Aufsichtsräten inne.[46] Max Warburg selbst, der Ende August 1938 in die USA emigrierte und durch den Novemberpogrom nach Deutschland nicht wieder zurückkam, saß u. a. von 1926 bis ca. 1935 im Aufsichtsrat der 1925 gegründeten IG Farben, an der die Hamburger Bankiersdynastie selbst große Aktienpakete besaß.[47,48] Sein Bruder Paul saß unterdessen im Vorstand der amerikanischen IG Farben, eine der IG Farben vollständig gehörende US-Tochterfirma.[49] Die IG Farben war ein Zusammenschluss von acht deutschen Unternehmen wie beispielsweise Bayer, BASF, Hoechst und Cassella. Dabei war diese Interessengemeinschaft auf ihrem Höhepunkt das größte Unternehmen in Europa und das größte Chemie- und Pharmaunternehmen der Welt, dessen Abwicklungsverfahren rund 60 Jahre dauerte und mit der Löschung im Handelsregister im Jahr 2012 endete.[50]

In einem äußerst lesenswerten Artikel in der ZEIT vom 6. September 2017 ist die Rede davon, dass man in Verbindung mit dem Hamburger Bankhaus, welches zur Warburg-Gruppe mit u. a. Kommanditgesellschaften gehört, inmitten der Hansestadt von einer globalen Dynastie sprechen könne. Diese einst als seriös hanseatisch geltende Privatbank ist jedoch in der Neuzeit mit Cum-Ex-Geschäften und auch hinsichtlich roter Zahlen aus dem Jahr 2015 in die Schlagzeilen geraten.[51] Bei den Cum-Ex-Geschäften täuschten Banken, Börsenhändler wie auch Aktienfonds trickreich die Finanzämter und ließen sich die auf Dividendenerlöse fällige, einmal gezahlte Kapitalertragsteuer gleich mehrmals erstatten. Im Herbst 2018 war die Rede von einem Schaden in Höhe von insgesamt 330 Millionen Euro.[52] Das Privatbankhaus, dem vorgeworfen wird, 146 Millionen Euro beim Fiskus abgegriffen zu haben, hat zwischenzeitlich selbst Klage mit Datum vom 21. Dezember 2018 gegen die Deutsche Bank eingereicht. Diese soll bei den Aktiengeschäften in der Rolle des Dienstleisters agiert haben, weswegen man gegen sie nunmehr die gesamte Steuerlast geltend macht und darüber hinaus auch noch den Schaden, der durch die Vorwürfe gegenüber dem Hamburger Bankinstitut entstanden ist.[53] Das Ergebnis des größten deutschen Steuerskandals ist also noch offen. Und nur nebenbei sei erwähnt, dass auf schwere Steuerhinterziehung bis zu zehn Jahren Haft stehen.

Der 1990 verstorbene Vater von Max M. Warburg und Neffe von Paul Warburg, Eric Warburg, machte eine Lehre als Bankkaufmann. Darüber hinaus sammelte er u. a. im Bankhaus N. M. Rothschild & Sons in London seine Erfahrungen und gründete 1938 die New Yorker Investmentbank Warburg Pincus. 1952 wurde von ihm, dem späteren Bundeskanzler Helmut Schmidt (SPD) und anderen in Hamburg die Atlantik-Brücke, ein politisches Netzwerk und privates Politikberatungsinstitut, ins Leben gerufen. Die Atlantik-Brücke e. V.

unter dem ehemaligen Vorstandsvorsitzenden Friedrich Merz (CDU) und seinem Nachfolger seit 2019, Sigmar Gabriel (SPD), mit Kai Diekmann von der BILD-Zeitung aus dem Hause Springer im Vorstand, hat viele Mitglieder aus Politik, Wirtschaft und Finanzen, aber auch aus dem Staatsfunk und den Meinungsmachermedien. Hierzu gehören beispielsweise Angela Merkel (CDU), Christian Lindner (FDP), Martin Winterkorn (ehemaliger VW-Manager), der eingangs erwähnte Claus Kleber vom ZDF-heute-journal, SPIEGEL-Redakteur Jan Fleischhauer und Max M. Warburg von M. M. Warburg & Co.[54]

Dieser Think Tank hat heute seinen Sitz unter der Berliner Adresse Am Kupfergraben 7, während Angela Merkel zusammen mit ihrem Mann Joachim Sauer privat in einem gelb gestrichenen Altbau Am Kupfergraben mit der Hausnummer 6 residiert.[55] Der Ehemann der Kanzlerin, der nur selten in der Öffentlichkeit zu sehen ist, sitzt im Kuratorium der Friede-Springer-Stiftung. Für seine Tätigkeit in der Stiftung erhält Herr Sauer jährlich 10.000 Euro.[56] Frau Springer ist die Witwe des 1985 verstorbenen Atlantik-Brücken-Mitgliedes und Medienmoguls Axel Springer aus Hamburg. Dass sich Frau Merkel zu einem Pläuschchen bei einer Tasse Kaffee mit den beiden Medienladys Friede Springer und Liz Mohn im Kanzleramt trifft, ist längst kein Geheimnis mehr. Nicht umsonst spricht so manch einer von diesem weiblichen Dreiergespann als Triumfeminat. Verweilen wir noch einen kurzen Moment in Berlin.

Gegenüber der Straße Am Kupfergraben liegt die Museumsinsel mit dem Pergamon- sowie dem Bode-Museum, das neben Skulpturen und dem Münzkabinett byzantinische Kunst beherbergt. In der zuerst erwähnten Kunstsammlung befindet sich der Pergamonaltar, der um 200 v. Chr. in der kleinasiatischen Stadt Pergamon erbaut wurde und schon in der Bibel Erwähnung findet. Die renommierte amerikanische Bibelforscherin Adela Collins stellte 2006 die sensationelle These „Der Teufel wohnt in Berlin" auf, worüber die BILD berichtete. In der Offenbarung des Johannes im Neuen Testament, übrigens der einzige Teil der Bibel, der einen Blick in die Zukunft gibt, ist mit dem „Thron" der Sitz des Satans gemeint und dieser ist der Pergamonaltar. Auf dessen Fries ist der Kampf zwischen Zivilisation und Barbarei dargestellt.[57] Da soll noch mal einer sagen, in Berlin sei nicht der Teufel los! Übrigens haben Wachleute des Pergamonmuseums über mehrere Jahre hinweg vom Dach aus mit einer Überwachungskamera in das Wohnzimmer der Eheleute Merkel-Sauer gefilmt, was ein knappes halbes Jahr nach Amtsantritt von Angela Merkel an die Öffentlichkeit kam. Die Kanzlerin selbst wollte die Sache jedoch nicht an die große Glocke hängen.[58] Spontan könnte einem in diesem Zusammenhang glatt die NSA-Abhöraffäre – *„Ausspähen unter Freunden, das geht gar nicht"* laut Frau Merkel – und der damit verbundene Untersuchungsausschuss in den Sinn kommen.[59] Letzte Zeugin in dieser äußerst unschönen Abhöraffäre war nebenbei bemerkt die Bundeskanzlerin selbst. *„'Mein Name ist Angela Dorothea Kasner', sagt die Frau im Zeugenstuhl. Im Saal gucken sich viele verblüfft an: Das ist doch ihr Mädchenname? Nach der Pause stellt sie das Missverständnis klar: 'Mein Name ist Angela Dorothea Merkel.' Wenigstens das kann man also ab jetzt als endgültig gesichert betrachten in dieser komplexen Affäre".*[60] So war es in einem Artikel im TAGESSPIEGEL vom 12. Februar 2017 zu lesen. Diesen hätte man auch kurz und schmerzlos unter „Mein Name ist Hase, ich weiß von nichts" zusammenfassen können. Nun aber wieder fix zurück in die etwas weiter zurückliegende politische Vergangenheit.

Eric Warburg war 1952 nicht nur Mitbegründer der Atlantik-Brücke in Hamburg, sondern zusammen mit dem amerikanischen Juristen John J. McCloy, der u. a. in Verbindung mit den Diktatoren Mussolini und Hitler zwecks Vergabe umfangreicher Kredite stand, auch Mitbegründer des American Council on Germany in New York. Dies ist eine Schwesterorganisation der Atlantik-Brücke, die auch eng mit dem zuvor bereits erwähnten Council on Foreign Relations (CFR) verbunden ist, der u. a. von Paul Warburg bereits im Jahr 1921 ins Leben gerufen worden war.[61] Der CFR ist eine private US-amerikanische Denkfabrik mit 4.500 Mitgliedern, deren Fokus auf außenpolitische Themen gerichtet ist.[62] Eric Warburgs politischer Einfluss war damals so groß, dass beispielsweise nach dem Zweiten Weltkrieg Hamburg und Schleswig-Holstein nicht unter sowjetische Besatzung fielen, wie es ursprünglich von der US-Regierung geplant war. Dabei soll er dem Kreml im damals sowjetischen Moskau zutiefst misstraut haben.[63] **Könnte nicht aber der Grund für seine Einflussnahme** einfach darin zu sehen sein, dass Hamburg, wo ohnehin das Bankhaus Warburg stand, einen Seehafen hatte und Schleswig-Holstein strategisch wichtig durch den Nord-Ostsee-Kanal war? Im Rahmen der Arisierung durch die Nazis wurde auch die Hamburger Bankendynastie enteignet, die dadurch unter anderem große Aktienpakete von AEG und IG Farben verlor, wofür sie später entschädigt wurde, während man nach dem Mauerfall auch auf Entschädigungen im Osten hoffte.[64] Doch gucken wir uns ein wenig in Hamburg um, das ja bekannt für sein Leben auf der Reeperbahn nachts um halb eins ist. Nein, ich muss Sie enttäuschen. Hier geht es nicht um die Szene der vielen Nacht-, Party- und Sexclubs auf St. Pauli. Vielmehr geht es um die Treffen der feinen Gesellschaft hinter verschlossenen Türen.

Elitäre Clubs

Im Jahr 2007 titelte der SPIEGEL einen Artikel mit „Global City Hamburg – Die heimliche Macht der Clubs". In Hamburg, dem „Tor zur Welt" an Alster und Elbe, gibt es beispielsweise den Übersee-Club. Dies ist ein exklusiver Ort für Gentlemen, der auf Initiative von Max Warburg 1922 gegründet wurde. Des Weiteren gibt es den Hafen-Klub e.V., der heute als der führende Wirtschaftsclub in der Hansestadt gilt. Der Banker Warburg konnte damals an der Gründungsversammlung des Übersee-Clubs am 27. Juni 1922 aus Sorge um seine Sicherheit nicht teilnehmen. Drei Tage zuvor war der liberale Reichsaußenministers Walther Rathenau, dessen Vater der Firmengründer von AEG war, durch einen Komplott des rechtsextremen Geheimbundes Consul ermordet worden. Zu diesem Schluss kommt der Historiker Martin Sobrow, für den Rathenaus Ermordung ein Teil einer terroristischen Eskalationsstrategie gewesen sei mit dem Zweck, einen Bürgerkrieg zu entfesseln.[65] Man befürchtete, dass auch das Leben Warburgs in Gefahr sei, der mit Rathenau freundschaftlich bekannt war.[66] Aus diesem Grund fuhren sämtliche Teilhaber der M.M. Warburg & Co. ab Sommer 1922 aus Angst, selbst Ziel eines Attentates zu werden, nur noch mit vergitterten Scheiben und unter Begleitung von Polizeieskorten zur Arbeit.[67] An dieser Stelle sei daran erinnert, dass das Attentat auf den österreichisch-ungarischen Thronfolger Franz Ferdinand nebst seiner Gemahlin in Sarajevo durch Gavrilo Princip als Auslöser des Ersten Weltkriegs gilt. Dieser gehörte der Untergrundorganisation Mlada Bosna an, welche mit offiziellen Stellen Serbiens in Kontakt gestanden haben soll.[68]

Eines ist all diesen Clubs gemeinsam: Sie bleiben der Öffentlichkeit gegenüber verschlossen. Hier gilt auch heute noch die britische Regel: „*Ein Club ist ein Gebäude, in dem sich auch ein Minister ungestört betrinken kann.*" An diesen Orten treffen sich jedenfalls die wahren Drahtzieher der Stadt, wo sie unter sich sind.[69] Und da die Hamburger ohnehin als eher wortkarg und etwas unterkühlt gelten, kommt es ihnen nur zugute, nicht in der Öffentlichkeit über ihre Treffen reden zu müssen. Hinterzimmerpolitik ist sicherlich keine Erfindung der Neuzeit. Sie findet sowohl in der vergleichsweise kleinen Metropole Hamburg, die immerhin Kaufmanns-, Handels- und Medienstadt mit einem Seehafen ist, als auch in der ganz großen, also der Weltpolitik statt.

Ein weiterer elitärer Club der Hansestadt ist der sich unpolitisch gebende, für internationale und vornehmlich deutsch-britische Beziehungen eintretende Anglo-German-Club, zu dessen Gründungsmitgliedern 1948 u. a. Bürgermeister Max Brauer und die Verleger Axel Cäsar Springer, John Jahr und Ernst Rowohlt zählten.[70] Springer selbst lernte zunächst das Drucker- und Setzerhandwerk in der Buchdruckerei Hammerich & Lesser seines Vaters Hinrich Springer. Danach war er von 1931 bis 1933 Volontär bei der Bergedorfer Zeitung und arbeitete ab 1934 bei den Altonaer Nachrichten/Hamburger Neueste Zeitung als Redakteur, Chef vom Dienst und stellvertretender Redakteur im Unternehmen seines Vaters. Während sich Springer nach dem Zweiten Weltkrieg als großer Israel- und Judenfreund erwies, war seine Haltung gegenüber den Juden – seine erste Frau war eine getaufte Jüdin – während der NS-Zeit keinesfalls makellos. So soll er in den Jahren, in denen er für die Altonaer Nachrichten tätig war, für antisemitische Propaganda mitverantwortlich gewesen sein. Dieses dunkle Kapitel im Leben des Zeitungskönigs, der wegen seiner Bauchspeicheldrüse nicht an die Front berufen wurde, sich selbst als Messias gesehen und unter schizophrenen Schüben gelitten haben soll, wollte sein verlegerischer Konkurrent Rudolf Augstein 1979 öffentlich machen.[71,72] Springer höchstpersönlich soll interveniert haben, wodurch ein Artikel über ihn im SPIEGEL verhindert wurde.

Ein Club neueren Datums und der etwas anderen Art ist der Ende der 1960er-Jahre gegründete Club of Rome. Dieser hat jedoch nichts mit der Stadt am Tiber, zu der sprichwörtlich alle Wege führen, Italien oder dem Vatikan zu tun. *„Der CLUB OF ROME ist ein gemeinwohlorientierter und gemeinnütziger Zusammenschluss von Experten verschiedener Disziplinen aus mehr als 30 Ländern. Er setzt sich für die nachhaltige Zukunft der Menschheit ein, und studiert dafür die großen Megatrends. Der CLUB OF ROME wurde 1968 gegründet und genießt seit 1972 durch die Veröffentlichung des Berichts ‚Die Grenzen* *des Wachstums' internationale Anerkennung."* So steht es zumindest auf dessen Internetseite.[73] Dummerweise oder vielmehr zum Glück sind die vielen Schreckensszenarien dieses Berichts nicht eingetreten. In einem äußerst lesenswerten Artikel des Journalisten und Autors Bruno Bandulet vom 2. September 2008 liest man: *„[...] Und doch war die Publikation ‚Die Grenzen des Wachstums' nichts anderes als ‚unverantwortlicher Unfug', wie der Yale-Professor Henry C. Wallich schon am 13. März 1972 in einem Artikel für das US-Magazin ‚Newsweek' erkannte. Wenn Meadows und seine Kollegen Recht gehabt hätten, wären die wichtigsten Rohstoffreserven schon längst erschöpft. Gold sollte laut Meadows nur noch bis 1979 reichen, Silber bis 1983, Öl bis 1990 und Erdgas bis 1992. Jeder Geologe mit ein bisschen Erfahrung, jeder Unternehmer aus der Rohstoffbranche hätte dem Club of Rome sagen können, dass das alles grausam falsch war. [...]"*[74] Gott sei Dank dreht sich auch heute noch die Erde und noch immer geht jeden Morgen auf diesem wunderschönen Planeten die Sonne wieder auf. Macht mal sutsche und bitte keine Panik auf der Titanic! Doch wer waren die Gründer dieses Clubs?

Auf Kosten des aus Turin stammenden Fiat-Chefs Giovanni Agnelli junior, der mehr als ein Viertel der Unternehmen an der Börse in Mailand kontrollierte, wurde dieser Think Tank von dem Industriellen Aurelio Peccei initiiert und nach einem ersten Treffen im April 1968 in der Accademia die Lincei in Rom gegründet.[75,76] Peccei war damals Mitglied der Firmenleitung bei Fiat und Olivetti und hatte Fiat erfolgreich als Top-Manager in Lateinamerika aufgebaut.[77,78] Das nächste Treffen wurde mit Unterstützung der Rockefeller Foundation im italienischen Bellagio vorbereitet, wie auf der französischen Seite bei Wikipedia zu lesen ist.[79] Im Jahr 2000 ging das Rockefeller Center in New York über den Ladentisch, an dem laut New York Times zuvor auch David Rockefeller, der ehemalige Chef der Chase Manhattan Bank, die Goldman Sachs Group, die italienische Agnelli-Familie (Fiat) und der Nachlass des griechischen Reeders Stavros Niarchos beteiligt waren.[80] Verbindungen zwischen David Rockefeller und Giovanni Agnelli, der oft als der mächtigste Mann Italiens bezeichnet wurde und dessen Vater zusammen mit sieben Bankern, Großbürgern und Adligen im Jahr 1899 die „<u>F</u>abbrica <u>I</u>taliana <u>A</u>utomobili <u>T</u>orino" gründete, gab es aber auch durch das International Advisory

Committee (IAC) sowie die Chase Manhattan Bank.[81] Das IAC selbst ist das Spitzengremium, bestehend aus 14 vom Generaldirektor der im November 1945 in London gegründeten UNESCO in persönlicher Eigenschaft ernannten Mitgliedern, welches für die Beratung der UNESCO bei der Planung und Durchführung des gesamten Programms zuständig ist.[82] Dabei ist die UNESCO wiederum die Organisation der Vereinten Nationen für Erziehung, Wissenschaft und Kultur.

Aktives und erstes weibliches Clubmitglied seit 1999 ist übrigens „Lady Bertelsmann" Liz Mohn von der Bertelsmann SE & Co KGaA, eines der weltweit größten Medienunternehmen inklusive der RTL Group (RTL, Vox) und dem Gruner + Jahr Verlag (Geo, Stern, Brigitte).[83,84] Nicht vergessen werden darf natürlich die Bertelsmann-Stiftung, die nach eigener Aussage ihre Bestimmung darin sieht, *„'Reformprozesse' anzustoßen und mit den 'Prinzipien unternehmerischen Handelns' eine 'zukunftsfähige Gesellschaft' aufzubauen."*[85] Wiederholt wurde deren Einfluss auf Politik und Gesellschaft kritisiert.[86] So hatte sie als Meinungsmacherin der Politik Angela Merkel als Bundeskanzlerin vorgeschlagen, die bekanntlich eine gebürtige Hamburgerin ist und hinter dem Eisernen Vorhang während des Kalten Krieges in der Deutschen Demokratischen Republik lebte, während der Hamburger Helmut Schmidt von 1974 bis 1982 Bundeskanzler der Bundesrepublik Deutschland, der sogenannten Bonner Republik, war.

Geheimniskrämereien

Helmut Schmidt, geboren im Hamburger Stadtteil Barmbek, starb im November 2015 im gesegneten Alter von 96 Jahren in seinem Reihenhaus in Hamburg-Langenhorn. Schmidt war nach seiner politischen Karriere Herausgeber der Wochenzeitung DIE ZEIT wie auch später der Ex-Staatsminister Michael Naumann (SPD), der seit seiner Studentenzeit mit Marie Warburg, Tochter von Eric Warburg, befreundet gewesen und seit 2005 mit dieser in zweiter Ehe verheiratet ist.[87] Nur wenige Monate vor seinem Tod wurde der Ex-Bundeskanzler von der Großloge der Alten und Angenommenen Maurer mit dem Gustav-Stresemann-Preis geehrt. Durch diese Ehrung sollte die Lebensleistung von Helmut Schmidt gewürdigt werden.[88] Der Mann mit der Mütze, Modell „Elblotse", – sollten Sie auch noch den Kopfumfang wissen wollen: 58 Zentimeter – feierte bereits im Jahr 2000 zusammen mit 500 Freimaurern aus dem In- und Ausland den 200. Geburtstag der Hamburger Logen, wo er selbst eine flammende Rede hielt, in der er die Logenbrüder ermahnte, nach dem Motto „Tue Gutes und rede darüber" zu handeln, statt sich in Schweigen zu hüllen.[89,90] Was Schmidt wohl nicht wusste: Es gibt mittlerweile über 20 Frauenlogen in Deutschland wie zum Beispiel das Märkische Mosaik und die Frauen-Großloge von Deutschland, die ihren Sitz in Potsdam bzw. Berlin haben. Diese Frauenlogen werden jedoch seitens der männlichen Steinmetze nur selten anerkannt.[91] Hoppla, wo bleibt denn da die Gleichberechtigung? Die älteste Freimaurerloge soll 1599 in Schottland gegründet worden sein. Aus ihr und drei weiteren Logen ging 1717 die erste Großloge Englands hervor.[92] Hamburg selbst, wo die erste deutsche Loge 1737 gegründet wurde, gilt bis heute als Hauptstadt dieses Männerbundes in Deutschland. Es ist kein Geheimbund, sondern vielmehr eine verschwiegene Gesellschaft, die sich mit der Königlichen Kunst befasst, Tempelarbeit verrichtet und einfach gute Menschen besser machen möchte. Goethe, Mozart – hier sei auf den Text seiner Oper „Die Zauberflöte" verwiesen – und Tucholsky waren Freimaurer, wobei es bei den alten Kathedralenbauern unterschiedliche Strömungen gibt. So sagte Jean Rhein, ein Freimaurer aus Luxemburg, im Jahr 2004: „*Tatsächlich gibt es mehrere Strömung in der Freimaurerei. Eine Strömung ist explizit religiös, eine andere Strömung, die etwas breiter ist, beinhaltet protestantische Positionen. Eine Strömung erwähnt die absolute Gewissensfreiheit in den Mittelpunkt ihrer Wirkungsweise, ihrer Herangehensweise. Es stimmt, das es diese unterschiedlichen Strömungen gibt, die zum Teil Kontakt untereinander pflegen, zum Teil aber auch sich jeden Kontakt untereinander verwehren."*[93] Freiheit, Gleichheit, Brüderlichkeit, Toleranz und Humanität gelten dabei als die fünf Grundideale der Freimaurer.

Hätten Sie es gewusst? Auch Axel Springer, dessen BILD-Redaktion in Hannover 1977 durch einen mehrmonatigen Undercover-Einsatz des Enthüllungsjournalisten Günter Wallraff als professionelle Fälscherwerkstatt in dessen Bestseller „Der Aufmacher" bezeichnet wurde, gehörte dieser Vereinigung an.[94,95] Bereits 1958 wurde Springer in die Hamburger Loge „Die Brückenbauer" aufgenommen, die als eine Art Think Tank gegründet wurde, was in der deutschen Freimaurerschaft ziemlich einzigartig ist.[96] Damit war er in bester Gesellschaft. Auch Winston Churchill (Studholme Lodge No 1591) und Richard Nikolaus Coudenhove-Kalergi (Wiener Loge Humanitas), von denen später noch zu lesen sein wird, gehörten diesem verschwiegenen Männerverein von Winkel, Lot und Zirkel an.[97,98] Wie viele Freimaurer es weltweit gibt, möchten Sie jetzt gerne wissen? Bei Wikipedia ist hierzu Folgendes zu lesen: *„Die Zahl der Freimaurer weltweit, soweit veröffentlicht, divergiert je nach Quelle stark. So nennt der SWR (Anmerkung: Südwestrundfunk) für das Jahr 2012 weltweit etwa fünf Millionen Mitglieder der Freimaurerei in allen ihren Ausprägungsformen, davon drei Millionen in den USA. Für Deutschland liegen die Angaben zwischen 14.000 (2012) und 15.500 Mitglieder (2015). Die Zeitschrift der deutschen Forschungsloge „Quatuor Coronati" geht von weltweit lediglich 2,6 Millionen Freimaurern aus."*[99] Andernfalls wird von geschätzten 6,8 Millionen Logenbrüdern ausgegangen.[100] Konkrete Zahlen sehen natürlich anders aus, doch so ist das halt unter verschwiegenen Brüdern, die einander an bestimmten, geheimen Symbolen und Ritualen erkennen und vorgeblich für Toleranz und Menschlichkeit stehen.[101] So gibt es den Allmächtigen Baumeister und den Glauben an ein übergeordnetes Wesen. *„Bei einem freimaurerischen Ritual muss immer ein Heiliges Buch aufgeschlagen sein. Ob das die Bibel, die Tora oder der Koran ist, das ist zweitrangig. Es gibt Logen, da sind alle drei aufgeschlagen",* so Großmeister Christoph Bosbach.[102]

Ja, ständig an sich arbeiten, um zu einem besseren Menschen zu werden. Wollen wir das nicht alle? Warum aber machen die Freimaurer das unter dem Mantel der Verschwiegenheit bereits über viele Jahrhunderte? Schließlich könnte doch die ganze Gesellschaft von guten Menschen profitieren. In der NS-Zeit und auch in der DDR waren die Steinmetzbrüder übrigens verboten und auch für die katholische Kirche ist die Freimaurerei aufgrund eines zu undifferenzierten Gottesbildes mit ihrer Glaubenslehre unvereinbar. Bis heute gilt: *„Die Gläubigen, die freimaurerischen Vereinigungen angehören, befinden sich also im Stand schwerer Sünde und können nicht die Heilige Kommunion empfangen."*[103] Verschiedene Päpste haben die Steinmetze sogar als Sekte bezeichnet. Was vielleicht auch ganz interessant sein dürfte: Bis 2018 soll jeder dritte US-amerikanische Präsident ein Freimaurer gewesen sein.[104]

Und wo hier gerade von der katholischen Kirche die Rede ist: Der amtierende Papst Franziskus, der mit bürgerlichem Namen Jorge Mario Bergoglio heißt und aus Argentinien stammt, ist der erste Papst aus dem Jesuitenorden auf dem Heiligen Stuhl in Rom. Warum wird hier die Ordenszugehörigkeit des Heiligen Vaters erwähnt? Ist es nicht egal, welchem Orden ein katholischer Geistlicher angehört? Die Ordensgemeinschaft der Jesuiten, die auch als Gesellschaft Jesu bezeichnet wird, geht auf den aus einem baskischen Adelsgeschlecht stammenden Ignatius von Loyola zurück, wurde 1540 päpstlich anerkannt und ist zu einem Leben in Armut, Ehelosigkeit und Gehorsam verpflichtet. Loyola selbst rief zum Kampf gegen die Reformationsbestrebungen von Martin Luther auf, der gegen den monetären Ablasshandel war und eine Rückbesinnung auf das Evangelium der Bibel forderte, während der damalige Papst Leo X., ein Medici, sich lieber um die Vermehrung seiner Banken und seine Besitztümer in der Toskana kümmerte.[105,106] Der Orden der Gesellschaft Jesu lebt im Gegensatz zu anderen Orden nicht zurückgezogen in Klöstern. Vielmehr unterrichten seine Glaubensbrüder an Schulen und Hochschulen, weswegen dieser Orden auch als Speerspitze der katholischen Kirche gilt.[107] Diese Glaubensgemeinschaft ist der weltweit größte Männerorden, der sich Bildung, Missionierung, Spiritualität und Sorge um die Armen zu seiner Aufgabe gemacht hat. Auf eine gemeinsame Ordenstracht verzichten die Jesuiten, weswegen diese im Gegensatz zu anderen katholischen Orden nicht sofort als solche zu erkennen sind. Gleichfalls ist dieser Orden für viele Katholiken aber auch ein Krebsgeschwür, da er durch Unterwanderung gesellschaftliche Einrichtungen stark beeinflusst. *„Aber trotz ihrer Anzahl und globalen Präsenz – die Gesellschaft ist der größte männliche Orden der Welt, mit Mitgliedern in mehr als 100 Ländern auf der ganzen Welt – mussten die Jesuiten fast fünf Jahrhunderte warten, bis einer ihrer Mitglieder in die Oberschicht aufstieg in den höchsten Posten der katholischen Kirche. Obwohl sie ein Gelübde der Armut ablegen, wurden Keuschheit und Gehorsam in der Vergangenheit in Rom und anderswo mit Argwohn betrachtet und sie als eine Gruppe angesehen, die ein bisschen zu praktisch, ein bisschen zu unabhängig und ein bisschen zu mächtig für das eigene Wohl ist."* Dies schrieb The Guardian einen Tag nach Amtsantritt von Papst Franziskus.[108]

Mehrfach wurde diese Bruderschaft in der Geschichte verboten, da sie den Herrschern zu mächtig wurde. Hätten Sie gewusst, dass der Napoleon der Neuzeit alias Emmanuel Macron, Deutschlands wohl reichster Politiker Martin Schulz (SPD) und der EZB-Taschendieb Mario Draghi, der deutschen Sparern so richtig tief in die Taschen greift, ehemalige Jesuitenschüler sind?[109,110,111,112] Und auch der am 31. Oktober 2019 aus dem Amt scheidende EU-Kommissionspräsident Jean-Claude Juncker war ein Jesuitenzögling, der in einem Interview mit der taz im Jahr 2014 von Angela Merkel als Frau des Satans sprach, die ihre Kinder alle gleich nach der Geburt dem Teufel verkauft habe. Darüber hinaus äußerte er sich darin weiter wie folgt im Zusammenhang mit einem geeinten, unterwürfigen Europa und illegalen Migranten, die Europa überrollen würden: *„Man muss das so durchziehen, dass es nicht zu nazimäßig wirkt, Sozis und Grüne mit ins, haha, Boot holen. Am besten hinter verschlossenen Türen … Nicht mit diesem plakativen Rassismus, der viele nur abschreckt."*[113]

Ganz gleich, ob Sie ein gläubiger Mensch im Sinne des Juden- oder Christentums oder des Islam, ein Atheist oder Agnostiker sind: Haben Sie sich schon mal gefragt, warum Papst Franziskus nicht wie seine Amtsvorgänger das goldene Kreuz und rote Schuhe trägt, die einerseits als Zeichen der Macht gelten, andererseits das von Jesus für die Menschen vergossene Blut symbolisieren?[114] Daran, dass die katholische Kirche sich keine neuen roten Schuhe für den Pontifex leisten kann, kann es wohl kaum liegen. Allein das Vermögen der katholischen Kirche in Deutschland ist riesig und setzt sich aus Immobilien, Aktien, Beteiligungen sowie Geldanlagen zusammen.[115] Viele Gläubige verwirrte bei einem Besuch in Loreto, dass etlichen Katholiken vom Heiligen Vater der Kuss seines Fischerringes verweigert wurde, indem Franziskus seine Hand jedes Mal schnell wegzog, bevor diese den besagten Ring küssen konnten.[116] Für manch einen ist der amtierende Pontifex sogar der falsche Prophet aus der Offenbarung. Werfen Sie einfach mal einen genauen Blick auf das silberne Kreuz seiner Herrlichkeit und googeln Sie mal nach „heimlicher Schwur der Jesuiten". Ob es sich bei diesem um Wahrheit oder Dichtung handelt, kann ich Ihnen nicht sagen. Vielmehr geht es um einen Abgleich mit der Rolle des Papstes in der Gegenwart.

Sind Sie ein abergläubischer Mensch? Falls ja, dann leiden Sie möglicherweise unter der sogenannten Triskaidekaphobie, also der Angst vor der Zahl 13. Dies möglicherweise besonders an einem Freitag, dem 13., an dem so mancher am liebsten gar nicht das Haus verlassen möchte. Der Aberglaube um die Zahl 13 lässt sich übrigens bereits aus der Bibel herleiten. So saßen beim letzten Abendmahl mit Jesus 13 Menschen am Tisch – der 13. war der Verräter Judas. Oft wird diese Zahl auch als „Dutzend des Teufels" bezeichnet.[117] Und jetzt wird es gleich so richtig spooky: Die Vorstellung von Papst Franziskus, der durch den Amtsverzicht von Papst Benedikt XVI. ins Amt kam, was beinahe mit einer Revolution vergleichbar war, erfolgte am 13.03.2013. Die Quersumme aus diesem Datum ergibt 13 (1+3+3+2+0+1+3=13). Der neue Papst war bei der Ernennung zum Papst 76 Jahre alt. Die Quersumme ist 7+6 = 13. Der weiße Rauch soll um 7:06 pm (7+6 = 13) aufgestiegen sein. Damit aber nicht genug, denn wenn man die Buchstaben des Namens BERGOGLIO in Großbuchstaben geschrieben mit der ASCII-Tabelle in Zahlen umwandelt und diese Zahlen addiert, kommt die Zahl 666 heraus.[118] Diese Zahl steht schon in der Bibel als Zahl des Tieres. So ist im Kapitel 13, Vers 18 der

Johannes-Offenbarung im Neuen Testament zu lesen: *„Hier ist die Weisheit. Wer Verständnis hat, berechne die Zahl des Tieres, denn es ist eines Menschen Zahl; und seine Zahl ist 666."* Sie wird in der Bibel oft als Synonym für den Teufel, den Antichristen oder auch den Papst, den kommenden römischen Herrscher verwendet. Auch im Alten Testament taucht diese Zahl auf und wird oft als böser Mensch gedeutet, der gottgleich sein möchte.[119]

Nun ist aber genug mit den Zahlenspielen und wir kommen wieder zurück zu den schlauen Jungs, denn sowohl die Freimaurer als auch die Jesuiten (SJ) werden oft als solche bezeichnet.[120]

Die schlauen Jungs

Kennen Sie P2? Nein, damit ist nicht ein Parkdeck im zweiten Stock eines Parkhauses gemeint. P2, genauer gesagt Propaganda Due, hieß eine Freimaurerloge in Italien, die von dem ehemaligen Großmeister Licio Gelli, der 2015 verstarb, im Jahr 1970 gegründet wurde. Im Zusammenhang mit dieser Loge sollten Sie unbedingt noch einmal den Begriff „Verschwörungstheorien" googeln und bei Wikipedia nachlesen, was darüber geschrieben steht. Auf das Konto dieser Loge, der viele Richter, Politiker, Banker und Militärs angehörten, geht jedenfalls auch der Mord an dem Banker Roberto Calvi, der als „Banker Gottes" bekannt war. Dieser hatte Gelder der Mafia gewaschen und sie über die Vatikanbank IOR ins Ausland gebracht. Doch nicht nur Geldwäsche, sondern auch Waffengeschäfte, Steuerflucht und dergleichen gehen auf das Konto der päpstlichen Bank. Jaja, die Kirche und das liebe Geld. Hätten Sie gewusst, dass sich der Vatikan mit seiner enormen päpstlichen Schuldenlast in den Krisenzeiten des 19. Jahrhunderts nur durch Rothschild-Kredite über Wasser halten konnte? Die Schulden waren seit der Barockzeit durch die Errichtung von Kirchen, Palästen und Villen in Rom und dessen Umland ins Unermessliche gewachsen.[121] Niemand wurde für den Mord an Calvi verurteilt, die Loge aber 1981 verboten. Prominentestes Mitglied war übrigens Silvio Berlusconi, der spätere italienische Ministerpräsident.[122] Sie wissen schon, der Bunga-Bunga-Silvio, für den bis zu 20 Frauen, u. a. als Barack Obama verkleidet, gestrippt haben.[123] Erst am 1. März 2019 starb Imane Fadil, eine wichtige Zeugin im Prozess gegen Berlusconi. Diese soll mit radioaktiven Substanzen vergiftet worden sein.[124]

Einst lebten in Italien die reichsten und mächtigsten Adelsfamilien Europas, die nicht selten auch als Schwarzer Adel bezeichnet werden. In Bella Italia der Neuzeit, dem Land von La Dolce Vita, Ciao Bella und der Mafiosi, erschien Ende 2014 von Gioele Magaldi, selbst Großmeister der Loge Oriente

Democratico, das Buch „Massoni. Società a responsabilità illuminati – La scoperta delle Ur-Lodges", zu Deutsch „Freimaurer. Gesellschaft mit beschränkter Haftung – Die Entdeckung von Ur-Logen". Dieses gibt es bislang noch nicht auf Deutsch, doch ein Blick auf die Rezensionen bei Amazon lohnt sich durchaus und lässt einen Unglaubliches erfahren. So soll in diesem Buch die Rede davon sein, dass sie, also die 36 UrLogen, wichtige Ereignisse der letzten 300 Jahre geplant oder geprägt hätten. Kriege, Krisen, Umstürze und dergleichen würden darunterfallen, wobei es antidemokratische und demokratische Logen geben soll, und manche Mitglieder sowohl in der einen als auch in der anderen Loge anzutreffen sind. Allen Ur-Logen-Mitgliedern soll gemeinsam sein, dass sie die Alchemie des Geldes als höchste Kunst erachten. Über dieses Buch gibt es übrigens ein interessantes Video mit Werner Altnickel, der als Ex-Greenpeace-Aktivist gerne auch mal als Anhänger pseudowissenschaftlicher Verschwörungstheorien bezeichnet bzw. verunglimpft wird.[125] Sicherlich kann es ebenfalls nicht schaden, sich die deutsche Zusammenfassung des mehr als 600 Seiten umfassenden Werkes anzusehen oder einen Blick auf die Internetseite von The Project Avalon zu werfen.[126,127] An dieser Stelle eine Frage an Sie: Kennen Sie das Foto mit Angela Merkel (CDU) und Olaf Scholz (SPD), wo beide die berühmte Raute der Kanzlerin machen? Es wurde beim traditionellen Matthiae-Mahl im Hamburger Rathaus 2016 aufgenommen.[128] Ein gutes Jahr später fand in der Geburtsstadt der Bundeskanzlerin unter dem damaligen Bürgermeister Scholz der G20-Gipfel statt, an dem auch Frau Merkel teilnahm. Dieses Treffen und die damit verbundenen Proteste brachten der schönen Elbmetropole teils bürgerkriegsähnliche Szenen. Nein, das war wahrlich kein friedlicher Hafengeburtstag an der Elbe. Viel friedlicher ging es hingegen zwei Monate zuvor beim Senatsempfang im Hamburger Rathaus zu, wo Olaf Scholz ein Grußwort zum 300. Geburtstag der Freimaurerei sprach.[129]

Die Freimaurer, die auch als Söhne des Lichtes bezeichnet werden, sozusagen illuminiert sind, wobei es ja auch tatsächlich die von Adam Weishaupt 1776 gegründeten Illuminaten gab, sowie die US-Ein-Dollarnote haben ein symbolisches Element gemeinsam: Es ist das allsehende Auge, auch Auge der Vorsehung oder Auge Gottes genannt.[130] Mit dem Bild Gottes aus der

Bibel hat dies jedoch nichts zu tun, auch wenn im Aachener Dom, wo der Schrein von Karl dem Großen steht, und in der nach dem Zweiten Weltkrieg neu aufgebauten Dresdner Frauenkirche dieses Symbol zu finden ist. In Verbindung mit dem Auge der Vorhersehung taucht dabei immer wieder ein Dreieck auf, welches oft als Pyramide dargestellt ist. Seit 1935 befindet sich unter Präsident Roosevelt auf dem Ein-Dollar-Schein eine 13-stufige Pyramide, aber auch eine winzig kleine Eule ist dort schräg links oberhalb der Eins zu sehen, wie die Ein-Dollar-Note ohnehin mit vielen interessanten Symbolen übersät zu sein scheint.[131] Denken Sie an das alte Ägypten und was Sie damals im Geschichtsunterricht über den Bau der Pyramiden sowie das System der ägyptischen Gesellschaft gelernt haben. Wer machte dort den großen Teil der Gesellschaft aus? Na servus – kleiner Scherz unter uns Lateinern –, ich bin mir ganz sicher, Sie haben es bestimmt richtig erkannt.

Unter den Augen der Eule

Privat treffen sich die 2.000 einflussreichsten Männer Amerikas aus Politik, Finanzen, Militär, Wissenschaft, Wirtschaft, Kunst und Medien sowie deren geladene Gäste im exklusivsten und geheimnisvollsten Herrenclub der USA, dem Bohemian Club, 120 km nördlich von San Francisco zur größten Männer-Party der Welt. Dies berichtete schon 1982 der SPIEGEL in seiner 30. Ausgabe.[132] In der Vergangenheit waren unter den Teilnehmern Persönlichkeiten wie die US-Präsidenten Herbert Hoover, Dwight D. Eisenhower, Richard Nixon und Gerald Ford sowie auch Helmut Schmidt als damaliger Bundeskanzler der Bundesrepublik Deutschland. Auch die beiden Bush-US-Präsidenten, auf die wir später noch zu sprechen kommen, das Politikurgestein Henry Kissinger – googeln Sie mal „Die Akte Kissinger" mit dessen Kriegsverbrechen und Massenmorden – und der frühere US-Verteidigungsminister Donald Rumsfeld, von dem später ebenfalls noch zu lesen sein wird, waren Teilnehmer des seit 1878 bestehenden politischen Freiluft-Hinterzimmers. Doch nicht nur das: Auch der aus Österreich stammende Arnold Schwarzenegger – „Terminator" und kalifornischer Gouverneur bis 2011 – nahm im Sommer 2010 an einem solchen Treffen teil.[133] Dort geht es bei einer zweiwöchigen großen Sause bei Tanz, Essen und Trinken natürlich nur um eines: Um Spaß und Vergnügen, um dem Alltag mal zu entfliehen. So stand es zumindest u. a. in einem Artikel der Frankfurter Rundschau aus dem Jahr 2008.[134,135] Auch Prinz Philip, Ehemann von Queen Elisabeth II. und Vater von Prinz Andrew, soll 1962 im Grove gewesen sein.[136] So viele einflussreiche und monetär betuchte Männer und keine Frauen dabei, mag so manch einer sich jetzt wohl denken.

Vielleicht fallen Ihnen an dieser Stelle aber auch gerade der „Lolita-Express" des 578-US-Dollar-Millionärs, Investmentbankers und wegen Missbrauchs von Minderjährigen verurteilten Jeffrey Epstein und seine guten wie Freunde Prinz Andrew und Bill Clinton ein? Dieser stand auch in gutem Kontakt mit

Leslie Wexner, dem Inhaber der amerikanischen Modemarke Vicoria´s Secret für Reiz- und Damenunterwäsche. Auch nach seiner Verurteilung und seiner Entlassung aus dem Gefängnis hielt man Epstein in erlauchten Kreisen und im Geldadel die Stange. Wenn das keine wahre Freundschaft fürs Leben ist. So nahm Epstein beispielsweise im Jahr 2011 an einem Milliardärsessen teil, bei dem auch Elon Musk und Jeff Bezos zugegen waren.[137] Gönnen Sie sich doch mal per YouTube einen Drohnenflug zu Epsteins Privatinsel Little St. James samt Tempel mit goldener Kuppel und zwei goldenen Eulen auf dem Dach. Die Queen ist jedenfalls not amused über die Freundschaft ihres von den Briten oft als „Randy Andy" – der geile Andy – bezeichneten Sohnemanns zu dem pädophilen Wallstreet-Manager gewesen. Dieser soll am 10. August 2019 in seiner Zelle in einem New Yorker Hochsicherheitsgefängnis einen viele Fragen aufwerfenden Suizid – eventuell wurde er auch geselbstmordet – begangen haben, während den laufenden Ermittlungen auch der britische Prinz mit Vorwürfen belastet und in Erklärungsnot gebracht wird.[138,139] Ein Insider soll zuvor sogar erklärt haben, die Königin befürchte, die Monarchie könnte nicht überleben, wenn der Skandal hochkocht.[140] Nunmehr bleibt also abzuwarten, ob auch nach dem Tod von Epstein, der in seinem Haus ein Ölgemälde von Bill Clinton in einem blauen Kleid nebst roten High Heels in lasziver Pose hängen hatte, die durchaus Interpretationsspielraum bietet, weiter ermittelt wird oder ob die Akte zu seinem Sexsklavenring, zu dessen Kunden Politiker, Staatsanwälte und Professoren gezählt haben, als geschlossen gilt.[141] Fein säuberlich hatte Epstein auf 92 Seiten eines schwarzen Notizbüchleins seine Kontakte in die höchsten Kreise der angeblich feinen Gesellschaft geführt. Neben manchen Namen hatte er das Wort „witness", also Zeuge vermerkt.[142] Möchten Sie mehr Details über die Hintergründe im Fall Epstein oder aber über die Bronfman-Erbin im Fall der Sex-Sekte Nxivm wissen? Dann empfehle ich Ihnen sehr gut recherchierte Beiträge auf YouTube von Amazing Polly in englischer Sprache, gute Übersetzungen dazu von Anon Rah ins Deutsche oder Videos des vermeintlichen Verschwörungstheoretikers Oliver Janich.

Um die britische Krone müssen wir uns sicherlich keine Sorgen machen. Die Monarchie hat schon so viele Kriege, Eskapaden und Krisen überlebt, da wird doch eine solche „Lappalie" nicht zu deren Sturz führen. Schließlich wurde der britische Discjockey und BBC-Moderator Jimmy Savile, der nach eigener Angabe als inoffizieller Eheberater von Prinz Charles und Prinzessin Diana Ende der 1980er-Jahre agiert haben soll, 1990 zu den Ehrungen des Geburtstags der Queen für sein soziales Engagement zum Ritter geschlagen. Noch im gleichen Jahr wurde er von Papst Johannes Paul II. zum Ritter des Gregoriusordens ernannt. Er, den Scotland Yard als den schlimmsten Sexualverbrecher in der Geschichte des Landes bezeichnete.[143] Und denken Sie nur an die vielen Missbrauchsfälle von Telford und Rotherham, wo man im Reich der Insel-Royals so wunderbar weggesehen hatte.

Nun aber wieder zurück zum Bohemian Grove mit seinen schützenden sowie gigantisch hohen Redwood-Bäumen. Zu diesem, einmal im Jahr über zwei Wochen stattfindenden Sommerlager, welches nur Männern vorbehalten ist und ungebetenen Gästen den Zugang strikt verwehrt, war Helmut Schmidt durch den damaligen US-Außenminister George Shultz eingeladen worden. Der hatte ihn im „politischen und sozialen Fort Knox" in der „Straße der Verdammten" des „Mandalay"-Camps untergebracht. Wie, das wussten Sie nicht? Dann haben Sie bestimmt auch nicht gewusst, dass Edward Teller, der als Vater der Wasserstoffbombe während des Kalten Krieges gilt, ebenfalls zu den illustren Gästen zählte. Ein weiterer solcher Gast war bereits in den 1930er-Jahren der Atomphysiker Ernest Lawrence. Dieser soll interessanterweise beim Geschirrspülen auf den Financier William Crocker getroffen sein. Von ihm erhielt er 75.000 US-Dollar für seine Forschungsarbeit, die grundlegende Voraussetzungen zum Bau der Atombombe schuf.[144] Schon in seiner Ausgabe 31/1979 berichtete das SPIEGEL-Magazin unter der Überschrift „SCHMIDT-URLAUB – Altar der Eule" von einer privaten USA-Visite von Kanzler Schmidt, auf der er sich mit politischen Gegnern des US-Präsidenten traf.[145] Dort sei er damals von den Republikanern in den Bohemian Grove eingeführt worden. Mit folgenden Worten beginnt übrigens der SPIEGEL-Artikel aus dem Jahr 1982: *„Unter riesigen Mammutbäumen, nahe einem kleinen See, steht eine rund zehn Meter hohe, moosüberwachsene Eulenskulptur. Davor sind Holzkloben zu einem Scheiterhaufen aufgeschichtet. In lange rote Gewänder gekleidete Männer tragen eine Figur herbei, bringen sie zum Scheiterhaufen und entzünden ihn unter Sang und Klang. Eine Band spielt das Lied ‚Heiße Zeiten in* *der alten Stadt."* Können Sie sich, die Sie wie ich vielleicht der schon etwas älteren Generation angehören, den früheren Hamburger Innensenator, Finanzminister und Bundeskanzler Schmidt vorstellen, dessen Trauerfeier in der St. Michaeliskirche, dem Hamburger Michel, stattfand, wie er in roter Robe mit Kapuze unter einer riesigen Steineule an einem okkulten Opferritual teilnimmt? Würde Ihr Nachbar so etwas bei sich im Garten veranstalten, würden Sie ihn wahrscheinlich für verrückt erklären, oder? Bei den Teilnehmern dieses Sommercamps handelt es sich jedoch um US-Präsidenten und die Mächtigen über Finanzen, Wirtschaft & Co., allesamt männlich und extrem einflussreich. Das alles stand wie gesagt schon 1979 und 1982 im SPIEGEL bzw. 2008 in der Frankfurter Rundschau. In seinem Buch „Menschen und Mächte" schreibt Schmidt Schnauze, wie der frühere Bundeskanzler häufig aufgrund seines Koddermundwerks genannt wurde, über seine Zeit im US-amerikanischen Sommerlager: *„Dieses Wochenende brachte mir eine der erstaunlichsten Erfahrungen, die ich je in den USA gemacht habe. Später bin ich noch ein zweites Mal im Bohemian Grove gewesen, und meine Eindrücke haben sich noch vertieft."*[146] Auch soll er in seinen Memoiren erwähnt haben, dass es ähnliche Clubs in Deutschland gebe, wo zum Teil ebenso die „Cremation of Care" vorgenommen werde, aber auch andere druidische Rituale.[147] Interessant ist in diesem Zusammenhang auch das, was Helmut Schmidt in seinem Buch „Was ich noch sagen wollte" schreibt: „Meine Verehrung für Mark Aurel geht auf das Jahr meiner Konfirmation zurück. Das kirchliche Ritual selbst habe ich nicht sehr ernst genommen, das meiste fand ich etwas seltsam. Was mir am Konfirmationsunterricht Spaß gemacht hat, war die Tatsache, dass ich das Harmonium spielen durfte."[148]

Den Druiden Miraculix kennen Sie wahrscheinlich nur aus der Comicserie „Asterix und Obelix". Hätten Sie gewusst, dass die Druiden in Großbritannien seit 2010 offiziell als Religionsgemeinschaft anerkannt sind?[149] Den keltischen Druiden, die vor dem Römischen Reich und der Christianisierung durch die katholische Kirche lebten, wird ein gewaltiger politischer Einfluss nachgesagt und ihr Wissen über die Natur soll enorm gewesen sein. Ihre Rituale sind oft blutig gewesen, wobei auch Menschenopfer erbracht worden sein sollen.[150] Und in Amerika sind jetzt die Satanisten am Werk, die für die

Anerkennung ihres Glaubens an den Teufel kämpfen, da Satan der Befreier sei und in den USA nun einmal Glaubensfreiheit herrsche.[151] Was für eine irre Welt! Schaut man auf der Internetseite „Die Unbestechlichen" nach, so sind dort viele Fotos, Videos und Buchempfehlungen zum Bohemian Grove zu finden.[152] In der Mythologie kommen der Eule übrigens verschiedene Bedeutungen zu. Einerseits steht sie als Symbol für Schutz und Weisheit, andererseits als Botin des Todes.[153] Biologisch betrachtet ist sie ein lautlos fliegender Vogel, der überwiegend nachts, also im Verborgenen der Dunkelheit aktiv ist.

Seit 1985 lud Helmut Schmidt, der während seiner Amtszeit lieber Schulden machte als Reformen voranzutreiben, nebenbei bemerkt zu einer Art privaten Denkfabrik, bestehend aus 25 Mitgliedern, an jedem zweiten Freitag im Monat in der Winterzeit in sein Reihenhaus ein. Dabei ging es in erster Linie um Außen- und Weltpolitik, weniger jedoch um Innenpolitik.[154] Erst ein halbes Jahr vor Schmidts Tod wurde diese Runde 2015 aufgehoben. Dieser Freitagsgesellschaft, die sich zu strenger Diskretion verpflichtet sah, und immerhin knapp drei Jahrzehnte tagte, gehörten u. a. der Unternehmer Michael Otto vom Versandhaus und Internethandel, der Schriftsteller Siegfried Lenz und Max Moritz Warburg von der Hamburger Bankendynastie an.[155,156] Bei dem letzten Treffen, welches der Flüchtlingsproblematik gegolten hatte, sagte Helmut Schmidt dem Kunsthistoriker Heinz Spielmann beim Abschied, er sei froh, dass er diese Zukunft nicht mehr erleben müsse.[157]

Wie, das war Ihnen alles noch nicht bekannt? Aber die Bilderberger, die kennen Sie doch bestimmt oder etwa auch nicht? Naja, man hat einfach mit Familie, Beruf, Haushalt und dergleichen genug zu tun und kann sich schließlich nicht um alles kümmern.

Antidemokraten

Prinz Bernhard der Niederlande, Gemahl von Königin Juliana, eröffnete im Jahr 1954 im Hotel de Bilderberg die erste Konferenz der oft als Bilderberger bezeichneten Teilnehmer, die überwiegend aus NATO-Staaten stammen. Der Prinz selbst war eine skandalumwitterte Person. So war er immer wieder durch seine eheliche Untreue aufgefallen, hatte mehrere Geliebte sowie uneheliche Töchter und griff selbst Minderjährigen unter die Bluse. Ein weiterer Skandal politischer Art aber war, dass er kurzzeitig Mitglied von SA und SS und seit 1933 Mitglied der NSDAP war.[158] Nach seinem Examen als Rechtsreferendar war der deutschstämmige Prinz im Amsterdamer Büro der IG Farben tätig.[159] Die Veranstaltung der Bilderberger wurde also von einem früheren Nazi mit adligem Blut eröffnet. Initiiert wurde dieses Treffen durch Jòzef Retinger, der damals sein Amt als Generalsekretär der Europäischen Bewegung niederlegte. Das Augenmerk Retingers, der laut Gerhard Wisnewski Jesuit gewesen sein soll, sollte sich von nun an darauf richten, inoffizielle und vertrauliche Zusammenkünfte zwischen europäischen und US-Politikern und Wirtschaftsführern zu fördern.[160,161] Im Vorwege der Bilderberg-Konferenz spielten u. a. Max Brauer, der nach dem Zweiten Weltkrieg auf eine flexible Handhabung der Entnazifizierung gedrängt haben soll, und der Rockefeller-Erbe David Rockefeller eine nicht unerhebliche Rolle.[162,163]

Laut eines Artikels der Frankfurter Rundschau vom 6. Mai 2008 mit der Überschrift „Verschwiegene Weltmacht" sind die Bilderberger der wohl elitärste Machtzirkel auf globaler Ebene, an dessen Sitzungen Journalisten teilnehmen, ohne der Öffentlichkeit darüber zu berichten: *„Trotz der Geheimniskrämerei: Bilderberg ist keine große Verschwörung, sondern verweist im Wesentlichen auf eine Art vom vorgelagerten, wenig demokratischen politischen Formationsprozess. Aufgrund des Einflusses und der Hochrangigkeit der Teilnehmer ist davon auszugehen, dass die dort geäußerten Ideen auch in die ge-*

sellschaftspolitische Realität eingewoben werden." So stand es in einem Artikel der Frankfurter Rundschau mit der Überschrift „Bilderberg-Konferenz – Verschwiegene Weltmacht" vom 5. Juni 2008.[164] Private Treffen, von denen unter dem Mantel der Verschwiegenheit geäußerte Ideen in die Gesellschaft eingewoben werden? Was könnte damit wohl gemeint sein? Mit Indoktrination und Propaganda wird das doch wohl nichts zu tun haben. Und mit der Einstimmung auf Krieg – mitnichten. Das wäre ja völlig abwegig.

Diese alljährlichen Zusammenkünfte, zu denen der Vorsitzende und zwei Generalsekretäre die Teilnehmer persönlich laden, hielten beispielsweise Einladungen, teilweise auch mehrmals, für folgende Teilnehmer bereit: Helmut Schmidt, Helmut Kohl, Gerhard Schröder, Angela Merkel, Joschka Fischer, Jürgen Trittin, Olaf Scholz, Mathias Döpfner, Bill Clinton, Henry Kissinger, David Rockefeller, Emmanuel Macron und Christine Lagarde.[165] Das Interessante an diesen Treffen: Kurz nach ihrer Teilnahme wurden bzw. werden die politischen Vertreter in den allerhöchsten Staatsämtern ihrer Länder bzw. auf dem Brüsseler Parkett der EU angetroffen. Denken Sie in diesem Kontext nur einmal an die EU-Wahlen vom 23. bis 26. Mai 2019 im Zusammenhang mit der Ex-Bundesverteidigungsministerin Ursula von der Leyen und ihre Berateraffäre. Sie nahm vom 30. Mai bis 2. Juni 2019 an der Bilderberg-Konferenz im schweizerischen Montreux teil. Als Kandidatin für den EU-Kommissionspräsidentenposten war sie gar nicht angetreten, wurde dennoch auf wundersame Weise als Amtsnachfolgerin für den scheidenden Juncker auserkoren. Neben Frau von der Leyen nahmen 2019 beispielsweise auch Mike Pompeo, Ex-CIA-Chef und derzeit US-Außenminister, Ex-CIA-Chef und General David Petraeus, Hauptfinancier von Emmanuel Macron und IS-Aufrüster sowie Jared Kushner, Schwiegersohn von Präsident Trump und dessen Berater für den Nahen Osten, an dem privaten Treffen in der Schweiz teil. Kushner selbst ist ein enger Freund des israelischen Premierministers Benjamin Netanyahu. Ebenso waren der NATO-Generalsekretär Jens Stoltenberg und erstmals auch der italienische Ex-Premier Matteo Renzi dabei.[166] Dass Renzi mit von der Partie war, dürfte aufgrund der besonderen Rolle, die Italien seit der Migrationskrise 2015 spielt, durchaus interessant sein. Und siehe da: Plötzlich spaltete sich der italienische Politiker von der Partito Democratico ab und gründete im September 2019 seine eigene Partei „Italia Viva", was vom SPIEGEL mit der Schlagzeile „Italienischer Populismus – Renzis gefährlicher Egotrip" kommentiert wurde.[167] Spaltung, Spaltung, soweit das Auge in Europa reicht.

Zu Frau von der Leyens Teilnahme in Montreux wollte man sich auf Nachfrage bei der Bundespressekonferenz nicht äußern.[168] Warum eigentlich nicht? Wenn das kein Wasser auf die Mühlen der Verschwörungstheoretiker ist. Sollte dennoch mal was an die Öffentlichkeit dringen, so gelten die Chatman-House-Rules, d. h., die Identität der sich dort über Inhalte äußernden Teilnehmer muss anonym bleiben.[169] Ein Hoch auf das Demokratieverständnis der Teilnehmer von Bilderberg-Konferenzen, zu denen sich die Hautevolee dieses Planeten aus Politik, Wirtschaft, Militär, Adel, Forschung und Medien hinter verschlossenen Türen privat unter dem Schutz der mit Steuergeldern finanzierten Polizei trifft. Damit aber nicht genug. Über diesen elitären Zirkel äußerte sich der 2018 verstorbene Richter Ferdinando Imposimato, Ehrenpräsident des Obersten Gerichtshofs in Italien, wie folgt: *„'Die Bilderberggruppe ist teilweise für die Strategie der Spannungen und damit auch der Massaker verantwortlich' – angefangen bei der Piazza Fontana [Anm.: Gemeint ist der Bombenanschlag in Milano 1969], bei der die Bilderberggruppe mit der CIA und den italienischen Geheimdiensten, mit Gladio und den neofaschistischen Gruppen, mit der P2-Loge und den USA-Freimaurer-Logen in NATO-Basen zusammenarbeitete."*[170] Und wo wir gerade mal in Italien sind, noch eine Frage an Sie: Können Sie sich eine Verbindung vom Vatikan zum US-Auslandsgeheimdienst vorstellen? Googeln Sie doch spaßeshalber die Begriffe „Papst Johannes Paul II." und „CIA". Das Attentat auf den ehemaligen Heiligen Vater wurde übrigens am 13. Mai 1981 um 17:17 Uhr verübt.[171] Er fuhr gerade in seinem Papa-Mobil bei einer Generalaudienz über den Petersplatz, als Mehmet Ali Ağca Schüsse auf ihn abfeuerte und ihn schwer verletzte. Finden Sie heraus, ob Datum und Uhrzeit wichtig sind oder nicht. Zumindest ist es so wichtig, dass darüber in den Mainstreammedien berichtet wurde.

Aus dem Bilderberg-Club ist übrigens nachgewiesenermaßen 1973 die Trilaterale Kommission hervorgegangen.[172] Diese private Denkfabrik für die globale Wirtschaft wurde von David Rockefeller gegründet und Zbigniew Brzeziński, politischer Berater vieler US-Präsidenten, war deren erster Direktor. Zu den lebenden und ehemaligen Mitgliedern gehören u. a. Sigmar Gabriel, Henry Kissinger, Jeffrey Epstein, Edmund Rothschild und Peter Sutherland.[173] David Rockefellers Vater hatte bereits für das neue UNO-Hauptquartier in New York – die UNO ist quasi das Nachfolgemodell des gescheiterten Experiments des 1919 auf Initiative von Woodrow Wilson gegründeten Völkerbundes, dem die USA selbst nicht beigetreten sind – ein sieben Hektar großes Gelände gestiftet, das damals rund 8,5 Millionen US-Dollar wert war.[174,175] Vermittelt wurde das Ganze durch Nelson Rockefeller, der später Richard Nixon im Wahlkampf gegen John F. Kennedy unterstützte und 41. Vizepräsident der USA wurde.[176]

Geheimwaffen der CIA

1967 veröffentlichte der US-Geheimdienst ein Dokument mit der Nr. 1035-960, in dem es um die Einführung des Begriffs Conspiracy Theory – zu Deutsch Verschwörungstheorie –ging.[177] Damit reagierte man in den USA auf die Zweifel in der amerikanischen Bevölkerung, aber auch im Ausland hinsichtlich der offiziellen Version des tödlichen Attentates durch Lee Harvey Oswald auf den damaligen US-Präsidenten John F. Kennedy am 22. November 1963. Auf diesem hatte die Hoffnung einer ganzen Generation auf Frieden und Entspannung in Zeiten des Kalten Krieges mit der Sowjetunion und der Kuba-Krise geruht.[178] Der Begriff des Kalten Krieges wurde übrigens von dem Schriftsteller George Orwell in dem Essay „You and the Atomic Bomb" 1945 geprägt. Der mutmaßliche Kennedy-Attentäter Oswald selbst wurde nach nur zwei Tagen in Polizeigewahrsam durch Jack Ruby, einen Nachtclubbesitzer, erschossen. Dummerweise deuteten viele der sich im Umlauf befindenden Theorien auf die CIA hin.[179] Durch die Einführung dieser neuen Begrifflichkeit einer Verschwörung sollten Zweifler und Kritiker diskriminiert und verunglimpft, als von finanziellem Interesse getriebene oder als politisch motivierte Personen hingestellt werden. Dabei geht doch jeder Hauptkommissar mit einer Art Verschwörungstheorie seine Ermittlungen an, die von ihm verifiziert bzw. falsifiziert werden müssen. Im Jahr 2017 sollten jedenfalls sämtliche Akten im Mordfall von Kennedy veröffentlicht werden, was durch US-Präsident Trump auch zum Teil geschah, aber eben nur zum Teil. 2.800 Dokumente wurden freigegeben, mehrere Hundert bleiben weiterhin unter Verschluss. Insbesondere der amtierende CIA-Chef Mike Pompeo soll sich besonders energisch gegen die gesamte Veröffentlichung gestellt haben.[180] So ist heute beispielsweise bekannt, dass der Mord an dem Kennedy-Attentäter dem FBI gegenüber angekündigt wurde. Dies wurde auch an die Polizei von Dallas weitergegeben, doch schützte diese Oswald nicht.[181]

Interessanterweise hielt der von vielen oft als JFK bezeichnete Präsident eine kaum beachtete Rede am 27. April 1961 vor Zeitungsverlegern im Waldorf Astoria Hotel in New York. Diese begann er mit den Worten: *„Meine Damen und Herren, Geheimhaltung ist abstoßend in einer freien und offenen Gesellschaft. Als Volk haben wir eine natürliche und historische Abneigung gegen Geheimgesellschaften und Geheimbünde. Die Nachteile einer übermäßigen Geheimhaltung übersteigen die Gefahren, mit denen diese Geheimhaltung gerechtfertigt wird. Es macht keinen Sinn, einer unfreien Gesellschaft zu begegnen, indem man ihre Beschränkungen imitiert. Das Überleben unserer Nation hat keinen Wert, wenn unsere freiheitlichen Traditionen nicht ebenfalls fortbestehen. Es gibt eine sehr ernste Gefahr, daß der Vorwand der Sicherheit mißbraucht wird, um Zensur und Geheimhaltung auszudehnen. [...]"*[182,183] Doch damit nicht genug.

Der wissenschaftliche Dienst des Deutschen Bundestages hat 2008 eine Ausarbeitung über das Federal Reserve System erstellt. Darin wird u. a. auch auf die Jekyll-Island-Konferenz, über die bekanntlich der FOCUS berichtete, eingegangen. Daneben wird die präsidiale executive order 11110 erwähnt. Hierzu heißt es: *„Der damalige US-Präsident John F. Kennedy wollte angeblich mit der executive order 11110 die alleinige staatlich kontrollierte Währungsausgabe ermöglichen und den Federal Reserve Act beseitigen. Mit dieser Order sollte die vorangegangene executive order 10289 – welche angeblich synonym mit Federal Reserve Act ist – außer Kraft gesetzt werden. Dies hätte das Geldausgabemonopol der FED beseitigen sollen. Angeblich ließ US-Präsident John F. Kennedy in Umsetzung der Executive Order 11110 bereits Milliarden US-Dollar in kleinen Sorten drucken. Im Internet kursierende Verschwörungstheorien halten dies für den Hintergrund der Ermordung von John F. Kennedy."*[184] In einem kurzen Absatz das Wort „angeblich" gleich dreimal zu verwenden, lässt meines Erachtens tief blicken bezüglich der Arbeit des Wissenschaftlichen Dienstes des Bundestages. Kennedy, der laut Aussage einer Zeugin von seinem Vater im Oval Office gewarnt worden sein soll, dass man ihn umbringen werde, sollte er das Geldmonopol wieder in die Hand des Staates legen, unterzeichnete die Anordnung 11110 am 4. Juni 1963. Zuvor hatte er den Verkauf von Silber durch das Finanzministerium einstellen lassen.[185] Interessant im Zusammenhang mit dem Mord an JFK ist auch die Zusammensetzung der Warren-Kommission.

Diese sollte die Umstände des Attentates unter dem Vorsitz von Earl Warren als Obersten Richter am Supreme Court untersuchen. Neben Warren gehörten Allen Welsh Dulles (ehemaliger Direktor der CIA, von Kennedy entlassen wegen der misslungenen Invasion in der Schweinebucht), Senator John Sherman Cooper (Republikaner), Senator Richard B. Russell (Demokrat), Kongressabgeordneter Gerald Ford (Republikaner, späterer US-Präsident), Kongressabgeordneter Hale Boggs (Demokrat) und – Achtung! Jetzt mal aufgepasst! – John J. McCloy (ehemaliger Präsident der Weltbank und Hoher Kommissar in der Bundesrepublik Deutschland, an den Sie sich sicherlich noch erinnern), zu dieser Kommission.[186]

Kommen wir aber nun von John F. Kennedy zum Medientitan Axel Springer. Die Journalisten aus dem Hause Springer schreiben heute liebend gerne über den Poptitan Dieter Bohlen und seine Sendung DSDS sowie andere Nebensächlichkeiten, während man wichtige tagespolitische Ereignisse oftmals nur in den österreichischen, schweizerischen oder englischsprachigen Medien findet. Springer selbst soll laut dem in den USA erscheinenden Wochenmagazin The Nation von der CIA 7 Millionen US-Dollar bekommen haben.[187] Dieses Startkapital soll Springer nach Aussage zweier ehemaliger CIA-Mitarbeiter in den 1950er-Jahren erhalten haben, um die geopolitischen Interessen Amerikas zu unterstützen.[188] Über den umstrittenen Verleger Springer äußerte sich der SPIEGEL-Herausgeber Rudolf Augstein einmal: *„Kein einzelner Mann in Deutschland hat vor Hitler und nach Hitler so viel Macht kumuliert."*[189] Schließlich war der gelernte Buchdrucker und Setzer bereits Ende der 1950er-Jahre der größte Verleger Europas, also des Kontinents, der laut der Offenbarung 17, 1-14, das achte Reich des Drachens ist. Der Drachen wird wiederum auch als Satan bezeichnet.[190] Victor Marchetti, einst hoher CIA-Mitarbeiter, später Schriftsteller, äußerte sich über Springer wie folgt: *„Axel Springer, der christlich-demokratisch gesinnte Presse- und Verlagsmagnat, der mit dem Finger auf Brandt* (Anm.: Willy Brandt) *zeigte, weil dieser mit dem CIA zusammenarbeitete, war ebenfalls eine Bereicherung für den CIA, der seine Druckerzeugnisse dazu benutzte, um CIA-Propaganda und Desinformation zu verbreiten."*[191] In den Arbeitsverträgen der Springer-Journalisten stehen folgende Essentials, die 1967 in etwas anderer Fassung von Axel

Springer formuliert wurden. Sie wurden nach der Wiedervereinigung 1990 geändert, nach den Anschlägen des 11. September 2001 ergänzt und seit 2016 im Hinblick auf die zunehmende Internationalisierung des Konzerns als international gültige Variante beschlossen. Diese Essentials lauten:

1. *Wir treten ein für Freiheit, Rechtsstaat, Demokratie und ein vereinigtes Europa.*
2. *Wir unterstützen das jüdische Volk und das Existenzrecht des Staates Israel.*
3. *Wir zeigen unsere Solidarität in der freiheitlichen Wertegemeinschaft mit den Vereinigten Staaten von Amerika.*
4. *Wir setzen uns für eine freie und soziale Marktwirtschaft ein.*
5. *Wir lehnen politischen und religiösen Extremismus ab.*

Beschleicht Sie beim Lesen irgendwie ein komisches Gefühl? War es nicht u. a. die Springer-Presse, die 2015 von einer Willkommenskultur im Zusammenhang mit der Migrationskrise sprach und diese immer weiter puschte? Waren es nicht die Journalisten von BILD, WELT und anderer Springererzeugnisse, die ihrer Aufgabe als vierte Macht im Land nicht gerecht wurden, sondern hinsichtlich Migration alles in den schönsten Farben schilderten und Menschen, die Bedenken äußerten, in die rechte Ecke stellten oder gleich als Nazis diffamierten? Wo war die Presse, um an die Einhaltung von Gesetzen zu erinnern? Punkt 3 scheint in diesem Zusammenhang jedoch voll erfüllt worden zu sein. Schließlich wurde Angela Merkel 2016 vom damaligen US-Präsidenten Obama für ihre Flüchtlingspolitik sehr gelobt, nachdem man Syrien in Schutt und Asche gelegt hatte.[192] Da mag es einen auch nur wenig trösten, dass bereits der amerikanische Journalist John Swinton bei einer Rede im Twilight Club im Jahr 1883 Worte mit einem hohen Gehalt an Wahrheit sprach: *"So etwas wie eine unabhängige Presse gibt es in Amerika nicht, außer in abgelegenen Kleinstädten auf dem Land. Ihr seid alle Sklaven. Ihr wisst es und ich weiß es. Nicht ein einziger von euch wagt es, eine ehrliche Meinung auszudrücken. Wenn ihr sie zum Ausdruck brächtet, würdet ihr schon im Voraus wissen, dass sie niemals im Druck erscheinen würde. Ich bekomme 150 Dollar dafür bezahlt, dass ich ehrliche*

Meinungen aus der Zeitung heraushalte, mit der ich verbunden bin. Andere von euch bekommen ähnliche Gehälter um ähnliche Dinge zu tun. Wenn ich erlauben würde, dass in einer Ausgabe meiner Zeitung ehrliche Meinungen abgedruckt würden, wäre ich vor Ablauf von 24 Stunden wie Othello: Meine Anstellung wäre weg. Derjenige, der so verrückt wäre, ehrliche Meinungen zu schreiben, wäre auf der Straße um einen neuen Job zu suchen. Das Geschäft des Journalisten in New York ist es, die Wahrheit zu verdrehen, unverblümt zu lügen, sie zu pervertieren, zu schmähen, zu Füßen des Mammons zu katzbuckeln und das eigene Land und Volk für sein tägliches Brot zu verkaufen, oder, was dasselbe ist, für sein Gehalt. Ihr wisst es und ich weiß es; Was für ein Unsinn, einen Toast auf die ‚Unabhängigkeit der Presse' auszubringen! Wir sind Werkzeuge und Dienstleute reicher Männer hinter der Bühne. Wir sind Hampelmänner. Sie ziehen die Fäden und wir tanzen. Unsere Zeit, unsere Fähigkeiten, unser Leben, unsere Möglichkeiten sind alle das Eigentum anderer Menschen. Wir sind intellektuelle Prostituierte."[193] Der 1967 in Hamburg verstorbene Publizist, Journalist und Geisteswissenschaftler Paul Sethe, der wie Axel Springer aktives Mitglieder bei der Freimaurerloge „Die Brückenbauer" und von 1959 bis 1960 Mitglied des Beirates der Friedrich-Naumann-Stiftung war, schrieb beispielsweise für den Völkischen Beobachter, DIE WELT, DIE ZEIT und den Stern.[194] Im SPIEGEL vom 15. August 1966 mit der Headline „Frei ist, wer reich ist" wird der ehemalige Angehörige einer Propagandakompanie der Waffen-SS bzw. der Wehrmacht über 80 Jahre nach der Rede von Swinton in den USA mit folgenden Worten zitiert: *„Pressefreiheit ist die Freiheit von zweihundert reichen Leuten, ihre Meinung zu verbreiten. Frei ist, wer reich ist. Das Verhängnis besteht darin, daß die Besitzer der Zeitungen den Redakteuren immer weniger Freiheit lassen, daß sie ihnen immer mehr ihren Willen aufzwingen."*[195]

Und vor dem Hintergrund über das, was Sie bisher über Verschwörungen und Geheimniskrämereien in diesem Buch gelesen haben, möchte ich jetzt aus dem SPIEGEL vom 24. Mai 2019 im Zusammenhang mit einer Studie der SPD-nahen Friedrich-Ebert-Stiftung Folgendes zitieren: *„Erstmals haben die Wissenschaftler auch die Zustimmung und Ablehnung zu Verschwörungstheorien abgefragt. Die Ergebnisse überraschen, denn sie offenbaren eine zunehmende Skepsis gegenüber Staat, Politikern und Medien. So glaubt fast die Hälfte* der Befragten (45,7 Prozent) an geheime Organisationen, die großen Einfluss auf politische Entscheidungen haben. Ein Drittel (32,7 Prozent) ist der Meinung, Politiker und andere Führungspersönlichkeiten seien nur Marionetten anderer Mächte. Jeder Vierte (24,2 Prozent) meint, Medien und Politik steckten unter einer Decke."[196] Fehlen Ihnen gerade die Worte, ist Ihnen gerade die Spucke weggeblieben? Halten die uns Bürger eigentlich für dumm? Zum einen hatte erst im Jahr 2015 die BILD über verschiedene Geheimbünde wie die Bilderberger und Bohemian Grove und deren Mitglieder berichtet.[197] Zum anderen leben wir im Zeitalter des Internets. Meinen die vermeintlichen Wissenschaftler und Experten denn, die Menschen beziehen ihre Informationen in der heutigen Zeit ausschließlich über die Mainstreammedien, die oftmals von nur wenigen Nachrichtenagenturen mit Informationen gefüttert werden, da Journalisten ja nicht überall vor Ort sein können, oder über das deutsche Zwangsgebühren-TV? Der „Schwarze Kanal" von Karl-Eduard von Schnitzler alias Sudel-Ede aus der früheren DDR war dagegen ja richtig professionell gemacht. Warum geht man verstärkt gegen viele Kanäle der Freien Medien oder einzelne YouTuber vor? Vielleicht liegt es ja daran, dass diese sich wirklich Zeit nehmen, um zu recherchieren, und dass sie ihre Rechercheergebnisse politisch unkorrekt verbreiten, indem sie nichts beschönigen, sondern den Tatsachen entsprechend berichten. Glücklicherweise gibt es noch Menschen, die nicht gehirngewaschen zu sein scheinen bzw. ideologisch verblendet sind. Es gibt unzählige private Denkfabriken wie zum Beispiel die politikberatende Trilaterale Kommission von David Rockefeller, die die Richtlinien und Agenden für die Zukunft vorgeben. Viele deren Teilnehmer sind wiederum in elitären Zirkeln wie den Freimaurern organisiert, wobei es nicht um deren Funktion als Lehrling, Geselle oder Meister in einer Johannisloge geht, wo man allerdings auch nicht mal eben wie in einem Verein Mitglied werden kann.[198] Vielmehr geht es um den Zugang zum Inner Circle, dem eigentlichen Machtzentrum meist pyramidal aufgebauter Organisationen, der nur wenigen vorbehalten ist. Ein besonderes Kennzeichen ist die Mitgliedschaft von Politikern, Medienschaffenden, Konzernvorständen und dergleichen in verschiedenen Denkfabrikaten, Nichtregierungsorganisationen, Logen usw. und deren gute Vernetzung.

Gehirnwäsche

„Der böse Russe, der gute Amerikaner", so heißt das Spiel, das in Deutschland schon seit Jahrzehnten gespielt wird, woran auch das Ende des Kalten Krieges nichts geändert hat. Aber ist das so? In der Zeit von 1953 bis 1970, als es die Sowjetunion noch gab, lief ein geheimes Forschungsprogramm der CIA, welches sich mit den Möglichkeiten der Bewusstseinskontrolle beschäftigte. Hierfür wurden Tausende von Menschenversuchen unternommen. Die ahnungslosen Probanden wurden willkürlich unter zivilen Klinikpatienten und Gefängnishäftlingen ausgewählt. Ihnen verabreichte man beispielsweise LSD oder Meskalin. Des Weiteren wurden die unwissenden Menschen Hypnosen und Psychotherapien unterzogen, aber auch Folter. Man führte an ihnen künstlich Gehirnerschütterungen herbei und nahm Operationen vor, die aus gesundheitlichen Gründen nicht nötig waren. Viele von ihnen trugen schwerste physische und psychische Schäden davon, manche starben. 1972 wurden die Akten unter dem damaligen CIA-Direktor Richard Helms vorsätzlich und illegal vernichtet, drei Jahre später unter Präsident Gerald Ford zwecks Untersuchung dieser Angelegenheit die Rockefeller-Kommission unter der Leitung von Nelson Rockefeller eingesetzt. Rockefeller selbst soll über sämtliche verdeckte CIA-Aktivitäten wie MK-Ultra informiert gewesen sein, da er dafür als Vorsitzender des Nationalen Sicherheitsrates unter Präsident Eisenhower seine Zustimmung geben musste.[199] Über diese MK-Ultra-Programmierung, die auch vom MI6, dem britischen Geheimdienst, den die meisten wohl nur aus James-Bond-Filmen kennen, im Auftrag der CIA durchgeführt wurde, lief am 4. August 2002 zur späten Stunde um 23:50 Uhr die ZDF-Dokumentation „Die dressierten Killer".[200] Und sollten Sie es nicht gewusst haben: Der Film „Einer flog über das Kuckucksnest" mit Jack Nicholson entstammt keinesfalls der Fantasie eines Drehbuchautors aus Hollywood. Vielmehr wurden in psychiatrischen Kliniken tatsächlich Versuche zur Gedankenkontrolle durchgeführt.[201]

Das alles ist nach dem Zweiten Weltkrieg an Menschen aus dem eigenen Volk verübt worden. Amerika eben – das Land der unbegrenzten Möglichkeiten. Doch damit nicht genug. Erst im Juli 2019 wurde bekannt, dass der US-Kongress Aufklärung fordert. Und zwar steht das in Form eines Pentagramms angelegte Pentagon, also das amerikanische Verteidigungsministerium, unter dem Verdacht, mit Zecken als Biowaffen, die Lyme-Borreliose in sich tragen, experimentiert zu haben. Laut Schätzungen infizieren sich jährlich 300.000 US-Amerikaner mit Borreliose, die unbehandelt zu Lähmungen führen kann.[202]

Und, was meinen Sie, hat es Gehirnwäsche auch auf dem europäischen Festland gegeben? Oder ist das größte Brainwashingprogramm insbesondere in Deutschland schon fast abgeschlossen? Das Tavistock Institut(e) for Human Relations, also menschliche Beziehungen, wurde 1947 als Ableger der Tavistock Klinik mit Sitz in London gegründet und von der Rockefeller Foundation unterstützt, indem diese den Gründungsmitgliedern ein Stipendium gab, von dem viele eine Ausbildung in Psychoanalyse machten.[203,204] Einer der Mitarbeiter war Kurt Lewin, der auch Mitglied der Berlin-Frankfurter-Schule war. Diese wiederum hatte einen großen Einfluss für die 68er-Bewegung, beispielsweise im Kontext der sexuellen Revolution und der antiautoritären Erziehung. Vor dem Tavistock Institut steht eine Statue des damals wohl berühmtesten Vertreters der Psychoanalyse, der 1938 von Wien nach England ins Exil ging: Sigmund Freud.[205] Freud forschte über die Macht des Unbewussten in uns Menschen und verfasste u. a. Abhandlungen über Sexualtheorien. Das Institut, das eine sogenannte Non-Profit-Organisation ist, beschäftigt sich mit Fragen der Organisationsentwicklung und des sozialen Wandels, verfügt über einen eigenen Verlag und ist zugleich Eigentümer und Herausgeber von Human Relations, einem internationalen Journal für Sozialwissenschaften. Heute betreibt es Forschungen und Beratungen im sozialwissenschaftlichen Bereich und für angewandte Psychologie für die EU.[206] Verschiedene Videos und PDF-Dateien über diesen Think Tank der Massenmanipulationen sind im Internet zu finden.

Kommen wir noch einmal zurück zu den Rockefellers. Bereits 1911 hatte der Oberste Gerichtshof der USA in Verbindung mit der Standard Oil Company von missbräuchlichen und wettbewerbswidrigen Handlungen gesprochen, weswegen das Ölkartell in 34 Einzelunternehmen zerschlagen wurde.

Rockefeller kam dabei mit einer Geldstrafe davon, während sich nach dem Urteil viele der Unternehmen in der Vergangenheit unter der Firmierung von ExxonMobil wieder zusammengeschlossen haben.[207] In seiner Autobiografie schreibt David Rockefeller, der 2017 im Alter von 101 Jahren verstorben ist und dessen größtes berufliches Wirken der wirtschaftliche Erfolg der Chase Manhattan Bank war, Folgendes: *„Über ein Jahrhundert hinweg haben ideologische Extremisten an beiden Enden des politischen Spektrums jeden jemals veröffentlichen Vorfall benutzt (…), um die Rockefeller-Familie zu attackieren, weil wir angeblich übermäßigen Einfluss auf politische und wirtschaftliche Institutionen in Amerika nehmen würden. Einige glauben sogar, wir seien Teil einer geheimen Verschwörung, die gegen die Interessen der Vereinigten Staaten opponiere, charakterisieren meine Familie und mich als ‚Internationalisten' und werfen uns vor, wir konspirierten mit anderen auf der ganzen Welt, um eine neue ganzheitlichere globale politische und wirtschaftliche Struktur aufzubauen – eine neue Welt, wenn Sie so wollen. Wenn das die Anklage ist, bekenne ich mich gern schuldig und ich bin stolz darauf."*[208] Bereits James Warburg hatte 1950 bei einer Rede vor dem US-Senatsausschuss für auswärtige Beziehungen Folgendes gesagt: *„Wir werden eine Weltregierung haben, ob es uns gefällt oder nicht. Die Frage ist nur, ob die Weltregierung durch Zustimmung oder durch Eroberung erreicht wird."*[209]

Halten Sie bitten inne und horchen Sie in sich hinein! Wie fühlen Sie sich jetzt? Ist das nicht die Neue Weltordnung (NWO), die stets ebenfalls als eine Verschwörungstheorie abgetan wurde? Eine wirklich schöne Vorstellung, dass nur einige wenige Menschen über das Schicksal aller Menschen dieser Erde entscheiden sollen, nicht wahr? Legen Sie dieses Buch einfach weg, denn hiermit ist eigentlich alles gesagt – aber auch nur eigentlich. Aber ich warne Sie: George Orwells dystopischer Roman „1984" war gestern. Herzlich willkommen im 21. Jahrhundert in Aldous Huxleys „Schöne neue Welt" aus dem Jahr 1932, in der sich dieser mit der Entmenschlichung der Gesellschaft durch Fortschritte in der Wissenschaft beschäftigt. Huxley selbst unterrichtete ein Jahr am Eton College u. a. Schüler wie Eric Blair, vielen besser bekannt als der bereits erwähnte George Orwell. 1937 wanderte Huxley nach Amerika aus, wo er 1953 an einem Experiment mit Meskalin zwecks Auswirkungen auf die menschliche Psyche teilnahm.[210] Im Gegensatz zu den willkürlich ausgewählten Personen des CIA-Experiments nahm Aldous Huxley zur selben Zeit das Meskalin freiwillig ein, später auch noch LSD, welches er in elitären Kreisen als Droge zur Bewusstseinserweiterung propagierte.[211]

Darüber hinaus traf er sich in den Jahren 1930 bis 1932 mit Aleister Crowley, einem Okkultisten, Schriftsteller, Bergsteiger und Begründer des modernen Satanismus, der sich selbst „das große Tier 666" nannte.[212] Laut SPIEGEL-Artikel mit der Überschrift „Sex, Sex, Sex war seine Nummer" vom 4. März 2011 soll Crowley, der dem Orden Golden Dawn angehörte und dem Sodomie, Mord und rituelle Vergewaltigungen vorgeworfen wurden, das Blut von Säuglingen getrunken und einige seiner Frauen auf dem Gewissen haben. So experimentierte er mit magischen Kulten und schaffte es, einige seiner Anhänger in den Wahnsinn zu treiben. Marylin Monroe outete sich als Liebhaberin seiner Schriften, viele Death-Metal-Bands umgaben sich mit seiner finsteren Aura und auch David Bowie stand unter dem Einfluss des Crowleyismus. Mit seiner irren Selbstinszenierung soll er auch seine Jünger der Popkultur inspiriert haben.[213,214] Seine Schrift „Liber Al vel Legis" beinhaltet dabei als zentrale Aussage den Leitsatz „Tu, was du willst, soll das ganze Gesetz sein!"[215]

Aldous Huxleys Bruder Julian hingegen war Biologe, Vordenker der Eugenik, also der Erbgesundheitslehre, sowie des Atheismus. Der Großvater der Huxley-Brüder, ein Verfechter des Agnostizismus, war übrigens einer der wichtigsten Gefährten von Charles Darwin, dem wohl wichtigsten Vertreter der Evolutionstheorie.[216] Sein Enkel Julian war zusammen mit den uns bereits hier begegneten Prinzen Philip und Bernhard sowie Godfrey A. Rockefeller der Gründer des World Wide Fund for Nature (WWF), der Stiftung mit dem Großen Panda als Wappentier, die sich seit 1961 für die Vielfalt der Arten, die nachhaltige Nutzung von Ressourcen sowie die Eindämmung von Umweltverschmutzung und schädliches Konsumverhalten einsetzt.[217] Zu blöd aber auch, dass diese, weltweit eine der mächtigsten Naturschutzorganisationen mit rund fünf Millionen Förderern und Unterstützern, derzeit im Verdacht steht, Paramilitärs unter die Arme gegriffen zu haben, indem man in mehreren Ländern Afrikas und Asiens kriminelle Wildhüter finanziell und logistisch unterstützt hat. Diese Unterstützung soll in Form von technischem Gerät und in manchen Fällen auch mit Waffen erfolgt sein.[218] Die gegenüber dieser Organisation immer wieder erhobene Kritik finden Sie bei Wikipedia. Doch zurück zu Julian Huxley, der als erster Generalsekretär der UNESCO (Organisation der UN für Bildung, Wissenschaft und Kultur) maßgeblich zur „Allgemeinen Erklärung der Menschenrechte" beitrug.[219] Er war Präsident der Eugenics Society und ein Vertreter des Transhumanismus wie übrigens auch Jeffrey Epstein, bei dem Verbindungen zum israelischen Geheimdienst Mossad vermutet werden und der zum Wohle der Menschheit auf einer Art „Besamungsranch" mindestens 20 Frauen gleichzeitig schwängern wollte, um seine DNA zu verbreiten, wovon namhafte Wissenschaftler gewusst haben sollen.[220] Huxley unterdessen sehnte sich schon damals nach einer neuen Gesellschaft. In dieser sollen die Menschen ihr Potenzial vollständig entwickelt haben. Laut dem Transhumanisten würden sich diese Menschen der Zukunft von denen heute so unterscheiden wie wir von Menschenaffen. Dabei befürwortete er die Eugenik , also die Züchtung besserer Menschen.[221,222] In seiner Schrift „UNESCO: Ihr Zweck und ihre Philosophie" erklärte er, weshalb eine Weltregierung so wichtig sei. Dazu schrieb er 1946 im Zusammenhang mit der Erbgesundheitslehre sinngemäß: *„Obwohl es durchaus wahr ist, dass jede radikale Eugenikpolitik für viele Jahre politisch und psychologisch unmöglich sein wird, wird es für die UNESCO wichtig sein zu begreifen, dass das Eugenikproblem mit der größten Sorgfalt untersucht und die Öffentlichkeit über die hier auf dem Spiel stehenden Themen informiert wird, damit vieles, was heute undenkbar ist, wenigstens denkbar werden könnte"* [223]

Zwischen gestern und heute

Hamburger Nachkriegsjunge

Kennen Sie Ella-Marie Arndt? Nein? Sagt Ihnen der Name nichts? Das ist nicht weiter schlimm. Man kann schließlich nicht jeden der 7,7 Milliarden Menschen auf dem Erdball kennen. Googelt man diesen Namen, liefert auch die Internetsuchmaschine kein Ergebnis. Dies verwundert nicht, denn Ella-Marie ist eine von vielen. Dafür, dass sie XX-Chromosomen in sämtlichen Körperzellen wie auch in ihren weißen Hautzellen trägt, kann sich nichts. Ebenso kann sie nichts dafür, dass sie in Deutschland geboren wurde und sie deutsche Eltern, Groß- und Urgroßeltern hatte bzw. noch einen lebenden Elternteil hat. Ella-Marie ist einfach nur ein Mensch wie jeder andere. Ihr ganzes Leben hat sie ohne größere Probleme gemeistert, doch je älter sie wird, desto mehr Fragezeichen tun sich bei ihr im Zusammenhang mit der Vergangenheit wie hinsichtlich der Zukunft auf. Wer aber ist diese Ella-Marie?

Ella-Marie Arndt wurde als Kind der geburtenstarken Jahrgänge nach dem Zweiten Weltkrieg geboren, also zu einer Zeit, als man in Deutschland noch gerne Kinder bekam. Sie gehört damit der Generation der Kriegsenkel an. Ein Kriegsenkel, was ist das denn? Dies mögen sich insbesondere jüngere Menschen fragen. Sieht man bei Wikipedia unter dem Begriff „Kriegsenkel" nach, so liest man dort Folgendes: *„Kriegsenkel sind Kinder von Kriegskindern des Zweiten Weltkriegs. Der Begriff entstammt der populärwissenschaftlichen Literatur und beschreibt Personen, die durch während der NS-Kriegszeit von ihren Eltern erlittene, unverarbeitete psychische Traumata indirekt traumatisiert worden sind."* Dass der Zweite Weltkrieg mit seinen Folgen eine ganze Generation, aber auch die Nachkriegsgeneration und die der Kriegsenkel geprägt und traumatisiert hat, ist heute wohl unbestritten. Allein die Epigenetik liefert hierzu interessante Erkenntnisse.[224] Nicht umsonst füllen Buchtitel wie „Kriegsenkel", „Nebelkinder", „Das Erbe der Kriegsenkel", „Kriegskinder und Kriegsenkel in der Psychotherapie", um nur einige zu nennen, die Regale von Buchhandlungen. Dabei sind die traumatischen Kriegserlebnisse sicherlich individuell völlig verschieden und ganz unterschiedlicher Ausprägung gewesen, wobei der Einfluss von Medien und Schule auf diese Menschen nicht unterschätzt werden sollte.

Ella-Maries Vater Gerd erblickte 1936, also drei Jahre nach Machtergreifung Adolf Hitlers als Hamburger Jung das Licht der Welt. Geboren wurde er im Kinderkrankenhaus in der Marckmannstraße im Hamburger Stadtteil Rothenburgsort. Nur vier Jahre nach seiner Geburt begann in dieser medizinischen Einrichtung die Ermordung sogenannter unerwünschter Elemente. Hier wurde Säuglingen und Kleinkindern ein tödlicher Medikamentencocktail von Ärztinnen und Schwestern gespritzt, die juristisch weitgehend unbehelligt blieben und weiterhin ihren Beruf ausüben konnten.[225] Als Gerds Vater noch lebte, hatte die fünfköpfige Familie in diesem Stadtteil zwischen Norderelbe und Bille gewohnt, einem zentrumsnahen Arbeiterviertel der Hansestadt, das jedoch durch die „Operation Gomorrha" im Sommer 1943 bei über 30 °C Außentemperatur von US-Amerikanern und Briten völlig zerbombt wurde. Am Ende dieses Feuersturms mit sechs Großangriffen auf die Elbmetropole waren ca. 34.000 Menschen tot, 900.000 obdachlos und fast eine Million auf der Flucht. Die Stadt wurde dem Erdboden gleichgemacht und lag in Schutt und Asche.

Nach dem Tod seines Vaters, einem gelernten Buchdrucker, der bei einem Bombenangriff auf Königsberg ums Leben gekommen sein soll, wuchs Gerd zusammen mit seinen zwei jüngeren Geschwistern und einem später unehelich geborenen Halbbruder mit seiner Mutter in einem ländlichen Stadtteil am nördlichen Stadtrand Hamburgs auf. Seine Mutter hatte nur wenig Zeit für ihre Kinder, die sie fortan alleine durchbringen musste. Unterstützt wurde sie dabei von ihrem Ältesten. Gerd war bei Kriegsende gerade mal neun Jahre alt und musste schon viel Verantwortung für die Familie übernehmen. So wurde er eingespannt, bei Bauer Bunte auf dem Hof mitzuhelfen, und beim Vermieter wurde er u. a. zur Obsternte eingesetzt. Im Alter von elf Jahren wurde er dann abends zum Geldverdienen geschickt. Dies tat Gerd in einer Gaststätte mit Tanzlokal und Kegelbahn, wo er „Alle Neune" wieder aufzustellen hatte. Heute würde dies wohl unter den Begriff „Kinderarbeit" fallen, während es damals lediglich ein notwendiges Übel zum Überleben war. Dass ein elfjähriges Kerlchen ins Bett gehört, statt in einer verrauchten Gaststätte – damals gab es noch kein Rauchverbot in der Gastronomie und in öffentlichen Einrichtungen – zur nächtlichen Stunde Geld verdienen zu müssen, versteht sich von selbst. Jedoch war jeder Pfennig nötig, um das Überleben einer alleinerziehenden Mutter mit vier kleinen Kindern zu sichern. Für Mutterliebe und Kuscheleinheiten mit dem Nachwuchs blieb dabei nur wenig Zeit und Raum. Man befand sich schließlich, frei nach Darwin, im wahrsten Sinne im Kampf ums Überleben im völlig zerbombten Hamburg. Ella-Marie würde ihre Großmutter aus heutiger Sicht als eine eher kühle, oft distanziert und emotionslos wirkende Frau beschreiben, der gelegentlich auch mal die Hand ausrutschte, wie beispielsweise gegenüber ihrem zwei Jahre älteren Cousin Frank, der sich später das Leben nahm. Dabei hat sie sich mehr als einmal gefragt, ob ihre Großmutter schon immer so war oder ob der Krieg sie so hart werden ließ.

Durch die guten Kontakte der jungen Mutter zum Landwirt Bunte, bei dem sie auch arbeitete, war wenigstens dafür gesorgt, dass die Familie mit Obst, Gemüse, Eiern, Milch und dergleichen versorgt war und keinen Hunger leiden musste. Insbesondere für die Kinder fiel immer etwas ab. Und auch das Leben zur Miete in einem alten, reetgedeckten Haus einer bekannten Hamburger Unternehmer- und Mäzenatenfamilie in Flughafennähe erwies sich als hilfreich. Zum einen kamen sowohl Ella-Maries Großmutter als auch deren Kinder in den 1960er-Jahren über Wohnberechtigungsscheine in den Genuss von Neubauwohnungen über die Stiftung dieser wohlhabenden Familie. Zum anderen fand ihre Großmutter bei der Stiftung Arbeit als Putzfrau für die Generalreinigung von Wohnungen vor dem Erstbezug. Was aber blieb, war die Trauer von Ella-Maries Vater um seinen viel zu früh verstorbenen eigenen Vater und eine gestohlene Kindheit unter der Knute einer Mutter, die insbesondere ihrem Ältesten nur wenig Liebe und Nestwärme zu geben vermochte.

Ostpreußisches Flüchtlingsmädchen

Die Geschichte der Kindheit von Ella-Maries Mutter Inge, einem Marjellchen aus Ostpreußen, ist eine andere. Sie floh als Neunjährige im Januar 1945 bei eisiger Kälte zusammen mit ihrer Mutter und ihren beiden jüngeren Brüdern aus Ortelsburg in Masuren. Ziel war es, mit dem Schiff über die Ostsee den Hafen von Kiel in Schleswig-Holstein zu erreichen, dem Hauptanlaufgebiet von Flüchtlingen und Vertriebenen bei der Evakuierung von 2,5 Millionen Menschen aus dem Baltikum sowie Ost- und Westpreußen. Insgesamt verließen ab Ende 1944 ca. 14 Millionen Deutsche ihre Heimat in unzähligen Flüchtlingstrecks. Viele davon begaben sich mit Pferdefuhrwerken über das zugefrorene Frische Haff der Ostsee gen Westen, eine Entscheidung, die durch das Einbrechen im eiskalten Wasser oder durch den Beschuss von Tiefffliegern für zahlreiche Menschen tödlich endete. Ursprünglich hatte Inges Mutter bis zum Schluss auf den Vater ihrer Kinder warten wollen, der als Zugschaffner bei der Reichsbahn arbeitete. Da die Rote Armee jedoch unaufhaltsam Richtung Westen rückte, packte die junge Mutter ihre drei Kinder, verließ das kleine schmucke Häuschen im idyllischen Masuren und floh mit dem Zug in der Holzklasse ohne Fensterscheiben in Richtung Königsberg. Auch sie wurden während der Fahrt durch Tiefflieger beschossen, weswegen der Zug immer wieder in Waldstücken zum Halten kam. Die Reise unter widrigen Umständen wollte einfach kein Ende nehmen. Endlich in Königsberg angekommen, verbrachte die Familie vier Tage in einem Bunker, um in einem Viehwaggon bei klirrender Kälte weiter in die Hafenstadt Pillau zu gelangen. Zuvor hatte Ella-Maries Oma in Königsberg einen Evakuierungsschein für vier Personen bekommen. Von Pillau aus „wollte" man zusammen mit Tausenden anderer Frauen und Kinder, Verletzten, alten Leuten und Soldaten am 30. Januar 1945 mit der „Wilhelm Gustloff", dem einstigen Luxus-Traumschiff der NS-Organisation „Kraft durch Freude" und zur Zeit seiner Erbauung größten Schiff der Welt, über die Ostsee die geliebte Heimat verlassen. In Pillau angekommen, lag der Luxusliner jedoch gar nicht vor Anker. Das Entsetzen soll laut Ella-Maries Mutter riesengroß gewesen sein. Wie sollte man nun weiter gen Westen gelangen, während die Rote Armee immer näher kam? Das Schicksal meinte es dennoch gut. Man hatte sozusagen noch einmal Glück im Unglück, denn die vierköpfige Familie konnte mit der „Hansa" aus der ostpreußischen Heimat fliehen. Schon während der Überfahrt bekam die neunjährige Inge aus Gesprächen von Soldaten an Bord mit, dass die „Wilhelm Gustloff", die an diesem Tag hoffnungslos überfüllt den Hafen von Gotenhafen verlassen hatte, durch den Beschuss mit drei sowjetischen Torpedos gesunken war. Mehr als 9.000 Menschen verloren bei der bislang größten Katastrophe der Seefahrt in der eiskalten Ostsee ihr Leben, nur 1.239 Menschen überlebten.[226]

Wie würde wohl die Antwort lauten, wenn man heute eine Umfrage hinsichtlich der größten Schiffskatastrophe aller Zeiten durchführen ließe? Wilhelm Gustloff? Wohl kaum, denn welcher Mensch der jüngeren Generation kennt die Geschichte dieses Schiffes überhaupt? Auch gibt es über diese menschliche Tragödie auf See keinen einnahmeträchtigen Blockbuster made in Hollywood. Darüber hinaus ist die Versenkung der „Wilhelm Gustloff" laut Expertenmeinung nicht als Kriegsverbrechen zu betrachten, sondern vielmehr ein legitimes Mittel in kriegerischen Zeiten gewesen. Die vielen Toten waren also nicht einmal ein sogenannter Kollateralschaden eines militärischen Aktes. Schließlich habe Deutschland Europa mit Krieg und mit Mord überzogen.[227] Machen Sie die Probe aufs Exempel, indem Sie jüngeren Menschen die Frage nach der weltweit größten Katastrophe der Seefahrt stellen – Sie werden staunen! Die Antwort wird nahezu unisono „Titanic" lauten. Das ist so sicher wie das Amen in der Kirche. Schließlich wurde der Untergang des Luxusliners „RMS Titanic", bei dessen Jungfernfahrt über 1.500 Menschen ihr Leben verloren, bereits mehrfach verfilmt. An Bord des tatsächlich untergegangenen Fahrgastschiffes der Extraklasse waren übrigens neben vielen anderen wohlhabenden Menschen der Bergbaumagnat Benjamin Guggenheim, der New Yorker Kaufhausmitbesitzer Isidor Strauss und der Waldorf-Astoria-Hotelier John Jakob Astor. Gemeinsam war denen ihr großer Reichtum, doch es gab noch eine weitere Gemeinsamkeit: Alle drei sollen gegen die Gründung einer amerikanischen Zentralbank in Form der Federal Reserve gewesen sein.[228]

Die bekannteste Version, eine Mixtur aus Fakten und Fiktion, ist die mit elf Oscars ausgezeichnete Hollywoodproduktion von 1997, die teurer war als die „Titanic" selbst. 200 Millionen US-Dollar kostete das 194-Minuten-Produkt aus der Traumfabrik in Los Angeles, während der Bau des Schiffes in den Jahren 1910 bis 1912 1,5 Millionen Pfund ausmachte, was umgerechnet auf das Jahr 1997 150 Millionen US-Dollar bedeutet.[229] Das US-Filmdrama mit dem schnuckeligen Leonardo DiCaprio als Hauptdarsteller ist aber auch so schön klischeehaft: Tochter aus wohlhabendem Haus brennt mit armem Schlucker auf Luxusliner durch und ohne eine Packung Taschentücher ist dieser Streifen in seiner ganzen Länge kaum durchzustehen. Durch diesen Film wurde DiCaprio über Nacht zum Star und gründete nur ein Jahr später seine Leonardo-DiCaprio-Stiftung. Im Jahr 2018 hieß es, dass man über diese Stiftung bislang 100 Millionen US-Dollar für den Kampf gegen den Klimawandel gesammelt habe, die in zahlreiche Projekte fließen würden.[230] Der Schwarm vieler Frauenherzen wurde durch ein vorausgegangenes Treffen mit Al Gore, dem früheren US-Vizepräsidenten, im Jahr 1998 zum Umweltaktivisten.[231] DiCaprio leidet scheinbar an einem ganz tief sitzenden Kindheitstrauma. So musste er als Junge statt unter einem Poster seines Superhelden unter einem Kunstdruck von Hieronymus Boschs „Garten der Lüste" schlafen, auf dem die Menschheit aus dem Paradies vertrieben wird. Deshalb weiß er auch, worauf die Welt gerade zusteuert: *„Mit Adam und Eva fängt es an, dann geht es weiter: Überbevölkerung, Gemetzel, am Ende ist der Himmel tiefschwarz, die Landschaft verwüstet."*[232] Und obwohl er das so genau weiß, steht er immer wieder in der Kritik aufgrund seines Umweltengagements. Trotz des unmittelbar bevorstehenden Weltunterganges benutzt er, der sich gerne mit sehr viel jüngeren Frauen umgibt und in Sachen Weltenretter unterwegs ist, seinen Privatjet wie andere ihr Auto oder Moped und reist auf einer Luxusjacht mit 24.000 PS durch die Weltgeschichte.[233]

Doch nun erst einmal wieder zurück ins Jahr 1945, in dem es nach der Überfahrt auf der eisigen Ostsee in eine ungewisse Zukunft ging. Eine, die mit vielen offenen Fragen, Hoffnungen und auch so manchen menschlichen Enttäuschungen versehen war.

Unter deutschen Dächern

In Kiel angekommen, wusste die Familie ohne männliches Familienoberhaupt nicht, wohin sie überhaupt gebracht werden und was sie erwarten würde. Sie wurde einem kleinen Ort in Schleswig-Holstein zugewiesen. Dort kam sie bei einer alleinstehenden Dame in einer Villa in einem einzigen kleinen Zimmer von ca. 16 m² Größe für ganze vier Jahre unter. Der Raum hatte zunächst nicht einmal eine Ofenheizung und das Dach eines kleinen Erkers war undicht, weswegen es stets kalt, klamm und feucht war. Die Hausbesitzerin zeigte sich keineswegs begeistert über die neuen Mitbewohner, auch wenn sie Deutsche wie sie selbst waren. Von einer Willkommenskultur konnte damals keine Rede sein und auch mit der Solidarität gegenüber Mitmenschen aus den Ostgebieten war es oft nicht weit her. So machte sich die Dame keinerlei Sorgen um die stark abgemagerten und von der Flucht gezeichneten Menschen. Mitleid, Empathie und Menschlichkeit waren wohl Fremdwörter für sie. Dass einer der beiden Söhne der jungen Mutter aus Ostpreußen infolge der Flucht gesundheitlich schwer angeschlagen war und kaum noch ein Lebenszeichen von sich gab, rührte sie kaum. Bereits in Ostpreußen hatte Ella-Maries Großmutter nach der Geburt der kleinen Inge ihre zweitgeborene Tochter aufgrund einer Lungenentzündung verloren, weswegen sie um den Gesundheitszustand des älteren ihrer beiden Söhne in großer Angst war. Der Villenbesitzerin größte Sorge galt vielmehr ihrem schönsten Zimmer, in das später ein Ofensetzer sehr zum Leidwesen dieser Frau einen Kohleofen für die vierköpfige Flüchtlingsfamilie einbaute.

Zwei weitere Räume des Hauses wurden von einer ausgebombten Hamburgerin mit ihren drei Kindern bewohnt. Daneben lebten darin auch die Hauseigentümerin selbst, ein Lehrer mit Frau und Sohn sowie eine pensionierte alleinstehende Lehrerin. Das Zimmer der Lehrerin war nur durch eine Schiebetür von dem der Familie mit den ostpreußischen Wurzeln getrennt.

Privatsphäre war Fehlanzeige und Inge und ihre beiden Brüder mussten immer sehr leise sein. Dies insbesondere dann, wenn die Lehrerin privaten Nachhilfeunterricht erteilte. Es gab nur eine Toilette für alle gemeinsam, also nicht nach Geschlechtern getrennt. Das stille Örtchen befand sich jedoch nicht im Haus, sondern in Form eines Plumpsklos in einem Schuppen im Garten. Wer jetzt erwartet, dass es zumindest fließend Wasser in der Villa gegeben habe, der wird enttäuscht: Zum Waschen, Kochen und Baden wurde kostbares Nass mittels einer Schwengelpumpe aus dem Brunnen im Vorgarten befördert. Gewaschen, gekocht, gegessen, geschlafen, Hausaufgaben gemacht, gespielt usw. wurde nur in diesem einen Zimmer. Wie schon gesagt: Mit vier Personen vier Jahre lang. Wer mag sich heute ein Leben unter solchen Umständen vorstellen? Wohl keiner. Doch damit nicht genug. Das beengte Wohnen für Menschen, die man kurzerhand per Zwangseinweisung anderen Menschen, die über unzerstörten Wohnraum verfügten, zuwies, war nur eines der vielen Probleme damals.

Frieden in Armut

Es fehlte an allem: an Nahrungsmitteln, Kleidung, Schuhen, Spielsachen, Hygieneartikeln, um nur ein paar Beispiele zu nennen. Ella-Maries Onkel, damals ein kleiner Lorbas des Jahrgangs 1939, eben jener, der kaum noch ein Lebenszeichen von sich gegeben hatte, war für sein Alter handwerklich äußerst geschickt. So fertigte er beispielsweise aus alten Fahrradmänteln Sandalen für den Sommer. Damit konnte man zumindest die warme Jahreszeit per pedes einigermaßen überstehen und musste nicht barfuß unterwegs sein. Da die inzwischen elfjährige Inge jedoch im Winter 1946/47 noch immer keine festen Schuhe besaß, ging ihre Mutter zum Pastor, um diesen um ein Paar zu bitten. Dieser Auftritt als Bittstellerin bei dem Kirchenmann um Schuhwerk für ihr Töchterchen war ihr äußerst unangenehm. Wer ist schließlich schon gerne auf Almosen angewiesen? Das Ergebnis konnte sich laut Ella-Maries Mutter jedoch sehen lassen: Es gab ein Paar knöchelhohe Herrenschuhe für sie, die es selbst später nur auf Schuhgröße 37 brachte, also sprichwörtlich nur auf kleinem Fuß lebte. So konnte das Kind wenigstens zur Schule gehen, auch wenn die Schuhe des Kirchenmannes natürlich viel zu groß waren und der Schulweg bei Eis und Schnee mit diesen nicht gerade leicht zu bewältigen war.

Für Eitelkeiten und irgendwelche Das-zieh-ich-aber-nicht-an-Diskussionen war kein Platz. Es herrschte vielerorts und hinsichtlich vieler Dinge ein nüchterner Pragmatismus. Von ihrer Mutter erfuhr Ella-Marie aus Erzählungen, dass der Winter 1946/47 auch „Hungerwinter" genannt wurde, da er damals seit Jahrzehnten zu den kältesten Wintern in Deutschland mit Temperaturen bis zu minus 20 °C zählte. Sogar die Binnenschifffahrt war aufgrund vereister Flüsse zum Erliegen gekommen und damit die Versorgung mit Lebensmitteln.[234] Ob man wohl schon damals in Politik und Medien von einer Klimakatastrophe sprach? Wohl kaum, denn dem eisigen Winter folgte ein typischer

Jahrhundertsommer anno 1947 mit z. B. 60 Sommertagen und einer Höchsttemperatur von mindestens 25 °C im Südwesten des Landes. Normal wären 31 Sommertage gewesen.[235]

Sich auf den Unterricht zu konzentrieren, fiel der kleinen Inge, die eine gute und wissbegierige Schülerin war, nicht immer leicht. Sie litt sehr an starker Unterernährung, weswegen sie gelegentlich einfach ohnmächtig wurde. Diese Ohnmacht überfiel sie auch während des Unterrichts, der von einer einzigen Lehrerin einer Klasse mit 45 Mädchen gegeben wurde. Aus heutiger Sicht ist auch dies kaum vorstellbar. Die Ohnmachtsanfälle waren jedoch wenig verwunderlich, denn an so manchem Tag lebte das Mädchen nur von einem einzigen Stückchen Steckrübe. Auch der Rest der Familie, den die Sorge um den Vater und Ehemann, von dem es noch immer kein Lebenszeichen gab, und das Heimweh nach der masurischen Heimat plagte, bekam nicht viel zu essen. So manche Mahlzeit ließ die junge Mutter zugunsten ihrer Kinder mit den Worten „Esst nur, ich habe bereits gegessen!" ausfallen. Auf Bildern vor der Flucht, von denen es zum Glück noch ein paar gibt, sieht Ella-Maries Oma wie das blühende Leben aus. Auf Bildern, die nach 1945 aufgenommen wurden, ist sie hingegen eingefallen und vergrämt, ein Schatten ihrer selbst. In der großen Verzweiflung um das leibliche Wohl ihrer Kinder schlachtete sie deren Kaninchen, womit sie sich den Zorn ihres Nachwuchses zuzog. Schließlich hatte dieser schon die geliebte Katze in Ostpreußen zurücklassen müssen, und dann landete auch noch das nicht weniger ins Herz geschlossene Karnickel als Sonntagsbraten auf dem Tisch. Von wegen, der Hunger treibt´s rein: Die drei ausgehungerten Kinder aßen nur die trockenen Kartoffeln und rührten nicht einmal die Bratensoße an.

Inge und ihre beiden Brüder bekamen durch die schlechte Ernährung offene Stellen an den Beinen. Diese fingen oft an zu nässen und zu eitern, weswegen die Socken beim Ausziehen kleben blieben und die Wunden später hässliche Narben hinterließen. Zusammen mit ihren Kindern zog Ella-Maries Großmutter mit einem Bollerwagen über Land, um ihre Zigarettenmarken, die sie als Nichtraucherin nicht benötigte, bei den Bauern gegen etwas Essbares für ihre Kinder einzutauschen. Die Landwirte waren nur selten erfreut über derartige Hofbesuche von den Pollacken, wie die Flüchtlinge und Heimatvertriebenen aus den deutschen Ostgebieten damals oft genannt wurden. Einmal kamen sie zu einem Bauern, der sogar seine Hunde auf die Pollackin und ihre Gören hetzen wollte, wenn diese mit ihren Kindern nicht sofort den Hof verließe. Ohne die Schulspeisung durch die Schweden, die ihre Neutralität im Zweiten Weltkrieg erklärt hatten, um nicht in diesen hineingezogen zu werden, hätten Ella-Maries Mutter und ihre beiden Onkel die Nachkriegszeit wohl gar nicht überlebt. Trotz des Verlustes der Heimat, der Ungewissheit über den Verbleib von Ehemann und Vater und der widrigen Umstände, unter denen man zu leben hatte, betete man und dankte Gott dafür, dass man ein Dach über dem Kopf hatte und wieder in Frieden leben durfte.

Was aber erleben wir heute in Deutschland zum Beispiel hinsichtlich der Ernährung? Auf der einen Seite stehen die Adipösen neben den Bulimikern mit ihrer häufigen Neigung zum Laxantien- und Brechmittelmissbrauch. Andererseits herrscht gerade in gut betuchten Familien oft ein regelrechter Glaubenskrieg um die Ernährung in Form von omnivorem, (ovo-lacto-)vegetarischem oder veganem Essen neben roher bzw. frutarischer Kost. Viele muslimische Mitbürger unterscheiden zwischen Haram- bzw. Halalernährung, während immer mehr arme Menschen in Deutschland im Jahr 2019 auf die Hilfe der gemeinnützigen Tafeln angewiesen sind. Dabei werden jedes Jahr schätzungsweise 18 Millionen Tonnen Lebensmittel deutschlandweit weggeworfen, derweil weltweit alle zehn Sekunden ein Kind unter fünf Jahren stirbt, 800 Millionen Menschen auf dieser schönen Erde Hunger und ganze zwei Milliarden an Mangelernährung leiden.[236,237]

Einer der weltweit größten Lebensmittelhersteller ist heute das Unternehmen Nestlé mit seinem Hauptsitz in der Schweiz. Zu dessen Produktpalette gehören mehr als 2.000 Marken, darunter beispielsweise Nesquik-Kakao, Nespresso-Kaffee – einst beworben vom US-Schau-spieler George Clooney –, Smarties, Vittel, Katzenfutter Felix, aber auch Kosmetik- und Parfummarken wie Garnier, Maybelline, Diesel und Yves Saint Laurent. Immer wieder gerät dieses Unternehmen in die Schlagzeilen, weil es zum Beispiel weltweit Wasserrechte von staatlichen Behörden kauft, so auch im Süden Afrikas, in Äthiopien und Pakistan. Dieses zuvor gereinigte Wasser wird dann zu recht stattlichen Preisen verkauft. Der Regenwald wird für Palmöl in Kitkat, Nutella & Co.

abgeholzt. Täglich verschwindet die „grüne Lunge der Erde", einer der artenreichsten Lebensräume überhaupt, in einer Größenordnung von 30 Fußballfeldern. Und auch die Babynahrung dieses Unternehmens ist nicht an einer gesunden Ernährung der Kleinsten der Kleinen interessiert, sondern vielmehr auf Profit und Wachstum ausgerichtet.[238,239] Dabei ist die wahre grüne Lunge der Erde nicht wirklich der Amazonas-Regenwald, sondern zum Beispiel die Taiga in Sibirien. Dort verlaufen Verrottungsprozesse aufgrund der klimatischen Bedingungen viel langsamer ab. Deshalb wird der für Zersetzungsprozesse benötigte Sauerstoff deutlich langsamer der Atmosphäre entzogen als in den Tropen, was zu einer positiven Sauerstoffbilanz führt.[240]

Um nicht auf weitere Almosen für sich und ihre heranwachsenden Kinder angewiesen zu sein – den menschlichen Stolz und die Würde der dreifachen Mutter konnte selbst ein verlorener Krieg nicht besiegen –, arbeitete Ella-Maries Großmutter in einer Wurstfabrik. Ihr Mann, der bei nächster Gelegenheit nach Westdeutschland nachkommen wollte, wo eine Halbschwester in Bochum lebte, galt zunächst als vermisst. Man hatte ihn damals über das Deutsche Rote Kreuz suchen lassen, jedoch ohne Ergebnis. Schweren Herzens ließ Ella-Maries Oma 1951 ihren Mann für tot erklären, um wenigstens für sich eine Kriegswitwenrente zu bekommen. Schließlich hatte ihr Gatte viele Jahre bei der Reichsbahn als Schaffner gearbeitet. Glücklicherweise hatte sie alle notwendigen Ausweispapiere und persönlichen Dokumente mit auf die Flucht aus der kalten Heimat, wie Masuren wegen der rauen Winter damals genannt wurde, gen Westen genommen. Diese Unterlagen existieren bis heute und befinden sich seit dem Tod von Ella-Maries Oma im Jahr 1978 im Besitz ihrer Mutter. Sowohl die Familie von Ella-Maries Vater als auch die ihrer Mutter – ihre Oma väterlicherseits hatte nur einen Bruder, während ihre Oma mütterlicherseits elf Geschwister hatte –, wurden durch den Krieg in ganz Deutschland versprengt und/oder durch die innerdeutsche Grenze voneinander getrennt bzw. nach Russland verschleppt.

Auch heute, über 74 Jahre nach Kriegsende, sind die Narben aus der Kindheit sowohl an den Beinen als auch auf der Seele der Mutter von Ella-Marie noch immer zu sehen bzw. zu spüren, auch wenn sie im Laufe des Lebens ein wenig verblasst sind. Ja ja, die Zeit heilt Wunden, dies zumindest oft aber nur oberflächlich. Flucht und Vertreibung vergisst derjenige, der sie erlebt hat, sein Leben lang nicht. Und so kommt heute aufgrund der weltweiten Situation das Thema Krieg zwischen Ella-Marie und ihrer alten Mutter verstärkt zur Sprache. Geholfen haben ihrer Mutter bei der Vergangenheitsbewältigung kein Psychologe und keine Traumatherapie. Sie, die es damals trotz guter Noten nur zum Volksschulabschluss gebracht hatte und keine Ausbildung machen konnte, da sie Geld verdienen musste, hat im hohen Alter angefangen, ihre Fluchterlebnisse aufzuschreiben. Aus diesen Aufzeichnungen hat sie an ihrem 80. Geburtstag im Oktober 2015 den Schülern eines Gymnasiums in Schleswig-Holstein vorgelesen.

So oder ähnlich wie den Familien von Ella-Maries Eltern ist es damals Millionen von Menschen in der Nachkriegszeit ergangen, die ausgebombt wurden, fliehen mussten oder zu den Vertriebenen bzw. Spätaussiedlern gehörten. Viele waren durch ihre Kriegserlebnisse schwer traumatisiert, doch es blieb nicht viel Zeit zum Trauern, denn es ging für die meisten ums nackte Überleben. Ebenso ging es um den Wiederaufbau eines kaputten und zerbombten Landes unter seiner früheren faschistischen Führung. Dies alles zu einer Zeit, als nicht jeder Haushalt im Besitz eines Fernsehers war, von einem Telefon oder gar einem Smartphone und dem damit verbundenen Informationsreichtum des Internets ganz zu schweigen. Hauptsächlich über Druckerzeugnisse und die Goebbelschnauze, also den Volksempfänger, der als eines der wichtigsten Instrumente der NS-Propagandamaschine dank Gleichschaltung und personeller Säuberung der Rundfunkanstalten galt, wurde das Volk mit den vermeintlich richtigen und wichtigen Informationen berieselt und indoktriniert. Wie aber ist es Ella-Marie, der hamburgisch-ostpreußischen Kriegsenkelin, vor dem Hintergrund der Geschichte ihrer Eltern in ihrem eigenen Leben ergangen?

An der Nadel

Ella-Marie ist mit diesen und vielen anderen Geschichten aus der Kindheit ihrer Eltern aufgewachsen. Insbesondere ihre Mutter hat ihr und ihrem fast fünf Jahre jüngeren Bruder immer wieder davon erzählt, während ihr Vater über die schmerzlichen Erlebnisse seiner Kindheit bis zu seinem Tod im Jahr 2010 kaum gesprochen hat. Oft war Ella-Marie traurig darüber, keinen ihrer Opas kennengelernt zu haben. Insbesondere ihr Opa mütterlicherseits muss ein sehr lustiger und liebevoller Mensch gewesen sein, immerzu zu irgendwelchem Schabernack und kleinen Späßen bereit. Nach dem unbekannten Verbleib ihres Großvaters hatte ihre Großmutter nie wieder einen Mann an ihrer Seite.

Als Kind der sogenannten Babyboomergeneration erblickte Ella-Marie wie ihr Vater in der Freien und Hansestadt Hamburg das Licht der Welt. Ihre Geburtsstätte war das Allgemeine Krankenhaus Heidberg, eine ehemalige Waffen-SS-Kaserne. Das Kasernengelände mit einer Fläche von 44.000 Quadratmetern war 1937 der bereits erwähnten Mäzenatenfamilie vom Deutschen Reich als Weideland abgekauft worden.[241] Heute gehört das Krankenhaus der Asklepios-Gruppe an, dem mit rund 150 Gesundheitseinrichtungen größten Klinikbetreiber in Europa in privatem Familienbesitz.[242] Von klein auf wuchs Ella-Marie mit bestimmten Tabus auf. So war es für ihre Mutter aufgrund ihrer eigenen schrecklichen Hungererfahrungen immer ein absolutes Unding, Lebensmittel wegzuwerfen. Aber auch in allen Zimmern Licht brennen oder die Heizung voll aufgedreht zu lassen, während man sich darin gar nicht aufhält, kam nicht infrage. Auch war es in ihrer Familie nicht üblich, jeden Tag zu duschen oder gar ein Vollbad zu nehmen. Selbst ein tropfender Wasserhahn wurde umgehend repariert. Das war so, solange Ella-Marie denken kann. Ihre Mutter war also schon eine Ökoaktivistin vor der Einführung von Energiesparlampen, der Gründung des Clubs of Rome und lange Zeit, bevor die Grünen als regelrechter Bürgerschreck mit zotteligen Haaren, bewaffnet mit Stricknadeln und Wolle, in Sandalen 1983 den Deutschen Bundestag eroberten. Ebenso gehört der verschwenderische Umgang von Klopapier bis Spülmittel bis zum heutigen Tag zu den absoluten Tabus ihrer Mutter. Der achtsame Umgang mit eigenem sowie fremdem Eigentum sowie insbesondere mit der Natur wurden ihr schon als Kind eingeimpft. So liegt von Ella-Marie auch heute nicht mal ein winziges Papierschnipselchen in der Natur herum. Na, wenn das man kein gelebter Natur- und Umweltschutz ist.

Doch, weil hier gerade die Rede vom Impfen ist: Als kleines Kind wurde Ella-Marie nach einer Impfung gegen Pocken in ihrer körperlichen und geistigen Entwicklung zurückgeworfen.[243] Die Pockenimpfung war in der Bundesrepublik Deutschland in der Zeit von 1949 bis Ende 1975 verpflichtend, während es in der Diktatur der Deutschen Demokratischen Republik ab 1950 eine zunehmend ausgeweitete Impfpflicht gab. Ihre Eltern waren damals völlig verzweifelt darüber, das Kind in seiner vormals sehr guten Entwicklung nach der Injektion so regressiv erleben zu müssen. Ella-Marie, die früh sprechen gelernt hatte, sprach kaum noch ein Wort, konnte nicht mehr alleine sitzen und war sehr apathisch. Heute sind nur noch die Narben von der Impfung zu sehen, während glücklicherweise keine bleibenden Schäden hervorgerufen wurden. Wie aber sieht es heute beim Thema Impfen in Deutschland aus?

Am 17. Juli 2019 wurde eine gesetzliche Impfpflicht gegen Masern für Kindergarten- und Schulkinder sowie für Personen ab Jahrgang 1970, die in Kitas, Schulen, Gemeinschaftseinrichtungen oder als Tagesmütter arbeiten, beschlossen. Ebenfalls müssen Asylbewerber und Flüchtlinge sich einer Impfung unterziehen.[244] Dies kann natürlich nur geschehen, sofern sich diese überhaupt registrieren lassen. Allen voran ist Bundesgesundheitsminister Jens Spahn (CDU) der größte Befürworter dieser MMR-Kombinationsimpfung gegen Mumps, Masern und Röteln. Er wird sicherlich über gute Kontakte zur Lobbyagentur „Politas" und damit zur Pharmaindustrie verfügen.[245] Seine Informationen über die Fallzahlen wird er wohl direkt von der Weltgesundheitsorganisation (WHO) bekommen, die für das erste Halbjahr 2018 rund 41.000 Infizierungen im europäischen Raum verzeichnete.[246] Wohlgemerkt ist die Rede von Infizierten und nicht von 41.000 Maserntoten. Nehmen wir mal nur den kleineren Raum der Europäischen Union gegenüber

Gesamteuropa mit 741 Millionen Menschen. In der EU leben 512 Millionen Einwohner. Ein Prozent davon sind 5,12 Millionen Menschen, dann machen 41.000 Infizierte nicht einmal 0,01 Prozent aus. Wenn das mal kein schlagkräftiges Argument für Zwangsimpfungen ist.

Als ein Grund für die Häufung von neuen Masernfällen wird eine bestehende Impfmüdigkeit genannt. In bestimmten Regionen wie beispielsweise Nordrhein-Westfalen wurden im Jahr 2019 von Januar bis Mai 101 Masernerkrankte registriert, weswegen dieses Bundesland den Platz 1 im Masernranking belegt. Prozentual am stärksten betroffen ist jedoch Rheinland-Pfalz mit 6,1 Erkrankten pro 1.000 Einwohner.[247] Dabei war es binnen eines halben Jahres im Frühjahr 2015 in Berlin bereits zu weit über 600 Masernfällen gekommen, wobei die Masernwelle von einer Berliner Flüchtlingsunterkunft ausgegangen ist. Dort war die Krankheit bei Asylbewerbern aus Ländern des Balkankrieges wie auch aus Bürgerkriegsgebieten wie beispielsweise Syrien ausgebrochen. In deren Heimatländern war es teilweise zum Kollaps der dortigen Gesundheitssysteme und damit zwangsläufig zu Impflücken gekommen.[248] Wen mag es da noch wundern, dass fast die Hälfte aller Masernerkrankungen im Erwachsenenalter auftreten? Impfungen waren bislang auf freiwilliger Basis entsprechend der Empfehlungen der Ständigen Impfkommission angeraten, wurden also nicht totalitär seitens der Regierung verordnet. Schließlich sind Impfungen Eingriffe in die körperliche Unversehrtheit im Sinne des Artikels 2 des Grundgesetzes, juristisch demnach als Körperverletzungen zu bewerten.[249] Man muss ja nicht wie in den 1950er- und 1960er-Jahren Masern- und Rötelnpartys mit akut erkrankten und gegen diese Kinderkrankheiten nicht geimpften Kindern veranstalten, doch muss es denn gleich eine Impfpflicht unter Strafandrohung in Höhe von bis zu 2.500 Euro sein?[250] Warum spricht man den Eltern das Recht ab, über den Sinn oder Unsinn dieser Impfung nach Beratung durch einen Kinderarzt selbst zu entscheiden?

Impfkritische Ärzte will der in Hamburg geborene Frank Ulrich Montgomery mit britischen Wurzeln, ehemaliger Präsident der Bundesärztekammer, nunmehr Aufsichtsratsvorsitzender der Deutschen Apotheker- und Ärztebank und seit April 2019 Vorsitzender des Weltärztebundes, die seiner Ansicht nach Unsinn über das Impfen verbreiten würden, aus der Patientenversorgung nehmen.[251] Dies würde bedeuten, dass sie nicht mehr am Patienten arbeiten dürfen, sondern an anderer Stelle im Labor oder als Gutachter.[252] Und das, wo in Deutschland schon heute vielerorts Ärzte fehlen und die Bundesärztekammer vor erheblichen Engpässen in der medizinischen Versorgung warnt – und zwar durch Montgomery höchstpersönlich.[253] Und eben dieser Herr Montgomery mahnte schon zu Beginn 2018 an, die Zulassungen von Ärzten aus Nicht-EU-Ländern auf den Prüfstand zu stellen, da manche „Ärzte" ihre Berufszertifikate im Heimatland kaufen würden, ohne jemals eine Uni besucht zu haben.[254] Was für ein Glück, dass wir in diesem Land so viele Experten haben, deren linke Hand anscheinend nicht einmal weiß, was die rechte Hand tut. In Kanada wurde unterdessen die impfkritische Ärztin Dr. Dena Churchill zu einer Geldbuße in Höhe von 76.000 US-Dollar verurteilt.[255] So können Ärzte natürlich auch auf Linie gebracht **werden** – oder wie heißt es doch so schön: Bestrafe einen, erziehe hundert! Was man so alles in Impfstoffen findet und was Impfungen an Nebenwirkungen zur Folge haben können, findet man auf der Internetseite von Aktives Eigenes Gesundes Immun System (AEGIS) Österreich mit ganz vielen Verlinkungen.[256]

Risiken und Nebenwirkungen

Wie aber sieht es mit Tuberkulose in Deutschland aus, der gefährlichsten Infektionskrankheit der Welt? Innerhalb von nur zwei Jahren, von 2015 bis 2017, sind mehr als 10.000 neue Tbc-Erkrankte hinzugekommen. Laut dem Tuberkulosebericht des Robert-Koch-Institutes sind hierbei junge männliche Migranten aus Somalia, Eritrea, Syrien, Afghanistan und Rumänien in erster Linie betroffen.[257] Brisant an dieser Geschichte ist, dass die Impfkommission seit 1998 eine Tuberkulose-BCG-Impfung nicht mehr empfiehlt. Gründe hierfür sind die günstige epidemiologische Situation in Deutschland mit einem geringen Infektionsrisiko und nicht selten unerwünschte Nebenwirkungen, die in Verbindung mit dieser Impfung auftreten können.[258] Drängt sich da einem nicht förmlich die Frage auf, warum man insbesondere die Tbc-Impfempfehlung nicht an die neuen Gegebenheiten anpasst? Was meinen Sie, wie viele Menschen 2017 weltweit an Tuberkulose starben? 500.000? Falsch. 1.000.000? Auch nicht richtig. Es waren 1,6 Millionen Tbc-Tote, also gut 3 Todesfälle pro Minute, während an den Folgen von Aids weltweit „nur" 940.000 Menschen starben. Dabei gilt die früher auch als Schwindsucht bezeichnete Infektionskrankheit als Armutskrankheit strukturschwacher Regionen in Afrika, Osteuropa und Zentralasien.[259] Mit der Verabreichung eines Antibiotikums könnte man Tbc beikommen, doch dazu müsste sie bei einem Patienten zunächst einmal diagnostiziert werden. Darüber hinaus werden die Erreger zunehmend resistenter gegenüber Antibiotika.[260] Schon 2018 konnte man lesen, dass Deutschland ein Tuberkuloseproblem im Zusammenhang mit der Migration bekommen habe. Dabei ist in der Zeit von 2014 bis 2016 die Zahl von 4.533 auf 5.959 registrierte Fälle gestiegen, also um 25 Prozent. Da diese Krankheit durch Tröpfcheninfektion übertragen wird, kommt es immer wieder zu Ausbrüchen zum Beispiel in Schulen.[261] So zuletzt an einer Schule in Baden-Württemberg im Sommer 2019, an der sich mindestens 109 Schüler und Lehrer infizierten.[262]

Wer erinnert sich noch an den Sommer 2009, als die WHO die Schweinegrippe zur weltweiten Seuche erklärte? Das ist gerade mal zehn Jahre her und sollte uns allen noch in lebhafter Erinnerung sein. Nein, nicht immer liegt in der Kürze die Würze, denn es musste schnell ein Impfstoff her. Diesem wurden Wirkverstärker, sogenannte Adjuvantien, beigemischt, die ohnehin als problematischer Teil eines Impfserums gelten. So steht beispielsweise Aluminiumhydroxid unter dem Verdacht, u. a. chronische Müdigkeit, Vergesslichkeit, epileptische Anfälle und neurologische Störungen hervorzurufen. Diese Symptome konnte man im Zusammenhang mit dem sogenannten Golfkriegssyndrom nach dem Irakkrieg der 1990er-Jahre verstärkt bei vielen Soldaten in Verbindung mit häufigen Impfungen feststellen, denen sich diese vor dem Einsatz im Kriegsgebiet unterziehen mussten.[263] Auch bei der Herstellung des Schweinegrippe-Impfstoffes Pandemrix durch das Unternehmen GlaxoSmithKline gab es Probleme mit der Folge, dass es bei diesem Großimpfexperiment mit einem nicht ausreichend getesteten Impfstoff zu Nebenwirkungen in Form allergischer Schocks, Gesichtslähmungen, Zuckungen und möglicherweise von Narkolepsie, einer unheilbaren Schlafkrankheit, kam.[264] Das allein ist schon traurig genug, doch es kommt noch trauriger. Da manche Menschen gleich, andere jedoch gleicher sind, wurden Bundeskanzlerin Angela Merkel und ihre Minister mit einem anderen Impfstoff ohne die schädlichen Adjuvantien geimpft als das gemeine Volk. Für unsere Regierung, die Mitglieder des Kabinetts und für die Beamten der Ministerien sowie den nachgeordneten Behörden halt nur das Allerbeste. Schließlich sind diese für die Aufrechterhaltung der öffentlichen Ordnung zuständig.[265] Ist es nicht die arbeitende Bevölkerung, die alles am Laufen hält und die Staatsdiener mit ihren Steuern finanziert, die ihre Ämter schließlich nicht unentgeltlich ausüben?

Zum Glück wurde Ella-Maries Mutter, die ständig – auch während der Schwangerschaft – unter Nasennebenhöhlenentzündungen litt, das Medikament Contergan mit dem Wirkstoff Thalidomid nicht verschrieben. Zwischen 5.000 bis 10.000 contergangeschädigte Kinder mit fehlgebildeten oder fehlenden Gliedmaßen und Organen kamen damals zur Welt. Heute leben allein in Deutschland noch rund 2.400 Contergan-Geschädigte. Zum Glück ist das ja Geschichte, meinen Sie? Keinesfalls! 1998 wurde der Wirkstoff in den

USA wieder zugelassen und bis heute kommen beispielsweise in Brasilien Kinder mit Fehlbildungen zur Welt, da man dort mit Thalidomid den jährlich fast 40.000 neuen Lepra-Erkrankten helfen möchte. Lepra, die Krankheit der Aussätzigen, die es seit Zehntausenden von Jahren gibt, was man anhand von Wanderungsbewegungen feststellen konnte, werden die meisten allenfalls noch aus der Bibel kennen.[266] Das lückenhafte Gesundheitssystem Brasiliens und das Analphabetentum leistet dem Missbrauch von Thalidomid jedoch Vorschub. Da nützt auch eine Warnung der WHO vor einer Einnahme von zum Beispiel FUNED Talidomida nur wenig. Immerhin wurden die Verpackungen in der Zwischenzeit mit einem Baby ohne Extremitäten versehen.[267] Ob das nützen wird?

Während Ella-Marie die Pockenimpfung glücklicherweise ohne bleibenden Impfschaden überstanden hat, ist es einer Klägerin des Jahrgangs 1947, die mit neun Monaten ebenfalls gegen Pocken geimpft wurde, anders ergangen. Die Folgen für die Frau waren halbseitige Lähmungserscheinungen. Ihre gesundheitlichen Einschränkungen wurden aber erst nach über 70 Jahren – Sie haben richtig gelesen, nach über 70 Jahren, wenn so mancher Mensch bereits unter der Erde liegt – als Impfschaden anerkannt.[268] Wer aber zahlt bei einem nachgewiesenen Impfschaden? Natürlich das Pharmaunternehmen, werden Sie möglicherweise meinen. Mitnichten. Wenn ein Mensch durch eine Impfung geschädigt wird, erhält er Versorgungszahlungen vom Staat. So bekamen in Rheinland-Pfalz zuletzt 157 Menschen eine monatliche Rente wegen eines anerkannten Impfschadens. Voraussetzung dafür ist, dass für die Impfung eine Empfehlung seitens öffentlicher Stelle vorliegt oder sie vorgeschrieben ist, die gesundheitliche Beeinträchtigung von Dauer und dem Geimpften ein wirtschaftlicher Schaden entstanden ist.[269]

Doch nun wieder zurück zu Ella-Marie. Ihre Familie ist mit Sicherheit kein rebellischer Revoluzzerclan gewesen, doch gelegentlich bekam die Hamburger Deern ein „Nur weil alle das machen, machen wir das noch lange nicht!" oder „Wenn dir jemand sagt, spring in die Elbe, wirst du das doch wohl nicht tun!" zu hören. Ihre Eltern wollten sich hinsichtlich bestimmter Ansichten und Strömungen einfach nicht bevormunden und terrorisieren lassen.

Versorgungslage

Heute mag Folgendes für viele Menschen nahezu ein Ding der Unmöglichkeit sein, gerade weil wir doch ständig auf Konsum getrimmt werden: Während ihrer gesamten Lebenszeit wurde die Wohnzimmereinrichtung der Eltern von Ella-Marie nur ein einziges Mal gegen eine neue ausgetauscht. Gut, es ist die damals übliche rustikale Eichenschrankwand, über deren Schönheit man sicherlich streiten kann, doch erfüllt diese in untadeligem Zustand nach gut 40 Jahren noch immer vollumfänglich ihren Zweck. Auch sieht die gepflegte Ledercouchgarnitur aus den 1980er-Jahren nach wie vor sehr einladend aus. Selbst die „neue" Einbauküche ist mittlerweile auch schon wieder 30 Jahre alt. Mit dem Einzug eines Geschirrspülers in elektronischer Form, zu dem Ella-Marie ihre Eltern nach langem Hin und Her überreden konnte, verschwanden auch die rauen Hände aus der Tante-Tilly-Palmolive-Werbung sowie so manche Abwaschorgie bei Ella-Maries Familie. Das überzeugendste Argument neben einer stets aufgeräumten Küche war jedoch der geringere Wasserverbrauch eines solchen Gerätes gegenüber dem Abwaschen von Hand. Seitens ihrer Eltern wurde immer sehr wohl überlegt, wofür man sein Geld ausgab, statt es sinnlos zu verprassen oder für Kinkerlitzchen auszugeben. Damals hielt ein Kühlschrank – Ella-Marie weiß heute noch, dass das erste Kühlgerät ihrer Eltern ein italienisches Modell mit dem Namen Pozzi oder so ähnlich war – oder ein Fernseher aber auch mehrere Jahre, wenn nicht sogar Jahrzehnte. Und heute? Wer hat es nicht schon selbst erlebt? Nahezu verlässlich geben viele Elektrogeräte oft bereits kurz nach Ablauf der Garantiezeit ihren Geist auf, weswegen die Tester der Stiftung Warentest bereits im Jahr 2013 einen geplanten Verschleiß, der auch als geplante Obsoleszenz bezeichnet wird, festgestellt haben. Dazu gehören zum einen hohe Reparaturkosten, fest eingebaute Akkus, fehlende Ersatzteile, Drucker, die fälschlich leere Patronen anzeigen, oder zum anderen Produkte, die sich nicht reparieren lassen.[270]

Von Nachhaltigkeit kann keine Rede sein. Was soll's, der Rubel muss aus Sicht der Wirtschaft doch rollen. Außerdem gibt es ja Garantieverlängerungen – natürlich gegen Aufpreis, versteht sich.

Ella-Marie ging als Kind unheimlich gerne einkaufen. Nur einen Steinwurf entfernt gab es ein winziges Einkaufszentrum mit einem kleinen EDEKA-Markt, dem Obst- und Gemüsehändler Nitsch, der Schlachterei Sass, einem Friseurgeschäft, einem kleinen Blumenladen, in dem auch Loki Schmidt, die Frau von Helmut Schmidt, ihre Blumen kaufte, und einer chemischen Reinigung. Außerdem gab es ein Haushaltswarengeschäft, wo man alles bekam, vom Abfalleimer bis zum Zahlenschloss. Mit einem Einkaufszettel bewaffnet, hat sich Ella-Marie förmlich darum gerissen, losgehen zu dürfen, zumal es bei Nitsch immer ein Stück Obst oder einen Kirschlolli extra gab. Für das tägliche Leben war somit gesorgt und auch die alten Leutchen vom nahe gelegenen Seniorenheim konnten ihre Einkäufe dort tätigen. Wie aber ist es heute mit der Versorgung mit dem Notwendigsten für den Alltag? Heute gibt es kaum noch kleine Lebensmittelgeschäfte, da Lidl, ALDI & Co. diese durch unschlagbare Preise plattgemacht haben. Zudem drohen dank des Onlinehandels deutsche Innenstädte zu veröden.[271]

Noch schlimmer ist es auf dem Land, wo es nur noch selten den guten alten Tante-Emma-Laden gibt und bestenfalls einmal am Tag für ein knappes Stündchen ein mobiler Bäcker hält. Wer im ländlichen Bereich kein Auto hat, ist regelrecht aufgeschmissen, wenn es um die Befüllung seines Kühlschranks geht. Schließlich gehört die Anbindung an das öffentliche Nahverkehrsnetz vielerorts in Deutschland nicht gerade zu den Glanzleistungen der Verkehrsplaner. Ohne den Einsatz von sogenannten Anrufsammeltaxis oder einen freundlichen Nachbarn würde für so manchen Bewohner im ländlichen Bereich ohne fahrbaren Untersatz der Weg zum Arzt oder zur nächsten Einkaufsgelegenheit ein schier unmögliches Unterfangen sein.[272] Das ist alles aber halb so schlimm. Viel schlimmer ist hingegen, dass im Jahr 2019 – Sie wissen ja, wir leben im besten Deutschland aller Zeiten – vor einem Versorgungskollaps gewarnt wird. Es fehlen gemäß der Logistikbranche ca. 60.000 Lkw-Fahrer, Tendenz steigend, und zwar nicht nur in Deutschland, sondern europaweit. Bereits im Sommer 2018, wohlgemerkt einem Hitzesommer, soll es bundesweit zu Lieferschwierigkeiten mit erfrischendem Mineralwasser gekommen sein, obwohl dies versandbereit war.[273] Dabei sind die 560.000 Brummifahrer im Durchschnitt älter als 50 Jahre und gehören einer aussterbenden Berufsspezies an. Nun soll der Beruf des Kraftfahrers für Frauen attraktiver gemacht werden.[274] Nun ja, entweder werden es die Frauen richten oder die Regale in den Geschäften bleiben dann eben leer. Die Deutschen werden ohnehin immer dicker, insbesondere die Männer. Daher kann eine FdH-Diät – Friss-die-Hälfte-Ernährung – aufgrund nicht auslieferbarer Lebensmittel durch Fahrermangel doch nur recht sein.[275] Zur Not kann Ella-Maries Mutter aber auch noch auf ihre alten Tage einen Führerschein für Lastkraftwagen machen. Dieses Land hat schließlich noch jede Menge Potenzial, da geht noch was. Es ist noch genug Luft nach oben.

Schadstoffalarm

Wie aber stand es um Ella-Maries Vater, der im Gegensatz zu ihrer Mutter im Besitz eines Führerscheins war? Na, wie sollte es anders gewesen sein: Was hat dieser seine Autos immer geputzt, gewienert, gehegt und gepflegt. Besonders stolz war ihr Papa Anfang der 1980er-Jahre auf seinen gebraucht gekauften Mercedes 200D, Typ W123, ein absolut zuverlässiges Gefährt. Fast ein wenig liebevoll bezeichnete er diesen als seinen Heizöl-Bugatti. Dabei war er mit gerade mal 60 PS eine extrem gute Zugmaschine für den Familien-Wohnwagen und darüber hinaus enorm sparsam im Verbrauch. Einziges Manko: Er sonderte damals noch ohne Katalysator und Dieselrußpartikelfilter bläuliche Abgaswolken ab und malte im Winter schwarze Flecken in den Schnee. Von dem Gestank eines alten Diesels soll hier gar nicht die Rede sein. Man mag es nicht glauben, doch so ist es: All dies hat man unbeschadet überlebt wie auch das Waldsterben und das Ozonloch der 1980er-Jahre. Das größte Defizit dieses Wagens war neben dem wenig sportlichen Fahrwerk jedoch seine Farbe: Ein fürchterliches Kackbraun mit Tendenz zur nazibraunen Farbgesinnung. Kein Autohersteller in Deutschland und anderen EU-Ländern würde heute eine solche Farbe für seine Automobile auf den Markt bringen. Spätestens dann würde der Daimler AG der Garaus gemacht werden. Dies scheint gar nicht mal so weit hergeholt zu sein, denn erst im Mai 2019 forderte Kevin Kühnert, der Vorsitzende der Jusos, dass die Bayerischen Motorenwerke alias BMW verstaatlicht werden sollten, frei nach dem Motto: Der Sozialismus ist tot, es lebe der Sozialismus![276]

Ja, das Auto war für viele Deutsche über viele Jahrzehnte deren liebstes Kind, während man zunehmend auf das eigentliche Kinderkriegen verzichtete. Im goldenen Westen war der Käfer aus dem Hause Volkswagen – heute übrigens wohl ebenfalls ein undenkbarer Name für einen Autohersteller und aufgrund des Abgasskandals, der vor der US-Umweltbehörde EPA im

September 2015 veröffentlicht wurde, ohnehin ein wenig in Verruf geraten – zum Kultfahrzeug geworden. Hingegen entwickelte sich in der DDR der Trabant, liebevoll auch Trabbi genannt, zu solch einem Kultobjekt, wenngleich heute mitunter als Blumenkübel in ostdeutschen Vorgärten ein wenig zweckentfremdet eingesetzt. Nach der Wende im Jahr 1989 knatterten viele ehemalige DDR-Bürger mit ihrem Gefährt aus dem volkseigenen Betrieb (VEB) Zwickau bzw. Sachsenring durch die westdeutschen Innenstädte und verpesteten dank des Zweitakt-Benzin-Öl-Gemisches die Luft. Auch das hat man überlebt und gerne im Sinne der Wiedervereinigung in Kauf genommen. Heute jedoch wird die Autoindustrie mit ihren Verbrennungsmotoren auf Teufel komm raus dämonisiert und es geht ihr zunehmend an den Kragen. Dabei wurde erst im Jahr 2009, also im Schweinegrippejahr, die sogenannte Abwrackprämie im Rahmen des Konjunkturpaketes II in Höhe von 2.500 Euro aus Steuermitteln für die Verschrottung alter Autos und den Erwerb eines Neu- oder Jahreswagens gezahlt. Keine zehn Jahre später werden die Autofahrer, darunter viele Berufspendler, mit Fahrverboten durch willkürlich festgelegte Werte für Stickoxide und Feinstaub drangsaliert.[277] Dies, obwohl die Luft in den Innenstädten seit Jahren sauberer geworden ist und die Menschen immer älter werden. Ella-Marie selbst fährt auch einen Volkswagen, der auf 100 Kilometer nur 4,5 Liter Diesel verbraucht. Auch dieses Auto gehört zu den Schummelfahrzeugen der Dieselgate-Affäre und benötigt nach dem Software-Update ein neues Abgasrückführventil. Nur wenig tröstlich ist für sie, dass sie damit nicht alleine ist.[278] Die Werkstatt hat mal eben locker 600 Euro dafür aufgerufen. Von Nachhaltigkeit im Sinne von Ressourcen- und Umweltschutz soll hier lieber nicht die Rede sein.

Bei so vielen Schadstoffen in der Luft, was bleibt da noch, wenn man sich kein E-Mobil aus dem Hause Tesla & Co. aufgrund der recht teuren Anschaffungskosten wegen der Batterien leisten kann? Natürlich – das Umsteigen auf das Vergnügen mit öffentlichen Verkehrsmitteln. Was aber viele nicht wissen: In unterirdischen Bahnhöfen ist die Dosis der Feinstaubbelastung laut DEKRA deutlich höher als an einer viel befahrenen Kreuzung.[279] Schaffen wir deswegen jetzt auch die U- und S-Bahnstrecken ab oder gibt es demnächst eine Feinstaubsteuer auf ÖPNV-Tickets? Man wird ja wohl mal fragen dürfen.

Aber eine Schuhsohlenabriebsteuer wäre doch sicher für alle angebracht, die nicht barfuß durchs Leben laufen wollen, oder? Schließlich geraten durch das Schuhwerk, ganz gleich ob Laut- oder Leisetreter, rund 100 Gramm Abrieb in Form von Mikroplastik pro Kopf und Jahr in Deutschland in die Umwelt. Schuhe liegen damit auf Platz sieben der Liste der größten Quellen von Mikroplastik, wie das Fraunhofer-Institut in Oberhausen herausgefunden hat.[280] Das dürfte insbesondere die Frauenwelt und die Zalando-Schrei-vor-Glück-Fangemeinde sicherlich gar nicht erfreuen. Also lieber der Umwelt zuliebe durchs Leben schreiten als durchs Leben latschen! Füße hoch! Und weil wir gerade von Mikroplastik sprechen: Überhaupt nicht erfreut sind im Zusammenhang mit Kunstrasenplätzen Tausende Amateursportvereine. Diese sind möglicherweise durch ein EU-Verbot von Mikroplastik von einer Schließung bedroht.[281] Tja, dann fällt der Sport eben aus und man macht es sich vor der Glotze gemütlich, um so richtig fit in den nächsten Arbeitstag zu starten. Doch dann heißt es wieder, die Deutschen werden immer dicker. Ein echter Teufelskreis! Immerhin kann man in Krisenzeiten wenigstens von seinem Hüftgold ein bisschen zehren. Das große Problem an den winzig kleinen Mikroplastikpartikeln ist, dass sie nahezu überall zu finden sind, selbst im Eis und Schnee der Arktis und der Alpen, wohin sie über das Medium Luft gelangen. Doch das ist noch nicht alles: Dringen diese winzigen Kunststoffteilchen in den menschlichen Körper ein, kann die wichtige Kommunikation der Zellen gestört werden.[282] Was das für Auswirkungen beispielsweise auf das Nervensystem haben könnte – es ist nicht auszumalen.

Ahoi Mobilität

So mancher Büroangestellte ist täglich acht Stunden lang einer Stickoxidbelastung von bis zu 950mg/m³ NO_x am Arbeitsplatz ausgesetzt, was durch den MAK-Wert (Maximale Arbeitsplatz-Konzentration) geregelt ist, während auf der Straße ein Jahresdurchschnittsgrenzwert von 40mg/m³ gilt.[283] Schafft man deshalb jetzt auch die Büroarbeit ab? Und wie ist es mit dem CO_2-Ausstoß von Kreuzfahrtschiffen und Flugzeugen? Na klar, diese blasen Parfum mit Veilchenduft in die Atmosphäre. Glauben Sie nicht? Dann statten Sie zum Beispiel dem Hamburger Hafen mal einen Besuch ab. Hamburg ist schließlich immer eine Reise wert. Natürlich riecht es dort an der Waterkant weniger nach Veilchen-, Rosenduft, Moschus oder 4711. Dies allenfalls bei einer Barkassenrundfahrt durch die Speicherstadt. Wie denn auch, wenn von 40 Kreuzfahrtschiffen nur eines die staatlich, ergo vom Steuerzahler finanzierte Landstromanlage für 10 Millionen Euro Baukosten nutzt, während die anderen 39 Pötte, die mittlerweile schwimmende Städte für bis zu knapp 7.000 Passagiere plus Besatzung sind, überwiegend mit Dieselgeneratoren den Bordstrom während der Liegezeit im Hafen erzeugen?[284] Der Grund: Den Reedereien ist der Landstrom einfach zu teuer. Rund 50.000 Tonnen Diesel benötigt so ein Kreuzfahrer – die „Titanic" wäre spätestens jetzt vor Scham im Atlantik versunken – bei einer zehnstündigen Liegezeit an der Hamburger Pier für die Stromproduktion. Dies entspricht dem Verbrauch von rund 25.000 Dieselfahrzeugen bei einer durchschnittlichen Strecke von 30 Kilometern bzw. bei 7.000 Passagieren entfallen binnen zehn Stunden gut 7 Tonnen Diesel auf jeden Kreuzfahrtgast. Hinzu kommt, dass ein solches Traumschiff ein Vielfaches an Stickoxiden und Feinstaubpartikeln gegenüber 25.000 Dieselautos ausstößt, da die Abgase von Schiffen im Vergleich schlechter gefiltert werden. Und während das Motto „Klima kippt – Kreuzfahrt boomt" gilt, reisen seit Jahren Milliarden fröhlicher kleiner Krabben aus der Nordsee nach

Marokko, um dort gepult zu werden und nach wochenlanger Odyssee per Lkw oder Schiff in der Frischetheke deutscher Supermärkte zu landen. Doch damit soll jetzt endlich Schluss sein, denn die Ostfriesen wollen nun wieder selber Krabben pulen.[285]

Unweit vom Hamburger Hafen wurden die Stresemannstraße und die Max-Brauer-Allee im Bezirk Altona Ende Mai 2018 bundesweit als erste Straßen mit einem Fahrverbot für Lkw und Pkw, die nicht die Abgasnorm Euro 6 erfüllen, belegt.[286] Es lebe die grüne Politik mit Köpfchen! Wohl dem, der seinen alten Diesel verkauft hat und nun einen Euro-6er fährt. Von wegen: Die Grünen und die SPD in Berlin wollen auch die Fahrzeuge der neuesten Dieselgeneration verbieten.[287] Bereits in mehreren deutschen Städten wurde 2019 der Klimanotstand ausgerufen. Gütiger Gott, erlöse uns von dem Bösen und schenke uns Klimafrieden! Doch wie heißt es so schön: „Des einen Freud ist des anderen Leid." Allein in Rumänien wurden im Zeitraum 2017/2018 mehr als 31.000 zusätzliche gebrauchte Dieselfahrzeuge aus Westeuropa registriert und auch Tschechien sowie die Slowakei erweisen sich als dankbare Gebrauchtwagenabnehmer aus dem besten Deutschland aller Zeiten.[288] Ob man es dort auch so genau nimmt mit TÜV und Abgasuntersuchungen? Wird ein Fahrzeug mit defektem Rußpartikelfilter oder kaputtem Katalysator dort auch umgehend in die Werkstatt gebracht? Was für ein Irrsinn!

Während viele Menschen gerade auf dem Land auf ihr Auto angewiesen sind, um überhaupt zu ihrer oftmals in einem Ballungsgebiet gelegenen Arbeitsstätte zu gelangen, setzt die deutsche Autoindustrie, das einstige Herzstück der deutschen Industrie samt Zulieferbetrieben, zunehmend auf Elektromobilität. Dies ungeachtet dessen, dass für die notwendigen Akkus Seltene Erden benötigt werden, die nun einmal nicht vom Himmel fallen. Vielmehr wird beispielsweise Kobold durch die fleißige Arbeit kleiner Kinderhändchen im Kongo für einen Appel und ein Ei gewonnen. Dabei ist dies ein äußerst lukratives Geschäft für die Minenbetreiber mit Sitz im Ausland. Unterdessen wirkt sich der Lithiumabbau in der Atacama-Wüste auf die Wasserreserven der gesamten Region aus, wodurch wieder neue Klimaflüchtlinge produziert werden.[289] Haben Sie jetzt wirklich gerade Kobold statt Kobalt gelesen, das selbstverständlich gemeint ist? Von dem Rohstoff Kobold, der anders als Kobalt noch nicht als chemisches Element identifiziert wurde und somit auch nicht im Periodensystem der Elemente zu finden ist, sprach die studierte Politikwissenschaftlerin, Ökoexpertin und Chefin der Grünen-Vielfliegerpartei Annalena Baerbock im ARD-Sommerinterview 2019, als es um das Thema Elektromobilität ging.[290,291] Na ja, Frau Baerbock kann ja auch Strom im Netz speichern und weiß, dass jeder Einwohner in Deutschland pro Jahr 9 Gigatonnen CO_2 emittiert, was in der Tat äußerst bedenklich wäre.[292] Darüber hinaus ist sie auch noch sehr versiert, wenn es um medizinische Fragen geht. So im Falle der Zitterattacken von Frau Merkel im Sommer 2019. Diese hatten laut Frau Baerbock eine sehr schwerwiegende Ursache: Der Klimawandel war schuld.[293] Nicht nur das Wort „Auto" fängt mit „Au" an und hört mit „o" auf! Was für ein Glück, dass dieses Land so viele Allroundexperten in der Politik hat. Immerhin hat sie sich für diese Aussage entschuldigt. Immerhin.

Dabei ist die CO_2-Bilanz von Elektroautos laut einer schwedischen Studie aufgrund der benötigten Lithiumionen-Akkumulatoren gegenüber Fahrzeugen mit Verbrennungsmotoren ein einziges Desaster.[294] Hätten Sie es gewusst? Für das Batteriepaket eines einzigen Elektroautos werden 10 Kilogramm Kobalt benötigt. Und nur mal nebenbei erwähnt: Wenn so ein E-Automobil Feuer fängt, dann brennt es und brennt und brennt, denn die Fahrzeuge sind nur schwer zu löschen. Zurück bleiben hochgiftige Dämpfe, vergiftetes Löschwasser, ein Haufen Schrott und jede Menge CO_2.[295] Und wenn der Wagen noch unter Spannung von bis zu 600 Volt steht, kann die Rettung für alle beteiligten Personen lebensgefährlich durch Stromschläge und Lichtbögen werden.[296] Dies in einer Situation, wo es ohnehin schon an Ausrüstung und Personal bei den Löschtrupps der Feuerwehren fehlt. Dabei benötigt man für die Löschung zum Beispiel eines Teslas laut Herstellerangaben 11.000 Liter Wasser, ein durchschnittliches Feuerwehrauto führt aber nur 2.000 Liter mit sich.[297] Wo aber bleibt eigentlich der Aufschrei der Öffentlichkeit und der dauerempörten Politiker bestimmter Parteien hinsichtlich der Kinderarbeit ab einem Alter von sieben Jahren in Kobaltminen für E-Mobilität, Smartphones und Laptops? Im Vergleich dazu muss die Arbeit des elfjährigen Gerds in einer verrauchten Gaststätte in der Nachkriegszeit ein wahres Kinderfest gewesen sein. Doch das ist längst noch nicht alles.

Für Flüge, ganz gleich ob Kurz- oder Langstrecke, wird nunmehr eine CO_2-Steuer gefordert, was das Fliegen insbesondere für Urlauber um Tausende Euros teurer machen würde. So müsste man beispielsweise für einen Flug von Berlin nach London mit 0,34 Tonnen CO_2-Ausstoß rund 61 Euro mehr berappen, ein Flug von der Landeshauptstadt nach Mallorca würde mit gut 170 Euro zusätzlichen Kosten zu Buche schlagen und ein Flug von Berlin ins entfernte Neuseeland würde saftige 2.097 Euro zusätzlich kosten.[298] Wer es sich leisten kann, wird auch zukünftig durch die Weltgeschichte fliegen. Der kleine Mann mit kleinem Einkommen, der beispielsweise jeden Tag von Lüneburg nach Hamburg mit dem Auto zur Arbeit pendelt, dürfte durch eine CO_2-Besteuerung rund 800 Euro im Jahr weniger zur freien Verfügung haben. Dieser wird sich wohl in Zukunft ferne Städte und Länder nur im Reisekatalog von Neckermann oder auf Reisedokus im selbstverständlich mit Ökostrom betriebenen Flachbildschirm-TV ansehen **können**. Nein, das waren jetzt gerade Fake News. Mit der Pleite von Thomas Cook sind auch Reisen mit Neckermann, Öger Tours und Bucher erst einmal nicht möglich. Die entstandene Lücke wird nun aber zum Glück der Lebensmitteldiscounter ALDI Süd mit Kreuzfahrten, Rund- und Badereisen schließen.[299] Überhaupt: Reisen und das Kennenlernen anderer Länder mit deren Sitten und Gebräuchen wird ohnehin total überbewertet. Darauf kann schließlich im Zeitalter der über alles gepriesenen Globalisierung keine Rücksicht genommen werden. Was aber geschieht mit den vielen in Deutschland lebenden Migranten, wenn das Fliegen viel teurer wird? Werden die sich einen Flug in ihr Heimatland überhaupt noch leisten können? Ach was, das ist doch ohnehin alles Kokolores: Heimat, Familie, das braucht doch kein Mensch! Das kann alles weg! Wenn es um die Erfindung neuer Steuern und Abgaben geht, die heute gerne auch als Bepreisung umschrieben werden, hat man sich bereits in der Vergangenheit sehr kreativ gezeigt.

Tja, das sind schon saubere Geschäfte, die da mit der vermeintlich sauberen Umwelt laufen. Es gibt Tage, da ist Ella-Marie einfach nur fassungslos über das, was gerade in Deutschland so abgeht. Und nein, Ella-Marie ist damit keineswegs allein. Dass dies alles rein gar nichts mit der so hochgepriesenen Nachhaltigkeit und Menschlichkeit zu tun hat – Schwamm drüber. Für ein neues Auto – der letzte Wagen von Ella-Maries Vater war tatsächlich ein Neuwagen, nämlich ein VW Vento in metallischem Stahlblau – oder einen Urlaub, den ihre Familie meist als Camping-Nomaden im europäischen Ausland verbrachte, musste man schon damals eines tun: sparen.

Bescheidene Verhältnisse

Ella-Marie jedenfalls verbrachte ihre gesamte Kindheit im Norden Hamburgs in einer sehr hellhörigen Drei-Zimmer-Sozialbauwohnung mit 70 Quadratmetern. In dieser bekam man stets unüberhörbar die Toilettengänge seiner Nachbarn über und unter sich mit, ob man wollte oder nicht. Ihre Mutter ist mittlerweile fast die letzte, zumindest aber die älteste Mohikanerin des 1966 erbauten Mietshauses, das zunehmend verdreckt, vermüllt und verkommt, während die Mieten ungebremst weiter steigen. Gleichwohl sind steigende Mieten jedoch keineswegs ein Problem der Neuzeit.

Bereits gegen Ende der 1960er-Jahre zog in der Bundesrepublik Deutschland die Idee der sozialen Marktwirtschaft auch auf dem Gebiet der Wohnungspolitik ein. Dabei ging die Vorstellung, einer möglichst breiten Schicht der Bevölkerung Wohnraum zur Verfügung zu stellen, zugunsten der marktwirtschaftlichen Idee zurück. Durch stetiges Bevölkerungswachstum und den Zuzug von Spätaussiedlern und Gastarbeitern sowie einem deregulierten Wohnungsmarkt verengte sich schon damals das Wohnungsangebot.[300] So lebten beispielsweise in Göttingen im Jahr 1945 70.000 Menschen, während bis 1961 10.000 neue Einwohner hinzuzogen. Nur drei Jahre später wurde die 100.000er-Einwohner-Marke überschritten und Göttingen wurde zur Großstadt. Dabei betrug die Wohnungsunterversorgung im Jahr 1960 rund 30 Prozent, sodass sich zwei Familien eine Wohnung teilen mussten, die Menschen in Notunterkünften und Baracken unterkamen.[301] Etliche solcher Notunterkünfte und die sogenannten, von den Briten aufgestellten Nissenhütten gab es allein für über 40.000 Hamburger in der Nachkriegszeit.[302] Diese waren natürlich auch in Langenhorn zu finden, dem Stadtteil, der damals für viele Hamburger nahezu am Ende der Welt lag, dafür aber durch seine Stadtrandlage wunderschön grün und vielerorts noch unbebaut war. Das ist leider schon seit vielen Jahren Geschichte, weswegen der einst so idyllisch ländlich anmutende Stadtteil ungemein von seinem einstigen Charme und an Lebensqualität eingebüßt hat.

Und wie ist es heute im Hier und Jetzt? Viele Menschen, darunter auch viele Migranten der „Flüchtlingskrise 2015", drängt es in die Ballungsgebiete wie Hamburg, Berlin und München. Gerade dort aber sind die Mieten besonders hoch und es fehlt an Wohnraum. Fehlbelegungen und die Zunahme von Singlehaushalten verschärfen die Situation zusätzlich, während allein in den Monaten Januar/Februar 2019 14.534 bzw. 12.289 Menschen einen Asylerstantrag und 2.517 bzw. 2.032 einen Asylfolgeantrag stellten.[303] Dabei hieß es schon im April 2018, es würden 1,9 Millionen bezahlbare Wohnungen fehlen, während der Neubau von Wohnraum kaum vorankomme, da es an Fachkräften fehle.[304,305] Na ja, wenn nichts mehr geht, dann wird eben enger zusammengerückt. Notfalls kann man ja auch über Zwangszuweisungen wie nach dem Krieg nachdenken. Schrebergärten und Wohnwagen könnte man schließlich auch noch zur Verfügung stellen.

Unterdessen kaufen Immobilienkonzerne wie die Vonovia mit Sitz in Bochum – sie hat 486.531 eigene und für Dritte verwaltete Wohnungen unter sich – den deutschen Wohnungsmarkt leer und erhöhen lustig ihre Mieten.[306,307] Allerdings bedient man sich seit einiger Zeit der Mietpreisbremse und ab 2020 des Mietpreisdeckels in Berlin, wo im Frühjahr 2019 ein Volksbegehren die Wohnraumenteignung von Wohnungsgesellschaften forderte.[308] Ob das alles Maßnahmen sind, die den Bau von Wohnungen vorantreiben werden? Da der Bau eines Eigenheims, aber auch neuer Wohnungen meistens mit der Verwendung von Beton, einer Mischung aus Zement, Sand und Kies, verbunden ist, forderte ein Experte jetzt aufgrund der Klimaunfreundlichkeit dieses Baustoffes in Deutschland Bauscham. Ja, Bauscham und nicht etwa Bauschaum für den Einsatz von Fenstern und Türen. Zukünftig soll verstärkt mit Holz gebaut werden, doch das ist aus verschiedenen Gründen nicht unbedingt klimafreundlicher.[309] Wie wäre es denn mit der Errichtung von Baumhäusern? Im Hambacher Forst hat das doch auch ganz gut geklappt.[310]

Übrigens konnte man mit Datum vom 3. Dezember 2018 bei NEOPresse folgenden Titel lesen: *ENTHÜLLT: Friedrich Merz und der Mietwucher – wie „der" Kandidat* (Anm.: für den Parteivorsitz der CDU) *mit BlackRock am Mietelend*

Geld verdient.[311] Für Unwissende: Herr Merz sitzt im Aufsichtsrat der deutschen Tochter von BlackRock, dem weltweit größten unabhängigen US-Vermögensverwalter und mit 8,3 Prozent größten Vonovia-Aktionär.[312] Die Schutzgemeinschaft der Kapitalanleger warf Merz sogar *„Verstöße gegen die Grundsätze guter Unternehmensführung"* vor, während der Deutsche Mieterbund den CDU-Mann gar in der Verantwortung für *„rüde Methoden und Mietwucher"* auf dem deutschen Wohnungsmarkt sah.[313] Ganz schön harter Tobak für einen, der für seine Tätigkeit Geld, vermutlich sogar sehr viel Geld bekommt, wenngleich Herr Merz sich selbst auch gerne zur gehobenen Mittelschicht zählt. Bei zwei privaten Flugzeugen und mehreren gut dotierten Jobs, die ihn zum mehrfachen Millionär gemacht haben dürften, scheint diese Selbsteinschätzung ein wenig fehlgeschlagen zu sein von dem Mann, der selbst zur Cum-Ex-Connection gehört.[314,315]

Als Kinder bekamen Ella-Marie und ihr Bruder immer wieder den Spruch „Seid leise! Was sollen nur die Nachbarn denken?" oder ein lang gezogenes „Pscht!" zu hören. Dann war es beim Spielen in ihrem gemeinsamen 9-Quadratmeter-Kinderzimmer, das eine fast deckenhohe Schrankwand – damals noch made in Germany und mit Schlüsseln, die das Logo der Olympischen Sommerspiele 1972 in München zeigen – mit herausklappbaren Etagenbetten hinter einem roten Vorhang zierte, damit die Kinder tagsüber genügend Platz zum Spielen hatten, ein wenig zu laut geworden. Wen mag das vor dem Hintergrund der zuvor beschriebenen Lebensverhältnisse ihrer Mutter in der Nachkriegszeit noch wundern? Schließlich hatte diese in einer kleinen Villa Zimmertür an Zimmertür mit völlig fremden Leuten gelebt, wo es auf gegenseitige Rücksichtnahme ankam. Rückblickend muss man sagen: Ella-Marie und ihr Bruder waren auf der Etage nicht wirklich laut, sondern extrem wohnungstauglich erzogen worden. Sogar ihre kleine Heimorgel, auf die sie damals mächtig stolz war, hatte einen Lautstärkeregler – eben aus Rücksicht auf die Nachbarn. Gilt Rücksichtnahme aber auch heute noch in der offenen westlichen Gesellschaft, in der sich fast jeder selbst als Mittelpunkt des Universums sieht?

Militarisierung

Nur zu gut kann sich Ella-Marie noch daran erinnern, was es für Diskussionen darum gab, als ihr Bruder eines Tages unbedingt eine Spielzeugpistole haben wollte. „Pistolen gehören nicht in Kinderhände!" war nur einer der Sprüche, die dieser über sich ergehen lassen musste, während er um eine Waffe aus Plastik bettelte. Nein, mit gendergerechter Erziehung im heutigen Sinne, also am besten Puppen für die Jungen, Pistolen für die Mädchen, hatte dies nichts zu tun. Vielmehr lehnte Ella-Maries Mutter alles ab, was mit Krieg und Gewalt zu tun hatte – und sei es nur im Kinderzimmer! Dies tat sie schließlich nicht ohne Grund!

Und heute? Heutzutage sitzen Kinder und Jugendliche oft stundenlang am Computer und spielen Ballerspiele und Egoshooter. Bereits 2006 warnte der Hirnforscher Manfred Spitzer vor derartigen Computergames, die seiner Meinung nach gefährlich seien, da sie zur Abstumpfung gegenüber realer Gewalt führen würden, während die eigene Gewaltbereitschaft zunehmen würde.[316] Dazu reicht allein ein Blick auf den Schulhof deutscher Schulen während der Hofpause, wo die Kampfhähne gelegentlich nur gewaltsam getrennt werden können. Dass die Bewaffnung mit Messern unter Schülern bedrohlich zugenommen hat und dass die Palette an Straftaten größer und vielfältiger gegenüber der Vergangenheit geworden ist, scheint dabei ein kaum nennenswerter Nebeneffekt zu sein.[317] Während die Gefahr einer Spielsucht droht, drohe Deutschlands Jugend, die täglich mehr als fünf Stunden im Netz hängt, zunehmend ein finanzielles Risiko. Der Grund: Spiele wie z. B. „Fortnine" sind zwar zunächst kostenlos, würden aber zu Käufen innerhalb des Spiels animieren. Laut Joseph Weizenbaum, einst Professor am Massachusetts Institute of Technology, machen Computer aus Kindergehirnen Apfelmus, was sicherlich nicht nur die Modelle der Marke mit dem angebissenen Apfel betrifft.[318] Und dann sind da ja auch noch die Smartphones, alles kleine kompakte Taschencomputer, Überwachungs- und Navigationsgeräte in einem, die Platz in nahezu jeder Hosentasche finden. Nicht zu vergessen: Deren Zugang zum World-Wide-Web und den damit verbundenen Webseiten, auf denen Kinder nichts zu suchen haben. Wie viele Kinder werden sich völlig unkontrolliert schon Pornoseiten, gewaltverherrlichende Clips und islamistische Kopf-ab-Videos angesehen haben?

Um Spielzeugpistolen, wie im Falle des Brüderchens von Ella-Marie, handelte es sich jedoch nicht, was durch die Bundesregierung im April 2019 genehmigt wurde. Diese hat Waffenlieferungen an verschiedene Kriegsparteien im seit 2015 wütenden Krieg im Jemen zugestimmt. Hierzu gehören Länder wie Saudi-Arabien und die Vereinigten Arabischen Emirate. Und das, obwohl der Koalitionsvertrag zwischen CDU/CSU und SPD Rüstungsexporte an Länder, die am Jemen-Krieg beteiligt sind, ausschließt.[319] Diesem Krieg sind bislang mehr als 70.000 Menschen tot oder verletzt zum Opfer gefallen.[320] Er gilt laut einer Einschätzung der Vereinten Nationen als schlimmste humanitäre Krise der Gegenwart. Darüber hinaus wurde vom Bundessicherheitsrat unter anderem die Lieferung von 18.000 Mörserzündern nach Indonesien, drei gepanzerten Radfahrzeugen nach Katar vom Typ Dingo 2 und 3.000 tragbaren Panzerabwehrwaffen nach Singapur bewilligt.[321] Allein im ersten Halbjahr 2019 hat die Bundesregierung Rüstungsexporte in Höhe von 5,3 Milliarden Euro gewährt, was mehr ist als im gesamten Vorjahr.[322]

Und während Deutschland weiterhin fleißig Waffen und Kriegsmaterial an Gott und die Welt liefert, deutsche Soldaten in Auslandseinsätzen angeblich unsere Freiheit verteidigen, schießt, schwimmt, fliegt und fährt bei der Bundeswehr selbst kaum noch ein technisches Gerät, wie man immer wieder in den Medien lesen kann. Das deutsche Militär drückt außerdem im wahrsten Sinne des Wortes der Schuh, obwohl dieses unter der Führung einer Frau in Form von Frau von der Leyen stand. Aufgrund der vielseitigen Einsatzgebiete im Ausland fehlen die entsprechenden Kampfschuhe, die aber spätestens 2022 geliefert werden sollen.[323] Hätte man bzw. frau doch nur bei Zalando bestellt! Was für ein Glück, dass es bei der Bundeswehr gut sitzende Schwangerschaftsuniformen für das wachsende Babybäuchlein gibt. Und noch ein viel größeres Glück ist es, dass bald eine europäische Armee kommen soll.

Dann kann Frau Merkels Bussi-hier-Bussi-da-Macron beispielsweise deutsche Soldaten gegen französische Gelbwesten-Demonstranten anfordern, um seine Elitesoldaten zu schonen.[324] Schließlich steht im neuen deutsch-französischen Freundschaftsvertrag von Aachen u. a. Folgendes: *„Beide Seiten versichern sich außerdem Beistand ‚im Fall eines bewaffneten Angriffs' auf eines der beiden Länder, auch mit militärischen Mitteln."*[325] Dies ist eine Vorstellung, die man sich wohl gar nicht ausmalen möchte, denn der NATO-Bündnisfall dürfte damit wohl nicht gemeint sein. Ergänzend sei hier noch hinzugefügt, dass im Jahr 2018 die weltweiten Militärausgaben bei insgesamt 1,82 Milliarden US-Dollar lagen und somit so hoch waren wie seit 30 Jahren nicht mehr. Allen voran natürlich, wie sollte es anders sein, Russland. Nein, falsch: Allen voran die USA muss es richtigerweise heißen. Das Friedensforschungsinstitut SIPRI blickt wenig optimistisch in die Zukunft und geht von einem weiteren Wachstum der Militärausgaben aus.[326] Irgendwie scheint die Menschheit nichts aus der Geschichte zu lernen bzw. liegt fast schon der Verdacht nahe, dass genau das so gewollt ist. Schließlich ist der Militär- und Waffenhandel ein äußerst erkleckliches Geschäft. Und dabei sind Kriege die wohl größten Ölverbraucher und Klimakiller. Wie verheerend ist das denn?

Scheidungskinder

Apropos Lernen: Während der Grundschulzeit war Ella-Marie eine sehr gute Schülerin. Dabei ist sie einfach nur gerne zur Schule gegangen. Und zwar hat sie den zehnminütigen Weg zur Schule auch bei Hamburger Schietwetter immer zu Fuß mit den Kindern aus der Nachbarschaft zurückgelegt. Ein fast völlig undenkbarer Zustand im dritten Jahrtausend nach Christus, wo viele Kinder zum Kindergarten und zur Schule mit dem Auto, gern auch mit dem schicken SUV gefahren werden, weil diese Einrichtungen heute nicht immer in unmittelbarer Wohnortnähe liegen. Doch mit dem großen Elterntaxi ist es auch bald vorbei. Schließlich wurde nach einem Unfall in Berlin mit einem SUV und vier Toten im September 2019 ein Verbot für Stadt- und Geländelimousinen gefordert, da diese Kinder, Mütter, Väter und das Klima töten.[327] Wurde nach dem Anschlag auf den Berliner Weihnachtsmarkt im Dezember 2016 eigentlich auch ein Lkw-Verbot gefordert?

Ja, und richtig Spaß am Lernen hatte Ella-Marie tatsächlich auch. Das war zu einer Zeit, als unruhige Schüler noch als Zappelphilipp bezeichnet wurden, ohne sie gleich zu pathologisieren und mit Ritalin zu behandeln.[328] Was für ein „Segen", dass nun Kinder mit einer mittelschweren ADHS-Diagnose, denen bislang eine Verhaltenstherapie verordnet wurde, schneller an die Ritalinpille kommen sollen.[329] Schließlich war erstmals seit zwanzig Jahren im Jahr 2014 die Verordnung des Wirkstoffes Methylphenidat zurückgegangen.[330] Von Unruhegeistern genervte Eltern und Lehrer wird diese neue Regelung sicherlich freuen, wobei ihnen allein schon bei den möglichen Nebenwirkungen schlecht werden müsste. Ebenso sei hier erwähnt, dass die Zahl an psychischen Störungen, Depressionen und die der Suizidversuche bei Jugendlichen steigt. So nimmt sich etwa jeden zweiten Tag ein Kind oder Jugendlicher in Deutschland das Leben, wobei an den ersten beiden Tagen nach den Ferien die Selbstmordrate um 30 Prozent steigt.[331] Auf die stetig steigenden Zahlen von Nahrungsmittelallergien, Heuschnupfen, Asthma und Neurodermitis bei Kindern in den letzten Jahrzehnten sei hier nur hingewiesen.[332]

Im Falle von Ella-Marie wurden nicht ohne Stolz seitens ihrer Mama ihre Zeugnisse in der Verwandtschaft herumgezeigt. Allerdings störte ihre Mutter die einzige Drei auf dem Giftblatt, die es im Fach Sport gab. Mehr war aber nun mal bei dem Töchterchen nicht drin, das wie ein nasser Sack am Reck hing und gelaufen ist wie eine Ente. Damals war Ella-Marie eine echte Bewegungslegasthenikerin. Für ihre Kinder möchten die meisten Eltern halt nur das Beste. Dazu zählen gute Bildung sowie ein Leben ohne Krieg, Hunger, Elend und Armut. Wer läuft schon gerne durch die Gegend in Sandalen aus Fahrradreifen? Heute allerdings brauchen Schuhe wohl eher drei Streifen, denn unter Markenklamotten geht bei vielen nichts mehr. Dabei scheint Geld keine Rolle zu spielen, ganz gleich, ob Geld vorhanden ist oder nicht. Vermeintlich günstige Kredite werden beispielsweise in den Werbepausen im Fernsehen mittlerweile ja feilgeboten wie Sauerbier. Notfalls tun es aber auch Fake-Markenprodukte, die täuschend echt dem Original nachempfunden sind. Wichtig ist, dass man up to date ist und dazugehört, nach dem Motto „Dabeisein ist alles". Das mag für einen Teil der Menschheit tatsächlich gelten.

Als Kind und Jugendliche hatte Ella-Marie manchmal das Gefühl, irgendwie anders zu sein als ihre Altersgenossen. Oft nahm sie in bestimmten Situationen beispielsweise die Position einer stillen, oft kritischen Beobachterin ein. Dies lag bestimmt nicht daran, dass sie ihre erste Markenjeans – es war eine aus dem Hause Wrangler mit einem unübersehbaren Webfehler auf einem der Oberschenkel, während heute Neuware-Jeans mit riesigen Löchern als hip verkauft werden – erst in der vierten Klasse bekommen hatte. Bestimmt hat es auch nicht an der ihr so verhassten gelben Strickmütze mit zwei Bommeln auf der einen Seite gelegen, die so schrecklich kratzte. So war Ella-Marie zeit ihres Lebens nie ein Herdentier oder eine Mitläuferin. Als Mädchen war sie jedem gegenüber stets höflich, hilfsbereit und wohlerzogen, zugleich aber auch ziemlich schüchtern. Vielleicht ist ihr die Rolle der stillen Beobachterin durch den Umstand zugekommen, dass sich ihre Eltern scheiden ließen, als sie knapp neun Jahre alt war? Als Kind bekommt man vieles unterschwellig mit und Kinder haben oft einen siebten Sinn für Dinge, die nicht richtig laufen, auch wenn Erwachsene meinen, dies vor ihren Kindern verheimlichen zu können. Scheidungen waren Mitte der 1970er-Jahre glücklicherweise eher nur Einzelfälle und bei Ella-Marie ging diese Geschichte zudem mit einem Happy End aus, indem sich ihre Eltern nach sechs Jahren der Trennung ein zweites Mal heirateten. Noch heute sieht sie die Verzweiflung in den Augen ihrer Mutter vor sich, wenn wieder einmal eine Mieterhöhung ins Haus flatterte oder die Stromkosten von den Hamburgischen Electricitäts-Werken (HEW) erhöht wurden. Sie wusste dann oft nicht, woher sie das Geld für die erhöhten Kosten nehmen sollte, auch wenn sie über jeden ausgegebenen Pfennig genauestens Buch führte. Für die allermeisten Kinder ist die Trennung der Eltern ein traumatisches Ereignis und nicht immer endet es wie im Falle von Ella-Maries Eltern gut, sondern oftmals mit einem Rosenkrieg im Streit um das Sorgerecht der Kinder inklusive Unterhaltsansprüchen gegenüber dem Ex-Partner.

Im Gegensatz zu damals sind Scheidungen heute keine Seltenheit mehr. So lag im Jahr 2016 die Scheidungsrate in Deutschland bei 39,6 Prozent. Mit diesem Wert erreichte Deutschland bei weltweiter Betrachtung der Scheidungsstatistiken einen Platz im Mittelfeld.[333] Insbesondere viele Mütter zerreiben sich dabei zwischen Kindererziehung, Haushalt und Beruf. Dies vor allem dann, wenn die Väter für ihren Nachwuchs keinen Unterhalt zahlen. Dabei bleibt vielen von ihnen nur eine traurige Perspektive, nämlich später in Altersarmut leben zu müssen.[334] Bei der Hälfte aller Scheidungen sind Kinder betroffen, die nicht umsonst auch als Scheidungswaisen bezeichnet werden. So ist es nun einmal in einer Konsumgesellschaft. Wenn einem der alte Partner nicht mehr passt, holt man sich halt einen neuen. Das Modell der Patchworkfamilie scheint somit das Familienmodell der Zukunft zu sein, sozusagen eine Art Großfamilie 2.0.[335]

Dass diese vor besondere Anforderungen gestellt wird, mag wohl kaum einen verwundern. Schließlich leben die meisten Patchworkkonstrukte nicht in der Welt von Heidi Klum nebst Ex-Mann Seal und ihrem im August 2019 frisch angetrauten Ehemann Nr. 3, dem „Tokio-Hotelier" Tom Kaulitz; oder unter den Verhältnissen des Ex-HSV-Fußballers Rafael van der Vaart nebst Ex-Ehefrau

Silvie Meis. Der Sohn des ehemaligen Elbkickers habe die Trennung laut van der Vaart „super" aufgenommen. So finde „*er das auch gar nicht so schlimm. Er hat jetzt auch zwei Spielzimmer und zwei Playstations.*" Das sind natürlich schlagkräftige Argumente, die für eine Trennung der Eltern sprechen. Zwei Playstations – na denn. Mittlerweile leben zwischen 7 und 13 Prozent der Familien in einer Art Villa Kunterbunt mit biologisch miteinander verwandten und biologisch nicht verwandten Menschen zusammen.[336] Der Trend wird sich zukünftig möglicherweise weiter fortsetzen. Ergänzt wird er auf jeden Fall schon heute durch gleichgeschlechtliche Paare mit Kindern, wobei dann seitens der Natur maximal nur ein Elternteil biologisch der Vater bzw. die Mutter sein kann. Waren früher Adoptionen von Kindern mit hohen Auflagen für die Ehepaare verbunden, können sich heute dank der „Ehe für alle" auch homosexuelle Paare ihren Kinderwunsch erfüllen.[337] Was aber kommt als Nächstes? Leihmütter gibt es ja heute bereits, jedoch nicht ganz ohne Nebenwirkungen, weswegen man den genetischen Eltern bzw. den sogenannten Sorgeeltern rät, den Kontakt zur Leihmutter aufrechtzuerhalten, um den Kindern später Probleme aufgrund ihrer Herkunft zu ersparen.[338] Gemäß einem Vorschlag sollen die Begriffe „Mutter" und „Vater" in Behördenformularen durch „Elternteil 1" und „Elternteil 2" ersetzt werden, um alle Familienkonstellationen wert- und hierarchiefrei zu berücksichtigen.[339] Was für ein Tüdelüt, was für ein Durcheinander, was für eine schöne neue und bunte Welt.

Dies alles scheint jedoch sehr im Sinne des Rates für Nachhaltige Entwicklung zu sein und der Zerstörung der traditionellen Familie zu dienen. Seine Zukunftsvisionen sind in Form eines über 200-seitigen (Teufels-)Werkes mit dem Titel „Visionen 2050 – Made in Germany" bzw. in der 99-seitigen Broschüre „Dialoge Zukunft Vision 2050 – Made in Germany Band 2" nachzulesen. Beide enden mit folgenden Worten in der Danksagung: „*Unser ganz herzlicher Dank geht an den Rat für Nachhaltige Entwicklung für die intensive Zusammenarbeit und den Mut zum Experiment. Unser Dank gilt außerdem den Visionären und Experten, die der Einladung zum Visionieren gefolgt sind.*"[340] Wer unterstützt eigentlich solche Experimente und Visionen? Schnell mal gegoogelt und: Kiek mal an, diese werden aufgrund eines Beschlusses des Deutschen Bundestages vom Bundeskanzleramt finanziert.[341] Die dann auch von Angela Merkel überschwänglich gelobten Visionen, die im Internet als PDF-Dokumente zu finden sind, zielen darauf ab, dass der Normalbürger abgeschafft wird und wir in einer Multikulti-Gender-Welt ohne traditionelle Familien, Nationen und Bargeld leben. Dabei sollen alle wichtigen Personendaten bezüglich Identität, Konten, Gesundheit und Versicherungsinformationen zentral gespeichert werden.[342,343] Herzlich willkommen im Überwachungsstaat, herzlich willkommen im Totalitarismus!

Verblödungs-TV

Vielleicht kam Ella-Marie die Rolle der stillen Beobachterin aber auch dadurch zu, dass sie als Kind ganz wenig, und wenn, dann auch nur ausgesuchtes Fernsehprogramm gucken durfte. So wurde sie zu einem häufigen Gast in der nur einen Steinwurf entfernten Bücherhalle. Lieber nahm sie ein Buch in die Hand und verkroch sich in diesem wie zum Beispiel im Tagebuch der Anne Frank. Dies hat sie bereits als junge Deern unter Tränen gelesen hat, während im Jahr 2016 ein Streit über die alleinige Autorenschaft des jüdischen Mädchens im Zusammenhang mit den Urheberrechten entbrannte.[344] Später gehörten Bücher wie „Nicht ohne meine Tochter" und „Schindlers Liste" zu Ella-Maries Lektüre, wobei immer ein Taschentuch in der Nähe sein musste. Für die heutige Zeit schier unvorstellbar: Damals gab es tatsächlich nur drei Sender – ARD, ZDF und das Regionalprogramm –, und am Ende eines Fernsehtages lief das Testbild, das vielmehr ein Standbild war. Harmlose Sendungen wie „Pippi Langstrumpf", „Unsere kleine Farm", „Flipper" und „Lassie" flimmerten durch das Wohnzimmer, das mit einem abschließbaren Fernseher ausgestattet war. Ihre Mutter war **nämlich** der Ansicht, dass die Glotze der Familientod sei, weswegen sie mit ihren Kindern lieber eine Runde „Mensch-ärgere-dich-nicht" spielte. Natürlich fand Ella-Marie das als Kind nicht immer toll, zumal sie am Montag in der Schule oft nicht über das Fernsehprogramm des Wochenendes mitreden konnte. Im Nachhinein ist sie ihrer Mutter dafür neben ganz vielen anderen Dingen bis zum heutigen Tag unendlich dankbar.

Nur selten huschte damals Klementine mit ihrem „Ariel" für weiße Wäsche oder der niedliche Bär der „Bärenmarke" über die Mattscheibe, während in jüngster Vergangenheit den deutschen Couchkartoffeln vor der Glotze von den Promis Thomas Gottschalk und Bully Herbig erzählt wurde, dass „HARIBO" nicht nur Kinder froh mache. Seit Januar 2019 lässt jedoch der Bonner Süßwarenhersteller erwachsene Darsteller in einer imaginären Konferenz mit der Stimme, dem Humor und der Unbeschwertheit von Kindern sprechen."[345] Hierdurch soll laut HARIBO *„das Kind in uns zum Leben" erweckt werden."*[346] Man könnte es aber auch anders deuten: Die eingangs erwähnte Infantilisierung der Spaß- und Konsumgesellschaft nimmt ihren Lauf. Die Krönung hinsichtlich der Werbung lieferte wohl EDEKA mit seinem Werbespot zum Muttertag 2019, der einen regelrechten Shitstorm auslöste. Dieser wurde von vielen Menschen als väterfeindlich und sexistisch gegenüber Männern beurteilt, weswegen man sogar zu einem Boykott der Einzelhandelskette aufrief.[347] So etwas passiert halt, wenn man den Bogen überspannt, aber das war natürlich seitens der Werbeagentur ganz bestimmt nicht mit Absicht geschehen. Schließlich hatten sich die Wogen der weltweiten #MeToo-Kampagne doch erst ein wenig geglättet, die durch sexuelle Übergriffe bis hin zu Vergewaltigungsvorwürfen gegenüber dem Filmmogul Harvey Weinstein ausgelöst wurde.[348]

Gefühlt sind die heutigen Sendungen nach Ansicht von Ella-Marie noch viel flacher als die megagroßen Flatscreens, über die diese in die Wohnzimmer dringen. Bei formatlosen Sendeformaten wie „Deutschland sucht den Superstar" furzt Mr. Methan – Achtung: CH_4 ist ein Treibhausgas! – Beethovens fünfte Sinfonie live im zum Glück noch geruchlosen Fernsehen.[349] Gut, dass der Brite nicht Beethovens „Ode an die Freude" genommen hat, die EU-Hymne. Sonst wäre die Europäische Union womöglich gar explosionsartig auseinandergeflogen. Derweil sucht der nackte Adam bei RTL seine Eva, die ebenfalls wie Gott sie schuf über den Bildschirm hüpft, während Heidi Klum Woche um Woche, Folge um Folge kein Foto für dieses oder jenes oft blutjunge Mädchen hat, das von einer ganz großen Karriere als Topmodel träumt. Daneben läuft eine Kochsendung nach der anderen, während man im Dschungelcamp ein opulentes Drei-Gänge-Menü aus abgestandener Kaulquappenbrühe zur Ouvertüre, gut abgehangenem Hengsthoden, gespickt mit fetten weißen Maden und einem Klacks verquirlter Entengrütze als Hauptgang sowie einem fluffigen Mousse aus Stutenmilch und Borstenschweinsperma zum Dessert kredenzt bekommt. Na, wer sollte bei alldem, was man uns heute per Television serviert, nicht Appetit bekommen? Jeder Wackeldackel neben der umhäkelten Klorolle auf der Hutablage eines alten

Audi 80 würde wohl entsetzt den Kopf schütteln, während Millionen Zuschauer tagtäglich mit diesem Programm anscheinend abgespeist werden wollen. Dass RTL es liebt, uns zu unterhalten – was auch immer man unter dem Begriff „Unterhaltung" verstehen mag –, ist hinlänglich bekannt. Woher aber kommt diese Form des Fernsehprogramms, wie es heute über diverse Sender läuft und manchmal an Brutalität und Verblödung kaum zu überbieten ist? Schauen wir einfach mal bei Wikipedia nach.

„Tittytainment (oft auch Tittitainment) ist eine Wortbildung aus englisch titty (Slang für Busen) und entertainment (Unterhaltung). Der Begriff steht für die Vermutung, dass auf Grund steigender Produktivität zukünftig ein großer Teil der Weltbevölkerung von der Produktion von Dienstleistungen und Gütern entbunden sein und dann von Transferleistungen leben werde. Um diesen Teil der Bevölkerung „ruhigzustellen", müsse er medial „berieselt" werden."[350] Man geht davon aus, dass bis zu 80 Prozent der Menschen zukünftig keine Aufgabengebiete im Dienstleistungs- und Warensektor mehr zukommen, weswegen diese dann von Transferleistungen – nicht umsonst ist das bedingungslose Grundeinkommen bereits im Gespräch – leben müssten. Bei Laune gehalten werden diese Menschen dann durch Fernsehen, Netflix, Internet, sexualisiertem Entertainment in Form von (Soft-)Pornos usw., also einer modernen Form von „Brot und Spiele" für das Volk. Einen sehr interessanten Artikel über das Tittytainment-Phänomen, die damit dem Zuschauer verkauften Illusionen, die sedative Wirkung der TAGESSCHAU und die Spaltung der Gesellschaft in Arm und Reich des journalistischen Urgesteins Ulrich Gellermann ist auf der Internetseite von KenFM zu finden.[351]

Als Urheber des Wortkonstruktes „Tittytainment" gilt Zbigniew Brzeziński, von dem wir bereits im Zusammenhang mit der Trilateralen Kommission gehört haben. Er ist der ehemalige nationale Sicherheitsberater der früheren US-Präsidenten Johnson, Carter, Reagan, sowohl von Bush senior als auch junior, Clinton bis hin zu Barack Obama. Er ist aber auch der Autor des Buches „Die einzige Weltmacht – Amerikas Strategie der Vorherrschaft". Wer dieses Buch von Brzeziński aus dem Jahr 1997 gelesen hat, dem dürfte klar sein, warum Russland immer das Böse, Amerika stets das Gute in der Welt verkörpert und warum Russland und Europa aus geopolitischer Sicht der USA nicht miteinander kooperieren dürfen. So soll der mittlerweile verstorbene Sicherheitsberater möglicherweise auch als Strippenzieher hinter den Kulissen für den Ukraine-Konflikt mitverantwortlich gewesen sein.[352]

Laut der britischen Hilfsorganisation Oxfam nimmt die globale Ungleichheit im Zeitalter der Globalisierung immer dramatischere Ausmaße an und die Schere zwischen Arm und Reich verstärkt die Spaltung der Gesellschaft.[353] In Deutschland steigerte sich laut Oxfam-Bericht das Vermögen der Millionäre im Jahr 2018 um 20 Prozent. Darüber hinaus verfügte das reichste Prozent der Deutschen über ebenso viel Vermögen wie die 87 weniger gut betuchten Prozent. Dies bedeutet, dass Deutschland zu den Industrienationen mit der größten Ungleichheit der Vermögensverteilung zählt. In Deutschland schnürt man halt lieber Rettungspakete für Griechenland, rettet man lieber Banken, als für eine gerechtere Gesellschaft einzutreten und viel Geld für Bildung in die Hand zu nehmen. Bereits ein Jahr zuvor berichtete Oxfam aber auch darüber, dass die acht reichsten Milliardäre, zu denen u. a. Bill Gates (Microsoft), Jeff Bezos (Amazon) und Mark Zuckerberg (Facebook) zählen, mehr besitzen würden als die gesamte ärmere Hälfte der Weltbevölkerung.[354] Doch in den nächsten elf Jahren wird zumindest in Deutschland alles besser. Dafür gibt es schließlich die Agenda 2030, wonach es *keine statistisch nennenswerte Armut mehr in Deutschland geben* soll.[355] Na, da kommen auf uns ja rosige Zeiten zu, obwohl wir doch schon heute im besten Deutschland aller Zeiten leben. Von wegen: Die Globalisierung schafft Gewinner, aber eben auch jede Menge Verlierer. So wird zunehmend der Kapitalismus verteufelt und es werden Rufe nach mehr Umverteilung, nach immer mehr Gleichmacherei und somit nach mehr Sozialismus laut. Wo aber hat diese Ideologie denn funktioniert? Dabei – bitte entschuldigen Sie vielmals den folgenden Ausdruck – scheißt der Teufel bekanntlich auf den größten Haufen. Beispielsweise soll Amazon 2018 auf seinen Multimilliardengewinn prozentual weniger Steuern als die ärmsten 20 Prozent der US-Amerikaner gezahlt haben.[356] Und auch in der EU zahlen die drei Digitalkonzerne Facebook, Amazon und Google deutlich weniger Steuern als klassische Industriebetriebe.[357] So sieht soziale Gerechtigkeit im dritten Jahrtausend aus. Und obwohl die Wirtschaft weltweit wächst, ist die globale

Verschuldung auf Rekordniveau. Sie lag im ersten Quartal 2019 bei insgesamt 246,5 Billionen US-Dollar, was 320 Prozent der weltweiten Wirtschaftsleistung entspricht. Das heißt, die Welt ist dreimal so hoch verschuldet als das, was sie pro Jahr erwirtschaftet.[358] Doch widmen wir uns lieber wieder etwas Erfreulicherem, nämlich der Kindheit von Ella-Marie.

Kinderjahre

Anders als heute machten in den 1970er-Jahren Geschäfte noch Mittagspause und schlossen um 18 Uhr, während die Kindheit im realen Leben stattfand. Kinder spielten draußen, trafen sich mit Freunden, machten sich dreckig und dachten sich immer neue Spiele aus. Sie stauten selbst in einer Großstadt wie Hamburg Bäche, bauten Baumhäuser und tobten sich an der frischen Luft aus. Damals waren die Kühe selbst für Stadtkinder noch nicht lila, sondern trugen ein schwarz- oder rotbuntes Fell. Ohne Handy, Playstation, Wi & Co. trieb es Ella-Marie und die Nachbarskinder – allein zwölf wohnten in ihrem Hauseingang – regelrecht nach draußen. Allerdings mussten zuvor die Hausaufgaben – ja, so etwas gab es damals wirklich noch – erledigt worden sein. Am Ende eines stets viel zu kurzen Spieltages bettelte man förmlich darum, noch zehn Minuten länger draußen bleiben zu dürfen. Dabei galt als eine Art zeitliche Maßeinheit der sich dem Ende zuneigenden Spielzeit an der frischen Luft in der dunklen Jahreszeit das Angehen der Straßenbeleuchtung. Die Kinder aus Ella-Maries Nachbarschaft kamen manchmal auf die verrücktesten Ideen. Als Kind sang man damals noch ganz unbedarft „Drei Chinesen mit dem Kontrabass", spielte „Wer fürchtet sich vorm schwarzen Mann?" und ging ohne bösen Hintergedanken zum Fasching als Indianer, Eskimo oder auch als Scheich, was seit 2019 aufgrund der Bedienung von Stereotypen jedoch nicht mehr erwünscht ist.[359] Auch war das Lesen der Originalausgaben von „Pippi Langstrumpf" und „Die kleine Hexe" noch kein Problem, während sich diese jüngst einer politisch korrekten Behandlung unterziehen mussten.[360] Klingelstreiche durften seinerzeit natürlich nicht fehlen, aber auch Kreativität war gefragt. Beispielsweise wurde einmal der Gemeinschaftskeller des Mietshauses hübsch hergerichtet, indem sämtliche Wände mit Postern aus der BRAVO für die Halbwüchsigen und für die jüngeren Kinder mit Bildern aus Bussi-Bär-Heften dekoriert wurden. Ella-Marie und die Kinder aus der Nachbarschaft hatten unheimlich viel Fantasie und schier unendlich viele verrückte Ideen, die mal mehr, mal weniger gut bei den Erwachsenen ankamen. Richtig Gemecker gab es beispielsweise, wenn man durch die vor dem Miethaus gelegenen Blumenbeete lief und dort seinen Fußabdruck hinterließ. Ebenso handelte man sich einen Rüffel ein, wenn während der Mittagszeit vor den Balkons der Anwohner herumgeschrien wurde. Dort wohnten schließlich auch ältere Menschen, die ein wenig Ruhe benötigten.

Ella-Marie selbst war schon immer ein handwerklich geschickter und äußerst kreativer Mensch, aber auch stets eine kleine Perfektionistin. Dieser Perfektionismus brachte ihr in der Grundschule einmal richtig Ärger ein. Was war geschehen? In ihrem ersten Wrangler-Jahr, also in der vierten Klasse, als gerade das Thema Sexualkunde behandelt wurde, hatte jemand aus ihrer Klasse eine nackte Frau an die Tafel gemalt. Das Tafelbild war durchaus gelungen, hatte aber einen kleinen Schönheitsfehler. Der Frau fehlten nämlich die Brustwarzen, weswegen sich Ella-Marie genötigt sah, diese einzuzeichnen. Sozusagen der Vollständigkeit halber, der perfekten Abrundung des Gesamtkunstwerks. Nur zwei ganz kleine Kreidepunkte waren vonnöten. Prompt wurde sie wegen dieses schwerwiegenden Vergehens bei ihrer Klassenlehrerin verpetzt. Die Folgen: Ein Unter-vier-Augen-Gespräch mit ihr sowie ein Gespräch zwischen der Lehrerin und ihrer Mutter. Sie war damals ein zehnjähriges Kind, wenn auch ein Scheidungs-, jedoch kein Schlüsselkind. Weder frühkindliche Sexualerziehung noch Gendermainstreaming hatten Ella-Marie verwirrt, die damals in ihren Schulfreund Patrick verknallt war. Mit diesem hatte sie sogar schon mal geknutscht, was einmal ganz schön wehtat, weil man zuvor eine ganze Tüte Paprikachips gegessen hatte.

Was aber sollen die jungen Menschen heute sagen, die sich zwischen mehr als 60 Geschlechtsidentitäten wie zum Beispiel „bigender", „gender variabel", „geschlechtslos", „viertes Geschlecht" oder „Cross-Gender" entscheiden können? Neben den bisherigen Geschlechtern „männlich" und „weiblich" gibt es seit Januar 2019 offiziell ein drittes Geschlecht in Form von „divers" im Personenstandsregister.[361] Endlich hat der Spruch „Manchmal weiß ich nicht, ob ich Männlein oder Weiblein bin" seine Daseinsberechtigung bekommen. Gegen die gendergerechte Sprache hat jedoch der Verein Deutsche Sprache in einem

Brief zum Widerstand aufgerufen.[362] Muss man denn wirklich von „Redepult" statt „Rednerpult", „niemand" statt „keiner" und „Kolleg*innen" statt „Kollegen" sprechen, als gäbe es keine drängenderen Probleme? Und überhaupt: Sollte Sexualität nicht die Privatsache zwischen zwei oder auch mehreren Menschen sein? Sie wird jedoch immer mehr in den Fokus der Öffentlichkeit gerückt. So darf gefühlt in keiner Show ein homosexueller Teilnehmer oder ein Transgender fehlen und das Coming-out von Politikern oder Ex-Fußballprofis wird medial ausgeschlachtet. In England, genauer gesagt in Birmingham, demonstrierten im Februar 2019 mehr als 300 muslimische Eltern und Kinder sowie evangelikale Christen vor einer Grundschule unter dem Motto „Bildung ja – Indoktrination nein" gegen Gender- und Sexualkundeunterricht hinsichtlich vielfältiger Geschlechtsidentitäten und gleichgeschlechtlicher Liebe.[363] Warum haben darüber die deutschen Mainstreammedien nicht berichtet? Die 140 Seiten umfassende Broschüre „Murat spielt Prinzessin, Alex hat zwei Mütter und Sophie heißt jetzt Ben – Sexuelle und geschlechtliche Vielfalt als Themen frühkindlicher Inklusionspädagogik" wurde im Januar 2018 vom Berliner Senat Kindertagesstätten zur Verfügung gestellt, in die man unbedingt mal einen Blick werfen sollte.[364] Während gegenwärtig von Bau- und Flugscham die Rede ist, wird, anders als noch zur Schulzeit von Ella-Marie, auf das Schamgefühl von Kindern im Alter von ein bis sechs Jahren heute keinerlei Rücksicht genommen. Ist das nicht sogar eine Form von Kindesmissbrauch? Denn es ist die Scham, die unsere Identität schützt, aber auch die Grenzen der anderen. Durch das Tittytainment-Fernsehprogramm sinkt die Schamschwelle seit Jahren.[365] Diese gilt es auch im Sinne der Geschlechterdiversität aufzubrechen, weswegen die Frühsexualisierungsbroschüre auch keinerlei Raum für Diskussionen lässt. Vielmehr gibt sie vor, was als richtig zu gelten hat und welche Vorurteile es aus dem Weg zu räumen gilt. Auch geht es in der zuvor erwähnten Broschüre wie in den von Merkel gelobten Visionen 2050 darum, das heteronormative Familienbild mit Vater und Mutter aufzubrechen, indem für Regenbogenfamilien geworben wird. Nichts ist mehr so wie früher. Hurra, hurra, nichts ist unmöglich, alles ist machbar.

„Wer nicht alt werden will, muss früh sterben", pflegte Ella-Maries Vater gelegentlich zu sagen, während ihre ostpreußische Großmutter manchmal den Spruch „Du kannst alt werden wie eine Kuh, du lernst immer noch dazu" von sich gab. Zwar ist das Altwerden aufgrund hinzukommender Zipperlein nichts für Feiglinge, doch die von Jahr zu Jahr zunehmende Zahl an Kerzen auf der Geburtstagstorte hat auch ihre Vorteile. Jeder ältere Mensch trägt einen mehr oder weniger großen Erfahrungsschatz in sich, weswegen ältere Menschen aller Kulturen seit jeher sehr geschätzt und verehrt wurden. Als Ella-Marie ein Kind war, hatte man wirklich noch Zeit, die Großeltern zu besuchen bzw. sich um diese im Krankheitsfall zu kümmern. Heute, wo viele nur noch gehetzt sind und dem Geld hinterherrennen (müssen), sieht das oftmals anders aus. Die Alten werden in eine Senioreneinrichtung abgeschoben, wenn sie nicht mehr alleine in ihren vier Wänden zurechtkommen. Viele ältere Menschen vereinsamen, doch auch viele Singles sind in der heutigen Zeit von Vereinsamung bedroht. Ursächlich dafür sind überfordernde Berufe, die kein Privatleben mehr zulassen, sterbende Dorfgemeinschaften, die Entmischung von Innenstädten ohne Begegnungsstätten sowie der seitens Politik und Wirtschaft propagierte Arbeitnehmer, der ohne Rücksicht auf Familie, Freunde und Kinder seinem Arbeitsplatz hinterherzieht. Abhilfe ist jedoch schon am Horizont in Sicht – und zwar in Form eines Regierungsbeauftragten für Einsamkeit. Denn: Experten sprechen bereits heute von einer Einsamkeits-Epidemie.[366] Hieraus lässt sich bestimmt wieder ein neues lukratives Geschäftsmodell entwickeln.

Gender-Wahn-Sinn

Ella-Marie kennt Menschen, die im falschen Körper geboren wurden. Es war diesen bereits seit frühester Kindheit bewusst. Sie haben sich einer geschlechtsangleichenden Operation unterzogen, was ihnen eine große Hilfe war. Heute hingegen suggeriert man der Jugend im Pubertätsalter, in dem ohnehin die Hormone verrücktspielen, dass ihnen mit Hormontherapien und einer Operation ruckzuck zum richtigen Geschlecht verholfen werden kann, sofern sie denn Zweifel an der Richtigkeit ihres biologischen Geschlechts haben. Pharmaindustrie und Ärzte müssen ja schließlich auch auf ihre Kosten kommen. Hierzu sollte man sich den Bericht über Walt Heyer, einem selbst betroffenen Mann, der acht Jahre lang als Laura Jensen lebte, einmal durchlesen. Dieser hatte einen operativen Geschlechtswechsel vornehmen lassen, doch die alten Probleme wie Depressionen und Alkoholismus traten einige Zeit später wieder auf, weswegen er sich zu dem schwierigen Rückkehrprozess zu seinem ursprünglichen Geschlecht entschloss. Er arbeitet heute als Psychologe und plädiert dafür, nach den oft versteckten psychischen Ursachen und Kindheitstraumata für die Genderdysphorie (Unwohlsein mit dem eigenen Geschlecht) zu forschen. So habe ihn seine Großmutter in lilafarbene Chiffonkleider gesteckt, die sie für ihn genäht hatte.[367,368]

Na, dass dies nicht unbedingt der Traum eines jeden Jungen ist, können die meisten sicherlich gut nachvollziehen. Ella-Maries Mutter war auch ein wenig enttäuscht, dass sich ihre Tochter mehr für LEGO und Märklin-Eisenbahnen begeistern konnte als für Puppen. Hatte sie selbst doch ihre Püppchen und Teddys in Ostpreußen zurücklassen müssen und liebevoll für die Puppen Celestina, Michaela und Kullertränchen von Ella-Marie Mützchen und Kleidchen gehäkelt. Für Abhilfe im Zusammenhang mit geschlechtsneutraler Kinderkleidung der Modelinie „CELINUNUNU" sorgt jetzt zum Glück die Sängerin Céline Dion. Rosa und Hellblau gehören der Vergangenheit an.

Für die Kleinsten der Kleinen gibt es in Dions Werbespot, der auf einer Entbindungsstation spielt, von ihr neutrale Kleidung in den farbenfrohen und kindgerechten Farbtönen Schwarz, Weiß und Grau. Das Werbevideo schaffte es sogar, bei BILD online platziert zu werden.[369]

An dieser Stelle sei erwähnt, dass Sigmund Freuds gesammelten Werke, bestehend aus 17 Bänden, unter dem Link „freud-online.de" einzusehen sind. Der Psychoanalytiker wurde von Professor Hans Schieser in einem Interview mit FreieWelt.net aus dem Jahr 2011 mit folgenden Worten zitiert: *„Sigmund Freud, auf den man sich ja immer wieder beruft, hat immer wieder ausdrücklich betont, daß man diese Latenz (Anm.: gemeint ist die Sexualität) nicht verfrüht ‚wecken' darf, weil es sonst zu negativen Verhaltensstörungen (nicht im Bereich der Sexualität, sondern im allgemeinen Verhalten) führt: ‚Der Verlust des Schamgefühls ist das erste Zeichen von Schwachsinn... Kinder, die sexuell stimuliert werden, sind nicht mehr erziehungsfähig; die Zerstörung der Scham bewirkt eine Enthemmung auf allen anderen Gebieten, eine Brutalität und Mißachtung der Persönlichkeit des Mitmenschen.'"*[370]

Doch was hat es mit der Gender-Agenda denn nun eigentlich wirklich auf sich? Was steckt dahinter? Hier nun ein wenig Aufklärung: Diese kam bereits im Jahr 1995 auf der vierten Weltfrauenkonferenz in Peking auf den Plan. Ging es ursprünglich vor zwei Jahrzehnten noch um die Diskriminierung von Frauen, geht es jetzt vermeintlich um die Diskriminierung aufgrund von Gender, also um sozial konstruierte und veränderte (Geschlechter-)Rollen.[371] Ziel ist es dabei, die tatsächliche Gleichstellung der Geschlechter zu erreichen, beispielsweise durch eine paritätische Verordnung, die die Hälfte aller Sitze des männerlastigen Bundestages an Frauen vergibt. So wurde es jüngst nicht nur von der Ex-Bundesjustizministerin und nunmehr EU-Abgeordneten Katarina Barley gefordert.[372] Was aber hat eine Männer-Frauen-Quote von 50:50 noch mit freien Wahlen zu tun? Und überhaupt: Ist allein das sexuelle Geschlecht schon ein Qualitätsmerkmal? Mit an Sicherheit grenzender Wahrscheinlichkeit wird zukünftig bestimmt auch bei der Müllabfuhr und der Kanalreinigung die Hälfte der Belegschaft aus Frauen bestehen, nicht wahr? Wenn schon, denn schon. Das ist doch wohl das Mindeste, womit Frauen die Männer zukünftig tatkräftig unterstützen können. Jede Menge Frauen werden demnächst ja ohnehin auch als Truckerinnen zu Heldinnen von Deutschlands maroden Straßen.

Haben Sie schon mal von der Journalistin Dale O´Leary gehört? Nein? Das ist schade, denn diese war neben 30.000 anderen Teilnehmern, davon rund 10 Prozent UN-Angestellte, Teilnehmerin der Veranstaltung in Peking. Über das Genderprogramm schreibt sie, dass dieses nicht als großes Schiff daherkäme, obwohl es in allen politischen und öffentlichen Programmen verankert werden soll. Vielmehr käme es wie ein U-Boot daher, das keiner genau kennen soll. Was dem einen die Titanic, Wilhelm Gustloff oder die Queen Mary II ist, ist dem anderen halt ein U-Boot. In ihrem 1997 erschienenen Buch „The Gender Agenda" fasste sie das UN-Genderprogramm in fünf Thesen wie folgt zusammen:

1. *In der Welt braucht es weniger Menschen und mehr sexuelle Vergnügungen. Es braucht die Abschaffung der Unterschiede zwischen Männern und Frauen sowie die Abschaffung der Vollzeit-Mütter.*

2. *Da mehr sexuelles Vergnügen zu mehr Kindern führen kann, braucht es freien Zugang zu Verhütung und Abtreibung für alle und Förderung homosexuellen Verhaltens, da es dabei nicht zur Empfängnis kommt.*

3. *In der Welt braucht es einen Sexualkundeunterricht für Kinder und Jugendliche, der zu sexuellem Experimentieren ermutigt; es braucht die Abschaffung der Rechte der Eltern über ihre Kinder.*

4. *Die Welt braucht eine 50/50 Männer/Frauen Quotenregelung für alle Arbeits- und Lebensbereiche. Alle Frauen müssen zu möglichst allen Zeiten einer Erwerbsarbeit nachgehen.*

5. *Religionen, die diese Agenda nicht mitmachen, müssen der Lächerlichkeit preisgegeben werden.*[373]

Eigentlich könnte man diese Agenda doch noch mit dem mittlerweile universell einsetzbaren Spruch „Und wer nicht mitmacht, ist ein Nazi!" versehen. Doch warten Sie: Beinhaltet dieses Programm in seinem Kern nicht sogar selbst einen menschenverachtenden Inhalt? Dass dieses ideologische Konzept im völligen Gegensatz zu überlieferten Traditionen, Werten, Kulturen, religiösen Überzeugungen und der Biologie der großen Mehrheit der Menschen weltweit steht, scheint diejenigen, die sich dafür einsetzen, wohl nicht zu interessieren. Was sind da nur für Mächte am Werke? Hier macht man sich nicht nur in Pippi-Langstrumpf-Manier die Welt, wie sie einem gefällt. Nein, man schafft sich zusätzlich gleich einen neuen Typ Mensch. Dies möglicherweise am besten in Form eines Zwitters wie den okkulten Baphomet.

Ella-Marie war jedenfalls im Jahr 1977 richtig sauer wegen dieser Angelegenheit mit der Tafelzeichnung. Dies weniger auf sich, sondern eher auf ihre Lehrerin, die ansonsten eine wirklich gute Pädagogin hinsichtlich der Vermittlung von Wissen, Kenntnissen und Fähigkeiten war. Wegen zwei kleiner Punkte wurde damals im übertragenen Sinne ein ganzes Fass aufgemacht. Jede Menge Bohai um solch eine Kleinigkeit.

Geschichtsunterricht

Als dann am Ende des Schuljahres die Empfehlung kam, Ella-Marie trotz der guten Noten, die sie selbst nach siebenmaliger Scharlacherkrankung inklusive mehrfacher Penicillin-Therapie – es gibt bis heute für Scharlach keinen Impfstoff – in der vierten Klasse erreicht hatte, auf die Realschule statt auf das Gymnasium zu schicken, brachte es das Fass bei ihr zum Überlaufen. Sie war halt nur ein Arbeiterkind, während Akademikerkinder mit schlechteren Zeugnissen eine Gymnasialempfehlung bekommen hatten. Damals rebellierte wirklich alles in ihr, fühlte sie sich doch ein bisschen wie ein Mensch zweiter Klasse. Es ist ihrer Mutter zu verdanken, dass diese sie entgegen der Empfehlung am Gymnasium anmeldete.

Heute hingegen lautet die Devise „Abi für alle". Während in den 1960ern nur einer von zehn Schülern das Abitur machte, beendeten zum Beispiel 2017 in Hamburg fast zwei Drittel der Schüler eines Jahrgangs ihre Schullaufbahn mit dem Abitur. Aber es kommt noch besser: Im Jahr 2017 hatte bereits in der Hansestadt fast jeder vierte Prüfling eine Eins vor dem Komma nach der letzten Prüfung stehen.[374] Gütiger Gott, dieses Land kann sich vor lauter Einsteins kaum noch retten. Apropos Einstein: In den mathematisch-naturwissenschaftlichen Fächern schnitten deutsche Schüler bei der PISA-Vergleichsstudie 2015 schlechter ab als drei Jahre zuvor. Sie erreichten 509 Punkte, lagen damit 16 Punkte über dem OECD-Durchschnitt, während Singapur mit 556 Punkten unangefochten vor Japan mit 538 Punkten die Nr. 1 war.[375] Deshalb kann man sich auch eine Vier-Tage-Schulwoche gönnen und gegen den Klimawandel an „Fridays-For-Future" auf die Straße ziehen. Dass F der sechste Buchstabe des Alphabetes ist, dürfte selbst für Schüler kein Geheimnis sein. Kürzt man Fridays-For-Future mit FFF ab und transkribiert dies in Ziffern, kommt dabei – Ei der Daus – die Zahl 666 heraus.

Dass die sehr gute Note in Latein von Ella-Marie eines Tages futsch war – sie hatte das Wort „pueri" (zu Deutsch „Jungen") in einer Arbeit umgangssprachlich-hamburgisch mit „Jungs" übersetzt –, ärgerte sie schon, denn in Latein war sie wirklich ehrgeizig. Als ihr Lehrer jedoch meinte, er müsse in der neunten Klasse schon genauer hinsehen und eine Eins in Latein bekäme ohnehin jetzt nur noch der liebe Gott, war ihr Ärger schnell verflogen. Schließlich war sie nicht der liebe Gott. Zudem fühlte sie sich, gerade frisch verliebt in einen feschen Weana Buam, ohnehin wie eine kleine Göttin. Das Thema „Zweiter Weltkrieg" unterrichtete ihr damaliger Geschichtslehrer, der zugleich auch ihr Latein- wie auch ihr Klassenlehrer war, zu Beginn der 1980er-Jahre völlig sachlich und politisch neutral, d. h. ohne jegliche Verherrlichung bzw. Verharmlosung des Geschehenen, aber auch ohne die ewige Verdammung aller Deutschen bis zum Sankt Nimmerleinstag. Ella-Marie mochte das Fach Geschichte als Schülerin nicht sonderlich. Immer nur Kriege, Schlachten, Gebietsübernahmen und damit verbunden immer viele Tote. Davon hatte sie schon während ihrer Kindheit so viel erzählt bekommen. Natürlich hatte auch besagter Lehrer, der stets mit der flachen Hand auf das Pult schlug, um für Ruhe zu sorgen, damals vom „Versailler Vertrag" nach dem Ersten Weltkrieg gesprochen.

Heute, 100 Jahre später, weiß man, dass dieser vielmehr als „Versailler Diktat" bezeichnet werden müsste. Papst Benedikt XV., auf den sich der 2013 zurückgetretene Papst Benedikt XVI. bei seiner Namenswahl explizit berief, hatte vergeblich versucht, den Ersten Weltkrieg zu beenden.[376] Er bezeichnete das Vertragswerk daher als rachsüchtiges Diktat, weswegen er Gerechtigkeit für die besiegten Mittelmächte forderte.[377] Anders als bei vorangegangenen Friedensverträgen wurde mit den Deutschen als besiegter Kriegspartei gar nicht verhandelt. Mündliche Verhandlungen mit der deutschen Delegation wurden von den Siegermächten USA, Frankreich und Großbritannien abgelehnt. Lediglich in schriftlicher Form konnten die Vertreter des besiegten Deutschen Reiches Änderungswünsche einreichen, die sämtlich von den Alliierten als Anmaßung abgewiesen wurden.[378] Nicht selten ist heute zu lesen, dass ohne die Vertragsunterzeichnung in Versailles Adolf Hitlers Aufstieg und damit der Zweite Weltkrieg nicht möglich geworden wäre.[379] Ob in deutschen Schulbüchern heute beispielsweise steht, dass der französische Ministerpräsident Georges Clemenceau, einer der „Großen Vier" bei der Pariser Friedenskonferenz 1919, bereits ein Jahr zuvor geäußert hatte, dass die Deutschen den Franzosen überlegen seien? Dieser sagte wörtlich: *„Der Fehler der Deutschen ist, dass es 20 Millionen zu viel von ihnen gibt."* Aus diesem Grund sahen einige Industrielle schon damals die Lösung des deutschen Problems in der europäischen Integration.[380] Insbesondere in den 1960er-Jahren hatten deutsche Politiker, Schulen und Redaktionsstuben der Zeitungen die Weltsicht verbreitet, *Deutschland habe nicht nur den zweiten, sondern auch den ersten der beiden Weltkriege angezettelt.*[381] Doch war es wirklich so? Laut Gerry Docherty und Jim Macgregor, aber auch vieler anderer Publizisten war es eine geheime Elite, die die Menschheit 1914 in den Ersten Weltkrieg stürzte. Deren Gründung lässt sich auf das Jahr 1891 zurückführen, als sich die überzeugten Imperialisten Cecil Rhodes, William Stead und Lord Esher trafen. Ziel war es, einen Plan für einen Geheimbund zu entwickeln, der zunächst in Großbritannien und später dann in den USA die Kontrolle über die Außenpolitik erringen sollte.[382] Beide Autoren haben in ihrem gemeinsamen Werk akribisch Namen, Treffpunkte, Verbindungen zur Hochfinanz sowie zur Presse aufgeführt. Ziel war es zu Beginn des vorherigen Jahrhunderts, das angelsächsische Imperium im Bündnis mit den USA zu sichern. Wie bereits erwähnt, wollte die Mehrheit der US-Amerikaner keine Teilnahme am Ersten Weltkrieg. Aber: *„Die Finanzelite war damit ganz und gar nicht einverstanden. Sie witterte nämlich die Chance, sich im großen Stil bereichern zu können und zwar durch Kreditvergabe an die verschiedenen (auch gegeneinander) kriegsführenden Staaten. Aus diesem Grunde drängte sie die Politik hinter verschlossenen Türen, sie hierbei zu unterstützen. Die US-Regierung ließ sich nicht zweimal bitten: Obwohl offiziell weiterhin neutral, gestattete sie den Banken, Kriegskredite hinter dem Rücken der Öffentlichkeit als Lieferantenkredite privater US-Unternehmen auszugeben."*[383] Als sich um den Jahreswechsel 1916/1917 das Blatt wendete und Deutschland aus diesem Krieg als Sieger hervorzugehen drohte, wodurch die von den US-Banken vergebenen Kredite an Frankreich, England und Italien in Gefahr gewesen wären, trat Woodrow Wilson im April 1917 nach seiner erneuten Wiederwahl und entgegen seiner zuvor getätigten Kriegsabsage ganz im Sinne der Wall-Street-Banker in den Krieg ein.[384] An dessen Ende wurden die Deutschen mit hohen Reparationszahlungen und sieben Prozent Gebietsabtretungen bedacht. Hätten Sie es gewusst? Erst im Jahr 2010 beglich die Bundesrepublik Deutschland zum zwanzigsten Jahrestag der Wiedervereinigung die letzte Entschädigungszahlung für den Ersten Weltkrieg in Form von Zinsen in Höhe von fast 200 Millionen Euro für Staatsanleihen.[385] Unterdessen rufen im Jahr 2019 die Regierungen Polens und Griechenlands nach Reparationszahlungen für den Zweiten Weltkrieg von Deutschland.[386]

Gerade in jüngster Zeit werden verstärkt Filme und Dokus bei den Öffentlich-rechtlichen gezeigt, aber auch Berichte in den Print- und Online-Mainstreammedien über die dunkelste Vergangenheit der Deutschen im Zusammenhang mit dem Zweiten Weltkrieg verfasst. Dies ergab bereits eine Untersuchung des Forschungsinstitutes Media Control im Jahr 2014 im Auftrag der TV-Zeitschrift Gong.[387] Allein von Januar bis Ostern 2014 liefen 242 Sendungen, die im Titel den Namen „Hitler" trugen. Dokumentationen ohne den Namen des Diktators zählten nicht mit in diese Statistik. Insbesondere der Sender ZDFinfo sei bekannt für seine vielen Dokus über die Zeit des Nationalsozialismus, die vergleichsweise viel Sendezeit haben, weswegen Bereichsleiter Robert Bachem sein Programm gegenüber MEEDIA auch verteidigte. Auffällig war bei dieser Studie, dass beinahe gleichzeitig ähnliche Inhalte bei unterschiedlichen Sendern liefen. Während beispielsweise n-tv am 12. Mai 2014 die Dokumentation „Hitlers Blitzkrieg" zu zeigen plante, wurde bei ZDFinfo am darauffolgenden Tag die Sendung mit dem Titel „Hitlers Blitzkrieg 1940" ausgestrahlt. Man könnte glatt meinen, der Zweite Weltkrieg sei erst ein paar Tage vorbei und müsse gerade in letzter Zeit verstärkt in das kollektive Gedächtnis eingehämmert werden.

Passen Sie jetzt bitte gut auf, dass Sie das gleich Beschriebene nicht völlig umhauen wird: Die USA und Großbritannien taten lange Zeit so, als hätten sie erst im Jahr 1945 von den Massenmorden in den Konzentrationslagern erfahren. Dies ist aber mitnichten so! Sie wussten bereits seit Sommer 1942 von den massenhaften Ermordungen der Juden auf dem Gebiet von Hitler-Deutschland. Erst im Jahr 2017 wurde dies öffentlich bekannt, nachdem

Dokumente aus UN-Archiven mehr als 70 Jahre nach Kriegsende veröffentlicht wurden. Dass diese Publikation nicht schon früher geschehen sei, wird mangels Interesse der Wissenschaft an den Unterlagen der UN-Kriegsverbrecher-kommission (UNWCC) in New York begründet.[388] Soso, es soll also an mangelndem Interesse gelegen haben. *„Bis zum März 1942 waren schätzungsweise 20 bis 25 Prozent der Opfer des Holocausts bereits tot. Bis zum Februar 1943 waren es schon 80 Prozent. [...] Doch man ahnte schon immer: Die Alliierten wussten viel mehr und viel früher, als sie zugaben."* So war es am 19. April 2017 im Stern zu lesen.[389] Ebenfalls erfährt man in diesem Artikel, dass bereits 1980 der amerikanische Historiker und Publizist Walter Laqueur herausfand, dass der verschlüsselte Code der SS bereits 1941 von den Briten geknackt worden war und diese den Funkverkehr der Nazis abhörten. Es war ebenfalls im Oktober 1941, als Papst Pius XII. erste Informationen über die Massenmorde erhielt, die sich im Mai 1942 noch einmal deutlich verdichteten. Im Sommer desselben Jahres sickerten Informationen an die BBC und an amerikanische Zeitungen durch, die darüber offen berichteten. Von Auschwitz hingegen will man erst im März 1944 gewusst haben.[390] Dazu schrieb die WELT in einem kurzen Artikel vom 26. April 2005 mit der Überschrift *„26. April 1945"*: *„[...]* **US-Direktive JCS 1067** *Deutschland wird nicht besetzt zum Zwecke seiner Befreiung, sondern als ein besiegter Feindstaat. Ihr Ziel ist nicht die Unterdrückung, sondern die Besetzung Deutschlands, um alliierte Absichten zu verwirklichen. Das Hauptziel der Alliierten ist es, Deutschland daran zu hindern, je wieder eine Bedrohung zu werden. [...]* **Tagebuch Alfred Kantorowicz** *Im April 1945 hat die westliche Welt den Bestand von Konzentrationslagern in Nazideutschland ‚entdeckt'. Ein Aufschrei des Entsetzens läuft durch die Presse der Demokratien. Sie hätten das alles bereits seit zwölf Jahren zur Kenntnis nehmen können, aus Tausenden von Berichten entkommener Opfer, aus dokumentarisch belegten Büchern. Hätten sie die Wahrheit damals nicht überhört, so wäre dieser Krieg mit seinen 30 Millionen Toten und der Verwüstung Europas vielleicht zu verhindern gewesen. Jetzt, nachdem alles vorbei ist, die Blüte Europas teils in diesen Lagern und teils auf den Schlachtfeldern verfault, jetzt ‚entdeckt' man, daß Nazis wie Nazis handeln. Es wird die Toten nicht wieder erwecken."*[391] Kantorowicz war deutscher Jurist, Literaturhistoriker und Publizist jüdischer Herkunft, der auch unter dem Pseudonym Helmuth Campe veröffentlichte.[392] Ja, möglicherweise hätte Anne Frank, vor deren Unterschlupf in der Amsterdamer Prinsengracht Ella-Marie im Sommer 2015 mit ihrer Tochter gestanden und das Läuten der Westerkerk vernommen hatte wie viele Jahre zuvor das jüdische Mädchen, und Millionen andere Menschen nicht ihr Leben lassen müssen, wäre man früher gegen die Nationalsozialisten vorgegangen.

Apropos Wissen: Hätten Sie gewusst, dass Hitler vom Islam fasziniert war? *„Während für ihn der Katholizismus eine schwache, verweichlichte, feminine Religion darstellte, pries er nachweislich den Islam als starke Kriegerreligion. ‚Der Mohammedanismus könnte mich noch für den Himmel begeistern', sagte er einmal",* so David Motadel in einem Interview mit der Neuen Westfälischen Anfang 2018.[393] Unter den Armeen der Nazis kämpften rund 600.000 Muslime.

Kriegsmachenschaften

Vor diesem Hintergrundwissen stellen sich Ella-Marie, aber auch ihre Mutter, die damals ein kleines Kind war, die Frage: Warum war man nicht schon früher gegen das Nazi-Regime seitens der USA und Großbritannien vorgegangen? Schließlich sollte Deutschland doch vom Faschismus befreit werden und der Tod und so manches Leid wäre vielen Millionen Menschen erspart geblieben. Warum hört man über diese neuen historischen Erkenntnisse nichts von Claus Kleber im heute-journal oder in der Tagesschau? Um Einsicht in die Akten zu bekommen, mussten Wissenschaftlicher sogar erst eine Genehmigung ihrer Regierung oder des UN-Generalsekretärs einholen. Dabei war es ihnen selbst dann bei Akteneinsicht nicht erlaubt, Kopien oder Notizen zu machen.[394] Interessantes zu diesem Thema schreibt auch die jüdische Journalistin Eva Schweitzer in ihrem bereits 2004 erschienenen Buch „Amerika und der Holocaust". So war laut Schweitzer Hitler für die USA ein Garant für einen späteren Krieg, weswegen Firmen wie Dupont, Ford, General Motors und Standard Oil bis in die 1940er-Jahre in die Nazis investierten und mit diesen paktierten. Investoren wie Prescott Bush und dessen Sohn George W. aus der Bush-Dynastie – sämtliche Bush-Männer gehör(t)en dem Geheimbund „Skull and bones" der Yale-Universität an –, der spätere US-Außenminister unter Eisenhower, John Foster Dulles und dessen jüngerer Bruder Allen Welsh, der später Direktor der CIA wurde, waren mit von der Partie. Selbst reiche Juden haben mit dem Hitler-Regime Geschäfte gemacht, während sich die USA mit einer restriktiven Einwanderungspolitik gegenüber den aus Europa fliehenden Juden verhielt. Schweitzers Buch ist ein erschütternder Report aus der dunklen Vergangenheit der USA in Verbindung mit der finsteren Vergangenheit von Deutschland.[395]

Nicht minder interessant ist in diesem Zusammenhang auch das Buch „Wallstreet und der Aufstieg Hitlers" von Antony C. Sutton. Dessen Originalausgabe ist bereits 1976 in England erschienen, kam auf Deutsch jedoch erst 2008 auf den Markt. Dabei war Sutton ein anerkannter Historiker und Ökonom, der sich bevorzugt mit allgemein unbekannten Handels- und Finanzbeziehungen der amerikanischen Wirtschaftselite („Wall Street") zu Staaten und Institutionen, die deren erklärte Gegner waren, beschäftigte.[396] Von ihm gibt es auch auf YouTube Interviews zu sehen. Hingegen hat der Journalist Diarmuid Jeffreys, ebenfalls ein Brite, in seinem Buch „Weltkonzern und Kriegskartell" in einer enormen Fleißarbeit unzählige Dokumente durchgesehen und so die Geschichte der IG Farben bereits 2008 in einem fast 700-seitigen Werk nachvollzogen, wie es bisher wohl keiner vor ihm getan hat. In diesem macht er mit Nachdruck deutlich, welche zerstörerischen Folgen die engen Verflechtungen von Politik und Wirtschaft haben können. Dabei arbeiteten die IG Farben und die American IG Chemical Corporation mit Hunderten von Chemiefirmen zusammen. Darunter waren zum Beispiel die britische Imperial Chemical Industries, DuPont, Alcoa und Dow Chemical. Letztere wurde in den Sechzigerjahren berüchtigt durch die Herstellung von Napalm und Agent Orange. Beide Chemikalien wurden von der U.S. Army in Vietnam gegen die Zivilbevölkerung verwendet.[397]

Wer aber weiß, was so alles an Dokumenten und Unterlagen bereits vernichtet wurde oder noch in irgendwelchen Archiven schlummert? So zum Beispiel im Vatikan, aber auch im Hanslope Park, zwei Kilometer südöstlich der gleichnamigen englischen Ortschaft. Dort allein ist ein Schatz von Millionen historischer Dokumente zu finden, die jahrzehntelang illegal der Öffentlichkeit vorenthalten wurden.[398] Alle Regierungsdokumente müssen normalerweise nach 30 Jahren veröffentlicht werden. Es lagern an diesem Platz u. a. Zeitungen, die viele Jahrzehnte alt sind – einige wurden im 19. Jahrhundert erstellt – und dokumentieren die britischen Außenbeziehungen während zweier Weltkriege, des Kalten Krieges, des Rückzugs aus dem Imperium und des Eintritts in den Gemeinsamen Markt in allen Einzelheiten. Darüber berichtete schon The Guardian im Oktober 2013.[399] Von den Rheinwiesenlagern, die 1948 vor der Gründung der Bundesrepublik Deutschland aufgelöst wurden, haben weder Ella-Marie im Geschichtsunterricht der 1980er-Jahre noch ihre Mutter im Fernsehen oder in der Zeitung gelesen. Nach Kriegsende kamen rund elf Millionen deutsche Soldaten in Kriegsgefangenschaft. *"Hunderttausende davon vegetierten unter unvorstellbar schlechten Umständen ab April 1945 in den Rheinwiesenlagern dahin. [...] Die Lage für die Besiegten besserte sich erst im Sommer, als die US-Amerikaner sie in die Obhut der Briten gaben. Warum aber hatte die Großmacht sich offenbar bewusst entschieden, nicht nach der Genfer Konvention zu handeln? Diese Frage treibt Merrit Drucker (67) seit Jahren um. Der ehemalige Major der US-Army sucht akribisch nach den Gründen, macht sich damit im Heimatland nicht gerade Freunde. Parallel muss er sich in Deutschland gegen Vereinnahmungen vom rechten Rand des politischen Spektrums stemmen. Von seinen Fragen nach der Wahrheit, nach Schuld und Versöhnung hält ihn das nicht ab. Zurzeit ist er wieder einmal auch am Niederrhein unterwegs."* So kann man es in einem Artikel der Rheinischen Post vom 24. April 2019 lesen. Dieser geht folgendermaßen weiter: *"Warum gab es keine korrekte Registrierung, um Bahnbedienstete, Postbeamte, Krankenschwestern, Junge und Alte schnell wieder zu entlassen? Warum wurden keine Planen oder Decken aus gefüllten Wehrmachtslagern ausgegeben? Warum hat man dem Roten Kreuz die Kontrolle der Lager verweigert?"*[400]

Ja, warum? Vielleicht, weil es nicht um die Rettung von Menschenleben ging. Außerdem heißt es doch: Die Geschichte schreiben immer die Sieger. Dabei kennt der Krieg eigentlich nur Verlierer – eigentlich! Denn durch die zuvor erwähnten Geschäfte dürfte so manch einer einen anständigen Reibach gemacht haben. Ella-Maries Mutter mit ihren nunmehr 84 Jahren hätte gerne noch eine Antwort darauf, ob ihr Vater als Bahnbediensteter möglicherweise in einem der über 20 Lager auf dem Weg zu seiner Halbschwester nach Bochum umgekommen ist. Vom Roten Kreuz war darauf beim besten Willen aufgrund der diesem verweigerten Lagerkontrolle keine Antwort zu erhalten. Nachdem die über Achtzigjährige erst kürzlich davon erfahren hatte, konnte sie dies zunächst gar nicht glauben. Die Amerikaner, die Briten – das waren doch die guten Alliierten. So wird sie wohl bis zu ihrem Tod keine Antwort über den Verbleib ihres Vaters bekommen. Ein Interview zu den Rheinwiesenlagern hat sich Ella-Marie hierzu von einem Zeitzeugen im Internet angesehen, doch sie musste es nach kürzester Zeit abbrechen. Es war für sie als friedliebenden Menschen nicht zu ertragen, so wie auch die

Originalaufnahmen aus Kriegs- und Krisengebieten für sie schier unerträglich sind. Das Verrückte aber ist, dass die Menschen selbst dabei sind, während die Geschichtsschreibung manipuliert wird und die meisten nichts dagegen tun.

Märchen und Sagen

Erst im Januar 2018 verkündete Sigmar Gabriel (SPD), die Türken wären es gewesen, die Deutschland aufgebaut hätten.[401] Dies ist natürlich ein Märchen. Es waren die Türkei und die USA, die darauf drängten, zu Beginn der 1960er-Jahre, also 15 Jahre nach Kriegsende, als es schon das deutsche Wirtschaftswunder gegeben hatte, türkische Gastarbeiter nach Deutschland zu schicken. Zum einen waren viele Menschen in Anatolien sehr arm, zudem drohte aufgrund der wirtschaftlichen Lage in der Türkei eine Massenarbeitslosigkeit. Aus diesem Grund zog es viele Türken nach Almanya, denn ein deutscher Arbeitsvertrag kam einem Lottogewinn gleich und brachte dem Land harte Devisen in Form der D-Mark. Zum anderen hatte die USA in Verbindung mit der NATO aus geopolitischer Perspektive ein großes Interesse an der Türkei zurzeit des Kalten Krieges. Diese lag schließlich an der Südostflanke des sozialistischen Blocks und war schon damals militärisch schlagkräftig aufgestellt.[402] Dabei hatte Deutschland selbst kein sonderlich großes Interesse daran, Gastarbeiter, von denen viele bekanntlich zu Dauergästen wurden, aus dem nicht europäischen Ausland aufzunehmen.[403]

Während Ella-Maries Studentenzeit in Hamburg kam es 1990 zum sogenannten Zweiten Golfkrieg, einer militärischen Auseinandersetzung zwischen dem Irak und seinem Nachbarn Kuwait, in die sich auch die Vereinten Nationen (UNO) und die USA unter Präsident George W. Bush senior – allen voran eigene geostrategische, wirtschaftliche und militärische Ziele vor Augen – einmischten.[404] Fast zeitgleich kam es auf dem Balkan zu mehreren Kriegen aufgrund ethnischer, religiöser und wirtschaftlicher Probleme. Wochenlang fuhr Ella-Marie mit ihrem Fiat Panda – Farbton Taxibeige, dafür aber mit selbst aufgeklebten Rallyestreifen – mit einem Pappplakat an der Heckscheibe mit Antikriegsparolen durch die Hansestadt.

Dass erstmals seit 1945 im Jahr 1999 auf europäischem Boden im Kosovo dank der NATO unter US-Präsident Bill Clinton und mit freundlicher Unterstützung von Ex-Bundeskanzler Gerhard Schröder (SPD) und seinem damaligen Außenminister Josef „Joschka" Fischer wieder Krieg geführt wurde, haben hoffentlich noch nicht so viele Menschen der etwas älteren Generation vergessen. Dieser wie auch der Irakkrieg 2003 unter dem damaligen US-Präsidenten George W. Bush junior begann mit einer Lüge. Neben den vielen Menschenopfern ist das erste Opfer eines Krieges stets die Wahrheit. Im ersten Fall wurde Serbiens Ex-Präsident Slobodan Milosevic zum „Schlächter des Balkans", zum neuen Hitler von den Medien hochstilisiert. Er wurde u. a. wegen ethnischer Säuberungen und Vertreibungen vor dem UN-Tribunal in Den Haag angeklagt, verstarb jedoch 2006 noch vor dem Ende des Gerichtsverfahrens und dem damit ausstehenden Urteil.[405] Mit den vielen Mythen und Manipulationen um den Krieg im Kosovo hat sich der Historiker Kurt Gritsch auseinandergesetzt, der den NachDenkSeiten hierzu ein ausführliches Interview im Zusammenhang mit Kriegslügen und massenmedialer Propaganda bereits im April 2016 gegeben hat.[406] Im Falle des Iraks wurden der Regierung von Saddam Hussein Massenvernichtungswaffen angedichtet, die dort aber niemals gefunden wurden. Nicht einmal die angebliche Verbindung von Hussein zum Terrornetzwerk El Kaida konnte ihm nachgewiesen werden.[407] Stattdessen droht Julian Assange, der mit seiner Enthüllungsplattform WikiLeaks viele der Machenschaften der US-Regierung in Afghanistan und im Irak veröffentlicht hat, die Verurteilung in den USA. Bis April 2019 wurde ihm politisches Asyl in der ecuadorianischen Botschaft in London gewährt. Ebenso erhielt er die Staatsbürgerschaft des mittelamerikanischen Landes. Beides wurde ihm jedoch von Moreno, dem Präsidenten von Ecuador, entzogen.[408] Angeblich, also offiziell, hatte Assange gegen Kautionsauflagen verstoßen und wurde deshalb zu 50 Wochen Haft in Großbritannien verurteilt.[409]

Die Einsätze der NATO, das einstige Verteidigungsbündnis der USA, Kanada, der Türkei und vieler EU-Länder, das nunmehr seit zwanzig Jahren vielmehr als Nordatlantisches Kriegskommando bezeichnet werden sollte, stürzte den Nahen Osten bis heute ins Chaos mit dem Ergebnis unzähliger unschuldiger Toter und Verletzter sowie Flüchtlingsströmen nach Europa.

Warum aber müssen sich all die Bushes, Clintons und Obamas dieser Welt nicht für diese Kriege verantworten? Barack Hussein Obama bekam sogar ganz am Anfang seiner Amtszeit den Friedensnobelpreis verliehen. Danach wurde er dann offiziell der US-Kriegspräsident No. 1 der Vereinigten Staaten von Amerika mit 2663 Tagen „at war", und verwies damit seinen Amtsvorgänger George W. Bush junior mit nur einem Kriegstag weniger auf Platz zwei in Sachen Kriegsführung.[410] Ein herzliches Beileid und jede Menge Mitgefühl aus tiefstem Herzen an dieser Stelle an all die Opfer und deren Familien. Zum Glück ist Angela Merkel der Friedensnobelpreis bislang verwehrt geblieben, wo doch von der US-Base in Ramstein von deutschem Boden aus die Drohnenangriffe gesteuert werden, was wohl kaum mit dem deutschen Grundgesetz vereinbar sein dürfte.[411] Prompt wurde die Bundesrepublik Deutschland im Kontext mit Ramstein von drei Jemenitern aus Angst um ihr Leben im Frühjahr 2019 verklagt.[412] Wieso aber wurde die Bundesrepublik verklagt und nicht die Regierung derselben? Haben Sie, ja Sie, etwa für Krieg bei der Bundestagswahl gestimmt?

Solange nur Ella-Marie selbst durch erfahrene Ungerechtigkeiten betroffen war, hat sie das zwar so manches Mal aufgeregt – wir erinnern uns an die Sache mit den zwei kleinen Kreidepunkten –, doch hat sie sich meist auch ebenso schnell wieder abgeregt. Anders jedoch war und ist es, wenn andere dadurch betroffen sind. Das konnte sie schon immer auf die sprichwörtliche Palme bringen, sie, das einst so ruhige, schüchterne und zurückhaltende Mädchen. Wenn es aber um Ungerechtigkeiten anderen gegenüber oder kriegerische Auseinandersetzungen geht, versteht Ella-Marie überhaupt keinen Spaß.

Schweigen verboten

Wer kennt sie nicht, die ungerechten und unfairen Lehrer, die einem das Leben zur Hölle machen können? In der Mittelstufe hatte Ella-Marie einmal so ein Exemplar im Unterricht, das später zu allem Unglück ihr Oberstufentutor wurde. Als dieser auf einer Reise mit dem elften Jahrgang nach Hallig Hooge in der Nordsee betrunken – es waren wohl zwei bis drei Pharisäer zu viel – und verkehrt herum auf einer Kuh reiten wollte, während die Flut langsam aber sicher näher kam, war für Ella-Marie endgültig Schluss. Sie erklärte ihren Eltern, dass sie die Tutandengruppe wechseln würde.

Wie aber war die Reaktion von Ella-Maries Eltern? „Das kannst du nicht machen!", „Was ist, wenn du den im Bio-Leistungskurs bekommst und er dich dann auf dem Kieker hat?",„Was ist, wenn du wegen dem durchs Abi fällst?" All dies musste sie sich anhören. Dennoch: Der Steinbock in ihr – nachdenklich, bodenständig und sehr bedacht – kam durch und kein Argument dieser Welt konnte sie von ihrem Vorhaben abhalten. Alle Befürchtungen ihrer Eltern traten nicht ein und sie schaffte das Abitur ohne Umwege. Was aber macht man, wenn man das Abitur in der Tasche hat? Studieren? Nicht unbedingt. So wollte Ella-Marie damals gar nicht studieren. Vielmehr wollte sie eine Ausbildung zur Medizinisch-technischen Assistentin machen. Dies allerdings nicht in Hamburg, sondern der Liebe wegen in Wien. Da sie aber weder die österreichische Staatsbürgerschaft besaß, noch politisch verfolgt war – 1986 war Helmut Kohl Bundeskanzler und es gab die EU in der heutigen Form noch nicht –, entschied sie sich für ein Studium an der Universität Wien. Dort lernte sie das ihr bisher verhasste Fach Chemie sogar lieben. Nach ihrer Rückkehr in ihre Heimatstadt an der Elbe war schnell klar, dass sie Chemie studieren würde. Einziger Haken an diesem Fach: An der Hamburger Universität gab es einen Professor in Organischer Chemie, der den Studentinnen – so sagte man damals noch – weniger die Kohlenwasserstoffchemie, sondern vielmehr das Fürchten lehrte.

Nicht nur, dass dieser Mann Ella-Marie hinsichtlich seines Aussehens ungemein an Erich Honecker erinnerte, der damals aufgrund der 40-Jahr-Feier der DDR in den westdeutschen Medien gerade omnipräsent war. Viel schlimmer war das, was sie über diesen Chemieprofessor aus erster Hand erfahren hatte. So schloss der sich mit Studentinnen im Institut ein und prüfte sie zu Unzeiten, also nachdem das Institut abends weitestgehend mitarbeiter- und studentenfrei war. Gerne ließ er sie bei Gefallen seinerseits auch schon mal durch ein Kolloquium fallen, denn schließlich heißt es doch: Wiedersehen macht Freude – fragt sich nur, für wen? Eine gutaussehende Kommilitonin zog sich aus diesem Grund extra einen weiten Schlabberrock an – das Ding wäre auch als Kartoffelsack durchgegangen – und schmierte sich eine Portion Nivea-Creme in die Haare, um ihre Chancen zu steigern, nicht noch einmal „geprüft" werden zu müssen. Eines Tages lernte Ella-Marie eine junge Optikerin in dem Brillengeschäft direkt gegenüber des Chemischen Institutes kennen. Man kam miteinander ins Gespräch und die Fachfrau für optisches Gerät erzählte ihr, dass sie wegen dieses Professors ihr Studium abgebrochen hätte, um sich seiner sexuellen Anmache nicht länger auszusetzen.

Ella-Marie war fassungslos über diese Geschichte und darüber, durch welche Ereignisse und Begegnungen Lebenswege bestimmt und schlimmstenfalls auch beendet werden können. So war eine ehemalige Mitschülerin von ihr im Alter von 16 Jahren von einem Sexualstraftäter, der bereits in der Psychiatrie untergebracht war, ein paar Jahre zuvor ermordet worden. Ella-Marie selbst war während ihrer Studentenzeit in Wien auf dem Nachhauseweg von der Uni kurz vor der Haustür Opfer eines sexuellen Übergriffs durch einen Fremden geworden. Dieser ließ zum Glück aufgrund ihrer heftigen Gegenwehr von ihr ab und verschwand in der Dunkelheit. Den Täter hatte sie entgegen der vielen #MeToo-Kampagnenteilnehmerinnen, die sexuelle Übergriffe und Vergewaltigungen erst nach mehreren Jahren öffentlich gemacht hatten, sofort angezeigt. Dies, nachdem sie die Wohnung, zitternd und völlig aufgewühlt, mit dem Fahrstuhl im 19. Stock des Wohnparks Alt Erlaa im 23. Bezirk erreicht und die Polizei verständigt hatte.

Für Ella-Marie waren das alles gute Gründe, diese Prüfung, vor der ihr zunehmend graute, immer wieder hinauszuzögern und ans Ende ihres Studiums zu schieben. Doch irgendwann gab es kein Entkommen mehr und auch sie musste die mündliche Prüfung bei diesem Herrn absolvieren. Glücklicherweise hatte sie zwei Kommilitonen, männlich und weiblich, dabei. Der männliche Kollege kam mit seinem Halbwissen glatt durch, während „Professor Honecker" mit den beiden Frauen jeweils einen Termin zur Nachprüfung anberaumen wollte. Die Rechnung hatte er jedoch ohne Ella-Marie gemacht. Sie überzeugte die beiden anderen davon, etwas unternehmen zu müssen. Zu dritt gingen sie also zum geschäftsführenden Direktor des Institutes. Dieser teilte ihnen nach Schilderung der Lage mit, dass er schon diverse Beschwerden von Studentinnen bezüglich des besagten Professors in den vorangegangenen Jahren bekommen habe, doch hätte niemand etwas schriftlich vorgebracht. Eine schriftliche Stellungnahme sei aber nötig, um gegen diesen Herrn vorgehen zu können.

Ruckzuck wurde ein Schreiben verfasst, in dem alles haarklein aufgeführt wurde, mit dem Ergebnis, dass der hormongesteuerte ältere Herr zunächst einen Beisitzenden in seinen Prüfungen neben sich dulden musste. Nachdem man dann auch noch festgestellte hatte, dass seit mehreren Jahren keine Publikation von ihm erschienen war, hatte sich zumindest die „experimentelle Zusammenarbeit" mit jungen Studentinnen und Studenten der besonderen Art erledigt, indem er überhaupt keine Prüfungen mehr abnehmen durfte. Was aber wäre so manch anderer Studentin an Ängsten, Unannehmlichkeiten bis hin zu sexuellen Übergriffen erspart geblieben, hätte sich die eine oder andere schon früher getraut, schriftlich etwas zu unternehmen! Immerhin waren wenigstens diese drei den Weg gegangen und konnten Gewissheit haben, dass zukünftige Generationen an Studentinnen zumindest nicht mehr unter diesem Herrn zu leiden hätten. Dieser Punkt ging an die beiden Kommilitonen und Ella-Marie Arndt.

Politisch (in)korrekt

Apropos Arndt: Auf Rügen war Ella-Marie erstmals 2018. Auf dieser wunderschönen Insel tragen ganz viele Bewohner diesen Nachnamen. Ob sie mit dem Dichter, Schriftsteller und Historiker Ernst-Moritz Arndt verwandt ist, ist ihr bislang nicht bekannt. Ein Freigeist und eine Verfechterin der Freiheit für die Bürger ist sie aber allemal, wenngleich sie niemals zu Krieg und Hetze aufrufen würde. Ganz im Gegenteil. Doch was ist heute so los an deutschen Universitäten und Hochschulen? Diese scheinen sich immer weniger der freien Forschung und Wissenschaft verpflichtet zu fühlen, sondern lieber ideologischen Säuberungsaktionen zu frönen. Verweilen wir noch einen kurzen Moment bei Ernst-Moritz Arndt im Zusammenhang mit der Uni Greifswald. Diese legte 2018 ihren bisherigen Namen „Ernst-Moritz-Arndt-Universität Greifswald" ab und heißt jetzt kurz und schmerzlos „Universität Greifswald". War der lange Name etwa zu platzeinnehmend auf dem Briefpapier geworden? Nein, in politisch korrekten Zeiten wie diesen kommt ein Dichter und Professor, der sich damals für die Freiheit Deutschlands und die seiner Bürger eingesetzt hat, nicht so gut daher. Schließlich soll er damals zu Krieg und Hetze aufgerufen und zu allem Überfluss auch noch nationalistische, frankophobe und antisemitische Töne angeschlagen haben. Interessanterweise soll selbst Angela Merkel über dieses Vorgehen seitens der Universität gegenüber deren ehemaligem Studenten, Professor und Namenspatron seit 1933 „einigermaßen fassungslos" gewesen sein."[413]

Andererseits ließ Angela Merkel erst im April 2019 zwei Gemälde von Emil Nolde im Kanzleramt abhängen. Nolde wurde von Hitler verachtet, obwohl er ein Judenhasser und Mitglied in der NSDAP war.[414] Doch was machte die schleswig-holsteinische Bildungsministerin und Parteikollegin von Angela Merkel, Karin Prien? Sie hängte sich zum Trotz gegen die Nazidebatte eine Kopie von Noldes Werk „Durchbrechendes Licht" in ihr Amtszimmer.[415] Erst im Februar 2019 übermittelte unser aller Bundespräsident Frank-Walter Steinmeier im Namen seiner Landsleute – also auch in Ihrem Namen, aber auch im Namen vieler Asyl-Iraner mit deutschem Pass – dem iranischen Mullah-Regime, das Menschenrechte gerne mal mit Füßen tritt, Glückwünsche zum 40. Jahrestag der islamischen Revolution.[416] Dem amerikanischen Präsidenten Trump konnte eben jener Bundespräsident nicht einmal zu dessen Wahl im Jahr 2016 gratulieren, während er ihn zuvor im Wahlkampf als Hassprediger bezeichnet hatte.[417] Diesen Herrn im Amt des Bundespräsidenten konnte man sich als Bürger leider nicht aussuchen. Völlig unproblematisch scheint für ihn, dessen Frau beurlaubte Verwaltungsrichterin ist, während sein Töchterchen Arabistik studiert, der Umgang mit der Nazi-Vergangenheit im Zusammenhang mit seinem dienstlichen Wohnsitz zu sein.[418] Der Bundespräsident, der seitens der CDU durch Annegret Kramp-Karrenbauer für seinen Konzerttipp hinsichtlich einer Veranstaltung im Kampf gegen rechts mit der vom mecklenburgisch-vorpommerschen Verfassungsschutz als linksextremistisch eingestuften Band „Feine Sahne Fischfilet" kritisiert wurde, residiert in der Villa Wurmbach in Berlin, die einst dem späteren SS-Mitglied Waldemar Gerber gehörte.[419] Gerber kaufte die Villa dem jüdischen Vorbesitzer Hugo Heymann 1933 weit unter Wert und laut Aussage der Witwe Heymanns unter Druck ab.[420] Mit dieser Historie scheint man in bestimmten Kreisen der Politik allerdings keine Probleme zu haben. So überschrieb der FOCUS am 17. August 2017 einen Artikel mit „Die dunkle Nazi-Vergangenheit von Steinmeiers Präsidentenvilla".[421] Das Präsidialamt weiß nachweislich seit 2014 von der Vorgeschichte dieser Immobilie. Die Villa im noblen Dahlem ist aber auch einfach viel zu schön hinsichtlich ihrer Architektur auf einem parkähnlichen Grundstück, als dass man als Staatsoberhaupt auf ein Leben darin verzichten möchte. So wird dann lieber eine Gedenktafel aufgehängt und über Stolpersteine nachgedacht. Politische Stolpersteine und damit verbundene Rücktritte scheint es für Politiker in der bundesrepublikanischen Moderne im Gegensatz zu früher nicht mehr zu geben. Und dass Hitler ein enger Vertrauter der Familie Wagner und ein ständiger Gast der Bayreuther Richard-Wagner-Festspiele war, scheint die deutsche Politik-Prominenz ebenso wenig zu stören.[422] Da schwitzt man schon mal gerne unter der teuren Robe bei fast 40 °C tropischer Hitze auf dem roten Teppich. So geschehen im Juli 2019.[423]

Man kann es drehen, rollen, biegen und wenden. So ist das nun einmal mit der Political Correctness. Mal nimmt man diese sehr ernst, doch wenn es einem selbst dienlich und angenehm ist, kann man darüber auch schon mal hinwegsehen. Ella-Marie ist jedenfalls guter Dinge, dass sie ihren Mädchennamen behalten kann. Schließlich möchte sie diesen für kein Geld der Welt gegen Hanebüchen oder Blödmann ablegen.

Geschäftsmodell Mensch

Als Schülerin bekam Ella-Marie nicht sehr viel Taschengeld, wenngleich ihre Eltern für Schulsachen und Kleidung selbstverständlich aufkamen. Natürlich fielen teure Markenartikel nicht unter die Übernahme durch ihre Eltern, doch waren ihr diese ohnehin nie sonderlich wichtig. Hier sei noch einmal an die Wrangler-Jeans mit dem Webfehler aus der vierten Klasse erinnert und auch daran, dass selbst teure Markenklamotten in Billiglohnländern produziert werden, was der Gewinnmaximierung natürlich sehr zuträglich ist. Schon als Vierzehnjährige hat die Hamburger Deern ihr Taschengeld unter anderem dadurch aufgebessert, dass sie Lateinnachhilfe gab oder für eine Apotheke Medikamente mit dem Fahrrad ausfuhr.

Apropos Medikamente: Wer erinnert sich noch heute daran, dass man in den 1970er-Jahren als Kassenpatient für einmalig 50 Pfennig Rezeptgebühr alle möglichen Medikamente von Antibiotika bis Zugsalbe erhielt und sich an den Arzt- und Krankenhauskosten nicht unmittelbar beteiligen musste?[424] Tja, es war einmal. Gegenwärtig gewinnt die Pharmaindustrie stetig zahlende Patienten hinzu, weswegen Forscher aufgrund der immer breiteren Auslegung des Begriffs Krankheit befürchten, dass die ohnehin knappen Ressourcen im Gesundheitswesen leider nicht denen zugutekommen, die sie wirklich benötigen.[425] Richtwerte bezüglich Cholesterin und Bluthochdruck werden somit nach unten korrigiert, obwohl nachweislich viele Patienten an einer sogenannten Weißkittel-Hypertonie leiden. Von den Nebenwirkungen eines blutdrucksenkenden Mittelchens mal ganz zu schweigen.[426]

Dabei bekommen wir heute Medikamente in Form von Antibiotika sozusagen rezeptfrei durch die Massentierhaltung verabreicht, während antibiotikaresistente Keime in Klinikabwässern und auf Flugzeugtoiletten ihre Wohlfühloase gefunden zu haben scheinen.[427] Allein in Europa gibt es jedes Jahr 33.000 Tote durch multiresistente Keime.[428] Bis zum Jahr 2050 könnte sich die Zahl der Toten durch auf Penicillin & Co. resistente Erreger um das Zehnfache erhöhen und Antibiotikaresistenzen könnten zur weltweiten Todesursache Nummer eins werden.[429] Dabei sind Unternehmen wie Bristol-Myers Squibb, Abbott, Eli Lilly, Wyeth, Aventis und Bayer bereits vor mehr als zehn Jahren aus der Antibiotika-Forschung ausgestiegen und AstraZeneca, Sanofi und Novartis haben die Entwicklung neuer Antibiotika erst vor Kurzem gestoppt.[430] Was hatte Dale O´Leary doch gleich über die Reduzierung der Menschheit gesagt? Hierfür scheint es tatsächlich verschiedene Mittel und Wege zu geben. Mit dem Thema Gesundheit bzw. Krankheit jedenfalls lässt sich durch Pharmakonzerne wie Bayer, Novatis, Roche & Co. auf vielerlei medizinischen Gebieten ganz viel Geld scheffeln. Aber auch die Privatisierung von Krankenhäusern hat nicht immer das Wohl des Patienten im Blick, sondern in erster Linie lukrative Geschäfte. Da kam doch das Ergebnis einer Studie aus dem Hause von Frau Merkels Freundin Liz Bertelsmann im Juli 2019 ganz recht, wonach 600 statt 1.750 Kliniken in Deutschland für die Patientenversorgung reichen würden. Schenkt man dieser Studie Glauben, so würde weniger mehr und Qualität wichtiger als die Nähe zum Wohnort sein.[431] Na, wenn die 80-jährige Oma dann eben keinen Besuch nach ihrer Hüft-Operation von der 200 Kilometer entfernt wohnenden berufstätigen Familie mit Euro-4-Diesel bekommt und sie der Husch-Husch-Pflege aufgrund fehlenden Pflegepersonals ausgeliefert ist, wird das dem Genesungsprozess sicherlich sehr zuträglich sein. Immerhin regte sich in der Ärzteschaft Kritik gegen diese nach Modellrechnungen angefertigte Studie, wobei Bundesgesundheitsminister Spahn auf Fachkräfte aus dem Ausland setzt, während deutsche Pflegekräfte ins besser bezahlende europäische Ausland gehen.

Außerdem bekommt Weilerbach in Rheinland-Pfalz jetzt das größte US-Militärkrankenhaus außerhalb der USA, welches 2022 fertig sein soll. Auf einer Fläche von 49 Hektar, was ca. 70 Fußballfeldern entspricht, soll es über 4.500 Räume, neun OP-Säle und fast 100 Betten verfügen. Arbeiten werden hier die besten Militärchirurgen und Traumaspezialisten.[432] Das war Ihnen nicht bekannt? Dann haben Sie sicherlich auch nicht gewusst, dass sich die Planungskosten für dieses Bauprojekt auf 151 Millionen Euro belaufen und von Ihnen als Steuerzahler getragen werden. Und nein, hier werden auf deutschem Boden nicht deutsche Staatsbürger behandelt. Vielmehr kommen hier amerikanische Soldaten und ihre Angehörigen aus ganz Europa in den Genuss der medizinischen Behandlung. US-Soldaten, die in völkerrechtswidrigen Kriegseinsätzen zu Schaden kommen, werden in Weilerbach zukünftig medizinisch betreut, indem sie über die US-Airbase in Ramstein – Sie wissen schon, die Relaisstation für den tödlichen US-Drohnenkrieg – aus zum Beispiel Afghanistan oder dem Irak eingeflogen werden.

Und dann ist da ja auch noch die Sache mit dem Organhandel. Herr Spahn, ein wahrer Experte für die körperliche Unversehrtheit, hat sich für die Widerspruchslösung starkgemacht. Damit wäre jeder Bürger automatisch Organspender, der nicht ausdrücklich widerspricht. Doch was passiert, wenn man dies aus Unkenntnis nicht getan hat und beispielsweise durch einen Unfall für hirntot erklärt wird? Geht dann der Mensch vorübergehend in Staatseigentum über, bis durch die Angehörigen auf juristischem Wege geklärt wurde, dass der Hirntote einem alten Elektrogerät oder einer Weihnachtsgans gleich ausgeschlachtet werden darf? Der Begriff „hirntot" ist dabei ein künstliches Konstrukt und der Hirntod selbst ein eher seltenes Ereignis.[433] Vielleicht wird Deutschland demnächst aufgrund der Unkenntnis vieler Bürger hinsichtlich der geplanten Widerspruchsfrist ja sogar zum Organspendenweltmeister. Die Deutschen sind doch so fürchterlich gerne in allem Weltmeister. Das wäre doch möglich in dieser verrückten Zeit und auch völlig in Ordnung, wenn nicht auch dahinter ein riesiges Geschäft mit der Not kranker Menschen stecken würde.[434] Dass es dabei nicht immer mit rechten Dingen zugeht und es zu Verstößen bei der Vergabe kommen kann, ist vielen Menschen seit den systematischen Manipulationen in verschiedenen Transplantationszentren aus dem Jahr 2012 bekannt. Wer aber weiß schon, dass die Terrorgruppe IS den Organhandel für syrische Flüchtlinge organisiert, und dass sie als lebende Ersatzteillager herhalten müssen, damit sie mit ihren Familien per Boot nach Europa fahren können?[435] Erst hat man deren Heimatland mit Krieg überzogen, dann müssen diese armen Menschen für ihre Flucht aus demselben auch noch Organe spenden. Dokumentationen über solche menschenverachtenden Machenschaften laufen nicht bei der ARD oder im ZDF. Dies könnte uns schließlich verunsichern.

Solche Horrorfilme über die Organmafia in der Türkei werden aber beispielsweise auf Arte gezeigt.[436] Wer einen Erfahrungsbericht aus erster Hand einer betroffenen Mutter eines verunfallten Kindes zum Thema Organentnahme lesen möchte, kann dies gerne auf der Internetseite von Epoch Times tun.[437] Übrigens hat der weltweite illegale Organhandel seit der Finanzkrise 2008 dramatisch zugenommen. „Während sich bisher vor allem Menschen in Entwicklungsländern genötigt sahen, Teile ihres Körpers zu verkaufen, hat sich dieses Phänomen inzwischen auf weite Teile Europas ausgedehnt", hieß es bereits in einem Artikel aus dem Jahr 2012.[438] Darin wird der Kapitalismus für den illegalen Organhandel verantwortlich gemacht, ohne auf das eigentliche Problem, nämlich das Finanzsystem, einzugehen. Aber auch diesem Problem wird man sicherlich in Zukunft beizukommen wissen. Schließlich wurde in Japan ein Chimären-Experiment zur Züchtung von Organen erlaubt.[439] Ob das ethisch vertretbar ist? Geld scheint für derartige Forschungen auf jeden Fall zur Verfügung zu stehen.

Big Brother und die Kohle

Ella-Marie hat während ihrer gesamten Studentenzeit durchgehend gejobbt. So wollte sie nicht allein auf die finanzielle Unterstützung ihrer Eltern angewiesen sein. Ihr Vater war Alleinverdiener im Dreischichtsystem bei Axel Springer. Obwohl er Diabetiker des Typs 1 war, hat er trotz seiner Krankheit immer noch eine Schicht extra gearbeitet, wenn Not am Mann war. Ihre Mutter, die bis zu ihrer Geburt bei einer großen Versicherung als Hollerith-Locherin gearbeitet hatte, blieb aus gesundheitlichen Gründen, die von ihrer Mangelernährung durch den Krieg herrührten, aber auch aus familiären Gründen zu Hause. So gab es immer leckeres und frisch zubereitetes Mittagessen nach der Schule und Ella-Marie konnte beispielsweise bei Vokabeln in Latein oder Spanisch abgefragt werden. Damals wurde noch saisonal sowie regional gekocht und nicht wie heute die Erdbeergrütze im Dezember mit Früchten aus Griechenland zubereitet. Ihre erste Tiefkühlpizza, die Pizza Romana von Dr. Oetker, hat Ella-Marie erst mit zehn Jahren gegessen. Heute hingegen werden viele Schüler mit Mensakost dank Ganztagsschulen in hektischer Atmosphäre abgespeist, liegt Fast Food ganz hoch bei ihnen im Trend und manchmal dient eben auch eine Tüte Kartoffelchips als Mittagessenersatz. Und dann wundert man sich, warum die Generation Pommes in Verbindung mit wenig Bewegung dank der Playsi immer dicker wird.[440] Damals reichte ein Einkommen für eine vierköpfige Familie tatsächlich noch aus, um gut über die Runden zu kommen, während dies heute immer seltener der Fall ist, da selbst zwei arbeitende Elternteile oft nicht mehr für den Lebensunterhalt einer Familie aufkommen können.[441] Da dachte man, mit der Emanzipation der Frau wird alles besser und dann das. Oft kann sich ein Ehepaar nicht einmal ein zweites Kind leisten. Traurig, und das in einem Land wie Deutschland.

Schulden zu machen, kam für Ella-Maries Eltern nicht infrage. Deshalb haben sie auch niemals eine Immobilie erworben, was ohne die Aufnahme eines Kredites natürlich unmöglich gewesen wäre. Als Teil der Arbeiterschicht wählte ihr Vater früher beinahe selbstverständlich die SPD. Dabei meinte er allerdings schon damals, dass Helmut Schmidt in der falschen Partei sei. Er sah ihn vielmehr in der CDU und war mit dieser Meinung über den konservativen Sozialdemokraten auch nicht alleine. Später ging Vaddern, wie Ella-Marie ihren Vater nannte, gar nicht mehr zur Wahl. Sein Spruch lautete: „Die machen ja doch alle, was sie wollen." Wie recht er damit haben sollte! Gelegentlich hing bei Familie Arndt der Haussegen ein wenig schief, wenn es um die Druckerzeugnisse aus dem Hause Springer ging. Insbesondere dann, wenn Ella-Marie sich darüber ärgerte, dass die BILD-Zeitung mal wieder mit einem reißerischen Aufmacher die Auflage zu steigern versuchte. Was aber würde ihr Vater, der bei dem Anschlag auf den Axel Springer Verlag im Mai 1972 wie durch ein Wunder unverletzt blieb, da eine unter Putzlappen deponierte Rohrbombe nicht explodierte, heute dazu sagen, wenn er wüsste, dass Axel Springer mit Geld vom amerikanischen Geheimdienst Starthilfe für seine Unternehmensgründung erhalten hatte?[442] Er würde wahrscheinlich aus allen Wolken fallen. Immerhin konnten die Kinder von Betriebsangehörigen damals Freikarten für das Weihnachtsmärchen im Ernst-Deutsch-Theater an der Mundsburg bekommen, wo nach der Theateraufführung stets der Weihnachtsmann mit einem prall gefüllten Sack voller Süßigkeiten erschien. Ob es das heute auch noch gibt? Heute schlürft man dank der vielen Schönschreiber des Springer-Konzerns und ihrer heraufbeschworenen Willkommenskultur unter Ausblendung kritischer Stimmen vielmehr seinen Glühwein hinter Betonpollern auf Weihnachtsmärkten. Die werden mittlerweile mancherorts als Lichtermärkte bezeichnet, und selbst auf privaten Abifeiern wird man auf Herz und Nieren kontrolliert, denn der Verlust an innerer Sicherheit treibt viele Menschen um, oder nicht?

Während ihres Studiums in Wien arbeitete Ella-Marie in einem Marktforschungsinstitut in der Mariahilfer Straße und verdiente sich damit den einen oder anderen Schilling dazu. Dadurch hat sie einen Einblick bekommen, wie Umfragen ablaufen, weswegen ihr dabei keiner so schnell etwas vormacht. Damals musste man zumindest für den Umrechnungskurs vieler verschiedener Währungen in Europa halbwegs das Einmaleins beherrschen. Dass es damals Grenzposten und Grenzkontrollen gab, hat niemanden weiter gestört, schließlich war man es nicht anders gewohnt. Außerdem gab es zu jener Zeit noch die innerdeutsche Grenze zwischen der Bundesrepublik Deutschland und der Deutschen Demokratischen Republik, die für viele Menschen aus der DDR zu Zeiten des Kalten Krieges zum Eisernen Vorhang oder aber sogar zur Todesfalle wurde, während die Westdeutschen relativ unproblematisch in „die Zone", wie die DDR damals von vielen genannt wurde, reisen konnten. Damit verbunden war jedoch immer der sogenannte Mindestumtausch, d. h., man musste D-Mark in DDR-Mark umtauschen. Mit dieser Maßnahme erzielte das sozialistische DDR-Regime nebst seiner Mangelwirtschaft immerhin Einnahmen in Höhe von insgesamt 4,5 Milliarden D-Mark.[443] Was haben Ella-Maries Eltern nicht alles an Paketen mit Kaffee, Tee, Kakao, Schokolade, Nudeln, Perlonstrumpfhosen, Textilien usw. zu den Verwandten in die DDR geschickt. Im Gegenzug kamen Pakete mit oberleckerem Baumkuchen, Figuren aus dem Erzgebirge und weniger leckeren Zuckereiern aus dem Osten. Dabei hatten die im Westen lebenden Menschen oft ein schlechtes Gewissen, weil ihnen von dem wenigen, was es aus ihrer Sicht in der DDR gab, auch noch etwas per Postweg abgegeben wurde. Als Ella-Maries Oma väterlicherseits 1977 starb, wollte deren Bruder zu ihrer Beerdigung in den Westen reisen. Seine Frau befürchtete, dass er „rübermachen" würde und zeigte ihn bei der Stasi an. Das traurige Ergebnis dieser Aktion war, dass Ella-Maries Großonkel zunächst seine Frau erschoss und sich dann selbst das Leben nahm.

Durch ihre Studentenjobs in Hamburg als Verkäuferin in Bäckereien, in der telefonischen Anzeigenannahme, im Büro eines türkischen Reiseveranstalters und als Schreibkraft von Architekten und Anwälten ist so manche D-Mark auf Ella-Maries Sparbuch gewandert. Nur einmal wurde sie in Naturalien in Form von Currywurst mit Pommes von einem benachbarten kurdischen An- und Verkaufshändler sowie Imbissbudenbesitzer bezahlt. Diesem hatte sie unter die Arme gegriffen, indem sie Kühlschränke für ihn reinigte. Dies allerdings nur einen Tag lang. Zu groß war das Ekelgefühl über die verdreckten Einlegeböden, Obst- und Gemüsefächer der Vorbesitzer. Die entgeltliche Entlohnung brachte zur damaligen Zeit je nach Vereinbarung mit dem Geldinstitut richtig Zinsen auf dem Sparbuch. So manch einer wird sich jetzt fragen: Zinsen – was ist das? Bei der heutigen Nullzinspolitik seitens der Europäischen Zentralbank (EZB) gibt es nun mal keine Zinsen. Über die Einführung von Negativ- und Strafzinsen ist bereits zu lesen. Dass dies einer Enteignung des Bürgers gleichkommt – geschenkt. Dass der Kleinsparer kaum etwas für seine Alterssicherung zurücklegen kann, scheint die Regierenden nicht zu stören. Es gab da doch mal einen Politiker, der sagte, die Renten seien sicher. Richtig, das waren die Worte von Norbert Blüm (CDU). Natürlich sind die Renten sicher, doch hatte er vergessen zu sagen, in welcher Höhe. Dabei scheint in erster Linie wichtig zu sein, dass das Geld aus dem Bankautomaten kommt. Wie lange wird dies aber noch der Fall sein? Für viele ist das Plastikgeld in Form der kleinen flachen EC-Karte einfach nur praktisch, denn man kann damit fast überall problemlos bezahlen. Dabei läuft im Fernsehen gerade die Trödelsendung „Bares für Rares" mit Horst Lichter, während der Internationale Währungsfonds (IWF) gerne eine Abschaffung des Bargelds sehen würde, nachdem das Bankgeheimnis bereits sang- und klanglos abgeschafft wurde.[444] Darüber hinaus hat die EZB unter Mario Draghi bereits den 500-Euro-Schein aus dem Verkehr gezogen. Diese Note war sozusagen „unter Terrorverdacht" geraten, zumindest soll sie aber bei Geldwäsche und Schwarzarbeit eine Rolle gespielt haben.[445] Sollte nicht für alle die Devise „Nur Bares ist Wahres, denn nur Bargeld bedeutet Freiheit" gelten? Was hat es den Staat anzugehen, wo das sauer verdiente Geld seiner Bürger bleibt? Die allerwenigsten werden doch wohl in Geldwäscheangelegenheiten, wie beispielsweise der Vatikan, verwickelt sein.

Dabei sind wir schon längst auf dem Weg zum gläsernen Bürger. Durch die Abschaffung unseres Bargeldes besteht jedoch die Gefahr, dass wir zudem im großen Stil enteignet werden, jede Menge Datenspuren hinterlassen und jeder, der sich als schlechter Bürger erweist, könnte sozial ausgeschaltet werden, indem man seine EC-Karte einfach sperrt. So zum Beispiel Bürger, die mit der Regierungspolitik nicht einverstanden sind. Diese kann man dann sozusagen per Mausklick einfach ausknipsen. Dies geht selbst schon mit dem Verlust der Plastikkarte einher, wenn man bei nur einem Geldinstitut Kunde ist. Wollen wir das wirklich? In China gibt es ja bereits ein Zentralregister zur sozialen Kontrolle. Dieses vergibt im kommunistisch regierten Reich der Mitte Pluspunkte für „gutes Verhalten" und zieht entsprechend Punkte ab bei Abweichlern und Regelverstößen.[446] Der Blick muss aber gar nicht nach Asien gehen. In Schweden tragen schon mehr als 4.000 Menschen einen RFID-Chip der Firma Biohax unter der Haut. Mit diesem lassen sich wunderbar Türen öffnen, er funktioniert als Eintrittskarte für Veranstaltungen und als Bahnfahrkarte. Darüber hinaus können darauf Notfallkontakte und Gesundheitsdaten hinterlegt werden.[447] Willkommen in Aldous Huxleys Schöne-neue-Welt-Roman, in George Orwells „1984" oder auch in Angela Merkels Lieblingsbuch „Visionen 2050". Und Elon Musk, der Chef von Tesla, träumt schon heute von etwas ganz anderem. So möchte er das menschliche Gehirn per Bohrungen im Schädel mit Minielektroden versehen, um es leistungsfähiger zu machen. Man könnte per App beispielsweise neue Sprachen lernen.[448] Werden wir bald als Supermenschen, als Cyborgs durch die Welt wandeln? Laut dem Visionär und Unternehmer sei die Menschheit ohne einen Chip im Gehirn zum Scheitern verurteilt, weswegen er die Verschmelzung von künstlicher und natürlicher Intelligenz als Überlebensmittel gegen die künstliche Intelligenz propagiert.[449] Übrigens sucht er nach einem Test mit Affen noch Freiwillige der Art Homo sapiens für seine neuroexperimentellen Verlinkungen, um den Homo digitalis zu kreieren. Nur zu, seien Sie dabei!

Wir haben ganz unterschiedliche Dinge zu verlieren, die von Mensch zu Mensch variieren. Mal ist es der Verlust der Gesundheit, mal der Verlust der finanziellen Unabhängigkeit, ein anderes Mal wiederum ist es Verlust der Freiheit. Und manchmal verlieren Menschen etwas, obwohl sie ganz viel gewonnen haben.

Mal gewinnt man, mal verliert man

Lange Zeit hat Ella-Marie in einem Hochregallager einer Toilettenartikelfirma gejobbt, die verschiedene Drogerieketten belieferte. Diese Arbeit bot einen angenehmen Ausgleich zum Studium. Hier musste sie körperlich arbeiten und konnte bei Bedarf ihre gesamten Semesterferien über Geld verdienen. Das war zu einer Zeit, als es noch haptische Lohnsteuerkarten gab und man nicht digital beim Finanzamt erfasst wurde. Die überwiegend weiblichen Kolleginnen waren ganz einfache, aber umso herzlichere Menschen, unter denen sie sich als Arbeiterkind pudelwohl fühlte. Die Weihnachtsfeiern in dieser Firma wurden immer ganz groß zelebriert. Sämtliche Mitarbeiter aus dem Büro- und Lagerbereich, der hauseigenen Werkstatt sowie sämtliche Handelsvertreter aus allen Bundesländern wurden in einen Hamburger Tennisclub eingeladen und feierten bis in die frühen Morgenstunden. Die Firmeninhaber scheuten weder Kosten noch Mühen und engagierten beispielsweise Travestiekünstler zwecks Entertainment. Trotz ausgelassenen und feuchtfröhlichen Feierns herrschte am Montag danach Katerstimmung – und zwar nahezu das ganze Jahr. Der Druck insbesondere auf die Lagerarbeiterinnen war immens groß, obwohl einige dort seit Jahren arbeiteten und ein gut eingespieltes Team waren. Enorm war die Fluktuation, was die Arbeitskräfte von Leiharbeitsfirmen betraf, die oft nicht lange blieben.

Irgendwann platzte Ella-Marie als Studentin ohne Arbeitsvertrag und keinerlei arbeitsrechtlichen Verpflichtungen der Firma gegenüber der Kragen. Sie bat den Chef nach einer vorangegangenen Merry-Christmas-Super-Party um ein Gespräch. Alle Punkte, die sie im Umgang mit den fleißigen Lagerarbeiterinnen seitens der Firmenleitung störten, trug sie diesem ruhig und sachlich vor. Insbesondere dessen Frau, die man glücklicherweise schon immer am Duft ihres schweren Parfums, das durch die Luft des Lagers wehte, rechtzeitig wittern konnte, führte sich wie eine moderne Sklavenhalterin auf.

Vermutlich hatte Ella-Marie es ihr zu verdanken, dass ihr Mann, der wirklich ein netter und höflicher Herr war, sie wenige Tage später in sein Büro rief. Hier wurde ihr mitgeteilt, dass man für sie als Studentin zukünftig keine Verwendung mehr habe. Den Job war sie nach über drei Jahren los. Nicht ein einziges Mal hatte es Anlass gegeben, ihre Arbeit zu rügen oder zu bemängeln.

Dennoch: Da musste einfach endlich mal was gesagt werden. Auch wenn Ella-Marie selbst nichts auszuhalten hatte, konnte sie den Umgang mit dem Personal an manchen Tagen kaum ertragen. Erhobenen Hauptes verließ Ella-Marie die Firma, in deren Hochregallager sie unzählige Male die Leiter hinauf- und hinabgestiegen war und so manche Bestellung kommissioniert hatte. Nur zwei Tage später trat sie ihren neuen Job an. Dass dieser bloß drei Gehminuten von ihrer Wohnung entfernt lag, war der absolute Hammer. Bereits nach der ersten Arbeitswoche fragte sie ihr neuer Chef mit türkischen Wurzeln, der kein Problem damit hatte, selbst gebackene Weihnachtskekse mit Schweineschmalz nach einem alten ostpreußischen Rezept ihrer Oma zu genießen, ob sie nicht Lust hätte, auf den geplanten Betriebsausflug mitzukommen. Nein, dieser war nicht als abendlicher Streifzug über die Reeperbahn in St. Pauli geplant. Vielmehr ging es um einen Kurztrip nach Incekum, Manavgat, Alanya und Istanbul im November 1991. Sie war nach ihrem ersten Türkeibesuch von Land und Leuten so begeistert, dass sie im Juli des darauffolgenden Jahres ein weiteres Mal an die türkische Riviera flog. Ihren eigenen Eltern hingegen „untersagte" Ella-Marie einen Besuch der Türkei im Jahr 1993, nachdem der Konflikt zwischen Türken und Kurden zunehmend zivile Opfer forderte und die PKK die gesamte Türkei zum Kriegsgebiet erklärt hatte.[450] Nicht umsonst heißt es doch gemäß dem jüdischen Weisheitslehrer Jesus Sirach: „Wer sich gern in Gefahr begibt, kommt darin um." Gelegentlich müssen eben auch Kinder auf ihre Eltern ein Auge werfen, wenngleich es natürlich in erster Linie die Eltern sind, die sich um ihren Nachwuchs und deren seelische und körperliche Unversehrtheit zu kümmern haben.

Kinder, Kinder

Ella-Marie ist eine emanzipierte Frau, jedoch keine Feministin. Mittlerweile tun ihr die Männer und insbesondere die alten weißen Vertreter des männlichen Geschlechts schon ein bisschen leid. Ella-Marie hat sich als dreifache Mutter bewusst für das größte Geschenk, das aus ihrer Sicht nun einmal Kinder sind, entschieden. Ganz andere Thesen hinsichtlich des Kinderkriegens stellte im März 2019 die 38-jährige Lehrerin und Buchautorin Verena Brunschweiger auf. So seien Kinder *„das Schlimmste, was man der Natur antun kann".*[451] Daher fordert Frau Brunschweiger als radikale Feministin – diese Bezeichnung stammt von ihr selbst –, in ihrem Manifest „Kinderfrei statt kinderlos", der Umwelt zuliebe auf Kinder zu verzichten. Kinder sollen also eine Art Umweltverschmutzung sein? Im besten Falle in Form von Biomüll. Außerdem sollte ihrer Ansicht nach jede kinderlose Frau im Alter von 50 Jahren 50.000 Euro erhalten. Na, wenn das kein Deal ist. Kohle statt Kinder. Was aber geschieht mit diesem Geld? Vielleicht ein wenig durch die Welt jetten? Zudem wird sie dafür, dass sie derzeit die Klimasünder der Zukunft unterrichtet, ja wohl kaum säckeweise mit genetisch unbedenklichem Saatgut oder zentnerweise in Form der Kartoffelsorte „Linda" entlohnt. Birgit Kelle, freie Journalistin, Kolumnistin und selbst vierfache Mutter, kündigte Frau Brunschweiger den Generationenvertrag auf und schrieb im FOCUS dazu Folgendes: *„Der kollektive Freitod bewusster Klima-Rettungs-Lemminge wäre in diesem Zusammenhang übrigens die konsequenteste Variante ökologischer Eigenverantwortung. Freiwillig aussterben für das Klima. Man kann ja einem unschuldigen Neugeborenen nicht seinen CO_2-Ausstoß vorwerfen und gleichzeitig selbst weiter atmen!"*[452]

Mit ihrer Forderung zum Verzicht auf Kinder ist Frau Brunschweiger übrigens ganz auf Linie des *Clubs of Rome*. Dieser Think Tank veröffentlichte bekanntlich bereits 1972 seinen Bericht „Die Grenzen des Wachstums".[453] In einem neuen Dokument von 2016 mit dem Titel „Ein Prozent ist genug. Mit wenig Wachstum soziale Ungleichheit, Arbeitslosigkeit und Klimawandel bekämpfen" schlagen die Autoren u. a. die Zahlung einer Prämie für Kinderlosigkeit, die Förderung von Frauen mit nur einem Kind in der westlichen Welt, eine Erhöhung des Rentenalters auf 70 Jahre und eine höhere Besteuerung von ungesunden Produkten sowie fossiler Brennstoffe vor.[454] Und Bundesentwicklungsminister Gerd Müller (CSU) sagte bei der Vorstellung des neuen Berichtes, der Club of Rome sei seiner Zeit immer voraus gewesen: *„Unser westliches Wirtschafts- und Konsummodell ... [sei] nicht das Zukunftsmodell für Indien und Afrika."*[455] Und wieder erhebt der Westen seinen Zeigefinger und erklärt dem Rest der Welt, wie man zu leben hat.

Möglicherweise liegt aber neben der Smartphone-Sperma-Unterfunktion bereits eine weitere Lösung auf dem Tisch, um die Kinderzahl, also die Zahl der fürchterlichen CO_2-Schleudern in Menschengestalt, in der westlichen Welt zu reduzieren. Denn es gibt bereits Sperma-Alarm! Noch vor 40 Jahren produzierten Männer aus Europa, Nordamerika, Australien sowie Neuseeland doppelt so viele Spermien wie heute. Genug Spermien liefern dagegen Männer aus Südamerika, Afrika und Asien. Neben Alkohol und Umwelteinflüssen sind auch Phthalate, also Weichmacher im Plastik, sowie UV-Blocker in Sonnencremes unter Verdacht geraten, für eine verminderte Spermienanzahl verantwortlich zu sein. So ein Schiet: Da achtet man immer auf den richtigen Lichtschutzfaktor, wird schon seit Kindertagen von Mutti mit klebriger Sonnenmilch eingeschmiert und dann wird man dadurch auch noch impotent. Wer gut schmiert, der fährt gut, so eine alte Volksweisheit, doch gut befruchten tut Mann damit immer weniger. Von den Weichmachern ist bekannt, dass sie im menschlichen Körper das weibliche Sexualhormon Östrogen imitieren. Dies führt dazu, dass Männer weiblicher und deren Hoden kleiner werden. „Der Schniedel schrumpft, *der Busen schwillt,* schon isser Mamas Ebenbild. Sie schaut ihm neidisch auf den Busen – jetzt kanner mit sich selber schmusen", wusste bereits vor vielen Jahren der ostfriesische Komiker Otto Waalkes. Sollte sich dieser Trend weiterhin fortsetzen, sollen Männer der westlichen Welt laut FOCUS vom 12. Januar 2019 im Jahr 2050 zeugungsunfähig sein.[456] Ja, da schau her, dann wäre doch endlich das Klassenziel erreicht. Nicht nur

Deutschland schafft sich also laut Thilo Sarrazin ab. Nein, die gesamte westliche Welt mit ihren hochgelobten christlichen und westlichen Werten macht sich langsam aber sicher von Gottes Erdboden davon.

Wie aber sieht der Herrscher des Vatikans inmitten Roms, Papst Franziskus, die Sache mit dem Kinderkriegen? Dessen Verein nimmt es ja nicht ganz so genau hinsichtlich des Umgangs mit Kindern und Nonnen im Zusammenhang mit sexuellem Missbrauch.[457] Erst im Jahr 2015 sprach sich der Mann im kleiderähnlichen Gewand ohne die papsttypischen roten Schuhe und den Hermelinumhang für ein Verbot von Pille und Kondom aus. Unterdessen sagte er aber auch wortwörtlich: *„Manche Menschen glauben – entschuldigen Sie den Ausdruck –, dass sich gute Katholiken wie Karnickel vermehren müssen."* Wie aber steht es mit dem Bevölkerungswachstum in Afrika, wo beispielsweise in Niger eine Frau 7,24 Kinder bekommt, im Tschad 5,5 und im Sudan 4,53?[458] Dabei bekennt sich die Mehrheit der Nigrer (94 %) und Sudanesen (70 %) zum Islam.[459,460] Der Pontifex selbst verglich Europa bereits im Jahr 2014 im EU-Parlament mit einer „*'Großmutter',* die *'nicht mehr fruchtbar und lebendig ist'."*[461] Gleichzeitig forderte er die weitere Aufnahme von Migranten in Europa ganz im Sinne der deutschen Bundeskanzlerin von Gottes Gnaden. So hatte der Papst zum katholischen „Welttag des Migranten und des Flüchtlings" 2018 in einem Dokument mit dem Titel „Die Migranten und Flüchtlinge aufnehmen, beschützen, fördern und integrieren" konkrete Forderungen hinsichtlich humaner Korridore, Familiennachzug und die vorrangige Sicherheit von Schutzsuchenden gegenüber der nationalen Sicherheit aufgestellt.[462] Dieser Thesenkatalog gilt als Steilvorlage für den globalen Migrationspakt, der im Dezember 2018 in Marokko unterzeichnet wurde. Zuvor hatte sich Leo Taroni, Europas höchster Repräsentat der Hochgradfreimaurer des 33. Grades, im November 2017 folgendermaßen geäußert: *„Es braucht starke Ideen und gezielte wirtschaftliche Investitionen, vor allem aber gilt es, zu verstehen, daß die Aufnahme nicht nur für die Menschen auf der Flucht notwendig ist, sondern auch für uns nützlich sein kann, wie die Symbolik des 9. Grades des Alten und Angenommenen Schottischen Ritus lehrt, in der 'der Fremde die Gesamtheit des bereits vor uns erreichten Wissens und Fortschritts darstellt, die wir zur Geltung bringen müssen, um darüber hinaus vorwärts zu schreiten: Er symbolisiert die*

Chance, um auch Gewinn aus der gebotenen Erfahrung zu ziehen, die nicht Teil unserer Tradition ist.'"[463] Damit setzte er ein positives Zeichen für die Masseneinwanderung nach Europa. Der Urbi-et-orbi-Botschaft von Franziskus am ersten Weihnachtstag 2018 mit dem Wunsch nach Brüderlichkeit erzeugte bei den Logenbrüdern folgende Reaktion: *„Alle Freimaurer der Welt schließen sich diesem Aufruf von Papst Franziskus für eine ‚Brüderlichkeit zwischen Menschen verschiedener Religionen' an."* Dies wurde von der spanischen Großloge Spanischer Großorient 1889 auf ihrer Internetseite El Oriente verkündet.[464]

Mancher Christ fragt sich mittlerweile, warum sich der Papst so wenig zu der weltweiten Christenverfolgung äußert, während er sich für die Migration aus muslimischen Ländern nach Europa starkmacht. 2018 fing der Pontifex dann auch noch an, an der deutschen Fassung des Vaterunsers, dem wichtigsten Gebet der Christenheit, herumzudoktern. So stieß sich Franziskus an der Bitte „Und führe uns nicht in Versuchung". Für den Papst klingt diese Formulierung so, als könne Gott den Menschen auch aktiv in Versuchung geraten lassen. Aber so etwas mache ein Vater nicht, sagte der Stellvertreter Christi. *„Ein Vater hilft, sofort wieder aufzustehen. Wer dich in Versuchung führt, ist Satan."*[465] Was für ein Glück, dass Vertreter der Kirche nicht an Macht und Reichtum interessiert sind, sondern all ihr Hab und Gut unter den Bedürftigen und Beladenen verteilen. Und so manch ein Priester ist gemäß den Ausführungen dem Satan im Zusammenhang mit sexuellem Kindesmissbrauch verfallen. Unterdessen äußerte sich der Kurienkardinal Robert Sarah, dass Migration eine neue Form der Sklaverei wäre, die von der Kirche nicht unterstützt werden sollte, da sie nicht von Gott gewollt sei. *„Besser ist es, Menschen dabei zu helfen, in ihrer eigenen Kultur aufzublühen, als sie dabei zu unterstützten, in ein völlig dekadentes Europa zu kommen",* so der Kardinal. Angesichts seiner niedrigen Geburtenraten riskiere der Westen zudem, sich aufzulösen. Wenn Europa – und damit auch die unschätzbaren Werte des alten Kontinents – verschwände, *„wird der Islam vordringen und wir werden unsere Kultur, Anthropologie und Moralvorstellungen komplett verändern".*[466]

Wer die Debatte auf dem Bundeskongress 2018 der Jugendorganisation der SPD hinsichtlich des Schwangerschaftsabbruchs ohne Fristen verfolgt hat, konnte seinen eigenen Ohren nicht trauen. Das entsprechende Video mag sich jeder selbst anschauen.[467] Auf der einen Seite erhebt man sich als Menschenfreund, indem man moralingesäuert „Kein Mensch ist illegal" ruft, während man andererseits ein ungeborenes, jedoch bereits lebensfähiges Kind im Mutterleib unter Jubel der Genossinnen und Genossen als nicht lebenswert erachtet. Schon 2016 hat übrigens die Partei der Liberalen Jugend in Schweden die Legalisierung von Sex mit Geschwistern und Leichen gefordert. So sei Ekel schließlich kein Grund, dies nicht zu gestatten.[468] Die Abschaffung des Inzest-Paragrafen 173 forderten hingegen in Deutschland bereits 2012 die Grünen unter Hans-Christian Ströbele, in deren Reihen auch der leidenschaftliche Europäer Daniel Cohn-Bendit zu finden ist, der in seinem Buch „Der große Basar" schilderte, wie Kleinkinder ihn im Hosenstall streicheln.[469,470] Auszüge aus dem Text sind auf der Internetseite von Alice Schwarzers EMMA zu finden. Ist Ihnen gerade etwas **übel** geworden? Sie sind aber auch konservativ. Schlimmer geht bekanntlich immer und so schlug im Sommer 2019 der schwedische Wissenschaftler Professor Magnus Söderland entgegen aller traditionellen Tabus Kannibalismus als Gegenmittel gegen den Klimawandel vor.[471] Kommt also demnächst die verstorbene Oma oder der tödlich verunglückte Motorradfahrer auf den Grill oder in den Fleischwolf? Von der Prionenkrankheit Kuru, die ähnliche Symptome wie die Creuzfeldt-Jakob-Erkrankung zeigt, hat der Herr der Wissenschaft wohl noch nichts gehört. An dieser erkrankten und starben die Menschenfresser vom Fore-Stamm auf Neuguinea nach dem Verzehr von Menschenfleisch.[472] Dass in der Spitzenpolitik der EU und in den nationalen Parlamenten Europas seit etlichen Jahren viele Vertreter der „Generation Kinderlos" sitzen wie z. B. Merkel, May, Macron und Juncker, sei hier nur in einem Nebensatz erwähnt.[473] Unter anderem lenken diese die Zukunft ganzer Länder, eines ganzen Kontinents, ja sogar der ganzen Welt. Gut, dass es Frau von der Leyen als siebenfache Mutter gibt. Diese ist wahrscheinlich von allen Spitzenpolitikern Europas aus Sicht von Verena Brunschweiger die größte Klimasünderin. Bei diesem ganzen Wahnsinn bedarf es wirklich guter Nerven und so mancher fragt sich bereits, ob nach der offenen Gesellschaft die geschlossene Anstalt kommt.

Für viele Kinderlose, aber auch für Haushalte mit Nachwuchs ist „Alexa" von Amazon ein neues Familienmitglied. Der virtuelle Assistent verstößt zwar durch das Abhören und Mitschreiben von Gesprächen gegen Persönlichkeitsrechte der Nutzer, doch wen juckt das schon?[474] Dank vorgenannter Politiker sind zudem per EU-Gesetz seit dem 1. April 2018 alle Neuwagen werksseitig mit einem eCall genannten Notrufsystem auf Basis einer SIM-Karte verwanzt.[475] Somit ist jeder Neuwagenbesitzer selbst dann, wenn er kein Handy dabei hat, immer und überall zu orten. Außerdem verfügen viele Fahrzeuge heute schon ab Werk über eine Freisprechanlage – Big brother is listening to you. Dass Smartphones in der Hosentasche die Geschwindigkeit und Konzentration der männlichen Spermien herabsetzen, ist ja mittlerweile erwiesen. Dass die Mikrowellenstrahlung von Handys Hirntumore und andere Krebsarten auslösen kann, ist ebenfalls unstrittig.[476] Was aber ist bei dem geplanten 5G-Netz zu erwarten? Ausgerechnet in Brüssel, mit Sitz des EU-Parlaments, und im schweizerischen Genf, wo über 100 internationale Organisationen, etliche UN-Programme sowie Fonds ansässig sind und man die weltweite Nummer eins im Geschäft mit der ökologischen Nachhaltigkeit werden möchte, wurde im April 2019 die Notbremse gezogen. So wurden die Versuche mit 5G gestoppt, da befürchtet wird, dass die Strahlenschutzwerte nicht eingehalten werden.[477,478] Apropos Schweiz: Ihnen ist sicherlich bekannt, dass im Sommer 2016 der Gotthard-Basistunnel, der mit 57 Kilometern längste Eisenbahntunnel der Welt, nach 17-jähriger Bauzeit eingeweiht wurde. Zugegen waren selbstverständlich viele prominente Gäste. Wenn Sie mögen, schauen Sie sich doch mal auf YouTube die spektakuläre Performance dieses Events an.

In Brüssel, der Stadt mit den vielen EU-Parlamentariern, gelten übrigens die strengsten Strahlungsregeln der Welt. Brüssel, die Hauptstadt des Landes, das vor zwanzig Jahren durch den Fall Dutroux mit über 27 toten Zeugen und Spuren zu Satanisten und Ministern erschüttert wurde, ist übrigens das neue Babel, und zwar aufgrund der vielen Sprachen, wie man es in der ZEIT vom 16. Mai 2014 lesen konnte.[479,480] Hier könnte Herr Musk doch vielleicht den einen oder anderen Probanden für seine Neuroversuchsreihe zwecks Fremdsprachenerwerb finden. Sie haben es bestimmt gewusst: Der Überlieferung nach wurde der Turmbau zu Babel nie fertiggestellt. Dabei soll Nimrod, der die Tyrannei über das Volk von Babel brachte und versuchte, religiöse Überzeugungen zu eliminieren, den Turm gebaut haben, um Gott die Stirn zu bieten und den Menschen zu verherrlichen.[481] Vielleicht erinnert ja deshalb das EU-Parlamentsgebäude in Brüssel an das Gemälde von Pieter Brueghel dem Älteren aus dem Jahr 1563, welches den Namen „Der Turmbau zu Babel" trägt? Irritiert war man hingegen in einigen russischen Medien hinsichtlich des neuen NATO-Hauptquartiers im Nordosten Brüssels, da dieses in seiner Form an SS-Runen der Nazis erinnere.[482] Eine wachsende Anzahl von Studien lässt jedenfalls den Schluss zu, dass die 5G-Frequenz Krebs erzeugt oder aber den männlichen Samen schädigt. *„Die zuständigen Institutionen von der Weltgesundheitsorganisation über die EU-Kommission bis zum deutschen Bundesamt für Strahlenschutz überlassen es jedoch einem kleinen Kreis von Insidern, die Grenzwerte zum Schutz der Bevölkerung festzulegen. Doch dessen Mitglieder blenden viele unbequeme neue Erkenntnisse aus."*[483] So stand es im Tagesspiegel vom 15. Januar 2019. 5G an jeder Milchkanne nebst Ampeln und Laternenmasten als Sendeanlagen, da geht noch was, wenn es nach den Vorschlägen des Bundesministers für Verkehr und digitale Infrastruktur, Andreas Scheuer (CSU), ginge.[484] Die EU-Kommission hält das Risiko im Zusammenhang mit 5G vertretbar und weist Forderungen, das Vorsorgeprinzip walten zu lassen und den 5G-Ausbau zu stoppen, zurück. Dies sei „eine zu drastische Maßnahme", so der EU-Gesundheitskommissar Vytenis Andriukaitis. Das Bundesamt für Strahlenschutz rät immerhin zur Vorsorge und will die neue Technik genau beobachten.[485] Sind wir nicht alle schon genug verstrahlt? Man könnte meinen, sie wissen nicht, was sie tun, doch andererseits ...

Sicherheit geht vor

Dass das Elternsein ein Fulltime-Job sein kann und dass Kinder manchmal das gesamte Leben auf den Kopf stellen können, wissen Eltern aus eigener Erfahrung am besten. Dabei sind Kinder oftmals selbst gar nicht die Verursacher, sondern die äußeren Umstände fordern Eltern immer wieder heraus. 1999 verließ Ella-Marie mit ihrer Familie die Hansestadt Hamburg, um ein Leben im Grünen zu führen, wofür es aus ihrer und der Sicht ihres Mannes gute Gründe gab – mal ganz zu schweigen davon, dass sie sich aufgrund ihrer Herkunft aus zwei Arbeiterfamilien kein Eigenheim in der Großstadt hätten leisten können. Sie zogen also hinaus aufs Land. Ziemlich naiv war Ella-Marie der Vorstellung erlegen, dass dort alles besser sein würde als in der Stadt, wo es schon damals ein hohes Konfliktpotenzial aufgrund unterschiedlicher Nationalitäten in der Wohnsiedlung gab, in der die Familie zuvor lebte. Ihre Erfahrungen in einem ländlichen Neubaugebiet, das überwiegend von Hamburgern bezogen wurde, lassen sich derweil unter der Überschrift „Gib dem Deutschen ein Stück Land und er führt sich wie ein Großgrundbesitzer auf" subsumieren.

In nicht einmal zwanzig Jahren hatte sich die Einwohnerzahl des auserwählten Örtchens fast verdoppelt. Ackerland wurde zu Bauland deklariert, was sowohl für den verkaufenden Landwirt als auch für die Menschen, die im Hamburger Speckgürtel vergleichsweise günstig an Bauland kamen, zunächst eine Win-win-Situation darstellte. Doch die Probleme blieben nicht aus. Einige Bauunternehmen gingen während der Bauphase pleite. Darunter war auch die Firma, mit der Ella-Marie und ihr Mann ursprünglich bauen wollten. Sie hatten dennoch Glück im Unglück, auch wenn sie nach einem Anwaltsschreiben des Bauunternehmers eine Woche im Krankenhaus Wehenhemmer bekam und ihr zweites Kind drei Wochen zu früh, zum Glück aber gesund das Licht der Welt erblickte. Viele Grundstücke, ursprünglich zur Einzelhausbebauung freigegeben, wurden später zweigeteilt. Dies führte dazu, dass mehr Haushalte als ursprünglich geplant an die Kanalisation anzuschließen waren, weswegen die Straßen noch einmal aufgerissen und sämtliche Rohrleitungen mit einem größeren Durchmesser versehen werden mussten. Und auch die Schule im Nachbarort platzte aufgrund der höher ausgefallenen Schülerzahlen aus allen Nähten und musste ausgebaut werden. Geld scheint in Deutschland ja schon seit Jahren keine Rolle mehr zu spielen. Dies sind ja ohnehin nur Steuergelder.

Was in Deutschland hinsichtlich eher kleinerer Bauprojekte schon nicht klappt, funktioniert auch nicht bei Großprojekten wie z. B. Stuttgart 21, der Hamburger Elbphilharmonie oder der unendlichen Geschichte des Berliner Flughafens. Die alten Ägypter reiben sich über so viel Inkompetenz hinsichtlich Planung, Kostenkalkulation und Ausführung im 21. Jahrhundert vermutlich im Jenseits verwundert ihre Augen. Mittels Sklavenarbeit konnten sie ihre Pyramiden erbauen, während moderne Steuersklaverei die Bürger ausnimmt wie Weihnachtsgänse. Laut OECD lag bei einem Vergleich verschiedener Industrienationen im Jahr 2017 die Last eines alleinstehenden Durchschnittsverdieners bei Steuern und Sozialabgaben bezüglich der Arbeitskosten bei 35,9 Prozent, während sie in Deutschland bei 49,7 Prozent lag. Nur die Belgier mussten auf ihr Bruttoeinkommen noch mehr zahlen als die deutschen Arbeitnehmer.[486] Und dennoch wurde im April 2019 im armen, aber zumindest als sexy gepriesenen Berlin gefeiert: das Jubiläum des 2.500sten Tages der Noch-nicht-Eröffnung des BER-Pleiten-Pech-und-Pannen-Airports.[487] Man muss die Feste halt feiern, wie sie fallen. Und nur mal so nebenbei gesagt: Auch über einen Abriss des mittlerweile 7,3 Milliarden teuren Projektes wird schon laut nachgedacht.[488,489] Und so manch einer unkt, ob man darunter vielleicht einen Regierungsbunker baut. Schließlich hatte man die Bürger schon 2016 zur Bevorratung mit Lebensmitteln aufgerufen, wurde für die Bundeswehr eine Geisterstadt für den Orts- und Häuserkampf in Schnöggersburg gebaut und außerdem sollen die Regierungsgebäude besser gegen Angriffe unterschiedlichster Art geschützt werden.[490,491,492] Und der allerneueste Schrei im Jahr 2019: Der Bundestag soll mit einem Zaun und einem zehn Meter breiten und zweieinhalb Meter tiefen Graben geschützt werden.[493] Jetzt fehlt nur noch die Zugbrücke. Willkommen im Mittelalter – oder mal anders gefragt: Wovor hat unsere Regierung Angst?

Wenn ein riesiges Neubaugebiet an ein langsam gewachsenes Dorf einfach so mir nichts, dir nichts angedockt wird, klappt es eben nicht wirklich mit der Integration der Hinzugezogenen in die Dorfgemeinschaft. So bleibt man als Neubausiedler gerne unter sich, hat man doch eine ähnliche Geschichte – die meisten stammten aus Hamburg – und dort das neue Lebens- und Wohnprojekt gemeinsam begonnen. Nebenbei sei an dieser Stelle einmal die Frage gestattet: Wenn schon die Integration von Städtern in Dorfgemeinschaften nur schwer gelingt, wie soll dann die Eingliederung vieler Zuwanderer aus dem arabischen und afrikanischen Kulturkreis nach Deutschland gelingen? Aber vielleicht soll das ja auch gar nicht gelingen. Ella-Marie kann sich nur zu gut erinnern: Es wurde sich beispielsweise **über den** Geruch von Landluft und den Lärm der Traktoren beim Einfahren der Ernte beschwert. Dass Brot, Milch und Rinderfilets schließlich nicht vom Himmel fallen, sollte selbst Stadtmenschen bekannt sein, oder lernt man darüber nichts mehr in der Schule? Ruhezeiten wurden nur dann eingehalten, wenn es dem netten Nachbarn gerade beliebte, und ein Schulbus, der zweimal morgens und zweimal mittags durch eine Spielstraße fuhr, wurde für manchen Anwohner sogar zu einem echten Ärgernis. Selbstverständlich hatte man natürlich nichts dagegen, dass die Müllabfuhr direkt den Müll vor der Haustür leerte. Schließlich wollte man seine vielen Abfalltonnen dank Mülltrennung zwecks Leerung ja nicht an die 500 Meter entlegene Bundesstraße schieben müssen. Was also war geschehen?

Nachdem in dem Dorf durch Anwohner die Straße immer wieder zugeparkt wurde, damit der Schulbus die Schulbushaltestelle nicht mehr ungehindert anfahren konnte – als Gründe wurden die wartenden und lärmenden Kinder sowie das Motorengeräusch des Busses genannt –, entschloss sich der Betreiber des Schulbusses, die Haltestelle kurzerhand zu schließen. Dies hätte bedeutet, dass die vielen Schüler, davon die meisten noch Grundschüler, nach den Sommerferien an der viel befahrenen Bundesstraße hätten warten müssen. Das ging für Ella-Marie aus Sicht einer Mutter und Anwohnerin gar nicht, zumal morgens die vielen Pendler nach Hamburg hineinfuhren und die mit Kies und Sand aus den umliegenden Kieskuhlen beladenen Laster oft mit überhöhter Geschwindigkeit auf der Bundesstraße unterwegs waren. Weder wollte sie für eines ihrer Kinder noch eines der Kinder aus der Nachbarschaft irgendwann mal Blumen am Unglücksort niederlegen müssen. Da gab es nur eines: Die Presse musste her!

Ein kurzer Anruf beim Hamburger Abendblatt und schon machte sich ein Journalist auf, um über den Schulbusfall zu berichten, der für die Anwohner mit Schulkindern damals ein echter Skandal war. Zwar hatten gerade die Sommerferien begonnen, doch die Kinder waren begeistert, noch einmal ihren Ranzen aufsetzen und mit selbst gebastelten Plakaten für ihren sicheren Schulweg demonstrieren zu dürfen. Ein Vater, der an der Demonstration teilnahm und von Beruf Polizist war, meinte, man hätte das Recht für eine Spontandemo. Somit zogen Jung und Alt an die Bundesstraße, die von ihnen für fünf Minuten blockiert wurde, um mehr Aufmerksamkeit in der Öffentlichkeit zu erzeugen. Zusammen legte man mit seinen Knirpsen inklusive zukünftiger ABC-Schützen eine der Hauptverkehrsadern nach Hamburg lahm mit dem Ergebnis, dass die Spielstraße mit 7 km/h zu einer 30er-Zone wurde und der Betreiber die alte Bushaltestelle wieder anfuhr. Mal gewinnt man, mal verliert man. So ist das nun einmal im Leben. In diesem Fall hatten jedenfalls die Anwohner verloren, denen die eigenen Befindlichkeiten wichtiger waren als das Wohl der vielen Kinder.[494]

Immer auf die Kleinen

Wer selber schulpflichtige Kinder hat, der kann bestimmt die eine oder andere Anekdote zum Besten geben. Manches geht jedoch weit über das hinaus, was man mit seinem Gewissen vereinbaren kann. Was hatte sich Ella-Maries Tochter auf ihren allerersten Schultag gefreut, zumal ihre zukünftige Klassenlehrerin den neuen Erstklässlern schon zuvor einen kurzen Brief mit einem Foto von sich, einer schon etwas älteren, freundlich dreinblickenden Dame, geschrieben hatte. Auf der Einschulungsfeier schaute sich die ganze Familie nebst Omas und Opas jedoch vergeblich die Augen nach dieser aus. In Empfang wurden die Kinder von einer sehr viel jüngeren Lehrerin genommen, die gerade dem Referendariat „entkommen" war. Es stellte sich heraus, dass die eigentlich eingeplante Klassenlehrerin erkrankt war. Deren Erkrankung zog sich hin. Es erfolgte Vertretungsunterricht, eine neue Krankschreibung wurde vorgelegt, es erfolgte weiterer Vertretungsunterricht usw. Das Spielchen ging über Monate, Eltern und Kinder waren immer frustrierter, doch irgendwann schien sich alles zum Guten zu wenden. Eine neue Klassenlehrerin stellte sich vor, die nun dauerhaft die Klasse übernehmen sollte. Ihr Intermezzo dauerte jedoch nicht lange, da sie schon bald schwanger wurde und in Mutterschutz ging. Zuvor hatte ihre Katze aber noch die sorgfältig ausgefüllten Hundertertafeln der kleinen Mathegenies gefressen.

Die Befürchtung, wieder in einer Vertretungsunterricht-Endlosschleife zu landen, war groß, doch es kam anders. Es stellte sich eine Kollegin aus Hamburg vor, um die Mitte dreißig, das Herz der Zweitklässler auf Anhieb erobernd. Endlich schien Ruhe in die Klasse zu kommen und so hätte es bis zum Ende der Grundschulzeit auch gerne weitergehen können. Mitnichten, denn kurz vor den Sommerferien teilte der Schulleiter Ella-Marie als Elternvertreterin mit, die Klasse würde durch Wegzug aufgrund der Trennung von Eltern und nicht ausreichender Leistungen einiger Schüler auf die drei anderen Klassen aufgeteilt werden. Für Ella-Maries Tochter, die dieses ganze Hin und Her eher spannend als belastend fand, war das alles nicht weiter schlimm. Andere Kinder hatten mit diesem äußerst unglücklichen Start ins Schulleben jedoch große Probleme. Somit wurde auch diesmal wieder das Hamburger Abendblatt informiert.[495] Es gab ein Gespräch mit der Schulleitung und dem zuständigen Schulrat. Letzteren hätte man aufgrund seines äußeren Erscheinungsbildes und seines sehr speziellen Autos eher in einem Betätigungsbereich auf St. Pauli als in Sachen Bildung vermutet. Zusammen mit Ella-Maries VW-T4-Diesel-Multivan machten sich einige Eltern mit ihr zu einem kleinen Ausflug in das Bildungsministerium in die Landeshauptstadt Kiel auf. Dort erklärte man ihnen, dass dies alles zwar sehr bedauerlich für die Klasse wie auch für die einzelnen Schüler sei. Schon damals fiel der Begriff „Einzelfall" mit dem Ergebnis, dass die Klasse 2d aufgelöst wurde. Tja, das Leben kann manchmal ganz schön unfair sein.

Und wenn man denkt, es kann nicht mehr schlimmer kommen, dann lehrt einen das Leben eben auch, dass es immer noch schlimmer geht. Als das zweitgeborene Kind von Ella-Marie, ihr drei Wochen zu früh geborenes Sandwichsöhnchen, zwei Jahre später an derselben Grundschule eingeschult wurde, schien zunächst alles bestens. Seine Klassenlehrerin war eine gestandene Lehrkraft, von der zuvor viel Gutes zu hören war. Aufgrund ihres fortgeschrittenen Alters bestand auch nicht die Gefahr einer späten Geburt. Sie brachte den Kindern Lesen und Schreiben nach der Fibel-Methode und glücklicherweise nicht nach „Schreiben nach Gehör" bei. Die ersten Monate lief alles völlig unproblematisch bis zu dem Tag, als sich die Mutter eines Mitschülers Ella-Marie als Elternvertreterin anvertraute. Sie hatte ihr zuvor schon erzählt, dass ihr Sohn immer häufiger unter der Woche über Bauchschmerzen klagen würde und nicht mehr zu Schule wolle. Der Grund dafür: Der Mathelehrer verteilte bei nicht korrekt erledigten Kopfrechenaufgaben „Kopfnüsse". So nannte ein anderes Kind dessen Schläge mit der flachen Hand gegen den Hinterkopf. Der Pauker boxte den Kindern in die Rippen oder piesackte sie, indem er ihnen einen Bleistift in den Oberbauch pikte. Letzteres hatte auch einmal Ella-Maries Sohn über sich ergehen lassen müssen. Wieder gab es ein Gespräch mit dem Schulleiter und natürlich mit dem betreffenden Lehrer, der erwartungsgemäß alles bestritt. Da er aber erst neu an dieser Schule war, kontaktierte Ella-Marie die Elternsprecherin seiner vorherigen Schule, die ihr mitteilte, dass er dort während des Sportunterrichts mit seinem Handy von den Kindern wiederholt Aufnahmen gemacht habe. Es kam zu Beschwerden seitens der dortigen Elternschaft und aus dem Herrn wurde ein „Wanderpokal". Interessanterweise fielen Ella-Marie ihre beiden Stellvertreterinnen, von denen die eine ganz dicke mit dem Schulleiter zu sein schien, in den Rücken und stellten sich mit einem Mal auf die Seite des Mathelehrers und der Schulleitung. Für ihren Mann und sie jedenfalls war der Drops hinsichtlich dieser Schule endgültig gelutscht. Sie nahmen ihre beiden Großen von der Schule. Ebenso machten es auch die Eltern des Jungen, durch den der Stein überhaupt erst ins Rollen gekommen war. Ella-Marie meldete sich umgehend mit ihren Kindern bei ihren Eltern unter deren Hamburger Adresse an. Dort besuchten diese dann eine nahe gelegene Schule mit dem Einverständnis der Schulleiterin, der Ella-Marie die gesamte Geschichte hinsichtlich ihrer Erfahrungen mit der Schule ihrer Kinder erzählt hatte. Zwar heißt es „Kleine Beine, kurze Wege" und ein Schulweg von 20 Kilometern ist sicherlich nicht das, wovon Eltern und Kinder träumen. Manchmal geht es aber eben nicht anders.

Gegen den Lehrer stellte Ella-Marie ein paar Tage später noch eine Anzeige wegen Misshandlung von Schutzbefohlenen, was eine Gegenanzeige wegen übler Nachrede nach sich zog. Beide Verfahren wurden eingestellt, doch auch hier hatte sie das Gefühl, richtig gehandelt zu haben. So wollte sie niemals, sollte dieser Lehrer erneut mit körperlicher Züchtigung seine Schüler drangsalieren, in die Bredouille geraten und sich vorwerfen lassen müssen, dass sie zwar ihre eigenen Kinder in Sicherheit gebracht, nichts jedoch gegen den Lehrer unternommen habe. Keinen Moment hatte sie für diesen Herrn Verständnis oder einen Hauch von Empathie verspürt. Psychische wie physische Gewalt gegenüber Schutzbefohlenen durch Erwachsene sind ein absolutes No-Go, egal, ob sie Lehrer sind oder nicht. Gerade in letzter Zeit sehen sich aber auch Lehrer zunehmend Beschimpfungen, Bedrohungen und Attacken seitens Schülern bzw. deren Eltern ausgesetzt, wie eine Umfrage aus dem Jahr 2018 ergab.[496] Dies trifft die Pädagogen an den

Grundschulen wie den weiterführenden Schulen, wobei die Gymnasien mit nur vier Prozent im Vergleich zu den anderen Schulformen förmlich unterrepräsentiert sind, was Gewalt gegenüber dem pädagogischen Personal angeht. Doch es gibt auch gute Nachrichten zu vermelden: Immer mehr Lehrer wagen den Schritt an die Öffentlichkeit und sei es nur mit Büchern. Im Februar 2019 erschien das Buch „Schule vor dem Kollaps" von Ingrid König im Zusammenhang mit Migration und Integration. Sie hatte an der Sendung „Klartext, Frau Merkel" im Wahlkampfjahr 2017 teilgenommen. Damals war die inzwischen pensionierte Lehrerin noch Schulleiterin einer Grundschule in Frankfurt-Griesheim. Ein knappes Jahr zuvor stieß die Lehrerin Ingrid Freimuth mit ihrem Buch „Lehrer über dem Limit" schon in das gleiche Horn, indem sie erklärt, warum die Integration scheitert. Brandaktuell bzw. eigentlich daueraktuell ist das im April 2019 erschienene Werk mit dem vermeintlich lustigen Titel „Von Kartoffeln und Kanaken" der Lehrerin Julia Wöllenstein. Darin berichtet diese, warum die Integration im Klassenzimmer scheitert. Langsam scheint der Druck in der Lehrerschaft zu steigen, vieles nicht mehr mit dem Berufsethos von Pädagogen vereinbar zu sein. Oder warum sonst werden diese verstärkt zu einer Art Whistleblower?

Ella-Marie fühlte sich damals jedenfalls ein wenig ohnmächtig aufgrund der auf sie einprasselnden Ereignisse in Sachen Schule, die sie in ihren kühnsten Albträumen nicht für möglich gehalten hätte. Wie es der Zufall aber wollte, wurde ihr ganz schnell klar, dass das, was sie an der Schule ihrer Kinder erlebt hatte, keinesfalls zu den immer wieder gerne in vielerlei Hinsicht zitierten Einzelfällen gehörte. Denn gerade zu der Zeit, als sich das zuvor Beschriebene ereignete, las Ella-Marie im FOCUS SCHULE einen Artikel, in welchem es um körperliche Gewalt von Lehrern ging, also um die von Lehrern ausgehende Gewalt gegenüber Schülern. Darin wurden u. a. die Erlebnisse zweier Mütter und ihrer Kinder mit dieser äußerst unschönen Erfahrung im deutschen Bildungssystem beschrieben. Zu den beiden Damen, die gerade an einem Buchprojekt mit dem Titel „Wenn Lehrer schlagen – Die verschwiegene Gewalt an unseren Schulen" arbeiteten, nahm Ella-Marie Kontakt auf und lieferte ihnen ein Interview unter dem Pseudonym Kirsten.[497] Patricia Wolf, eine der beiden Autorinnen, schrieb ihr als Widmung in das Buch, das sie ihr zukommen ließ, folgende Worte: „Für Ella-Marie, die mir eine wichtige Wegbegleiterin war in der schlimmsten Zeit meines Lebens." Ja, es tut gut, wenn man mit seinen Sorgen und Nöten nicht alleine ist, wenn wir Menschen zusammenhalten, wir füreinander da sind.

Solidarität

Ella-Maries Mutter hat ihre Kinder im christlichen Glauben erzogen. Nicht sehr streng, aber schon im Sinne der zehn Gebote. Sie war es auch, die schließlich überwiegend für deren Erziehung als „Nur-Hausfrau" verantwortlich war. Während der Zeit des alleinigen Sorgerechts, bedingt durch die Scheidung, kam ihr diese Aufgabe ohnehin zu. Als Kind hatte Ella-Maries Mutter selbst viel in der Bibel gelesen. Ihrer Oma hatte der Glaube geholfen, durch die schwerste Zeit ihres Lebens als junge Witwe in der Fremde mit drei kleinen Kindern zu kommen und nicht an ihrem Schicksal zu verzweifeln. Ella-Marie selbst ist als junges Mädchen gerne zu Kindergottesdiensten gegangen. Dabei mochte sie die Geschichten aus dem Alten Testament wie beispielsweise die um Sodom und Gomorrha oder von Kain und Abel nicht, da sie ihr zu gewalttätig waren. Besonders schrecklich fand sie die Geschichte von Abraham, den Gott darum bat, ihm dessen Sohn Isaak als Brandopfer zu bringen. Als Ella-Marie und ihr Bruder noch klein waren, wurde zusammen mit ihrer Mutter gelegentlich gemeinsam vor dem Schlafen gebetet. Meist jedoch hat Ella-Marie lieber für sich alleine gebetet, da sie das Beten schon immer für eine sehr persönliche Angelegenheit zwischen sich und Gott hielt. Allen Gebeten gemeinsam war und ist: Der Dank für das **tägli**che Brot, aber auch die Bitte um Gesundheit und Frieden für alle Menschen dieser Erde.

Der respektvolle, höfliche und freundliche Umgang mit anderen Menschen wurde Ella-Marie von Kindesbeinen an beigebracht. Dies ist ihr bis heute wichtig und zwar unabhängig davon, woher jemand kommt oder wer er ist. Hilfsbereitschaft, Solidarität, Dankbarkeit und Bescheidenheit gegenüber anderen – wie oft hatte sie selbst als Kind den Spruch „Bescheidenheit ist eine Zier" zu hören bekommen – gehörten auch zum Erziehungskanon ihrer eigenen Kinder. Dabei liebte sie es als Grundschülerin, mit dem Kinderkirchenchor in dem nahe gelegenen Altenheim für die alten Leutchen zu singen oder diesen auf der Blockflöte etwas vorzuspielen. Beides war sicherlich nicht immer schön, doch im Alter hört man ja meist eh nicht mehr so gut. Den Alten hat es jedenfalls immer gefallen und wenn auch nichts über glänzende Kinderaugen geht, so können die strahlenden Augen älterer Menschen einen ganz warm ums Herz werden lassen. Richtig schön singen kann Ella-Marie bis heute leider noch immer nicht, die richtigen Flötentöne hat ihr jedoch Frau Royar, ihre Flötenlehrerin an der Hamburger Jugendmusikschule, in jahrelanger Kleinarbeit beigebracht. Deren Mutter war die Organistin und Kirchenmusikerin Marie-Luise Bechert, die zu Zeiten des Naziregiments als Mischling ersten Grades galt.[498] Frau Royar war nur wenige Jahre jünger als Ella-Maries Eltern und wie ihre Mutter ein Flüchtlingskind. So war sie im April 1945 mit Mutter und Bruder von Berlin nach Lübeck geflohen. Später ging es über die Insel Föhr weiter bis nach Hamburg. Was hat sich Ella-Marie immer auf den Unterricht mit dieser unglaublich netten Frau, die selbst ein Trennungskind war, gefreut. Diese konnte nicht nur unheimlich gut sämtliche Blockflöten von der Piccolo bis zum Bass spielen, sondern auch interessante Geschichten erzählen, gut zuhören, tolle Tipps geben und wahnsinnig gut zeichnen. Gelegentlich begegnete die Musikerin auch Otto Waalkes, worüber sie stets Lustiges zu berichten wusste. So manche Stunde wurde daher mehr geschnackt als musiziert. Bei Frau Royar hatte Ella-Marie übrigens erstmals einen Davidstern gesehen, den diese in den 1970er-Jahren ganz offen an ihrer Halskette trug.

Während ihrer engen Kontakte nach Wien verbrachte Ella-Marie zusammen mit ihrer Jugendliebe und dessen Freund jüdischen Glaubens viel Zeit, hauptsächlich in dieser Stadt, gelegentlich auch im niederösterreichischen Baden. Beide jungen Männer waren angehende Mediziner, die sich mit dem Einbau von Autoradios ein wenig Geld neben dem Studium verdienten. So manches Mal dauerte das Unterfangen aufgrund einer völlig verbauten Mittelkonsole ein wenig länger. Das war zumindest für Ella-Marie nicht weiter schlimm, da sie gelegentlich in den Genuss der äußerst netten Gesellschaft der Mutter des jüdischen Freundes kam. Diese stammte ursprünglich aus Breslau und war eine herzensgute, sehr feine Dame. Sie betrieb in der Inneren Stadt ein Hemdengeschäft und immer, wenn Ella-Marie für ihren Vater ein Mitbringsel brauchte, wurde sie dort fündig. Netterweise bekam sie als Studentin ein paar Schillinge Preisnachlass, um ihrem Papa im fernen Hamburg mit einem schicken neuen Oberhemd eine Freude machen zu können.

Heute hingegen wächst der Antisemitismus, und zwar weltweit. Laut einer Studie der Universität Tel Aviv soll es am schlimmsten in den USA sein. Dort wurden im Jahr 2018 mehr als hundert Fälle von insgesamt 387 registrierten Fällen verzeichnet.[499] Darauf folgten Großbritannien mit 68 sowie Frankreich und Deutschland mit je 35 Fällen, wie der SPIEGEL am 1. Mai 2019 zu berichten wusste. In Frankreich sind heute mittlerweile viele Juden verzweifelt und fühlen sich von der Regierung und der Gesellschaft im Stich gelassen. Laut Haim Musicant, dem Vizepräsidenten des französischen B´nai B´rith, einer jüdischen Organisation, die 1843 als geheime Loge von zwölf jüdischen Einwanderern aus Deutschland in New York gegründet wurde, sei die Bewegung der Gilet Jaunes, also die seit Wochen anhaltenden Demonstrationen der Gelbwesten in Frankreich gegen Macron als ehemaligem Rothschild-Banker und seine Politik, *„der jüngste Ausdruck einer Welle von Antisemitismus, der sich in den letzten 20 Jahren in der französischen Gesellschaft etabliert habe".*[500,501] So würden sich heute Teile der Gesellschaft gegen Gläubige des Judentums, die gelegentlich in Ost- und Westjuden, aber auch in zionistische und antizionistische Juden unterschieden werden, stellen. Hierzu würden laut Musicant viele Muslime, jedoch nicht alle Muslime gehören, wie auch extreme Rechte und extreme Linke. So würden die alten Klischees, Juden hätten Geld, Einfluss und Macht, auch heute noch lebendig und intakt sein. Ja, so ist es leider, wenn immer alle Menschen einer Religion, einer Nationalität oder einer Ethnie über einen Kamm geschoren werden. Ella-Marie hat in ihrem Leben durchaus wohlhabende, aber auch eher ärmliche Juden kennengelernt. Dabei hat sie erst vor Kurzem die Bekanntschaft einer sehr netten Berufskollegin jüdischen Glaubens gemacht, der durch deutsche Behörden und Gerichte Schlimmes widerfahren ist.

Einer der wirklich (einfluss-)reichen Juden ist der Hedgefonds-Multimilliardär George Soros, der Mann, der 1992 die Bank von England knackte.[502] Dieser unterstützt mit seinem Vermögen und seiner Open Society Foundation Bürgerrechtsorganisationen, Bildungseinrichtungen und politische

Aktivisten. Dies kann man bei Wikipedia nachlesen.[503] Laut The European, einem Debatten-Magazin, soll Soros der Liebling aller Linken sein, da er diese ebenso finanziert wie die weltweite Genderisierung.[504] Er gilt als Financier von Umstürzen unliebsamer Regierungen und gehört u. a. mit einer der von ihm unterstützten Organisationen zu denjenigen, die 2010 in Europa die Standards für die Sexualerziehung und Frühsexualisierung definiert haben. Darüber hinaus ist Soros mit seinem weit verflochtenen Netzwerk ein uneingeschränkter Befürworter grenzenloser Migration in Europa.[505] Muss man diesen Mann, der sich selbst als Philanthrop sieht, deswegen zwangsläufig lieben? Liegt nicht vielmehr genau darin das Problem, dass eine kürzlich noch gültige Ordnung im Sinne von Völkern, Familien und Geschlechtern aufgehoben werden soll, was die Menschen gegeneinander aufbringt? Gute und schlechte Menschen gibt es überall, gleich welchen Glaubens, genauso wie unter Atheisten und Agnostikern.

Ella-Marie war als Schülerin unheimlich stolz, wenn sie mit einer Freundin und einer Blechdose zusammen Spenden für die Kriegsgräberfürsorge sammeln ging, wofür damals in den Schulen geworben wurde, und dabei viel Geld zusammenkam. Einmal bekamen sie von Frau Last, der Ehefrau des bekannten Bandleaders und Komponisten James Last, der bei ihr in der Straße in einem bescheidenen Reihenhaus lebte, 10 Deutsche Mark. Mit diesem Betrag lagen sie damals weit vorne und unter den Kindern entwickelte sich ein regelrechter Wettkampf darum, wer am Ende am meisten Spenden zusammenbekommen hatte. Was Ella-Marie als Schülerin noch nicht wusste: Der Volksbund der Deutschen Kriegsgräberfürsorge dient der Friedensarbeit. Immerhin hatte sie damals, wenn auch unbewusst, ihren Beitrag dafür geleistet.

Darüber hinaus hat sie eine Begegnung ihrer Kindheit sehr beschäftigt. Während sie nach einer Blinddarm-OP im Alter von elf Jahren in dem Krankenhaus lag, in dem sie einst zur Welt gekommen war, wurde sie von einer Ärztin – ihr Name war Frau Dr. Bulle – um Hilfe gebeten. Es ging um ein türkisches Mädchen, das keinen Besuch bekam. Aishe, vielleicht ein, zwei Jahre jünger als Ella-Marie, hatte einen schweren Verkehrsunfall mit schlimmen Verletzungen gehabt. Man hatte ihr die Haare abrasiert, über ihren Kopf und einen Oberschenkel verliefen riesige Operationsnarben und auch sonst sah sie ganz schlimm lädiert aus. Ihre kleine Schwester und sie hatten unangeschnallt auf der Rückbank im Auto gesessen und wurden während der Fahrt auf der Autobahn aus diesem herausgeschleudert. Für ihre Schwester, aber auch für ihre Eltern kam jede Hilfe zu spät. Leider sprach sie kaum Deutsch, aber Ella-Marie konnte sie wenigstens ein bisschen durch ein paar Grimassen zum Lachen bringen. Was wohl aus ihr geworden ist? Dies hat sie sich seither immer mal wieder gefragt. Warum musste dieses Kind in einem fremden Land ein solches Schicksal erleiden? Das Leben ist manches Mal wirklich nicht fair. Heute hingegen ist immer wieder darüber zu lesen, dass Polizisten, Feuerwehrleute, Sanitäter und Notärzte auf ihren Einsätzen attackiert und behindert werden. So ist in der Zeit von 2012 bis 2017 die Zahl der Straftaten gegenüber Rettungskräften und Feuerwehr von 265 auf 327 gestiegen, wobei natürlich nicht alle Taten zur Anzeige gebracht werden.[506] Wenn man so etwas hört, kann man fast schon den Glauben an die Menschheit verlieren.

Öko-Ersatzreligion

Weil gerade das Wort „Glauben" fiel: Am Mittwoch in der Karwoche vor Ostern 2019 traf die 16-jährige Klimaaktivistin Greta Thunberg aus dem Land von Pippi Langstrumpf, die unter dem Asperger-Syndrom leidet, den Papst Franziskus in seinem kleinen, von Mauern umgebenen römisch-katholischen Reich unter dem Schutz der päpstlichen Schweizergarde bei einer Generalaudienz auf dem Petersplatz. Diesem liegt das Klima ebenfalls sehr am Herzen. Seine Heiligkeit soll übrigens mit Rückendeckung durch George Soros unter Barack Obama und Hillary Clinton ins Amt gehievt worden sein, was dank WikiLeaks-E-Mails bekannt wurde. Durch einen Putsch im Vatikan wurde so der konservative Papst Benedikt gestürzt und durch den radikal linken Papst Franziskus ersetzt.[507] Zuvor hatte Greta in Davos den Wirtschaftseliten und damit auch über die Verbreitung durch die Medien der Welt Folgendes gesagt: *„Ich will, dass ihr in Panik geratet, dass ihr die Angst spürt, die ich jeden Tag spüre!"* und: *„Ich will, dass ihr handelt, als wenn euer Haus brennt, denn das tut es!"*[508] Greta, die sogar CO_2-Moleküle sehen kann, eine Fähigkeit, die bestimmt auch jeder Chemiker gerne hätte, ist mittlerweile so etwas wie eine Heilige in Sachen Klimawandel für die Jugend, aber auch für viele Erwachsene geworden. Für Katrin Göring-Eckardt von den Grünen mit abgebrochenem Theologiestudium ist die Schwedin bereits eine Prophetin und der Berliner Erzbischof Heiner Koch verglich sie sogar mit Jesus.[509,510] Anders als Greta sprach Jesus jedoch die Worte „Fürchte dich nicht!" und er wollte sicher nicht, dass der Mensch in Panik gerät und Angst verspürt. War es nicht gerade Jesus, der vor der Heuchelei von Schriftgelehrten und Pharisäern warnte, da diese selbst nicht einhalten, was sie von anderen fordern? Ja ja, Wasser predigen und selbst Wein saufen. Wurde nicht schon in der Bibel vor falschen Propheten gewarnt, die in Schafskleidern daherkommen, während sie innerlich reißende Wölfe sind?[511] Jedenfalls wurde Greta mit ihren blonden Zöpfen bereits mit der Goldenen Kamera ausgezeichnet. Außerdem durfte sie den damals noch amtierenden EU-Kommissionspräsidenten Jean-Claude Juncker und die zukünftige EZB-Chefin Christine Lagarde, die als frühere Finanzministerin Frankreichs wegen Fahrlässigkeit schuldig gesprochen wurde, aber wegen ihrer „Persönlichkeit" straffrei ausging, persönlich kennenlernen.[512] Darüber hinaus traf Greta auch den I´ll-be-back-Darsteller Arnold Schwarzenegger, der im Mai 2019 in die Wiener Hofburg zum Klimagipfel seiner NGO „R20 - Regions of Climate Action" eingeladen hatte, und Leonardo DiCaprios Umweltikone Al Gore. Diese waren alle ganz begeistert von ihrem Engagement, weswegen sie auch für den Friedensnobelpreis nominiert wurde.[513,514]

Einer ihrer Vorfahren, Svante Arrhenius, war übrigens einer der Pioniere in der Geschichte der Wissenschaft der globalen Klimaerwärmung und der erste Nobelpreisträger in Chemie.[515,516] Interessanterweise hoffte er vor weit über hundert Jahren durch CO_2-Emissionen auf *„gleichmäßigere und bessere klimatische Verhältnisse"* sowie *„um das Vielfache erhöhte Ernten"*. Ebenso ging er davon aus, dass eine Halbierung der CO_2-Konzentration in der Luft dazu reichen würde, eine Eiszeit einzuleiten.[517] Wussten Sie, dass Gretas Vater Svante Thunberg mit der Stiftung „WeDontHaveTime" kooperiert? Deren Zweck ist es, das Wissen zum Klimawandel und dessen Konsequenzen zu verbreiten. Dieser Stiftung gehört aber interessanterweise auch das Unternehmen WeDontHaveTime AB, welches Geschäfte und damit Profit mit der Public Relation für das Pariser Klimaabkommen macht. Dies macht es mit „Informationen" über das Weltklima – und höchstwahrscheinlich mit dem außerordentlich lukrativen Handel mit CO_2-Zertifikaten. Seit der Medienpräsenz seines Töchterchens haben die Unternehmen Ernman Produktion AB und Northern Grace AB, die beide börsendotiert sind und bei denen Papa Thunberg eingetragener Geschäftsführer ist, jedenfalls zunehmend an Marktkapitalisierung gewonnen. So ist es auf der Internetseite des Wirtschaftsjournalisten Roland Tichy zu lesen.[518] Ein dreifaches „Hipp, hipp, hurra!" auf die Kohle solcher Unternehmen und auf den von Greta und ihren Klimajüngern propagierten vorzeitigen Kohleausstieg in Deutschland.[519]

Mitte August 2019 stach Greta unter großer medialer Aufmerksamkeit mit der 2015 vom Stapel gelaufenen karbonhaltigen Hochseejacht „Malizia

II" mit dem Skipper Pierre Casiraghi aus der monegassischen Fürstenfamilie und dem deutschen Extremsegler Boris Herrmann Richtung USA in See. Ziel ist der UN-Klimagipfel gewesen, wo Greta eine sehr emotionale Rede hielt.[520] Die Malizia („malizia" bedeutet auf Italienisch übrigens Bosheit, Arglist, Trick) wurde damals auf den Namen „Gitana 16" nach dem gleichnamigen Team getauft, das im Jahr 2000 von dem Franzosen Baron Benjamin de Rothschild gegründet wurde. Da Gitana ein wenig zu unpersönlich geklungen habe, soll die Jacht auch „Edmond de Rothschild" genannt worden sein. In der Zwischenzeit wurde diese 2019 von einem Stuttgarter Unternehmer für das von Casiraghi gegründete Team Malizia gekauft, umgefärbt und auf den aktuellen Namen umgetauft. Die „Malizia II" segelt hoffentlich immer mit einer Handbreit Wasser unter dem Kiel unter deutscher Flagge und ist im Hamburger Schiffsregister eingetragen.[521] Und während die Sechzehnjährige auf den wogenden Wellen des Atlantiks dahingleitete, flog eine fünfköpfige Crew über den großen Teich, um mit dem Boot wieder zurückzusegeln. Der Skipper hingegen wollte seine Rückreise nach Europa per Flugzeug antreten.[522] Natürlich wäre ein Flug für Greta und ihren Papa viel umweltfreundlicher, jedoch nicht so spektakulär und medienwirksam gewesen. Während die Klimaaktivistin bei steifer Brise auf See war, gab es daher einen Sturm der Entrüstung im Netz. Interessant war jedoch, dass sich Greta, von der man schon dachte, sie würde wie Jesus übers Wasser gehen und brauchte gar keine Regattajacht, auf hoher See sehr rar machte. So soll sie Live-Interviewtermine an Bord verschlafen und kaum etwas gepostet haben. Man hätte fast den Eindruck gewinnen können, sie sei untergetaucht. Die Interviews wurden von Boris Herrmann gegeben, während das GPS ausgeschaltet gewesen sein soll.[523] Bestimmt ist das alles nur ein großes Missverständnis gewesen, denn die Klimaaktivistin ist bei ihrer Atlantiküberquerung im Gegensatz zu den Männern an Bord nicht einmal seekrank geworden.[524] Glücklicherweise ist Ella-Marie äußerst seetauglich und sturmerprobt als Kind von der Waterkant. Sie wird diesen Klimatsunami, der gerade insbesondere durch Deutschland fegt, hoffentlich gut überstehen.

In Deutschland sind neben dem Schwedenmädchen die Vielfliegerin Luisa Neubauer aus Hamburg und Carla Reemtsma aus Münster die Gesichter der FFF-Bewegung.[525] Interessant dabei ist, dass diese beiden jungen Studentinnen über den Namen Reemtsma, auf dem ein brauner Schatten durch den Zigarettenkönig aus Hamburg-Altona und seine Verbindung zur NSDAP liegt, miteinander verwandt sein sollen.[526,527] Beide lässt man in den Mainstreammedien nur zu gerne zu Wort kommen und bietet ihnen eine große Bühne. Was verbindet die junge Hamburgerin mit ONE, für die sie als Jugendbotschafterin tätig ist, und George Soros?[528] Googeln Sie einfach mal zusammen die Begriffe „Greta", „Plant for the Planet" und „Club of Rome". Suchen Sie im Netz doch auch mal nach „Extinction Rebellion". Diese wurde von der ehemaligen Grünen-Politikerin Jutta Ditfurth als eine religiöse-gewaltfreie esoterische Sekte bezeichnet, die an die baldige Auslöschung der Menschheit glaubt und zur Selbstaufopferung aufruft.[529] Was diese Weltuntergangstruppe mit der Open Society Foundation von Soros zu tun hat, lesen Sie bei Sciencefiles.[530] Versuchen Sie doch mal herauszufinden, was das mit Carola Rackete, der Mittelmeerretterin, zu tun hat. Aber vergessen Sie eines nicht: Wer nicht hüpft, der ist für Kohle und wird eines Tages in der Klimahölle schmoren. Korrekterweise sind jedoch all jene, die hüpfen, für Kohle und zwar in Form von Geld, fragt sich nur, für wen?

Auch wenn Greta und die anderen Klimaaktivisten in dem Sinne keine Kinder mehr sind, folgen ihnen in erster Linie Kinder und Jugendliche, was eine Art von Kindesmissbrauch darstellt, nämlich durch Instrumentalisierung zwecks Propaganda und Angstmache. Hatten sich nicht auch die Nazis und die DDR der Organisation der Jugend bedient? Hatte es unter Mao in China nicht eine Kulturrevolution mit fanatisierten Schülern als Speerspitze mit bis zu 40 Millionen Toten gegeben? Und nur mal so unter uns: Mit Kindesmissbrauch kennt sich wie bereits zuvor erwähnt auch die katholische Kirche recht gut aus. Allein in Illinois/USA werden 395 Kirchenvertreter des Missbrauchs von Kindern bezichtigt.[531] Mitschuld am sexuellen Missbrauch hätten die 68er und die sexuelle Revolution, so die These von Papst Franziskus. Laut einer Studie zu den Missbrauchsfällen in der katholischen Kirche sollen zwischen 1946 und 2014 allein in Deutschland offiziell mehr als 3.600 Minderjährige von Kirchenvertretern sexuell misshandelt worden sein.[532]

Schade, dass die Ökojüngerschaft nicht gegen die wahren Umweltprobleme der Gegenwart wie Plastikmüll, Massentierhaltung, Pestizideinsatz, Artensterben in Verbindung mit Monokulturen, Abholzung usw. auf die Straße geht. Mindestens ebenso schade ist es, dass man in Deutschland nicht gegen den eklatanten und weiter zunehmenden Lehrermangel demonstriert, um im OECD-Ländervergleich wieder in der oberen Liga der klugen Köpfe mitspielen zu können. Dies scheint aber gar nicht gewollt zu sein. Schließlich lässt sich ein Volk ohne Wissen und kritische Intelligenz viel leichter regieren. Eine Bitte an alle armen und reichen Klimaprotestler: Legt euch wenigstens ein paar warme Sachen zu, damit euch im Winter in euren Wohnungen zukünftig aufgrund kaum noch bezahlbarer Heizkosten der Mors nicht erfriert bzw. nehmt die Obdachlosen, von denen es immer mehr geben wird, wenigstens in euren wohlig warmen Häusern auf!

Nur wenige Tage vor Antritt der transatlantischen Seereise von Greta hatte Leonardo DiCaprio, der sich aus Sicht seines drogenabhängigen Stiefbruders lieber um die Weltrettung als um ihn kümmert, mit diversen Klimapromis am Google-Camp auf Sizilien teilgenommen.[533] Darunter waren Stars wie Tom Cruise und Johnny Depp, Prinz William nebst Ehefrau Kate, Ex-US-Präsident Barack Obama, Amazon-Chef Jeff Bezos, Facebook-Chef Mark Zuckerberg, Fiat-Chef John Elkann, unter dem der italienische Autoclan Einzug in die glitzernde Welt der Hochfinanz gehalten hat, und Christine Lagarde.[534,535] Man traf dort in 114 Privatflugzeugen und Helikoptern unter dem Ausstoß von 846 Tonnen Kohlenstoffdioxid sowie mit protzigen Jachten ein – natürlich alles im Auftrag des Klimaschutzes. Heißt es doch so schön: Immer mit bestem Beispiel voran! Doch es ging dort schließlich auch um Themen wie den Kampf für Menschenrechte, Globalisierung, Migration und Datenschutz im Internet.[536] Womit sich die Schönen, Reichen und Adligen so herumschlagen müssen, womit sich die Wohlbetuchten dieser Erde so ihre hübschen Köpfchen zerbrechen müssen. Das ist bestimmt Stress pur. Auch die Pop-Sängerin und Kunstfigur Katy Perry, die mit bürgerlichem Namen Katheryn Elizabeth Hudson heißt, nahm an diesem Treffen teil. Ihren Durchbruch hatte die Pop-Ikone mit dem Song „I kissed a girl" im Jahr 2008, die im Sommer 2017 einen echten Seelen-Striptease vor der Kamera hingelegt hat. Darin äußerte sie Selbstmordgedanken und sprach von Selbstzweifeln sowie einer inneren Zerrissenheit zwischen ihrem wahren Ich und Katy Perry, weswegen sie bereits fünf Jahre in Therapie war.[537]

Weltuntergangsstimmung

Wie einnahmeträchtig die Geschäfte mit der Klimarettung sein können, gucken wir uns mal im Falle des Oberklimaapostels Al Gore an: Dieser ist seit 2010 im Besitz einer weiteren Immobilie. Es handelt sich um eine wunderschöne Villa mit 600 Quadratmetern Wohnfläche und Blick auf den Pazifik im kalifornischen Montecito, das von Forbes als siebtteuerste Region Amerikas eingestuft wurde. Hier ist die High Society aus Film und Fernsehen zu finden und das, obwohl der Meeresspiegel bis zum Jahr 2100 zwischen mindestens einem halben und 2,3 Metern steigen soll. Jährlich steigt er jedoch seit Jahren um durchschnittlich 3,2 Millimeter.[538] Wo also bleibt die rechtzeitige Verstärkung von Deichen und Hafenanlagen, wo der Küstenschutz? Hätten Sie gewusst, dass der Meeresspiegel auf den Fidschi-Inseln in der Zeit von 1550 bis etwa 1700 rund 70 Zentimeter höher war als heute, während er in den letzten 70 Jahren stabil geblieben ist? Gut, dass es Leute wie den Ozeanographen Nils-Axel Mörner gibt, der sich gegen den Weltklimarat, also dem IPCC, und dessen Warnungen vor versinkenden Inseln stellt, indem er diesem nebst für ihn tätigen Forschern eine politische Agenda vorwirft.[539] Also, die Welt geht noch lange nicht unter, zumal das Klima eine äußerst komplexe multifaktorielle und -kausale Angelegenheit ist. Der Preis des kleinen Strandhauses von Al Gore: Schlappe 8,9 Millionen US-Dollar.[540] Ebenfalls im Jahr 2010 titelte das Handelsblatt *„Das Milliardengeschäft mit dem Abgashandel – Der 2005 gestartete Handel mit europäischen Emissionszertifikaten hat sich zu einem Milliardengeschäft entwickelt. Spekulanten, Energiekonzerne und Kriminelle bereichern sich hemmungslos an CO2-Zertifikaten und Ökoenergie – die Leidtragenden sind Stromkunden und Steuerzahler."*[541] Diesen Artikel, in dem auch JP Morgan, George Soros und Al Gore sowie der gegenüber CO_2 12.000-mal schädlichere Klimakiller HFC23 Erwähnung finden, sollten Sie sich unbedingt mal anschauen. Schade, dass die Überschrift einen Fehler beinhaltet, denn die chemische

Formel für Kohlenstoffdioxid wird mit einem tiefgestellten Index für die beiden Sauerstoffatome versehen, doch wir wollen bei solchen „Kleinigkeiten" schließlich nicht päpstlicher als der Papst sein.

Dass Al Gore die Präsidentschaftswahl gegen George W. Bush im Jahr 2000 nicht gewonnen hat, scheint für ihn jedenfalls kein Verlust gewesen zu sein. Ganz im Gegenteil, denn seitdem er sich aus der Politik verabschiedet hat, zu einer Zeit, als er laut bloomberg.com 1,7 Millionen US-Dollar besaß, wächst sein Vermögen sprunghaft. So hat Al Gore allein im Januar 2013 umgerechnet rund 75 Millionen Euro verdient und die Steigerung seines Vermögens binnen 14 Jahren betrug satte 11.000 Prozent. Diverse Einkünfte, Investmentfonds und Firmenbeteiligungen haben dem ehemaligen US-Vizepräsidenten zu seinem Reichtum verholfen. Seine Filme und Bestseller-Bücher über die Folgen der Erderwärmung sind sehr erfolgreich, seine Honorare für Auftritte vor Unternehmerkongressen, Universitäten und Industrieverbänden bringen ebenfalls stattliche Summen ein. Dabei erhält er bis zu sechsstellige Dollar-Gagen nach Informationen von bloomberg.com als Redner. Löblicherweise gehen zumindest diese Einnahmen nicht auf sein Privatkonto, sondern auf das seiner Umweltschutz-Organisation „Climate Reality Project".[542] Während in Großbritannien sein Oscar prämierter Film „Eine unbequeme Wahrheit" in den Schulen nicht mehr unkommentiert gezeigt werden darf, da ein Gericht ihm bereits 2007 wissenschaftliche Fehler attestiert hat, wird er in deutschen Schulen weiterhin unkommentiert gezeigt.[543] Gut, dass im Herbst 2017 sein zweiter Film „Eine immer noch unbequeme Wahrheit – Unsere Zeit läuft" herausgekommen ist. Gore selbst gab in einem Interview gegenüber PBS NEWSHOUR zu, dass der Bericht des IPCC, der vielmehr eine politische denn eine wissenschaftliche Institution ist, *„aufgemotzt" war, um die „Aufmerksamkeit politischer Entscheidungsträger auf der ganzen Welt zu erregen".*[544] Also immer schön weiter für das Klima und die damit zu verdienende Kohle hüpfen.

Bereits am 4. Juli 2011 erschien in der WELT ein Artikel mit dem Titel „Die CO_2-Theorie ist nur geniale Propaganda" von Günter Ederer. Darin ist zu lesen, dass auf die Idee des menschengemachten Klimawandels die Politik eine preistreibende Energiepolitik aufbauen würde.[545] Einen Tag später konnte Ederer ebenfalls in dieser Tageszeitung ein Essay mit der Überschrift „Die große Luftnummer" veröffentlichen, in dem er Folgendes schrieb: „*Alle Parteien der Industriestaaten, ob rechts oder links, werden die CO_2-Erderwärmungstheorie übernehmen. Dies ist eine einmalige Chance, die Luft zum Atmen zu besteuern. Weil sie damit angeblich die Welt vor dem Hitzetod bewahren, erhalten die Politiker dafür auch noch Beifall. Keine Partei wird dieser Versuchung widerstehen.*" Dies wurde Ederer bereits im Jahr 1998 von Nigel Calder prophezeit. Calder ist ein vielfach ausgezeichneter britischer Wissenschaftsjournalist sowie jahrelanger Herausgeber von „New Scientist" und BBC-Autor. Schon damals gab es 800 wissenschaftliche Veröffentlichungen gegen die CO_2-These. In diesem Beitrag erwähnt Ederer auch, dass die Deutschen am besten sind, wenn es um den Weltuntergang geht.[546] Und dann forderten im Frühherbst 2019 in einer European Climate Declaration 500 Wissenschaftler aus dreizehn Ländern eine neue Klimapolitik, nämlich auf der Grundlage seröser wissenschaftlicher Arbeiten.[547] Na, die trauen sich was.

Haben Sie etwas davon gehört, wo sich doch angeblich alle Wissenschaftler über die schädliche Wirkung dieses kleinen Moleküls für das Klima einig sind? Hat es überhaupt eine öffentliche Debatte zu diesem Thema gegeben? Hätten Sie gewusst, dass nur knapp vier von 10.000 Luftteilchen CO_2-Moleküle sind? Rechnen wir einmal: Also 0,038 Prozent CO_2 sind in der Luft. Davon produziert die Natur 96 Prozent. Die verbleibenden vier Prozent produziert der Mensch. Das sind dann vier Prozent von 0,038 Prozent, macht also 0,00152 Prozent. Der Anteil Deutschlands hieran ist 3,1 Prozent. Damit beeinflusst Deutschland summa summarum 0,0004712 Prozent des CO_2 der die Erde umgebenden Luft. Und genau deswegen wollen wir nun die Führungsrolle in Sachen Klimarettung in der Welt übernehmen, was uns jährlich an Steuern und Belastungen etwa 50 Milliarden Euro kostet.[548] Haben Sie im April 2012 im SPIEGEL über die Orbit-Veränderungen als entscheidenden Auslöser des Klimawandels gelesen? Dabei verändert sich die Umlaufbahn um die Sonne und die Neigung der Erdachse in Zyklen, die bis zu 100.000 Jahre dauern können.[549] Dies wird auch vom Ältestenrat der Inuit bestätigt. Nach Ansicht dieses indigenen Volkes, das im Gegensatz zu vielen Menschen noch im Einklang mit der Natur lebt, gibt es den durch CO_2 anthropogen verursachten Klimawandel nicht. So haben sich der Lauf der Sonne, ihre Aufgangspunkte und Untergangspunkte, die Stellung der Sterne, aber auch die Winde leicht, aber bemerkbar verschoben. Heute geht die Sonne im Winter früher auf und später unter. Auch habe es früher im Mittwinter nur eine Stunde Licht gegeben, heute sind es zwei. Dadurch werden die Tage länger und die Sonneneinstrahlung ist wesentlich höher.[550] Das sagt ein Volk, das im nördlichen Polargebiet lebt, wozu auch Grönland zählt. Und warum heißt diese Insel so, wie sie heißt? Sicherlich nicht, weil sie schon immer mit Schnee und Eis bedeckt war.

Seitens Politik, Presse und Promis wird Kohlenstoffdioxid, ohne das überhaupt kein Leben auf dieser Erde möglich wäre, als das Böse verteufelt, unter Androhung des bevorstehenden Hitzetodes. Dabei darf natürlich nicht unerwähnt bleiben, dass die beim Reisanbau entstehenden Gase Methan und Lachgas ebenfalls sehr klimaschädlich sind.[551] Muss die Menschheit, für deren Hälfte Reis das wichtigste Grundnahrungsmittel ist, zukünftig also auf die kleinen Oryza-Getreidekörner verzichten? Zukünftig könnte sich Öko-Deutschland, nachdem die Autoindustrie am Boden liegt, ja auf den Export von Kartoffeln spezialisieren, um den Welthunger zu lindern. Ach nee, das geht ja auch nicht wegen des CO_2-Ausstoßes beim Transport. Die Sache ist aber auch verflixt und zugenäht! Dass die dicke, äußerst energiereiche gelbe Lampe am Himmel und Schwankungen der Intensität des Magnetfeldes, in dem die Sonne zur Erde steht, für weltweite Klimaveränderungen verantwortlich sind, kommt natürlich nicht so gut an, da der Mensch daran schließlich nur wenig ändern kann. Wer der heutigen Weltuntergangsapologetik mit ihrem modernen Ablasshandel in Form von Steuern glaubt, wird mit Sicherheit selig.

Tja, und nun haben wir den Salat. Statt sich mit den Folgen des natürlichen Klimawandels auseinanderzusetzen, freuen wir uns also alle auf eine Besteuerung der Atemluft, in welcher Form auch immer. Und hat man eine Steuer erst einmal eingeführt, dann ist sie halt da. Hätten Sie etwa gewusst, dass Sie durch die Einführung der Schaumweinsteuer auf alkoholische Getränke im Jahr 1902 auch heute noch die Kriegsflotte von Kaiser Wilhelm II. finanzieren?[552] Natürlich ist der letzte deutsche Kaiser mit seiner Flotte längst Geschichte, doch die Steuer ist bis heute geblieben. Viel Wasser ist seither die Elbe, den Rhein, die Donau und andere Flüsse hinuntergeflossen, während bereits seit 60 Jahren das Wetter in etwa 30 Ländern weltweit durch das künstliche Auslösen von Niederschlägen manipuliert wird. Dies verdanken wir nebenbei bemerkt US-Forschungslabors nach dem Zweiten Weltkrieg auf den Spuren alternativer Formen der Kriegsführung. Zwar wurde der militärische Einsatz durch einen UN-Vertrag in den 1970er-Jahren verboten, doch was heißt das schon?[553] Vielleicht gibt es ja auch schon bald einen dicken Sonnenschirm für die Erde in Form von Geoengineering? So wird bereits darüber beraten, mit kleinsten Partikeln in der Stratosphäre die Erde abzukühlen, indem an diesen ein Teil der Sonneneinstrahlung reflektiert wird. Ein erster Testballon soll noch 2019 von der Harvard Universität in die Stratosphäre gebracht werden. Politische Risiken und meteorologische Nebenwirkungen sind dabei wohl kaum abzuschätzen.[554] Wem es im Vietnam-Krieg dank Agent Orange gelungen ist, Bäume zu entlauben und Nutzpflanzen zu zerstören, dem wird es doch wohl auch gelingen, der Erde einen Sonnenschirm zu verpassen. Das wäre ja gelacht. Und was es mit HAARP auf sich hat, das immer wieder mit Naturkatastrophen in Verbindung gebracht wird, konnten Sie am 29. Dezember 2017 im FOCUS lesen.[555]

Weltweit sind übrigens gerade 111 neue Atomkraftwerke geplant, während aktuell knapp 1.400 neue Kraftwerke in 59 Ländern in Planung oder bereits im Bau sind, was einer neuen Kapazität von gut 670 Gigawatt entspricht bzw. einem Drittel der derzeit installierten Kapazitäten.[556,557] Und in Deutschland freut man sich zusammen mit den Klima-Weltuntergangs-Populisten erst über die Decarbonisierung des Landes und im Anschluss daran an die Deindustrialisierung. Auf diese Weise findet der 1944 vom damaligen US-amerikanischen Finanzminister Henry Morgenthau verfasste, jedoch verworfene Plan, Deutschland in einen Agrarstaat umzuwandeln, dann möglicherweise doch noch seine Umsetzung, dank der grünen Ökojüngerschaft. Die Entmilitarisierung Deutschlands ist ja ohnehin schon sehr weit fortgeschritten. Bereits zu Beginn des Jahres 2018 wurde auf Esel- und Kuh-Taxis im ländlichen Raum verwiesen, während darüber hinaus der Vorschlag gemacht wurde, Haustiere abzuschaffen aufgrund ihrer schlechten Ökobilanz.[558] Die eines Hundes entspricht zum Beispiel einer jährlichen Fahrleistung mit einem

Pkw von 3.700 Kilometern, die einer Katze von immerhin 1.400 gefahrenen Kilometern, was wiederum im Durchschnitt dem ökologischen Fußabdruck eines Ägypters entspricht.[559] Erst schaffen wir die Kinder ab, jetzt auch noch Hund und Katze. Ist diesem Land noch zu helfen?

Heimat- und Nächstenliebe

Angst und Panik schüren, das scheint auch die durch die Medien gepuschte junge Klimaaktivistin aus Schweden neben Claus Kleber und vielen anderen aus Politik, Medien und Wissenschaft gut hinzubekommen. Potzblitz! Und dann brannte es doch nach der Brandrede von Greta in Davos im Januar 2019 tatsächlich. Nein, Auslöser war kein Blitzeinschlag durch ein Gewitter, obwohl tatsächlich ein Blitz zu sehen gewesen ist.[560] Was also war passiert? Am Montag in der Karwoche ging eines der weltbekanntesten Häuser und UNESCO-Weltkulturerbe lichterloh in Flammen auf. Gemeint ist die Kathedrale von Notre-Dame, Paris´ größtes Gotteshaus und eine der ältesten Kirchen der Welt, deren größte Glocke übrigens wie der französische Staatspräsident heißt: Emmanuel.[561] Noch während der laufenden Löscharbeiten verkündete man, dass es sich um keinen Terrorakt handeln und man von einem Unfall im Rahmen von Renovierungsarbeiten ausgehen würde. Wie dem auch sei: Macron, der in den ersten drei Monaten seiner Amtszeit 26.000 Euro allein für Schminke ausgegeben hat, ließ verlauten, Notre-Dame binnen fünf Jahren wieder aufbauen zu lassen, startete einen Spendenaufruf und einen internationalen Architektur-Wettbewerb.[562] Unterdessen titelte die BILD drei Tage nach dem verheerenden Feuer mit „UNFASSBAR! Es gibt Menschen, die sich DARÜBER freuen". Damit waren radikale Muslime gemeint, ebenso aber auch der Harvard-Professor Patricio del Real, der „Notre-Dame als Symbol eines zu überwindenden Christentums, dessen Brand ‚*wie eine Befreiung*' wirke", bezeichnete.[563] Und dann konnte man Ende Juli 2019 den folgenden Beginn einer Meldung lesen: *„(Paris) Wir schreiben das Jahr 2019. In Kamerun werden Politik und Geschäfte im Verborgenen von der Freimaurerei kontrolliert. In Frankreich erhöhen die Freimaurer den Druck, die zerstörte Kathedrale Notre-Dame der Kirche zu nehmen und wiederaufgebaut in einen „laizistischen" Kulturtempel umzuwandeln.* Weiter heißt es darin in einem Appell der Bischöfe: *‚In diesem*

Augenblick sitzen in einigen Pfarreien unserer Diözese, in den Pfarrgemeinderäten und sogar in einigen Diözesangremien immer mehr Personen mit wachsender Verantwortung, die der Freimaurerei und den Rosenkreuzern angehören oder sich der Hexerei widmen. Eine solche Situation verlangt eine Klärung." [564]

Man könnte glatt glauben, die Menschheit sei von allen guten Geistern verlassen. Herr im Himmel, was ist hier eigentlich los? Auch wenn in Europa Religionsfreiheit herrscht und kein Mensch gezwungen werden darf, überhaupt an einen Gott zu glauben, könnte man wirklich meinen, der Verlust an Religiösität, Traditionen und Werten sowie der verloren gegangene Respekt gegenüber der Natur auf der einen Seite und der zunehmende Einfluss sehr gläubiger Menschen aus anderen Kulturkreisen auf der anderen Seite machen das einst jüdisch-christlich geprägte Abendland wirklich zu einer Art Babylon 2.0. Ella-Marie ist jedenfalls kurz nachdem die Kirchenfürsten der beiden deutschen Amtskirchen, die Herren Heinrich Bedford-Strohm und Kardinal Reinhard Marx, ihre Kreuze bei einem Besuch am Tempelberg in Jerusalem im Herbst 2016 abgelegt hatten, aus der evangelisch-lutherischen Kirche ausgetreten.[565] Was für ein Signal sollte mit dieser Geste in die Welt gesendet werden? Ein Zeichen der Unterwerfung? Die Aufgabe des christlichen Glaubens? Diese Geste hoher christlicher Glaubensvertreter hatte sie zutiefst verstimmt. Verstimmt war aber auch der Pastor ihrer Gemeinde und zwar über ihren Austritt aus der Kirche. In einem Schreiben teilte dieser ihr sein Bedauern über ihre Entscheidung mit und dass sie u. a. nun nicht mehr kirchlich bestattet werden könne. Zum einen hat sie aber auch nicht vor, in nächster Zeit den Löffel zu reichen und von dieser herrlichen Welt abzutreten, zum anderen weiß nur der liebe Gott, ob sie ein guter und rechtschaffener Mensch gewesen ist. Ihre eingesparte Kirchensteuer geht jetzt jedenfalls an Projekte und Menschen, die sie persönlich unterstützen möchte und die sie nun selbst aussucht.

Nächstenliebe fängt für Ella-Marie übrigens in den eigenen vier Wänden an, also in der eigenen Familie. Was hätten ihre drei Sprösslinge wohl dazu gesagt, hätte sie sich lieber um die drei Nachbarskinder statt um ihren eigenen Nachwuchs gekümmert? Nächstenliebe endet für sie aber auch nicht an der eigenen Haustür, wobei es ja heißt: Wenn jeder vor der eigenen Tür kehrt, wäre die Straße sauber. Es ist für sie ebenso selbstverständlich, dass man sich zunächst um die Alten, Armen, Schwachen und Kranken im eigenen Land kümmert. Schließlich sind das doch die Nächsten, was aber sinnvolle humanitäre Hilfe und Wohltätigkeit in anderen Ländern der Erde keinesfalls ausschließt. Zur Nächstenliebe und Humanität gehört für sie, und das erachtet sie für ganz wichtig, ebenso eine große Portion Eigenliebe. Diese ist aber bitte nicht mit Egoismus zu verwechseln. Wie kann ein Mensch zu wahrer Nächstenliebe fähig sein, wenn er sich nicht einmal selber liebt? Beschäftigen sich viele Menschen in einer Welt, in der es zunehmend auf Äußerlichkeiten ankommt, nicht lieber mit dem Leben der Promis und Stars als mit ihrem eigenen? Geld, Macht und Schönheit, ob auf natürlichem Wege oder mittels chirurgischer Eingriffe durch Brustvergrößerungen, Schlauchbootlippen dank Botox und Fettabsaugung, scheinen mittlerweile äußerst erstrebenswerte Ziele zu sein. Unterdessen versucht so mancher durch Piercing, Tattoos oder Flesh Tunnel seiner Identität Ausdruck zu verleihen. Wurde früher geraucht, wird heute zunehmend tätowiert. Beides ist jedoch mit gesundheitlichen Risiken verbunden. *„Hat die Tätowiersucht vielleicht etwas damit zu tun, dass der Körper das letzte unveränderbare Eigentum des Menschen in einer sich permanent verändernden und dabei individuelle Werte verlierenden Welt ist? Und demonstriert damit der Tätowierte seine Bereitschaft, selbst dieses letzte Eigentum aufzugeben, nur um nicht hinter dem allgemeinen Zug der Lemminge zurückzufallen? Bietet er sich sozusagen als Kanonenfutter an für das apokalyptische letzte Gefecht des Niedergangs?"* Diese Fragen stellte sich der Autor Dr. Konrad Kustos schon in einem Artikel bei GEOLITICO im Juni 2014.[566]

Nächstenliebe hat jedoch auch ihre Grenzen. Diese beginnen da, wo es ungesund für einen selbst, indem man sich total für eine Sache aufopfert und deshalb krank wird, bzw. für die Gesellschaft eines Land wird, wenn die eigenen Möglichkeiten überschritten und der gesellschaftliche Zusammenhalt aufs Spiel gesetzt werden. Echte Nächstenliebe kommt deshalb nicht moralingesäuert daher, um sich selbst über andere zu erhöhen. Und wenn wir schon mal beim Thema Liebe sind: Wie sieht es denn mit der Heimatliebe, also dem Patriotismus aus? Warum wird diese identitätsstiftende Form der Heimatverbundenheit immer häufiger mit dem Nationalismus, der sich gegenüber anderen Ländern selbst erhöht, oder gar mit dem faschistischen Nationalsozialismus gleichgesetzt? Ist Patriotismus insbesondere in Deutschland mittlerweile nicht fast schon verboten? Nein, so einfach ist das nicht. Dieser ist erlaubt, allerdings nur dann, wenn es um Merchandise-Artikel für Sportveranstaltungen im Rahmen von Europa- und Weltmeisterschaften geht oder von Olympischen Spielen. Dann gibt es von der Deutschlandfahne über Perücken bis hin zu Duschgels alles mit schwarz-rot-goldenem Aufdruck zu kaufen. Und wo es gerade um das Thema Shoppen geht: Immerhin scheint die Kollektion einer Schneiderwerkstatt aus Chemnitz, die ihre Mode mit dem Label „Heimatliebe" versieht, tatsächlich noch verkäuflich zu sein.[567] Hat aber nicht jeder Mensch ein Recht auf Heimat und zwar in dem Land, in dem er geboren wurde? Waren es nicht die Patrioten, die in Mitteleuropa für den demokratisch verfassten Nationalstaat eintraten?[568] So schlecht kann das bislang doch gar nicht gewesen sein – wie gesagt, bislang. Jetzt ist die Ideologie der Globalisierung angesagt, durch die die Welt ja angeblich viel besser werden soll. Diese spricht den Menschen zunehmend das Recht auf Heimat ab, das Recht auf Migration hingegen zu. Googeln Sie doch mal, welche Bedingungen an Sie gestellt werden, wenn Sie beispielsweise nach Australien emigrieren wollen. Sollten Sie älter als 45 Jahre sein, können Sie sich das allerdings sparen, denn Sie sind bereits zu alt für Down Under.

Da hier gerade die Rede von Mode war: Ella-Marie hat schon als Schülerin gerne Handgearbeitetes aus Wolle für den Eigenbedarf, aber auch auf Bestellung gestrickt. Hier sind der Kreativität schließlich keine Grenzen gesetzt. Man muss ja auch nicht immer Mainstreammode tragen. Dabei fand sie persönlich gestrickte Zopfmuster schon immer wunderschön. Doch gehört das mittlerweile nicht auch verboten? Jacken und Strümpfe mit Zöpfen sind doch viel zu traditionell, wenn schon laut der Kita-Broschüre „Ene, meine muh – und raus bist du!" der Amadeu-Antonio-Stiftung Mädchen mit Kleidern und Zöpfen in den Verdacht geraten können, aus einem Nazi-Elternhaus zu kommen?[569] Selbst die blonde Greta aus Schweden trägt ihre Haare in zwei seitlich geflochtenen Zöpfen. Ist die jetzt etwa auch ein Nazi? Dabei hatte sie doch die Pariser Fashion Week inspiriert, wo im Herbst 2019 politisch korrekt Models mit Greta-Zöpfen nebst einer Deko aus echten Bäumen samt Wurzelwerk die neuesten Kreationen der Hersteller für Luxusmode präsentierten.[570] Bestimmt tragen alle Stars und Sternchen aus dem Showbusiness und die feinen Herrschaften aus Politik und Wirtschaft demnächst Roben und Anzüge aus derber Baumwolle, Jute und Leinen, oder was meinen Sie? Die zuvor erwähnte Stiftung unter Leitung einer ehemaligen Stasimitarbeiterin hat sich dem Kampf gegen rechts, also gegen alle, die nicht auf Regierungslinie sind, verschrieben.[571] Dies tut sie mit freundlicher Unterstützung der Bundesregierung dank Zuwendungen aus dem deutschen Steuertopf.[572] Traditionelle Trachtenkleidung in Form von Dirndl einschließlich Rüschenblüschen, Lederhosen, Lodenjanker und Haferlschuhen sind beim mittlerweile bundesweiten Exportschlager aus Bayern, nämlich dem Oktoberfest, hingegen äußerst beliebt. Schließlich lässt dies ja auch die Kassen des Einzelhandels klingeln, wobei heute Kassen ja kaum noch wirklich klingeln. Seit einigen Jahren heißt es daher nicht nur in München, sondern auch im Ruhrpott und in Hamburg: „O´zapft is!"

Gottes schöne Natur

Knapp 20 Jahre hat Ella-Marie ihrer Kinder wegen auf das Motorradfahren verzichtet. Bei dem Zustand vieler bundesrepublikanischer Straßen, die mittlerweile an die in der Endphase der DDR erinnern, braucht es ohnehin schon ein bisschen Mut, sich auf einem Zweirad von A nach B zu bewegen, und wer weiß, wie lange man dies im Zusammenhang mit dem Klimawandel überhaupt noch darf? Vor der Geburt ihrer Kinder war es unter Bikern jedenfalls normal, sich auf der Straße per Handzeichen oder Kopfnicken zu grüßen. Wie hat Ella-Marie es früher immer geliebt, wenn sie ein Harley-Fahrer auf ihrem kleinen japanischen Reiskocher, einer Yahama XV 535, gegrüßt hat. Heute ist das unter vielen Bikern, gleich welcher Herstellermarke, nicht mehr selbstverständlich. Ella-Marie macht jedoch weiter wie vor zwanzig Jahren und hebt entgegenkommenden Motorradfahrern kurz die Hand zum Gruß. Immer seltener grüßende Motorradfahrer sind natürlich kein Riesenproblem, denn es gibt weitaus Wichtigeres. Wer in den 1990er-Jahren mit einem motorisierten Untersatz unterwegs war, hatte in ganz Europa ein echtes „Problem", nämlich in Form von Insekten, die selbst nach kurzer Fahrt die Frontscheibe oder das Visier des Motorradhelms bedeckten. Besonders unangenehm war es, wenn einem mit einem Jethelm gelegentlich ein fetter Brummer ungebremst an die Wange krachte. Und heute? Kaum eines der fliegenden sechsbeinigen Tierchen klebt auf Brille, Visier oder Windschutzscheibe. So schön das auf den ersten Blick auch sein mag: Für die Natur ist dies eine einzige Katastrophe.

Nicht nur, dass die Verspargelung der Landschaft durch Windkrafträder zunehmend wunderschöne Landstriche verschandelt. Diese Anlagen sollen nach einer neueren Studie allein in Deutschland für den Tod von täglich 5,3 Milliarden Fluginsekten verantwortlich sein, aber auch von Tausenden Vögeln und Fledermäusen.[573] Na, und was die ollen Windräder, die ebenso wie die Solaranlagen dank Atomausstieg und Energiewende der Merkel-Regierung für jede Menge Zappelstrom im Netz und angesichts der Zockerei von Stromhändlern an der Börse für eine zunehmende Blackoutgefahr sorgen, an Insekten nicht gekillt bekommen, wird schon durch den Einsatz von Pestiziden geschafft.[574] So beispielsweise mit dem Wirkstoff Glyphosat wie in „Round up" aus dem Hause der Bayer-Tochter Monsanto.[575,576] Der Einsatz des als Krebs auslösend geltenden Glyphosats in der EU wurde durch den ehemaligen Bundeslandwirtschaftsminister Christian Schmidt (CSU) entgegen vorheriger Absprache im Jahr 2017 um fünf weitere Jahre verlängert. Österreich hat sich 2019 jedoch widersetzt und ein komplettes Verbot des Unkrautvernichters beschlossen.[577] Unterdessen machte sich Herr Schmidt vom insektenlosen und unkrautfreien Acker, um jetzt im Aufsichtsrat der Deutschen Bahn AG zu sitzen. Diese ist Deutschlands größter Einzelverbraucher des höchst umstrittenen Herbizids, der mit diesem Mittel das 33.500 km lange Schienennetz entkrautet.[578] Und zum Unkrautzupfen sowie dem Kampf gegen Kaugummis und Fettflecken wurden im August 2019 in Ueckermünde 100 Soldaten des Jägerbataillons 413 eingesetzt. Tja, so kann wenigstens dank der Bundeswehr der Glyphosateinsatz verringert werden, da diese Truppe für andere Einsätze im Sinne Deutschlands ja leider kaum noch tauglich ist.[579]

Bahnfahrten waren für Ella-Marie während ihrer Jugend ein Muss. Anders wäre sie damals in den Ferien nicht zu ihrer Jugendliebe gekommen. Schon damals kostete ein Hin- und Rückfahrticket mit dem Intercity Prinz Eugen von Hamburg Hauptbahnhof nach Wien Westbahnhof rund 270 D-Mark. Deswegen musste Ella-Marie ordentlich Medikamente ausfahren, Nachhilfe geben oder auf Bestellung stricken. Ohne Kohle läuft selbst im Zeitalter der Diesel- und Elektrolokomotiven eben nichts. Immerhin fuhren damals die Züge des Unternehmens der Deutschen Bundesbahn zuverlässig und pünktlich, denn Ella-Marie ist nicht ein einziges Mal mit nennenswerter Verspätung in Wien bzw. Hamburg angekommen. Kann dies der durch Fusion entstandene Großkonzern Deutsche Bahn mit seinen vielen Unternehmen heutzutage noch von sich behaupten? Mitnichten, denn es wimmelt nur so von Verspätungen, Zug- und Klimaanlagenausfällen sowie Modernisierungsstaus, von dem Einbruch der Gewinne um 30 Prozent ganz zu schweigen. Und dies, obwohl so viele Menschen wie noch nie mit der Bahn fahren. Während die Umsätze steigen, tun dies die Schulden auch, weswegen das Unternehmen dringend eine Finanzspritze vom Staat, also vom deutschen Steuerzahler braucht.[580] Doch bitte verzweifeln Sie nicht, denn bald wird alles besser! Bis 2035 wollen die Grünen den Flugverkehr innerhalb Deutschlands so gut wie obsolet machen, den Bahnverkehr stärken und den Netzausbau vorantreiben.[581] Zudem soll es bezahlbare Tickets geben. Na, denn man tau!

Was braucht der Mensch neben Nahrung – nach Möglichkeit bitte nicht in Form von transgenen Pflanzen und Antibiotikafleisch – und einem Dach über dem Kopf zum Leben? Das Geld lassen wir an dieser Stelle mal weg. Er braucht die Luft und den darin enthaltenen Sauerstoff zum Atmen, der ihm dank der Fotosynthese, wohl eine der brillantesten Erfindungen der Natur, durch das CO_2-O_2-Wechselspiel zur Verfügung gestellt wird. Ebenso braucht er Wasser, denn schließlich besteht sein Körper zu knapp zwei Dritteln aus dieser genialen chemischen Verbindung. Apropos Nahrung und Wasser: Allein in Nord- und Ostsee ruhen tickende Zeitbomben aus den beiden Weltkriegen. In Zahlen ausgedrückt heißt das 1,6 Millionen Tonnen an konventionellen und chemischen Waffen, die allein in der Ostsee liegen, und eine Bedrohung für die Meeresbewohner, aber natürlich auch eine große Gefahr für uns Menschen bedeuten. Diese rosten in ihren marinen Endlagern langsam, aber sicher vor sich hin. So wurden beispielsweise in der Kieler Bucht Plattfische gefunden, von denen an munitionsbelasteten Fundorten 25 Prozent einen Lebertumor aufwiesen. Verstrahlte Muscheln mit einem 50-fach höheren Eintrag an chemischen Substanzen wurden in einem Gebiet mit frei liegendem Sprengstoff registriert. Sprengstoff in Form von TNT ist aber nur das eine Problem. Dieses lagert sich beispielsweise an Mikroplastikpartikeln an, die ein immer größeres Problem für Meeresbewohner sind. Daneben können Algen zwar freigesetztes TNT verstoffwechseln, doch die Abbauprodukte, die bei diesem Vorgang entstehen, sind sogar noch giftiger als TNT selbst.[582] Der Mensch steht nun einmal am Ende der Nahrungskette und nicht umsonst sagt eine alte Weisheit „Du bist, was du isst!" In diesem Sinne allen Piscivoren, also allen Fisch(fr)essern, einen guten Appetit! Die Unmengen an Plastikmüll in der Landschaft und in den Ozeanen seien hier nur nebenbei erwähnt.

Von der Nord- und Ostsee jetzt auf den Balkan und in den Irak. Kennen Sie Frieder Wagner? Nein? Das sollten Sie aber. Er ist Regisseur und Grimme-Preisträger, der für ARD und ZDF viele Dokumentationen gedreht hat. Nach seinem Film „Deadly Dust – Todesstaub" von 2007, der bis heute nicht im Fernsehen gezeigt wurde, bekam er keine Aufträge mehr. Doch worum geht es? Er zeigt die Auswirkungen von Uranmunition nach NATO-Einsätzen auf dem Balkan und im Irak. Abgereichertes Uran, sogenanntes depleted uranium, ist ein Abfallprodukt der Atomindustrie, dessen Abrieb sich bei der Verwendung in Form eines Geschosses bei einer Temperatur zwischen 1.000 und 5.000 °C entzündet und explosionsartig verbrennt. Diese Munition hat im wahrsten Sinne des Wortes eine durchschlagende Wirkung im Vernichtungskampf von Mensch und militärischer Ausrüstung.[583] Die dabei entstehenden Nanopartikel sind winzig klein und zerstören Mensch und Umwelt. Daher werden in Kriegsgebieten überdurchschnittlich viele Kinder mit Missbildungen zur Welt gebracht, Luft, Wasser und Natur sind radioaktiv verstrahlt. Erst im Februar 2018 erschien in der WELT ein Artikel über den tödlichen Staub der Uranmunition.[584] Wo aber blieb der Aufschrei in der Bevölkerung? Ach nee, schon klar. Die ist ja so beschäftigt, hängt vor der Glotze, geht shoppen. Und außerdem: Der Nahe Osten ist doch ganz weit weg, während Herr Kleber im ZDF für den Krieg an der russischen Grenze trommelt.

Ach, wissen Sie was, wo wir nun schon einmal ein wenig in der Weltgeschichte unterwegs gewesen sind, kommen Sie doch kurz noch einmal mit in den US-Bundesstaat Georgia. Nein, nicht nach Jekyll Island. Das teure Luxushotel, das nach Auflösung des elitären Clubs dort gebaut wurde, kann sich doch kaum ein Normalsterblicher leisten. Vielmehr geht's nach Elbert County. Dort befinden sich die Georgia Guidestones, eine Art Orientierungstafeln für die Menschheit. Wie, die kannten Sie noch nicht? Die amerikanischen Stonehenge bestehen aus sechs Granitplatten, ca. 6 Meter hoch und fast 100 Tonnen schwer. Sie tragen eine Inschrift in Englisch, Spanisch, Swahili, Hindi, Hebräisch, Arabisch, altem Chinesisch und Russisch – Deutsch ist leider nicht dabei – mit folgendem Wortlaut: *Halte die Menschheit unter 500.000.000 in fortwährendem Gleichgewicht mit der Natur. Lenke die Fortpflanzung weise - um Tauglichkeit und Vielfalt zu verbessern. Vereine die Menschheit mit einer neu-*

en, lebenden Sprache. Beherrsche Leidenschaft – Glauben – Tradition und alles Sonstige mit gemäßigter Vernunft. Schütze die Menschen und Nationen durch gerechte Gesetze und gerechte Gerichte. Lass alle Nationen ihre eigenen Angelegenheiten selbst/intern regeln und internationale Streitfälle vor einem Weltgericht beilegen. Vermeide belanglose Gesetze und unnütze Beamte. Schaffe ein Gleichgewicht zwischen den persönlichen Rechten und den gesellschaftlichen/sozialen Pflichten. Würdige Wahrheit – Schönheit – Liebe – im Streben nach Harmonie mit dem Unendlichen. Sei kein Krebsgeschwür für diese Erde – lass der Natur Raum – lass der Natur Raum."[585]

Ein Mensch wie jeder andere

An dieser Stelle endet die Geschichte von Ella-Marie Arndt. Manch einer wird sich vielleicht hier oder da gedacht haben, das weiß ich doch schon oder das kommt mir irgendwie bekannt vor. Vielleicht haben Sie sich manchmal auch dabei ertappt, dass Sie gefragt haben: Wohin soll das alles noch führen? Wahrscheinlich geht es insbesondere der etwas älteren Generation ähnlich wie Ella-Marie, die schon seit etlichen Jahren das Gefühl hat, in einer Art falschem Film zu sitzen. Möglicherweise hat der eine oder andere von Ihnen sich während des Lesens die Frage gestellt, was es denn nun eigentlich mit dieser Ella-Marie auf sich hat, über deren Leben hier ja teilweise ziemlich detailliert geschrieben wurde. Ich werde Sie nicht länger auf die Folter spannen und Ihnen des Rätsels Lösung umgehend liefern.

Nein, eine Ella-Marie Arndt gibt es nicht. Aber es gibt eine Petra Paulsen, die mit dem Mädchennamen Arndt zur Welt gekommen ist. Die gesamte Rahmenhandlung, die Sie zuvor gelesen haben, ist wahr. Sie ist ein Teil meiner Lebensgeschichte. Ob die Sache mit dem Uni-Professor, der Bushaltestelle oder dem gewalttätigen Lehrer meines Sohnes – diese haben sich wie beschrieben ereignet und mich auf den Plan gerufen. Lediglich der Name Ella-Marie ist eine Erfindung meinerseits. Er setzt sich aus den Vornamen meiner beiden Omas zusammen, die beide leider nicht sehr alt geworden sind. Als Belege für den Wahrheitsgehalt meiner Vergangenheit habe ich dem Anhang ein paar Dokumente beigefügt. Sie wissen ja, im Zeitalter von Fake News weiß man nie, was einem alles so untergeschoben wird. Warum aber habe ich diesen Teil des Buches nicht in der Ich-Form geschrieben, sondern Ihnen die Geschichte von Ella-Marie erzählt? Der Grund hierfür ist ganz einfach: Ich wollte, dass Sie sich darauf einlassen und sich nicht auf mich als Person fixieren. Schließlich bin ich ein ganz normaler Mensch aus der Mitte der Gesellschaft mit meiner eigenen persönlichen Geschichte, aber auch mit Problemen und Sorgen wie jeder andere Mensch auch. Ich mache mir große Sorgen um die Zukunft Deutschlands, Europas und der übrigen Welt. Schließlich bin ich eine Frau mit drei eigenen Kindern, aber auch mit vielen ihr anvertrauten Schülern sowohl deutscher als auch internationaler Herkunft. Darüber hinaus habe ich privat zu vielen Menschen mit ganz unterschiedlichen Wurzeln aus dem Ausland und verschiedenen Glaubens Kontakt, die das, was zurzeit in Europa läuft, genauso kritisch sehen wie ich.

Ich bin ein Mensch mit Herz und Hand, aber auch mit Sinn und Verstand. Von meinen Eltern habe ich erfahren, was der Krieg mit den Menschen macht. Was ich mit hundertprozentiger Sicherheit weiß: Ich liebe die Menschen, die Natur und bin ein Fan meines Heimatlandes Deutschland sowie von Europa. Dazu stehe ich. Punkt. Aus. Ende.

Das Leben in historischen Zeiten

Nichts ist mehr wie früher

Die etwas Älteren unter uns wissen mit Sicherheit noch, was sie am Tag des Mauerfalls oder am 11. September 2001 gemacht bzw. wie sie von diesen Ereignissen erfahren haben. Von den Anschlägen auf das World Trade Center erfuhr ich durch meinen Mann, der mich aus China anrief und meinte, ich solle unbedingt den Fernseher anmachen. Ich hatte mich gerade ein wenig hingelegt, als Mutter mit zwei kleinen Kindern und Kind Nr. 3 im Bauch. Wie von meinem Göttergatten aus der fernen kommunistisch regierten Volksrepublik geheißen, schaltete ich die Flimmerkiste ein und wählte den Sender CNN. Zunächst dachte ich, da läuft ein Horrorfilm aus Hollywood. Es brauchte einige Zeit, bis ich realisierte, was dort tatsächlich geschehen war. Diese Bilder der einstürzenden Twin Towers dürften sich in das kollektive Gedächtnis von Millionen eingebrannt haben. Knapp 3.000 Menschen verloren ihr Leben bei den Anschlägen mit drei Passagierflugzeugen auf das Welthandelszentrum und das Pentagon sowie auf dem United-Airlines-Flug 93 in der Nähe von Shanksville, Pennsylvania . Unterdessen starben bis heute weitere 2.400 Menschen an den Spätfolgen der Terroranschläge, Zehntausende erkrankten an den Schadstoffen in der Luft.[586] Wer aber erinnert sich heute noch an die Anschläge mit Anthrax, also Milzbrandsporen, im September 2001 auf mehrere Senatoren und Nachrichtensender in den USA? Hierzu mein Tipp: Ein äußerst interessantes Interview mit Ken Jebsen und dem deutschen Arzt Heiko Schöning.[587]

Die meisten starben unter den Trümmern des WTC. Darunter begraben wurden aber auch unzählige Kunstobjekte wie das in New York ansässige

Beutekunstarchiv der Kunstabteilung der US-Zollbehörde in WTC 7, dem Sitz von US-Behörden und Finanzunternehmen. Sämtliche Unterlagen zur Raub- und Beutekunst wurden verschüttet und *„viele Fälle werden sich überhaupt nicht mehr rekonstruieren lassen"*, so die Aussage des Kunstfahnders Willi A. Korte bereits im September 2001.[588] Ursprünglich wollte David Rockefeller als Vorstandsvorsitzender der Chase Manhattan Bank den Bau der Zwillingstürme finanzieren, was ihm jedoch verwehrt blieb. Das Richtfest für den Nordturm fand am 23. Dezember 1970, also auf den Tag genau 57 Jahre nach Gründung der Fed statt. Heute steht übrigens an diesem historischen Ort das One World Trade Center, dessen Richtfest am 10. Mai 2013 begangen wurde. Es ist das höchste Gebäude von New York, der USA und sogar mit einer symbolischen Höhe von 541,3 Metern – bitte einmal die Quersumme bilden – das höchste Gebäude der westlichen Hemisphäre.[589]

Äußerst interessant ist im Zusammenhang mit den Anschlägen von 9/11, dass Osama bin Laden zum weltweiten Terroristen Nr. 1 erklärt wurde, während die Regierung von George W. Bush, die aus der Vergangenheit geschäftliche Beziehungen zur Familie Bin Ladens, aber auch zur saudischen Königsfamilie pflegte, hochrangigen Saudi-Arabern nach den Anschlägen eine Vorrangbehandlung beim Verlassen der USA zukommen ließ und zwar trotz landesweiter Flugverbote.[590] Diese waren zuvor nicht einmal als Zeugen vernommen worden, obwohl einige Attentäter saudi-arabischer Herkunft gewesen sein sollen. Dabei führte die Spur mehrerer von ihnen nach Hamburg, wo die Anschläge an Alter und Elbe nach pseudoreligiöser Gehirnwäsche geplant wurden.[591] Nachdem Bin Laden zehn Jahre nach den Anschlägen von einer Sondereinheit aufgespürt und ermordet wurde, wurden die Fotos seiner Hinrichtung vernichtet, bevor der Rechtsstreit mit der Stiftung Judicial Watch, die auf die Herausgabe der Aufnahmen gedrängt hatte, entschieden war. Die Begründung: Die Bilder des toten Osama bin Laden, dessen Leichnam gemäß Aussage des damaligen Präsidenten Barack Obama dem Meer übergeben wurde, sollten in Absprache von Obama mit seiner Außenministerin Hillary Clinton und seinen Geheimdienstteams nicht als Propaganda-Werkzeug benutzt werden können.[592,593] Angela Merkel äußerte sich übrigens über den Tod von Bin Laden mit folgendem Satz: *„Ich freue mich darüber,* *dass es gelungen ist, Bin Laden zu töten."*[594] Und das als Christin! Mir persönlich wäre es lieber gewesen, man hätte ihn gefangen genommen und ihm den Prozess gemacht. Dummerweise ist es aber immer dasselbe Spiel: Ob im Fall Bin Laden, Hussein, Gaddafi oder aber auch Anis Amri mit jeder Menge Merkwürdigkeiten – keiner kann mehr reden.

Nachdem binnen kürzester Zeit, nämlich nur einen Tag später, durch die UN-Resolution 1368 die Anschläge verurteilt wurden, den USA die militärische Selbstverteidigung gestattet und westliches Militär im Rahmen des ersten NATO-Bündnisfalles nach Afghanistan entsandt wurde, war sicherlich nicht nur mir klar, dass 09/11 eine historische Zeitenwende bedeuten würde.

Erinnerungen an den Herbst 2015

Ich kann mich ebenso gut an den Moment erinnern, als ich von dem Kühltransporter mit den über 70 toten Flüchtlingen im österreichischen Parndorf/Burgenland erfahren hatte. Es kam gerade im Radio, als ich am 27. August 2015 an der Ampel Mariahilfer Straße/Ecke Westbahnhof in Wien stand. Meine Tochter, die mit von der Partie war, und ich waren zutiefst schockiert. Immer mehr Details kamen im Laufe der folgenden Tage ans Licht. So auch, dass vier Kinder unter den Toten waren. Sie waren einfach so erstickt. Wozu sind Menschen eigentlich fähig? Natürlich hatte ich vorher schon Berichte und Reportagen über die Lampedusa-Flüchtlinge in Italien gesehen. Das alles kann wohl keinen Menschen kaltlassen. Da begeben sich Menschen auf die Flucht, zahlen dafür Unsummen an Schlepper, ertrinken bei der Überquerung des Mittelmeeres mit einem Schlauchboot oder ersticken erbärmlich in einem Kühltransporter.

Die Entscheidung Angela Merkels in der Nacht vom 4. auf den 5. September 2015, die Grenzen nach Österreich und Deutschland in Absprache mit dem damaligen österreichischen Bundeskanzler Werner Faymann zu öffnen, um in Ungarn angesichts der vielen Flüchtlinge aus dem Nahen Osten eine humanitäre Katastrophe zu verhindern, konnte ich schon damals aufgrund des Umstandes, weiterhin auf Grenzkontrollen, Identitätsfeststellungen und Registrierungen zu verzichten, nicht so ganz nachvollziehen. Konnte man wirklich davon ausgehen, dass unter den in Europa ankommenden Menschen tatsächlich nur welche in bester Absicht kamen, gezeichnet durch einen Bürgerkrieg oder politische Verfolgung? Was war mit der Dublin-III-Regel? Was mit der Anwendung des Artikels 16a GG bezüglich des Asylrechts? Welche Bedeutung hatte die Genfer Flüchtlingskonvention noch, die den Flüchtlingsstatus zum Beispiel für Kriegsverbrecher ausschließt? Nachdem innerhalb einer Woche die Flüchtlingsströme nicht abebbten, Kontrollen aber weiterhin ausgesetzt wurden, wurde mir langsam mulmig. Nein, ehrlich gesagt, mir wurde angst und bange. Anders, als es die Mainstreammedien kundtaten, sah ich überwiegend junge Männer nach Deutschland kommen. Junge Männer, allein reisend, ohne Familien, ohne Papiere, dafür aber immer ein Smartphone dabei. Junge Männer mit Abenteuerlust im Gepäck. Junge Männer in Stärke einer Armee, so mancher von ihnen sicherlich kampferprobt in seiner Heimat. Junge Männer einer Alterskohorte, die in jedem Kulturkreis als Problemgruppe gilt. Junge Männer mit Testosteron bis unter die Schädeldecke, die das natürliche Zahlenverhältnis der Geschlechterverteilung durcheinanderbringen. Junge Männer aus einem archaischen Kulturkreis mit einem völlig anderen Weltbild und Werteverständnis. Junge Männer, die die westliche Lebensweise oftmals ablehnen, ja sogar verachten, und für die die Gleichberechtigung von Mann und Frau oft nicht gilt, da sie Frauen entweder als minderwertig, ihr Eigentum oder insbesondere westlich sozialisierte Frauen als ungläubige Huren betrachten.

Unsere Regierung hielt ich damals für verdammt verantwortungslos gegenüber uns Bürgern. Schließlich musste sie doch um die Interessen des Islamischen Staates, mit Macht und Terror ein Kalifat im Nahen Osten errichten zu wollen, wissen. Dazu gehörten natürlich auch immer wieder Anschläge in Europa. Denken wir nur einmal an die Anschläge von Paris im November 2015. Diese wurden schließlich nicht von autochthonen Franzosen verübt, sondern von Menschen mit Migrations- und islamistischem Hintergrund, u. a. aus Frankreich, Belgien, dem Irak sowie Syrien.[595] Musste man die Integration insbesondere der aus Europa stammenden Attentäter in die europäische Gesellschaft nicht als total gescheitert betrachten? Das Interesse fundamentaler Islamisten, den Islam weltweit zu verbreiten, dürfte der Regierung ebenfalls bekannt gewesen sein. Hatte doch schon 1998 Recip Tayyip Erdogan, damals noch Bürgermeister von Istanbul, gesagt: *„Die Demokratie ist nur der Zug, auf den wir aufsteigen, bis wir am Ziel sind."* Weiter rezitierte Erdogan, dessen langer politischer Arm über den Islamverband DITIB mittlerweile weit nach Deutschland hineinreicht, aus diesem religiösen Gedicht: *„Die Moscheen sind unsere Kasernen, die Minarette unsere Bajonette, die Kuppeln unsere Helme und die Gläubigen unsere Soldaten."*[596] Hatte die Bundesregierung nicht in erster Linie uns Bürger zu schützen? Wusste sie nicht, dass weltweit 200 Millionen Christen verfolgt werden, Tendenz steigend?[597] Stattdessen wurde aber die Moral der Bundeskanzlerin über geltendes Recht gestellt und das bis zum heutigen Tage. Allein der Bericht des Berliner Verfassungsschutzes für das Jahr 2015, für den Redaktionsschluss Ende April 2016 war, und der kleingedruckt den Hinweis „Dieser Verfassungsschutzbericht erwähnt nicht alle Beobachtungsobjekte des Berliner Verfassungsschutzes" enthält, hätte aus meiner Sicht Anlass genug für die Bundesregierung sein müssen, eine totale Kehrtwende hinsichtlich der Migrationspolitik zu machen. So ist darin beispielsweise Folgendes zu lesen: „Zentrale Herausforderung der deutschen Sicherheitsbehörden ist die auch 2015 angestiegene Zahl an Islamisten, die Deutschland mit dem Ziel Syrien oder Irak verlassen haben. Vor allem Rückkehrer aus Syrien, die an Waffen ausgebildet wurden und womöglich kampferprobt sind, stellen ein hohes Risiko dar, hier Anschlagspläne zu verfolgen, wie sie die jihadistische Propaganda immer wieder fordert."[598]

Dass durch Deutschland und ganz Europa spätestens seit dem Jahr 2015 die Spaltaxt getrieben wird, gehört nun nicht gerade zu den Top-News. Der gesellschaftliche Zusammenhalt wurde durch die Migrationspolitik nachhaltig geschädigt. Wer aber schon immer mit offenen Augen durch die Welt ging, konnte schon seit Längerem ein immer rauer werdendes gesellschaftliches Klima feststellen. Ich persönlich mache dafür nicht den medial allgegenwärtigen Klimawandel verantwortlich, sondern vielmehr politische Entscheidungen. Die Gesellschaft ist auf dem besten Weg, sich zu entsolidarisieren, sich zu atomisieren, was in vielen Teilen schon erreicht ist. So stellt sich einem die Frage „Cui bono?", also wem zum Vorteil? Dem gesellschaftlichen Zusammenhalt nutzt es jedenfalls nicht.

Zum Glück habe ich meine Familie und gute Freunde. Guten Freunden und Bekannten von mir, Menschen aller Gesellschaftsschichten mit ganz unterschiedlichen Berufen aus West- und Ostdeutschland, aber auch aus dem europäischen Ausland, ist es ähnlich ergangen wie mir. Viele von ihnen sind ebenfalls Eltern bzw. schon Großeltern, auch Kinderlose gehören dazu. Nahezu täglich tauschten wir Informationen aus. Irgendwann hatte ich dann das Gefühl, mehr tun zu müssen, als sich nur gegenseitig die neuesten Horrormeldungen zuzuschicken. Ausschlaggebend waren zwei Fotos, die ich per WhatsApp erhalten hatte. Darauf sah ich eine junge Frau um die 20, eine Bekannte der Tochter einer Freundin von mir. Diese war mit einer Freundin im Speckgürtel Hamburgs unterwegs gewesen und von zwei jungen Migranten zusammengeschlagen worden, weil sie kein „Ficki-Ficki" mit denen machen wollten. Die Fotos von der jungen Frau waren entsetzlich: ein Auge zugeschwollen, die Wangen aufgedunsen und blutunterlaufen. Was wäre, wenn es mein Kind, das von Freunden oder Bekannten treffen würde?

Der erste Schritt

Mein Entschluss stand fest. Ich setzte mich hin und verfasste eine Rundmail an diverse Personen, über die ich zu verschiedenen Themen in den vergangenen Monaten in den Medien und im Internet gestolpert war. Der Inhalt dieser Mail lautete:

+++ MIGRATION +++ TÜRKEI +++ INTEGRATION +++ ISLAM(IS-MUS) +++ MERKEL +++ TERROR +++ GRENZSICHERUNG +++ WIRTSCHAFT +++ INNERE SICHERHEIT +++ BILDUNG +++

11. August 2016

Sehr geehrte Damen, sehr geehrte Herren,

worauf warten wir in Deutschland, in Europa - auf die nächste Großrazzia, neuerliche Terrorwarnungen, einen weiteren Anschlag eines islamistischen Einzeltäters oder auf den ganz großen Knall???

Ich kann einfach nicht mehr ... Nein, ich kann einfach nicht mehr täglich die Nachrichten hören, sehen oder lesen, die Hände in den Schoß legen und nichts tun. Schließlich bin ich (49 Jahre, gebürtige Hamburgerin, verheiratet) zum einen Mutter von drei Kindern (14, 17, 18 Jahre), zum anderen verbeamtete Lehrerin und Personalrätin an einer Hamburger Stadtteilschule, d. h. ich habe sowohl privat wie auch beruflich ein Interesse daran, was in diesem Land geschieht und wie die Zukunft dieses Landes aussehen wird.

Vor gut einem Jahr war für mich die Welt in Deutschland vermeintlich noch mehr oder weniger in Ordnung, doch dieser Eindruck hat sich drastisch geändert. Zum einen haben die sexuellen Übergriffe in der Silvesternacht und die islamistisch motivierten Terroranschläge in Würzburg und Ansbach sowie in Frankreich und Belgien dazu beigetragen. Andererseits hat sich das Bevölkerungsbild einer Kreisstadt, nur 6 km von meinem Wohnort entfernt, mit knapp 25.000 Einwohnern innerhalb kürzester Zeit stark verändert. Beruflich war ich noch nie direkt oder indirekt in so viele Konfliktfälle von Schülern mit Migrationshintergrund involviert wie im vergangenen Schuljahr. Ich selbst war nie eine Helikoptermutter, die ihre Kinder ständig umkreist hat. Natürlich habe ich mir als Mutter Sorgen gemacht und meine Kinder auf die Gefahren im Verkehr hingewiesen und sie vor dem Mitgehen mit Fremden gewarnt. Jetzt aber, wo meine Kinder langsam flügge werden, alleine mit Freunden in Diskotheken, auf Reisen und Veranstaltungen gehen, komme ich aus Angst vor sexuellen und gewalttätigen Übergriffen oder gar Attentaten durch Menschen mit Migrationshintergrund kaum noch zur Ruhe, da ich selber beruflich wie auch privat Opfer solcher Taten kenne.

Für mich ist es keineswegs normal, dass sich mittlerweile viele Menschen mit Pfefferspray o. Ä. bewaffnen, Selbstverteidigungskurse besuchen, den „Kleinen Waffenschein" beantragen, ihre Autos von innen verriegeln, öffentliche Plätze und Großveranstaltungen meiden, sich aus Angst vor Wohnungseinbrüchen nicht einmal mehr zu Hause sicher fühlen sowie sich Gedanken über das Auswandern machen. Ebenso empfinde ich es als äußerst befremdlich und extrem bedenklich, dass ein Bekannter von mir, Polizist in Lübeck, von einem ihm und seinen Kollegen verhängten Maulkorb in Sachen Flüchtlingspolitik berichtet und dem Kollegium meiner Schule nahegelegt wurde, über einen Vorfall mit Acht- und Zehnklässlern im Zusammenhang mit einer Schreckschusspistole und Allahu-akbar-Rufen gegenüber der Elternschaft zu schweigen. Des Weiteren finde ich es erschreckend, dass langjährige Freundschaften durch die Politik der offenen Grenzen zerbrechen, da es nur noch das Lager der Gutmenschen und der Rassisten zu geben scheint. Traurig stimmt mich zudem die berechtigte Sorge vieler Menschen, aber insbesondere alleinerziehender Mütter, vor der drohenden Altersarmut.

Deutschland hat sich auf einen gefährlichen Weg begeben. An das „Wir schaffen das" von Frau Merkel glauben mittlerweile nur noch 8 % der Befragten. Der innere Zusammenhalt der Gesellschaft zerfällt zusehends, links- und rechtsextremistische Anschläge binden die Sicherheitskräfte, innerpolitische Konflikte der Türkei finden hier ihren Ausdruck, die religiösen und gesellschaftlichen Konflikte aus dem Nahen Osten stoßen bei uns auf fruchtbaren Boden, der Terrorismus des IS wurde importiert, die Salafistenszene blüht und für Millionen Afrikaner ist Deutschland das Ziel ihrer Träume auf ein besseres Leben. Nahezu täglich stehe ich im Austausch mit einem sehr guten Freund, dem Leiter der Bundespolizei am Hamburger Flughafen, den ich mit seiner ausdrücklichen Genehmigung in diesem Schreiben erwähnen darf. Herr Thomas Seifert verfügt über langjährige Berufserfahrung zum Thema Migration, insbesondere der illegalen Migration, und kann auf Erfahrungen durch lange Auslandseinsätze auf dem Balkan und in Libyen zurückgreifen. Wie auch ich steht Herr Seifert dem derzeitigen Migrationsgeschehen äußerst skeptisch gegenüber und wir beide stellen in unseren Berufsfeldern zunehmend die erodierenden Kräfte von Kollegen aufgrund von Personalmangel, Überlastung und Überforderung durch Aufgaben, für die wir nicht ausgebildet sind (z. B. Umgang mit traumatisierten Flüchtlingen), fest.

Tagein, tagaus verfolge ich die News zu den oben im Betreff genannten Punkten im TV und online, stelle Internetrecherchen zu bestimmten Artikeln an, gucke Diskussionsrunden, Interviews und Talkshows und lese Bücher wie „Generation Allah", „Vorsicht, Bürgerkrieg", „Das ist ja irre", „Deutschland im Blaulicht" und „Die Patin". Und hier kommen Sie, meine sehr geehrten Damen und Herren, als Buchautoren, Publizisten, Talkshowgäste, Islamkritiker oder Sicherheitsexperten, um nur einige Beispiele zu nennen, ins Spiel. Uns allen ist gemeinsam, dass wir weder fremdenfeindlich noch rechtsradikal sind. Jeder Einzelne von uns sieht aufgrund seines professionellen Hintergrundes jedoch die diversen Probleme, die sich aufgrund der derzeitigen Migrationspolitik ergeben und die viele von Ihnen in den vergangenen Monaten in den Medien benannt haben. An dieser Stelle seien als einige Beispiele nur die zunehmende Kriminalität, Einschleppung von Terror, die steigende Radikalisierung unter jungen Muslimen und zunehmend aufgeweichte Bildungsstandards genannt.

Was möchte ich mit diesem an Sie gerichteten Schreiben erreichen? Zum einen möchte ich stellvertretend für viele Bürgerinnen und Bürger Ihnen durch meine persönlichen Ängste und Erfahrungen einen Eindruck vermitteln, was viele Menschen in diesem Land bewegt. Zum anderen, und dies ist mir noch viel wichtiger, möchte ich Sie anregen und bitten, dass wir uns aufgrund unserer ganz unterschiedlichen Berufsfelder z. B. via E-Mail „connecten" und austauschen. Vielleicht ist diese Idee naiv gedacht, doch ich möchte etwas anschieben und vielleicht hat einer von Ihnen ja eine viel bessere Idee, wie nicht parteipolitisch aktive Menschen etwas erreichen können. Ihren Antworten, Kritiken oder Anregungen zu diesem Schreiben sehe ich erwartungsvoll entgegen!

Mein Wunsch für unsere Zukunft, die unserer Kinder und die Zukunft dieses Landes: Möge Deutschland ein friedvolles Land sein, in dem Meinungs- und Pressefreiheit herrschen, die Sicherheit gewährleistet und das Leben lebenswert ist!

Ich wünsche Ihnen allen noch einen ruhigen und erholsamen Sommer und verbleibe
mit freundlichen Grüßen
Ihre Petra Paulsen

Diese Mail wurde an folgende Personen verschickt:
Frau Serap Cileli, Frau Prof. Dr. Gertrud Höhler, Frau Tania Kambouri, Frau Dr. phil. Necla Kelek, Frau Alice Schwarzer, Herrn Stefan Aust, Herrn Wolfgang Bosbach, Herrn Henryk M. Broder, Herrn Prof. Dr. Dr. Udo Di Fabio, Herrn Sebastian Fiedler (BDK), Herrn Dr. Norbert van Handel, Herrn Prof. Dr. Hans-Olaf Henkel, Herrn OStD Josef Kraus (DL), Herrn General a.D. Harald Kujat, Herrn Dipl.-Psych. Ahmad Mansour, Herrn Dr. Hans-Joachim Maaz, Herrn Heinz-Peter Meidinger (DPhV), Herrn Jörg Radek (GdP), Herrn Prof. Dr. Bernd Raffelhüschen, Herrn Axel Retz, Herrn Prof. Dr. Thomas Rödel, Herrn Generalmajor a.D. Gerd Schultze-Rhonhof, Herrn Prof. Dr. Hans-Werner Sinn, Herrn Prof. Dr. Peter Sloterdijk, Herrn Dr. Guido Steinberg, Herrn Claus Strunz, Herrn Prof. Dr. Bassam Tibi, Herrn Dr. Udo Ulfkotte, Herrn Rainer Wendt (DPolG), Herrn Staatssekretär a.D. Willy Wimmer, Herrn Deniz Yücel.

Die Resonanz auf dieses Schreiben war eher durchwachsen. Es meldeten sich nur sechs der Angeschriebenen. Zwei von ihnen – Axel Retz und Baron Norbert van Handel – baten mich darum, diesen Brief im Internet veröffentlichen zu dürfen. Dies gestattete ich ihnen nach einem gewissen Zögern, zumal sie zuvor selbst offene Briefe geschrieben hatten. Die Veröffentlichung im Internet veranlasste mich, aufgrund der Leserkommentare einen weiteren Artikel zu schreiben, der am 28. August 2016 von EPOCH TIMES mit folgendem Inhalt online gestellt wurde:

Unzählige Male habe ich seit dem Erscheinen meiner Rundmail u. a. bei EpochTimes, quer-denken.tv und auf Facebook von Freunden, Bekannten und in Kommentaren zu hören bekommen, „Du bist echt mutig!", „Muss man als verbeamtete Lehrerin nicht Angst vor beruflichen Folgen haben?" oder „Sie spricht mir aus der Seele." Natürlich habe ich mir Gedanken darüber gemacht, welche beruflichen Konsequenzen ein solcher Schritt möglicherweise für mich haben könnte. Schließlich hänge ich an meinem Beruf, denn ich arbeite gern als Lehrerin mit jungen Menschen. Nach § 2 des Hamburgischen Schulgesetzes

„ist es Aufgabe der Schule, die Schülerinnen und Schüler zu befähigen und ihre Bereitschaft zu stärken,

> ihre Beziehungen zu anderen Menschen nach **den Grundsätzen der Achtung und Toleranz,** der **Gerechtigkeit und Solidarität** sowie der **Gleichberechtigung der Geschlechter zu gestalten** und **Verantwortung für sich und andere zu übernehmen,**

> an der Gestaltung einer der Humanität verpflichteten **demokratischen Gesellschaft mitzuwirken** und für ein **friedliches Zusammenleben der Kulturen** sowie für **die Gleichheit und das Lebensrecht aller Menschen einzutreten,**

> das **eigene körperliche und seelische Wohlbefinden** ebenso wie **das der Mitmenschen wahren** zu können und

> Mitverantwortung für die Erhaltung und den Schutz der natürlichen Umwelt zu übernehmen."

(HmbGS vom 16.04.1997).

Als Lehrerin bin ich folglich zum einen zur Vermittlung und Stärkung dieser sozialen Kompetenzen bei Kindern und Jugendlichen verpflichtet, zum anderen sehe ich es als Bürgerin, Mutter und Lehrerin dieses Landes in Anlehnung an diese Werte und an die im Grundgesetz verbriefte freie Meinungsäußerung ebenso als meine Pflicht an, auf die derzeitigen politischen Fehlentscheidungen und gesellschaftlichen Fehlentwicklungen hinzuweisen.

Nur ein paar persönliche Erfahrungen als Beispiele: Eine ehemalige Schülerin von mir ist Opfer eines sog. Antänzers in der Silvesternacht in Hamburg geworden, die Tochter von Freunden konnte sich in derselben Nacht einem Antänzer in Düsseldorf glücklicherweise erfolgreich zur Wehr setzen. Bereits im Februar hatte ich von einem Waffenhändler in Norderstedt erfahren, dass es im dortigen Erlebnisbad Arriba vermehrt zu sexuellen Übergriffen durch Migranten käme. Ende Februar kam es dann in zwei Fällen zu sexueller

Nötigung und Vergewaltigung im Arriba (u. a. FOCUS online). Laut Bundesjustizminister Heiko Maas wird nur eine von zehn Vergewaltigungen in Deutschland angezeigt und nur acht Prozent der Vergewaltigungsprozesse enden mit einer Verurteilung. Zwei junge Frauen aus dem Bekanntenkreis der Tochter einer Freundin von mir sind vor Kurzem ebenfalls in Norderstedt von zwei Asylbewerbern zusammengeschlagen worden. Dies sind zwei weitere Fälle, die ebenfalls nicht in der Polizeistatistik auftauchen werden, da sie gar nicht erst angezeigt wurden, die mich aber letztendlich dazu gebracht haben, meine Komfortzone zu verlassen und an die Öffentlichkeit zu gehen.

Ich spreche mit vielen Menschen unterschiedlicher sozialer und kultureller Herkunft sowie aller Altersklassen. Allen gemeinsam ist die Angst vor Terror, Überfremdung und dem gesellschaftlichen Zerfall Deutschlands. Zunehmende Kriminalität, politische Islamisierung, Entstehung weiterer Parallelgesellschaften und No-Go-Areas, Radikalisierung ganz unterschiedlicher politischer Strömungen, zunehmende Kinder- und Altersarmut, unterschiedliche Bildungschancen, fehlender bezahlbarer Wohnraum für junge Familien, Studenten, Rentner und Menschen mit nur geringem Einkommen u. v. m. verheißen nichts Gutes. Hinzu kommt die wachsende Sorge vieler hier gut integrierter Menschen mit Migrationshintergrund und echter Kriegsflüchtlinge vor ausländerfeindlichen und/oder religiösen Übergriffen.

Deutschland ist ein reiches Land – das stimmt. Leider ist der Reichtum jedoch sehr ungleich verteilt und die Schere zwischen Arm und Reich wird immer größer. Der Polizeiapparat wurde seit Jahren kaputtgespart und an den Schulen kämpfen Lehrer und Sozialpädagogen mit den Themen Integration und Inklusion von Kindern mit und ohne Migrationshintergrund – zwei Mammutaufgaben, insbesondere bei fehlendem pädagogischen Fachpersonal. Die „Integration ist bei einem Großteil der Ausländer gescheitert" titelte am 04.01.2016 die HUFFINGTON POST online. 1,1 Millionen Flüchtlinge seien 2015 nach Deutschland gekommen. Vielleicht waren es auch 1,5 Millionen? Keiner weiß es so genau. Der anerkannte ehemalige Verfassungsrichter **Udo Di Fabio ordnet Angela Merkels Politik der offenen Grenzen als einmaligen historischen Rechtsbruch ein.** Der Bundestag wurde zu dieser folgenschweren Entscheidung nicht gehört, die Dublin-Verordnung und das Schengen-Abkommen kurzerhand außer Kraft gesetzt. Bis zum heutigen Tag ist die deutsche Grenze offen. Dabei berichten die Medien aktuell über steigende Migrantenzahlen z. B. über die Schweiz und Polen, in Ägypten entwickelt sich ein neuer Hotspot und die meisten Migranten kommen laut Frontex mittlerweile über Libyen nach Italien. Was aber passiert, wenn jetzt im Spätsommer wieder verstärkt Migranten den Weg über das Mittelmeer nach Europa wählen mit dem Ziel Deutschland? Der österreichische Verteidigungsminister Hans Peter Doskozil kritisiert in „Die Presse.com" vom 25.08.2016 Angela Merkels Flüchtlingspolitik als unverantwortlich. Ich gehe noch einen Schritt weiter und sage, sie ist nicht nur unverantwortlich, sondern auch hochgradig inhuman und unmoralisch, da sie weitere gesellschaftliche Verwerfungen und viele weitere tote Flüchtlinge billigend in Kauf nimmt. Und was geschieht, wenn Tausende von Menschen ihre Hoffnung auf Wohlstand in Deutschland nicht erfüllt sehen?

Die sogenannte Flüchtlingskrise beschäftigt ganz Deutschland und spaltet Europa. So wurde gerade in Österreich Asylbetrug in großem Stil mit einem Schaden von 100 Millionen Euro in der Zeit von 2007 bis dato aufgedeckt. Italien und Griechenland drängen auf Umsiedlung von Migranten, die dort unter zum Teil menschenunwürdigen Bedingungen leben, das Einwanderungsland Schweden leidet unter einer extrem hohen Arbeitslosen- und Vergewaltigungsrate, in Calais in Frankreich herrscht Ausnahmezustand und in Tschechien wurde Angela Merkel am 26.08.2016 mit etlichen Demonstrationen gegen ihre Flüchtlingspolitik begrüßt.

Bis zu 80 % der Migranten sind ohne Papiere eingereist, Tausende von ihnen sind untergetaucht oder haben noch keinen Asylantrag gestellt, die durchschnittliche Bearbeitungszeit von Asylanträgen beträgt momentan sieben Monate und immer mehr Asylbewerber reichen Klage wegen zu langer Bearbeitungszeiten ein. Darüber hinaus gestaltet sich die Abschiebung abgelehnter Asylbewerber als äußerst schwierig und sehr kostenintensiv. Hinzu kommt, dass das Kopftuch- und Burka-Verbot, der Bundeswehreinsatz im Inneren, die doppelte Staatsbürgerschaft, das Verschwinden von Schweinefleisch auf dem Speiseplan in Kitas und Schulen, das Abhängen christlicher Glaubenssymbole, die Umbenennung von Weihnachtsmärkten in Wintermärkte und die Kinderehe nach Scharia-Recht u. v. m. die Gemüter erhitzen.

Was macht ein Mensch, wenn eine Party bei ihm zu Hause zu entgleisen droht? Richtig, er würde erst einmal niemanden mehr hineinlassen, Vorkehrungen treffen und für Ordnung sorgen. Nach einem Jahr der illegalen Einwanderung und deutlich steigender Migrantenzahlen sollte Deutschland wieder zur Rechtsstaatlichkeit übergehen, um auch der von Udo di Fabio geäußerten Erosion des Rechtsstaates entgegenzuwirken. So kann es nicht sein, dass Landes- und Bundespolizisten zur Strafvereitelung im Amt aufgrund von Verstößen gegen Aufenthaltsbestimmungen von Asylbewerbern genötigt werden. Ob es der „humanitäre Imperativ", der winkende Friedensnobelpreis, christliche Nächstenliebe, ein Befehl der Hochfinanz oder aber ein Teil der Militärstrategie der USA waren, die Angela Merkel zur grenzenlosen Willkommenskultur veranlassten, entzieht sich meiner Kenntnis. Jeder Mensch hat nur begrenzte Fähigkeiten, Möglichkeiten und Kräfte und so verhält es sich auch mit einer Gesellschaft. Werden ihre begrenzten Ressourcen und Kapazitäten nicht beachtet, gerät sie ganz schnell in eine gefährliche Schräglage.

Ich selbst bin Jahrgang 1966 und die Erzählungen meiner heute 80-jährigen Mutter über ihre Kindheit in Ostpreußen, die Flucht, den Verlust ihres Vaters, die Zwangseinquartierung und die schreckliche Hungersnot und Armut in der Nachkriegszeit haben meine eigene Kindheit sehr geprägt. Eine Willkommenskultur gab es damals nicht. Wie schrecklich Terror sein kann, habe ich als Kind 1972 erfahren müssen, als die RAF einen Anschlag auf den Axel Springer Verlag in Hamburg verübte, bei dem mein Vater an diesem Tag Schicht hatte und wir stundenlang nicht wussten, was mit ihm passiert war. Als Scheidungskind habe ich erfahren, wie schwer das Leben einer alleinerziehenden Mutter mit zwei Kindern und wenig Geld selbst in einer Sozialwohnung sein kann. In Hamburg und in Wien habe ich in sozial schwachen Stadtteilen gelebt. Ursprünglich wollte ich 1986 eine Ausbildung zur Medizinisch-technischen Assistentin in Wien machen, was jedoch an der fehlenden österreichischen Staatsbürgerschaft scheiterte bzw. daran, dass ich keine Asylbewerberin war. Stattdessen habe ich dort ein Lehramtsstudium begonnen und wurde eines Tages auf dem Nachhauseweg von der Uni in der Dunkelheit Opfer eines sexuellen Übergriffs durch einen Migranten. Zum Glück wurde ich nicht vergewaltigt, doch nach fast 30 Jahren bekomme ich heute noch Zustände, wenn ich allein im Dunkeln unterwegs bin und hinter mir Schritte höre, weswegen ich solche Situationen nach Möglichkeit meide.

Nein, ich bin keine besonders mutige Frau, aber ich habe das Recht, meine Ängste und Sorgen, die ich mit vielen Menschen teile, zu artikulieren und Dinge in diesem Land zu benennen, die völlig aus dem Ruder gelaufen sind und die schlimmstenfalls zu bürgerkriegsähnlichen Zuständen führen können. Daneben sollte jeder hier in Deutschland das Recht auf eine ungeschönte, den Tatsachen entsprechende neutrale Berichterstattung durch die Medien haben. Mündige Bürger sind durchaus in der Lage, sich eine eigene Meinung zu bilden. Gelebte Demokratie entsteht schließlich durch Meinungsvielfalt und sollte nicht der „political correctness" zum Opfer fallen. Etliche Petitionen und Verfassungsbeschwerden wurden zwecks Grenzschließung eingereicht, offene Briefe an die

Bundeskanzlerin geschrieben – bislang ohne Erfolg. Menschen haben Angst, auf Demonstrationen gegen die derzeitige Flüchtlingspolitik zu gehen, da sie sogleich in die rechte Ecke gestellt werden und Übergriffe von Linksextremen zu befürchten haben. Aufgrund der deutschen Geschichte des letzten Jahrhunderts haben Millionen von Menschen leidvoll erfahren müssen, was es bedeutet, seine Meinung allenfalls nur hinter vorgehaltener Hand äußern zu dürfen und mit Agitation und Propaganda leben zu müssen.

Kein Mensch sollte sich heute in Deutschland hinter einem Nickname, Namenskürzel o. Ä. verstecken müssen, solange es sich um das Berichten persönlicher Erfahrungen und belegter Tatsachen handelt, weswegen ich hoffe, dass immer mehr Menschen sich aus der namenlosen Bevölkerungsmasse heraustrauen. Und noch etwas: Ich verbitte mir – allein schon aufgrund meiner eigenen Biografie –, politisch in die linke oder rechte Ecke gestellt zu werden!

Beide Schreiben wurden bereits im Spätsommer 2016 von mir verfasst. Damals gab es noch nicht die Morde an Maria aus Freiburg, Mireille aus Flensburg, Mia aus Kandel, Susanna aus Wiesbaden, Vivien aus Burgwedel, den Alstermord an Victor unter der Kennedybrücke sowie Mathias und Sandra aus Hamburg, Niklas aus Bad Godesberg, Daniel aus Chemnitz, an dem Arzt aus Offenburg, um nur einige zu nennen, von den Morden in Asylunterkünften und Ehrenmorden ganz zu schweigen.[599] Wie aber sieht es heute in Deutschland aus? Das Klima ist seither tatsächlich noch viel rauer geworden, was aber durchaus absehbar war und meines Erachtens mithilfe der Mainstreammedien und deren einseitiger Berichterstattung vorangetrieben wurde bzw. noch immer wird. Hatte man uns nicht immer wieder erzählt, dass wir im besten und sichersten Deutschland aller Zeiten leben würden? Am 9. April 2019, also gut dreieinhalb Jahre nach dem „Flüchtlingsherbst 2015", war in der WELT zu lesen, dass die Gewalt von Zuwanderern gegenüber Deutschen laut Lagebild des Bundeskriminalamtes zunehme, während auch Asylbewerber und Flüchtlinge – korrekterweise müsste es Wirtschaftsmigranten heißen – zunehmend Opfer einer Straftat durch einen deutschen Staatsbürger werden.[600] Ob nun „biodeutsch" oder mit Migrationshintergrund, blieb dahingestellt.

Als im Herbst 2016 nach einer ganz normalen Biostunde in der Oberstufe ein Schüler zu mir kam und sagte, dass er bald einen Bürgerkrieg in Europa befürchte, wusste ich, dass ich noch mehr tun musste. Ich selbst hatte schließlich eine Art Zukunftsprognose des ehemaligen CIA-Chefs Michael V. Hayden in der Washington Post aus dem Jahr 2008 hinsichtlich der Situation Europas aufgrund der Migration von Menschen überwiegend muslimischen Glaubens gelesen.[601] Es arbeitete unentwegt in mir und ich war ständig auf der Suche nach einer Idee, was ich tun könnte.

Eine schwere Geburt

Beim Bügeln kam mir dann die Idee, ein aufklärerisches Buch zu schreiben mit dem Titel „Deutschland außer Rand und Band". Gesagt, getan, machte ich mich an die Arbeit. Ich hatte in dem vorangegangenen Jahr so viel Politisches gelesen, dass mir das Schreiben flüssig und schnell von der Hand ging. Alles untermauerte ich mit 760 Quellenangaben – ich wollte schließlich nicht als Märchentant´ von der Waterkant gelten – und war bereits Ende Februar 2017 mit dem Buch fertig. Frohen Mutes schickte ich ein Exposé an verschiedene deutsche Verlage mit folgendem Anschreiben:

27. Februar 2017

Buchentwurf „Deutschland außer Rand und Band – Zwischen Werteverfall, political (in)correctness und illegaler Migration"

Sehr geehrte Damen und Herren,

anbei übersende ich Ihnen ein Exposé sowie als Leseprobe einige ausgewählte Kapitel aus einem Buch, welches ich innerhalb der letzten nunmehr fast vier Monate geschrieben habe.

Zu meiner Person: Ich bin gebürtige Hamburgerin, war ein klassisches Arbeiterkind und bin heute 50 Jahre alt. Zurzeit lebe ich mit meinem Mann und unseren drei gemeinsamen Kindern im Alter von 15, 18 und 19 Jahren in einem kleinen Dorf in Schleswig-Holstein und arbeite als verbeamtete Lehrerin an einer Hamburger Stadtteilschule.

Seit der sogenannten Flüchtlingskrise 2015 habe ich mich, die ich bislang ein eher unpolitischer Mensch war, intensiv mit politischen Themen befasst und mich immer wieder gefragt, was ich als Bürgerin, Mutter und Lehrerin tun kann, um auf die vielseitigen Veränderungen und Missstände in Deutschland aufmerksam zu machen. Natürlich haben wir innerhalb unserer Familie über die derzeitigen politischen und gesellschaftlichen Veränderungen gesprochen, wie mich aber auch immer wieder Schüler der Oberstufe darauf angesprochen haben, die sich Sorgen um ihre Zukunft in Deutschland machen.

Bereits im August des letzten Jahres hatte ich eine Rundmail zu Themen wie u. a. Terror, Islamisierung, innere Sicherheit an über dreißig Personen geschickt, die sich mit diesen von Berufs wegen beschäftigen. So ist auch XXXXXXX darunter gewesen, mit der ich mich seither mehrmals telefonisch oder schriftlich ausgetauscht habe.

Anfang November hatte ich dann eine Art Eingebung zu einem Buch mit obigem Titel, der mir sofort klar war, da er sich an Astrid Lindgrens „Pippi außer Rand und Band" anlehnt. So verweise ich gelegentlich an der einen oder anderen Stelle auf Pippi Langstrumpf, zumal Politik und Politiker dafür mehrere Steilvorlagen gegeben haben. In erster Linie möchte ich mit diesem Buch junge Leserinnen und Leser ansprechen bzw. Menschen, die sich bisher wenig für Politik interessiert oder sich von dieser resigniert abgewendet haben. Dieses Buch soll darüber aufklären, was in Deutschland derzeit alles schiefläuft und wie alles miteinander im engen Zusammenhang steht. Ich selber habe in meiner Kindheit viel über die Flucht meiner Mutter aus Ostpreußen und über die Nachkriegszeit erfahren und war 1972 als fünfeinhalbjähriges Mädchen unmittelbar durch den RAF-Terroranschlag auf den Axel Springer Verlag in Hamburg betroffen, wo mein Vater an jenem Tag als Drucker Schicht hatte.

Um diesem Buch ein wenig von seiner thematischen Schwere zu nehmen und die Leser „bei der Stange zu halten", lasse ich manchmal persönliche Lebenserfahrungen, geschichtliche Hintergründe sowie auch Aspekte aus dem Biologieunterricht mit einfließen, wie ich auch gelegentlich kritische Fragen stelle oder auch mal provokativ werde. Schließlich geht es mir darum, die Menschen wachzurütteln und für Politik (wieder) zu interessieren. Gerade jetzt, wo es langsam aber sicher in die immer heißer werdende Phase des Bundestagswahlkampfs 2017 geht, dürfte dieses Buch auf eine interessierte Leserschaft treffen.

Na, neugierig geworden? Dann wünsche ich Ihnen viel Spaß bei der Lektüre der Leseprobe aus meinem Erstlingswerk, welches einen Umfang von knapp 160 Din-A4-Seiten (Calibri, Schriftgröße 12, 1,5-zeilig, Flatterrand) besitzt. Natürlich würde ich mich freuen, sollten Sie Interesse an dessen Veröffentlichung haben.

Für Rückfragen stehe ich Ihnen selbstverständlich gerne zur Verfügung.

Mit freundlichen Grüßen
Petra Paulsen

Natürlich hatte ich mir wenigstens die eine oder andere, meinetwegen auch negative Antwort erhofft. Entweder bekam ich jedoch überhaupt keine Antwort oder aber eine wie die folgende. Aus dieser habe ich aus rechtlichen Gründen den Briefkopf des Verlages entfernen müssen, doch möchte ich Ihnen deren Inhalt nicht vorenthalten:

München, 20.03.2017

Sehr geehrte Frau Paulsen,

vielen Dank für die Einsendung Ihres Publikationsvorschlags und Ihr damit verbundenes Interesse an unserem Verlag. Wir sind allerdings zu der Entscheidung gelangt, dass wir leider keine Möglichkeit sehen, Ihr Buch in unserem Verlag zu veröffentlichen. Ihr eingesandtes Manuskript schicke ich Ihnen gerne zurück.

Wir wünschen Ihnen alles Gute bei der Suche nach einem geeigneten Verlag.

Mit freundlichen Grüßen

Ich dachte mir dabei zunächst nichts Böses. Schließlich hielt ich mich selbst doch nicht für eine großartige Schriftstellerin. Vielmehr ging es mir in erster Linie um ein wenig politische Aufklärung. Im Nachhinein muss ich zugeben: Ich war ja so naiv. Warum sollte ein Verlag keine Möglichkeit zur Veröffentlichung sehen? Rainer Wendt, Deutschlands lautester Polizist und CDU-Mitglied, Tania Kambouri, Bochumer Polizistin, Constantin Schreiber, ARD-Journalist, und viele andere Autoren konnten und können doch auch ihre Bücher publizieren. Vielleicht war mein Buch einfach nur politisch zu kritisch? Schließlich spreche ich darin u. a. die Situation von Polizei, Bundeswehr und Bildung sowie die illegalen Kriege der USA im Nahen Osten an. Nun denn: Ich legte mein Blätterwerk in einem Schnellhefter zusammen mit den Verlagsanschreiben sowie deren Absagen ab. Meine Kinder sollten später einmal nicht sagen können, ihre Mutter sei untätig gewesen. Dass die Geschichte hinsichtlich der Veröffentlichung meines Buches doch noch einen glücklichen Verlauf genommen hat, ist kein Geheimnis dank einer glücklichen Fügung. Bis dahin war es aber noch ein weiter, ein ereignisreicher Weg.

Brief an die Kanzlerin

Das nächste Ereignis, das mir den Schrecken in die Glieder fahren ließ, war der Anschlag in Manchester am 22. Mai 2017 nach einem Konzert von Ariana Grande. Durch meine Recherchen zu „Deutschland außer Rand und Band" hatte ich mittlerweile sehr viele Informationen gesammelt, die ich auch anderen Menschen zukommen lassen wollte. Ich tat das, was ich aus meiner Sicht tun musste: Ich schrieb einen offenen Brief an Frau Merkel, also an die erste Bundeskanzlerin von Deutschland, immer adrett gekleidet mit einem ihrer berühmten Hosenanzüge. Diese sind neben ihrer berüchtigten Raute zu ihrem persönlichen Markenzeichen geworden. Ich schrieb ihr also Folgendes:

23. Mai 2017

Sehr geehrte Frau Bundeskanzlerin Dr. Merkel,

wieder ein weiterer terroristischer Anschlag in Europa, diesmal in Manchester auf ein Popkonzert. Wieder viele Tote und Verletzte, darunter Kinder und Jugendliche. Mit diesem Brief wende ich mich an Sie als Parteivorsitzende der CDU und Bundeskanzlerin der Bundesrepublik Deutschland, da ich viele Fragen habe, die mich umtreiben und auf die ich gerne von Ihnen eine Antwort bekommen würde. Zu meiner Person: Ich lebe schon seit meiner Geburt vor etwas mehr als 50 Jahren in diesem Land, arbeite als verbeamtete Lehrerin an einer Schule in Hamburg, bin verheiratet und Mutter von drei Kindern. Dabei schreibe ich Ihnen diesen Brief als politisch interessierte und parteilose Bürgerin und Mutter.

Ich habe mich im Jahr 2005 sehr über Ihre Wahl zur ersten Bundeskanzlerin der Bundesrepublik Deutschland gefreut, hatte doch auch ich Ihnen meine Stimme gegeben. Mittlerweile füllt Ihr Leben als Tochter eines sozialistischen Pfarrers über 35 Jahre lang im totalitären System der DDR unter Führung der Sozialistischen Einheitspartei Deutschland (SED) viele Bücher und etliche Biografien. Die Teilnahme bei den Jungen Pionieren, die Tätigkeit als stellvertretende FDJ-Sekretärin in Ihrer früheren Schule, das Studium an der Uni Leipzig mit überwiegend linientreuen Genossinnen und Genossen und Ihre späteren Führungsaufgaben bei der FDJ haben Sie sicherlich politisch sehr geprägt.[1] Heute, nach fast zwölf Jahren Ihrer Regierungszeit, bleibt jedenfalls festzuhalten, dass Sie die politische Parteienlandschaft völlig umgekrempelt haben. So ist unter Ihnen die neue CDU/CSU/SPD/FDP/Grünen-Einheitspartei in der Bundesrepublik Deutschland entstanden, da Sie mit der CDU politisch weit nach links gerückt sind und darüber hinaus Themen anderer Parteien phagozytiert haben. Erst dadurch war es möglich, eine Partei rechts neben Ihrer Stammpartei CDU in Form der AfD entstehen zu lassen, die heute viele Forderungen der alten CDU vertritt. Ich empfehle Ihnen in diesem Zusammenhang, noch einmal einen Blick in das Parteiprogramm der CDU aus dem Jahre 2002 zu werfen. Dieses ist unter Ihnen als Parteivorsitzende entstanden und aus heutiger Sicht müsste dieses von Ihnen selbst konsequenterweise als rechtsradikal bezeichnet werden. Nicht unerwähnt lassen kann ich in diesem Zusammenhang, dass viele Ex-DDR-Bürgerinnen und -Bürger bei einer weiteren Amtszeit mit Ihnen an der Regierungsspitze die Errichtung einer DDR 2.0 auf ökologisch-sozialistischem Fundament befürchten. Die Art der medialen Berichterstattung, die zunehmende Überwachung im öffentlichen Raum und Dinge wie das geforderte Netzdurchsetzungsgesetz lassen jedenfalls nichts Gutes erahnen.

Die Wirtschaft boomt, was u. a. auf den schwachen Euro, niedrige Zinsen, einen tiefen Ölpreis, eine gute Beschäftigungslage sowie auf die Kauflust der Deutschen zurückzuführen ist. Vor allem aber treibt der Export deutscher Waren die Zahlen in die Höhe und die Kritik aus der EU, insbesondere von Frankreichs neuem Präsidenten

Macron und den USA an den deutschen Handelsüberschüssen wird immer lauter, während die Staatsverschuldung während Ihrer Regierungszeit so hoch wie noch nie ist. Neben den ausgewiesenen fast 2,3 Billionen Euro Staatsschulden kommen noch einmal indirekte Schulden in Höhe von mehr als 4 Billionen Euro dazu.[2] **Wie sollen diese Schulden jemals beglichen werden? Was gedenken Sie bezüglich der hohen deutschen Exportüberschüsse zu tun?** Außerdem haben wir unter Ihrer Regierung einen Investitionsstau und immensen Personalabbau in allen wichtigen Bereichen wie Bildung, Verkehr, Gesundheit, Innere Sicherheit, Wohnungsbau, Justiz und Digitalisierung zu beklagen, um nur einige Punkte zu nennen. Aufgrund der bevorstehenden Pensionierungswellen bei der Polizei, der Justiz und in den Schulen gestalten sich die Neueinstellungen aufgrund fehlenden geeigneten Personals als schwierig bzw. können diese erst um einige Jahre zeitlich verzögert erfolgen. Des Weiteren ist unter Ihnen als Bundeskanzlerin die Kinderarmut gewachsen[3] und das Risiko für Altersarmut deutlich gestiegen.[4] Daneben hat in dem von Ihnen seit vielen Jahren regierten Land die Zahl der Obdachlosen einen weiteren Zuwachs erfahren. Rund 335.000 Menschen – davon allein rund 29.000 Kinder – sind derzeit wohnungslos, Tendenz weiterhin steigend.[5] Und all dieses in einem reichen Land wie Deutschland, was aus meiner Sicht ein einziger Skandal ist. Sie aber scheinen lieber den Rest der Welt retten zu wollen.

Ihre völlig aus dem Ruder gelaufene und bis zum heutigen Tag anhaltende Migrationspolitik macht dem Land schwer zu schaffen. Diese hatten Sie den Bürgerinnen und Bürgern als einen humanitären Akt verkauft, obwohl bereits mehr als 20 Hundertschaften der Bundespolizei per Bus und per Helikopter zwecks kompletter Grenzschließung nach Bayern abgeordnet worden waren und die Zurückweisung von Flüchtlingen (ohne Papiere, dafür aber mit Smartphones) in der Großen Koalition vereinbart worden war. Es fehlte somit nicht der politische Wille für den Einsatzbeginn am 13.

September 2015 um 18 Uhr, sondern vielmehr waren Sie als Bundeskanzlerin nicht bereit, für diesen Schritt auch die Verantwortung zu übernehmen aufgrund der unschönen Bilder, die dann möglicherweise entstanden wären.[6] **Ist aber nicht die Übernahme von Verantwortung genau Ihr Zuständigkeitsbereich an der Spitze der Bundesregierung?** Ihre Migrationspolitik hat sich dabei mittlerweile aus mehrfacher Sicht als Trojanisches Pferd erwiesen. Ich darf Sie hierbei z. B. an die Silvesternacht 2015/2016, den Fall Anis Amri, den Mordfall der Freiburger Studentin und das Blutbad im Regionalzug nahe Würzburg vom letzten Jahr erinnern. Auf die Kriminalitätsstatistik 2016, wonach Mord und Totschlag, Vergewaltigung und sexuelle Nötigung stark gestiegen sind, möchte ich gar nicht erst weiter eingehen, da Ihnen diese sicherlich hinlänglich bekannt sein dürfte.[7] Die Folgen und Kosten werden auch hier wie schon bei Ihrer Griechenlandrettungspolitik, die einzig und allein der Rettung von Banken und reichen Kapitalanlegern dient, und der 180°-Wende in der Energiepolitik nicht Sie, sondern einzig und allein die Bürgerinnen und Bürger dieses Landes zu tragen haben. Nur nebenbei sei hier erwähnt, dass Griechenland über riesige Erdgas- und Erdölvorkommen im Ionischen Meer verfügt, die laut der Nachrichtenagentur Reuters über einen Zeitraum von 25 Jahren rund 465 Milliarden Euro einbringen könnten.[8] Aus meiner Sicht eine einzige Ohrfeige für den deutschen Steuerzahler. Dabei ist es einzig und allein Ihre Aufgabe, gemäß des von Ihnen geleisteten Amtseides in erster Linie und in jeglicher Hinsicht zum Wohle des deutschen Volkes zu handeln. Dies schließt für mich Hilfe für andere Länder keinesfalls aus, aber doch bitte mit Sinn und Verstand.

Doch nicht nur das: Bis zum heutigen Tage sterben noch immer viele Hunderte Menschen im Mittelmeer in der Hoffnung auf ein besseres Leben in Europa, und täglich kommen ungefähr 100 Migranten, davon im Schnitt bis zu 80 von ihnen ohne Papiere, über vornehmlich Österreich, verstärkt aber auch über andere Nachbarländer wie z. B. die Schweiz[9] oder Polen[10] illegal nach Deutschland, von denen keiner weiß, mit welcher Absicht. Die Balkanroute zum Nahen und Mittleren Osten ist nicht komplett geschlossen und die Zahl der nach Europa kommenden afrikanischen Migranten ist im ersten Quartal 2017 gegenüber dem Vorjahr im Vergleich um 51 Prozent gestiegen. Ihr Bundesentwicklungsminister, Herr Gerd Müller (CSU), rechnet allein für dieses Jahr mit 300.000 bis 400.000 Migranten nur aus Afrika.[11] 14,6 Prozent der Migranten des ersten Quartals 2017 kamen dabei laut UNHCR aber nicht einmal aus Afrika, sondern aus Bangladesch.[12] **Wann endlich gedenken Sie diesem Wettlauf mit dem Elend ein Ende zu setzen und den Asyltourismus zu beenden?** Anstatt in den jeweiligen Heimatländern in den deutschen Botschaften und Konsulaten die Möglichkeit einzurichten, vor Ort einen Asylantrag stellen zu können und diesen dort zu bearbeiten, werden weiterhin unzählige Menschen auf ihrem Weg nach Europa ihr Leben verlieren bzw. kein Recht auf Asyl erhalten und dann einfach untertauchen.

Schnell lassen sich die von Ihnen getätigten Worte *Deutschland wird Deutschland bleiben, mit allem, was uns lieb und teuer ist* widerlegen, denn es ist festzustellen, dass sich dieses Land Tag für Tag ein Stückchen mehr verändert und zwar in eine Richtung, die die meisten Bürgerinnen und Bürger nicht wollen. Beispielsweise arbeiten Polizeibeamte und Lehrer, um nur zwei der besonders betroffenen Berufsgruppen zu nennen, schon jetzt aufgrund der hohen beruflichen Belastungen bezüglich Ihrer Einwanderungspolitik und fehlenden Personals am Limit. **Ich frage Sie, Frau Bundeskanzlerin, wie das ab März 2018 sein wird, wenn bei knapp 268.000 syrischen Flüchtlingen der Familiennachzug einsetzt und keiner weiß, wie viele Menschen tatsächlich kommen werden?**[13] Auch hätte ich gerne gewusst, warum das BAMF im Jahr 2014 einen regelrechten Asylwerbefilm durch die Hamburger Firma Miramedia in mehreren Sprachen wie z. B. Farsi, Paschtu und sogar Serbisch produzieren ließ und diesen ins Netz stellte?[14] Dieser Film ergibt insoweit keinen Sinn, als dass Deutschland von sicheren Drittstaaten umgeben ist und Asylbewerber, die per Flugzeug nach Deutschland kommen, ohnehin direkt einem Asylverfahren zugeführt werden. **Warum also dieses Video, das so weit von der Realität entfernt ist wie die Sonne von der Erde? Warum wurde der Tweet** *#Dublin-Verfahren syrischer Staatsangehöriger werden zum gegenwärtigen Zeitpunkt von uns weitestgehend faktisch nicht weiter verfolgt* **vom BAMF am 25.08.2015 um 4 Uhr 30 abgesetzt?**[15] **Warum bedient man sich solcher Pullfaktoren inklusive der mit Ihnen gemachten Selfies, die im Handyzeitalter nahezu in Echtzeit um die Welt gehen?** Des Weiteren wüsste ich gerne: **Warum wurden die finanziellen Mittel, die die EU dem UNHCR für die Flüchtlinge in der Türkei, in Jordanien und im Libanon zugesagt hatte, nicht gezahlt?**[16] Allein Deutschland fuhr seine Flüchtlingshilfe von 301 Millionen Euro um über die Hälfte auf 143 Millionen Euro runter und das, obwohl allein schon im Jahr 2014 über sechs Millionen Syrer auf der Flucht waren. Dass dies der Bundesregierung alles nicht bekannt gewesen sein soll, kann ich mir beim besten Willen nicht vorstellen. Aber damit nicht genug: Gerade wurde ein neues EU-Flüchtlingsvideo in Form eines Zeichentrickfilms mit dem Titel „Eurodame, help!" in mehreren Sprachen produziert[17], das auf YouTube hochgeladen werden kann.[18] **Warum macht die EU in Form der Europäischen Kommission so etwas?** In den deutschen Mainstreammedien habe ich darüber nicht einen einzigen Artikel finden können.

Und warum haben Sie, wie erst kürzlich bekannt wurde, bereits im März 2016 im Rahmen Ihres unsäglichen Deals mit der Türkei konkrete Zusagen über ein legales Flüchtlingskontingent in Höhe von jährlich bis zu 250.000 syrischen Flüchtlingen gemacht, die von der Türkei direkt nach Europa geholt werden sollen?[19] **Warum diese Heimlichtuerei?** Sie wissen ganz genau, dass der Großteil dieses Flüchtlingskontingents in Deutschland landen wird, da die Umverteilung innerhalb der EU nicht klappt. Hinzu kommen neben den legalen und den illegalen Migranten noch das seit 2012 bestehende Resettlementprogramm[20] und die beschlossene Umsiedlung von monatlich 500 Flüchtlingen aus Italien nach Deutschland.[21] **Hierzu wüsste ich gerne von Ihnen, wieso die Türkei, zu der wir ja momentan und wohl auch in nächster Zukunft nicht das allerbeste Verhältnis haben werden, die Auswahl der syrischen Flüchtlinge übernimmt, die in die EU übersiedeln dürfen, und nicht wie gewöhnlich das UNHCR?** So sollen unter den von der Türkei ausgewählten Personen auffällig viele Kranke und schlecht Qualifizierte sein.[22] Es bedarf darüber hinaus auch nicht sonderlich viel blühender Fantasie, um sich vorstellen zu können, wer auf diesem Wege auch noch nach Europa geschickt werden könnte. **Wird es auch weiterhin unter Ihnen als Bundeskanzlerin – von einer vierten Amtszeit unter Ihrer Führung ist wohl derzeit auszugehen – keine jährliche Obergrenze für Zuwanderer geben? Und wird in einer vierten Legislaturperiode die Türkei doch noch die Visafreiheit erhalten?** Ich weiß nicht, ob Sie eine Vorstellung davon haben, wie sich die Situation bezüglich der ohnehin schon stattfindenden europäischen Binnenmigration in Richtung Deutschland verschärfen wird, wenn der Aufforderung aus Brüssel, ab November 2017, also nach der Bundestagswahl, nachgekommen und die Grenzkontrollen schrittweise aufgehoben werden. Beispielsweise hat Schweden, das vermeintliche Einwanderungsmusterland, seine Grenzen doch nicht unbegründet geschlossen, und fährt jetzt einen sehr restriktiven Kurs in der Asylpolitik. **Inwieweit lassen sich offene Grenzen aus Ihrer Sicht mit der zunehmenden islamistischen Einflussnahme im Kosovo durch ein Land wie Saudi-Arabien und andere Länder aus der Golfregion, aber auch durch die Türkei vereinbaren, vor der Ihre Bundesregierung selbst warnt?**[23] Apropos offene Grenzen: Zum G20-Gipfel im Juli 2017 in Hamburg werden aufgrund erwarteter Störungen des Treffens der Staats- und Regierungschefs durch Gewalttäter aus anderen EU-Staaten zusätzliche Grenzkontrollen eingeführt.[24] Das verstehe ich nicht, Frau Merkel! Und ich verstehe es ebenso wenig, wie der Rüstungskonzern EADS, heute Airbus Defence & Space, bereits im Jahr 2010 von Saudi-Arabien den Auftrag zur Sicherung seiner 9.000 km langen Grenze vor IS-Kämpfern mit neuester Sicherheitstechnik bekommen hat, während unsere Grenzen nur sporadisch kontrolliert werden,[25] obwohl die Sicherung der EU-Außengrenzen bis heute nicht funktioniert.

Bitte erklären Sie mir offen und ehrlich, was wir in Deutschland zukünftig von Ihnen als Bundeskanzlerin zu erwarten haben. Sie sehen, mich als Bürgerin und Mutter treiben Fragen über Fragen um, die mich schon so manche Nacht nicht schlafen lassen haben und auf die ich, aber auch viele andere Menschen in diesem Land endlich eine Antwort haben wollen. Dabei ist mir bekannt, dass es keine einfachen Lösungen gibt. Diese werden ja nur von den sogenannten Rechtspopulisten feilgeboten. Aber wie viel Zeit bleibt uns denn, um zu Lösungen zu gelangen? Fünf, zehn Jahre, zwanzig Jahre oder länger? Der Migrationsforscher Gunnar Heinsohn geht davon aus, dass bis zum Jahre 2050 bei unverändertem Wunsch auszuwandern rund 800 Millionen Menschen aus Afrika theoretisch bereit für die Flucht nach Europa wären, für die dann rund 450 Millionen Einheimische aufkommen müssten, während Afrikas Bevölkerung auch weiterhin um 400 Millionen wächst.[26] **Erklären Sie mir bitte, sehr geehrte Frau Bundeskanzlerin, wie das funktionieren soll?** Auch Paul Collier, Migrations- und Entwicklungsökonom, geht von einer wanderungsbereiten Masse von mehreren Hundert Millionen Menschen in Afrika in Richtung Europa aus. Würde sich diese erst einmal in Bewegung setzen, sei diese seiner Ansicht nach kaum noch steuerbar. **Was werden wir dann für unschöne Bilder in ganz Europa bekommen? Warum werden von der EU subventionierte Produkte wie z. B. Tiefkühlhähnchen, Tomaten, Kartoffeln, Trockenmilchpulver und Altkleider nach Afrika exportiert?** Durch unsere Exporte nach Afrika nehmen wir den Menschen dort die Möglichkeit, z. B. selbst Landwirtschaft zu betreiben und eine eigene Textilindustrie aufzubauen.

Einer Ihrer Amtsvorgänger, der frühere Bundeskanzler Helmut Schmidt, glänzte durch Charisma, Augenmaß und Weitblick wie auch Mut zur Führung durch Moral und Vernunft. Daneben war er ein scharfer Denker und vielen oft einen Schritt voraus. Bereits 1981 sagte er auf einer DGB-Veranstaltung folgenden Satz: „Wir können nicht mehr Ausländer verdauen, das gibt Mord und Totschlag." Sie selbst haben vor nicht einmal sieben Jahren folgenden Satz gesagt: „Der Ansatz für Multikulti ist gescheitert, absolut gescheitert!"[27] Darüber hinaus wird Helmut Schmidt in einem Interview mit dem Hamburger Abendblatt am 24.11.2004 mit folgender Aussage zitiert: „Mit einer demokratischen Gesellschaft ist das Konzept von Multikulti schwer vereinbar. Vielleicht auf ganz lange Sicht. Aber wenn man fragt, wo denn multikulturelle Gesellschaften bislang funktioniert haben, kommt man ganz schnell zum Ergebnis, dass sie nur dort friedlich funktionieren, wo es einen starken Obrigkeitsstaat gibt (…)." Ihre Staatsministerin, Frau Aydan Özoguz (SPD) – eine aufgrund familiärer Hintergründe und getätigter Aussagen nicht unumstrittene Person – trommelt als Beauftragte der Bundesregierung für Migration, Flüchtlinge und Integration vehement für das Ausländerwahlrecht für Nicht-EU-Bürger auch ohne deutschen Pass und für die Teilhabe am Haben und Sagen aller Migranten in Form einer interkulturellen Öffnung der Gesellschaft bis hin zur Änderung des Grundgesetzes. Dabei spricht sie uns Deutschen gleichzeitig eine spezifisch deutsche Kultur jenseits der Sprache ab.[28] **Liebe Frau Merkel, sehen Sie dieses Land in seinem derzeitigen Zustand bezüglich der inneren Sicherheit für solche Schritte gewappnet, die letztendlich zu einer Abschaffung der alten Bundesrepublik führen würden? Und müsste man für solche grundlegenden Änderungen nicht auch die Bürgerinnen und Bürger fragen?** Dies kann man doch nicht mal so eben durch die Hintertür beschließen.

Ich komme noch ein weiteres und damit ein letztes Mal auf Helmut Schmidt zurück, den ich hier mit folgendem Satz zitieren möchte:

„Wenn wir uns überall einmischen wollen, wo himmelschreiendes Unrecht geschieht, dann riskieren wir den Dritten Weltkrieg."[29] War es nicht der Westen, der im Zuge der NATO-Osterweiterung unter Führung der USA unter dem damaligen US-Präsidenten Bill Clinton immer weiter an Russland herangerückt ist? Und dies, obwohl bereits bei den Verhandlungen zur deutschen Wiedervereinigung im Jahr 1990 Zusagen gemacht worden waren, wonach die NATO sich nicht weiter nach Osten ausdehnen werde. Die Ukraine wurde zum Spielball zwischen Ost und West und seit 2014 tobt in der Ostukraine ein militärischer Konflikt. **Die Sanktionen der EU gegenüber Russland sollen verlängert werden, über Bremerhaven rollen US-Panzer nach Osteuropa zwecks Abschreckung der NATO gegen Russland – wohin wird das führen?** Wir befinden uns wieder inmitten eines Kalten Krieges. Aber damit nicht genug. **Warum fliegt die Bundeswehr Aufklärungsflüge in Syrien?**[30] **Warum werden von der US-Base Ramstein in Deutschland die amerikanischen Drohneneinsätze gesteuert?**[31] **Warum werden die rund 20 Atomwaffen des Typs B61 der USA in dem Fliegerhorst Büchel in der Eifel nicht wie beschlossen abgezogen, sondern bis zum Jahr 2020 modernisiert?**[32] Wir sitzen mittlerweile innen- wie außenpolitisch auf einem Pulverfass, was Ihnen, verehrte Frau Bundeskanzlerin, hoffentlich nicht entgangen ist. Dabei ist die NATO nicht mehr das ursprüngliche Verteidigungsbündnis, sondern im Laufe ihres Bestehens zu einem Angriffspakt geworden. So gab bzw. gibt es weder für den Einsatz im Kosovo[33], im Irak[34] noch in Syrien ein UN-Mandat.[35] Die Folge sind unendliches Leid und Elend, Tod, Vertreibung und Flüchtlingsströme gen Westen nach Europa, jedoch nicht nach Amerika. **Meinen Sie allen Ernstes, dass man so den IS-Terror, der wiederum eine Folge des Irakkrieges ist, bekämpfen wird? Wird man so nicht vielmehr den Hass auf den Westen schüren, der im Nahen und Mittleren Osten seit vielen Jahrzehnten nichts als verbrannte Erde hinterlassen hat? Warum wird immer wieder ein regime change unliebsamer Machthaber, z. T. unter falschem Vorwand wie im Falle des Irakkrieges aufgrund angeblicher Massenvernichtungswaffen, durch den Eingriff westlicher Truppen in dieser Region, aber auch im Falle von Libyen vorgenommen? An dieser Stelle muss ich eindringlich doch noch mal an die Worte von Helmut Schmidt erinnern. **Geht es dabei nicht immer nur um Rohstoffe wie Erdöl und Erdgas, die für westliche Industrienationen unverzichtbar sind?** Der Westen trägt eine nicht ganz unerhebliche Mitschuld durch Waffenlieferungen – die deutschen Rüstungsexporte waren 2015 mit 7,86 Milliarden Euro so hoch wie nie[36] – und illegale Kriege an der Situation in diesen Regionen. Dabei scheint es hier eine Art amerikanischen Masterplan im Sinne von „Sieben Länder in fünf Jahren" zu geben.[37] Googeln Sie doch einfach einmal den Vier-Sterne-General und NATO-Oberbefehlshaber a. D. Wesley Clark, von dem es zu dieser Thematik Originalvideos bei YouTube zu sehen gibt. **Gehört das alles auch zu unserer westlichen Wertegemeinschaft?** Anders als Sie berührt es mich keinesfalls, dass männliche Babys der kurdischen Peschmerga nach dem deutschen Panzerabwehrraketensystem Milan im Kampf gegen den IS benannt werden.[38] Diese Raketen enthalten das radioaktive Thorium^{232} mit einer Halbwertszeit von 14 Milliarden Jahren.[39] Was das für Folgen für die Gesundheit, das Trinkwasser, die Nahrung und das Erbgut der Menschen in dieser Region hat, muss ich Ihnen als promovierte Physikerin nicht erklären. Können Sie dies wirklich guten Gewissens mit Ihrem Glauben als Christin vereinbaren? Ich kann es jedenfalls nicht.

Lange hat man es Ihnen sowohl durch die Medien als auch durch die Bürgerinnen und Bürger durchgehen lassen, dass Sie mit Ihren Äußerungen sehr oft im Vagen, im Ungefähren geblieben sind bzw. mehrere Wenden in Ihrer Politik vorgenommen haben, ohne sich wirklich erklären zu müssen. Während Ihr politischer Ziehvater, Helmut Kohl, als Wiedervereinigungskanzler in die Geschichte eingehen wird, gibt es durch Ihre Politik der letzten beiden Jahre eine tiefe Spaltung in der deutschen Gesellschaft, die sogar Familien und langjährige Freundschaften betrifft, aber auch in ganz Europa. Viele Menschen haben mittlerweile Angst, sich in diesem Land kritisch gegenüber Ihrer Migrationspolitik zu äußern, da man ja schnell als rechtsradikal, Nazi oder Verschwörungstheoretiker bezeichnet wird. Bislang war mir die Angst vor der freien und kritischen Meinungsäußerung nur aus totalitären Systemen bekannt. Sie selbst haben im Rahmen einer Veranstaltung zur Verleihung Ihrer Ehrendoktorwürde der Universität Bern in der Schweiz im September 2015 einer Dame, die sich besorgt über die zunehmende Islamisierung Europas geäußert hatte, u. a. folgende Worte gesagt: „Angst war immer ein schlechter Ratgeber." Und so würden aus Ihrer Sicht Kulturen und Gesellschaften, die von Angst geprägt seien, mit Sicherheit die Zukunft nicht meistern. Deshalb habe ich all meinen Mut zusammengenommen und dieses Schreiben an Sie verfasst.

Meinen Sie, sehr geehrte Frau Bundeskanzlerin, dass Ihre Flüchtlingspolitik tatsächlich *christlich* ist? Ich jedenfalls bin da ganz anderer Ansicht, denn sowohl die Menschen, die ihr Leben aufs Spiel setzen, um nach Europa zu kommen, wie auch die in Europa bzw. in Deutschland lebenden Menschen werden allesamt durch Ihre Asylpolitik zu Opfern und so steht für mich das C der CDU mittlerweile einzig und allein für *chaotisch*. Mein Vertrauen in Sie und Ihre Art des Politikmachens in Form von 180°-Wenden, Ausschaltung guter CDU-Politiker, Rechts- und Gesetzesbrüchen sowie heimlichen Absprachen ist nicht erst seit der akuten Flüchtlingskrise 2015 verloren gegangen. Deshalb gibt es leider auch bei dieser Bundestagswahl wieder kein Kreuz von mir für Sie. Dennoch wüsste ich gerne, wie es unter Ihnen als Kanzlerin zukünftig mit Deutschland und Europa weitergehen wird, zumal meine genetische Zukunft in meinen Kindern liegt. Diese möchten mit noch nicht einmal 20 Jahren gerne erfahren, wie lange ein friedliches Miteinander der verschiedenen Kulturen, Religionen und Ethnien durch Ihre Politik auf diesem Kontinent noch möglich sein wird.

Daher sehe nicht nur ich, sondern auch meine Familie Ihrer Antwort mit großer Erwartung entgegen! Da auch viele Freunde und Bekannte von mir, aber auch mir nicht bekannte Bürgerinnen und Bürger, Mütter und Väter, Großmütter und Großväter ähnliche Fragen umtreiben, werde ich diesen Brief im Internet veröffentlichen. Sollte ich auf diesen tatsächlich eine Antwort von Ihnen erhalten, wird diese ebenfalls im Netz veröffentlicht.

Als Mutter habe ich meinen Kindern immer wieder Grenzen setzen müssen. So habe ich ihnen verboten, einfach vom Grundstück auf die Spielstraße zu laufen, oder es wurden die Treppen mit Kindersicherungsgittern versperrt. Grenzen können zum einen Leben retten, zum anderen das friedliche Miteinander einer Gesellschaft innerhalb eines Landes unter Wahrung seiner Rechtsordnung und unter Einhaltung seiner demokratischen Grundprinzipien regeln. Von daher sei mir noch eine letzte Frage gestattet: **Wem, sehr geehrte Frau Bundeskanzlerin, nützt es, wenn dieses Land sowohl von innen als auch von außen weiterhin destabilisiert wird?**

Mit freundlichen Grüßen

Petra Paulsen

Quellen:

[1]Welt online 12.05.2013, [2]Welt online 19.07.2016, [3]Handelsblatt online 06.07.2016, [4]Tagesspiegel online 26.10.2016, [5]Deutschlandfunk online 05.12.2016, [6]Welt online 05.03.2017, [7]n-tv online 24.04.2017, [8]FOCUS online 17.11.2012, [9]heute online 16.05.2017, [10]Welt online 12.06.2016, [11]Tagesspiegel online 03.04.2017, [12]Welt online 10.05.2017, [13]Spiegel online 05.04.2017, [14]Welt online 30.08.2015, [15]BAMF Twitter-Account 25.08.2018, 4 Uhr 30, [16]Welt online 14.10.2015, [17]Daily Mail online 16.05.2017, [18]https://www.youtube.com/watch?v=ffZdZUQAT1w, [19]Welt online 18.03.2017, [20]Bundesministerium des Innern online 03.12.2014, [21]Zeit online 25.03.2017, [22]Tagesschau online 21.05.2016, [23]FOCUS online 17.05.2017, [24]SPIEGEL online 17.05.2017, [25]Welt online 05.10.2010, [26]Welt online 04.11.2016, [27]SPIEGEL online 16.10.2010,

[28]BAYERKURIER online 17.05.2017, [29]ZEIT online 14.01.2009, [30]BILD online 05.12.2015, [31]SWR online 01.12.2016, [32]Augsburger Allgemeine 22.07.2014, [33]Welt online 15.06.1998, [34]FAZ online 04.10.2002, [35]Deutsche Welle online 30.08.2013, [36]Welt online 03.07.2016, [37]Handelsblatt online 13.06.2014, [38]www.youtube.com/watch?v=D1VRxR6sQig, [39]IPPNW online Pressemitteilung 07.10.2014

Post aus Berlin

Die Antwort aus Berlin ließ ein wenig auf sich warten. Schließlich mussten hier noch vor der Sommerpause einige Gesetze im Ruckzuck-Verfahren auf den Weg gebracht werden, beispielsweise das Netzwerkdurchsetzungsgesetz. Geburtshelfer war der damalige Bundesjustizminister Heiko Maas (SPD), für den dieses Gesetz wohl eine Art drittes Baby – Herr Maas selbst ist Vater von zwei Söhnen – gewesen ist. Dieses NetzDG zur Unterbindung von Hetze und Fake News im Netz hatte im Vorwege für viel Kritik gesorgt. Dies wurde auch durch den UN-Sonderberichterstatter für Meinungsfreiheit gerügt, da es gegen die Menschenrechte verstößt.[602] Am 31. Januar 2019 war allerdings bei *heise online* zu lesen, dass die erwartete große Zensur ausgeblieben sei.[603] Interessant in diesem Zusammenhang sind wie so oft die von mir so sehr geschätzten Leserkommentare. Zwischen diesen und dem Artikel scheint in der Wahrnehmung eine ganz große Divergenz zu herrschen.

Ehrlich gesagt hatte ich nicht wirklich mit einem Antwortschreiben auf meinen Brief an Frau Merkel gerechnet, doch ich sollte mich irren. Tatsächlich bekam ich Anfang August 2017 ein fünfseitiges Schreiben von der CDU-Bundesgeschäftsstelle in Berlin. Nein, dieses hatte natürlich nicht die größte Kanzlerin aller Zeiten verfasst, doch immerhin hatte eine Mitarbeiterin sich die Mühe gemacht, mir auf meinen langen Brief zu antworten. Laut dieser Antwort könnte man glatt meinen, in Deutschland sei alles bestens. Schließlich wurden die Fluchtursachen bekämpft, die Gelder an das UNHCR-Flüchtlingswerk fließen wieder und so weiter und so fort. Tatsächlich hätte man den Eindruck gewinnen können, alles sei in Butter, doch lesen Sie bitte selbst:

CDU-Bundesgeschäftsstelle – Klingelhöferstraße 8 – 10785 Berlin

Frau
Petra Paulsen

▬▬▬▬▬▬▬▬▬
▬▬▬▬▬▬▬▬▬

CDU

CDU-Bundesgeschäftsstelle

Andrea Berger

Berlin, 2. August 2017

Sehr geehrte Frau Paulsen,

vielen Dank für Ihr Schreiben vom 23. Mai 2017 an die CDU-Vorsitzende Bundeskanzlerin Dr. Angela Merkel, welches Sie an das Bundeskanzleramt gerichtet haben und uns zuständigkeitshalber zur Bearbeitung übergeben wurde.

Bitte entschuldigen Sie, dass wir Ihnen aufgrund des hohen Anfragenaufkommens erst jetzt antworten. Haben Sie bitte zudem Verständnis dafür, dass Frau Dr. Merkel aufgrund der Vielzahl täglich eingehender Zuschriften nicht persönlich auf jede eingehen kann.

Ihre Ausführungen habe ich aufmerksam gelesen und bin Ihnen für Ihre offenen Worte und Ihre Anmerkungen sehr dankbar. Rückmeldungen von Bürgerinnen und Bürgern sind für uns immer wieder außerordentlich wichtig und hilfreich. Meinungsäußerungen sind ein wichtiger Bestandteil des demokratischen Ringens um den besten Weg für unser Land und von daher auch dann immer willkommen, wenn sie Kritik und Ablehnung signalisieren. Ich hoffe, ich konnte Ihnen mit diesen Informationen behilflich sein.

CDU Deutschlands	Commerzbank Berlin		Deutsche Bank Berlin	
Klingelhöferstraße 8	BLZ	100 400 00	BLZ	100 700 00
10785 Berlin	Konto	26 77 75 500	Konto	90 02 17 100
Telefon 030 22070-0	IBAN	DE32 1004 0000 0267 7755 00	IBAN	DE69 1007 0000 0900 2171 00
Telefax 030 22070-111	BIC	COBADEFFXXX	BIC	DEUTDEBBXXX
E-Mail: info@cdu.de				
www.cdu.de				

Leider ist es uns aufgrund der großen Zahl von Bürgern, die sich mit Fragen und Vorschlägen an uns wenden, nicht immer möglich, auf jedes Schreiben intensiv einzugehen und eine ausführliche Antwort zu übersenden. Dies gilt vor allem für Zuschriften, in denen sehr viele Einzelthemen angesprochen werden. Sie dürfen jedoch darauf vertrauen, dass die Nachrichten stets aufmerksam gelesen und – insofern Sie politische Themen ansprechen – diese in die Arbeit unserer Partei eingebracht werden.

In Ihrem Schreiben gehen Sie auf die Schulden ein. Natürlich sind solide Finanzen Grundlage für steigenden Wohlstand, stabile wirtschaftliche Verhältnisse und Sicherheit in allen Lebenslagen. In den vergangenen Jahren haben wir viel erreicht: Wir nehmen keine neuen Schulden auf und investieren immer mehr in wichtige Zukunftsaufgaben wie beispielsweise die Bildung. In den kommenden Jahren werden wir diesen Weg weitergehen: Schulden abbauen, Bürger entlasten und in die Zukunft investieren.

Wir wollen auch künftig ohne neue Schulden auskommen. Denn Schulden von heute sind die Steuern von morgen. Mittel- und langfristig wollen wir Schulden tilgen. So vergrößern wir die Handlungsspielräume für unsere Kinder und Enkel. Zudem stärkt unsere solide und vorausschauende Finanzpolitik das Vertrauen in den Standort Deutschland. Sie ist gleichzeitig Voraussetzung für eine starke und stabile Währung.

Auch möchte ich Ihre Kritik zum Thema Asyl und Flüchtlinge nicht unbeantwortet lassen. Die CDU steht für Maß und Mitte. Im Jahr 2015 sahen sich Deutschland und Europa der größten Flüchtlingsbewegung seit Ende des Zweiten Weltkriegs gegenüber. Die Grundlagen unserer Flüchtlings- und Integrationspolitik haben wir in einem Beschluss von CDU und CSU vom 1. November 2015 und in einem ausführlichen Beschluss des Bundesparteitags von Karlsruhe festgelegt. Diese Beschlüsse sind unverändert gültig und auch künftig die Leitschnur unseres politischen Handelns.

Deutschland hat im vergangenen Jahr Hunderttausende Menschen in Not aufgenommen und ihnen geholfen. Gleichzeitig haben wir hart dafür gearbeitet, die Zahl der Flüchtlinge zu reduzieren, indem wir Fluchtursachen und illegale Menschenschleusung bekämpft haben. Rund ein Jahr später können wir feststellen, dass unsere Politik erfolgreich war:

- Der Vormarsch des IS in Syrien und im Nordirak wurde auch mit deutscher Hilfe gestoppt, inzwischen konnten insbesondere im Irak Tausende von Flüchtlingen in ihre Heimat zurückkehren, aus der sie zuvor vertrieben worden waren.
- Die Lage der syrischen Flüchtlinge in der Türkei, in Jordanien und im Libanon hat sich erheblich verbessert. Die Nahrungsmittelversorgung durch das Welternährungsprogramm wurde wieder auf das ursprüngliche Niveau angehoben, die Flüchtlinge dürfen erstmals legal arbeiten und rund 900 000 Flüchtlingskinder im schulpflichtigen Alter erhalten nach und nach Schulunterricht.
- Durch den Abschluss des EU-Türkei-Abkommens ist die Aktivität der Schlepper und Schleuser an der türkischen und griechischen Küste erheblich zurückgegangen. Statt täglich bis zu 7000 Flüchtlinge wie im Oktober 2015 kamen seit April dieses Jahres im Durchschnitt etwa 100 Flüchtlinge pro Tag von der Türkei nach Griechenland.
- Die Balkanroute wurde von den Anrainer-Staaten geschlossen.
- Schutz und Kontrolle der europäischen Außengrenzen werden derzeit erheblich ausgebaut.
- Solange dies noch nicht abgeschlossen ist, werden wir die Grenzkontrollen auf nationale Basis lageangepasst fortsetzen und gegebenenfalls intensivieren.
- Die Reform der Dublin-Verordnung wurde auf den Weg gebracht.
- Die CDU setzt sich auch für die Einführung eines europäisches Ein- und Ausreiseregister sowie für die Einführung eines europäischen Einreisesystems für nicht visumspflichtige Drittstaatsangehörige, das sogenannte ETIAS (European Travel Information System), ein.

Die CDU ist in ihrer Flüchtlingsfrage zweigleisig vorgegangen. Die CDU-geführte Bundesregierung hat deshalb im Zuge der Flüchtlingskrise nationale Maßnahmen ergriffen, um die Zahl der Flüchtlinge dauerhaft und nachhaltig zu reduzieren und die Menschen, die bleiben dürfen, schnell in unsere Gesellschaft zu integrieren. So wurde das Asylrecht verschärft, Fehlanreize verringert, beschleunigte Verfahren eingeführt, die Bearbeitung von Asylanträgen verbessert, die Liste an sicheren Herkunftsstaaten ausgeweitet und die Abschiebung krimineller Ausländer erleichtert. Und die Maßnahmen wirken: Die Zahl der

Abschiebungen wurde fast verdoppelt und die Flüchtlingszahlen sind erheblich zurückgegangen.

Abschließend möchte ich gerne noch auf das von Ihnen angesprochene Flüchtlingsabkommen mit der Türkei eingehen. Natürlich sind nationale Maßnahmen ergriffen worden. Andererseits ist aber der CDU immer klar gewesen, dass in Deutschland allein die Flüchtlingsfrage nicht gelöst werden kann. Dafür sind internationale Anstrengungen nötig. Das Flüchtlingsabkommen zwischen der EU und der Türkei hat ebenso dazu beigetragen, die Zahl der Flüchtlinge zu begrenzen. Seit dem Inkrafttreten des Abkommens am 18.03.16 ist die Zahl der Flüchtlinge, die von der türkischen Küste über die Ägäis nach Griechenland kommen, um über 90 Prozent gesunken. Neu in Griechenland ankommende illegale Flüchtlinge werden in die Türkei zurückgeschickt. Dennoch: Jeder Asylantrag wird einzeln geprüft, eine kollektive Ausweisung gibt es nicht. Wer nachweisen kann, dass er in der Türkei politisch verfolgt wird, hat einen Anspruch auf Schutz.

Es darf jedoch nicht vergessen werden, dass die Türkei fast drei Millionen Flüchtlinge aufgenommen hat. Daher erhält die Türkei bis Ende 2018 insgesamt 6 Milliarden Euro von der EU. Diese Mittel fließen nicht in den türkischen Staatshaushalt, sondern sie sind allein für Bildung, Ernährung und Infrastruktur vorgesehen.

Die CDU bekennt sich zum christlichen Menschenbild. Deshalb helfen wir Asyl- und Schutzsuchenden, die vor Krieg, Verfolgung oder Not aus ihrer Heimat geflüchtet sind. Diese Hilfe entspricht dem Gebot unseres Grundgesetzes und der Nächstenliebe. Klar ist aber auch, wer nicht bleiben darf, muss Deutschland so schnell wie möglich verlassen. Zudem gilt unser Grundprinzip „Fördern und Fordern". Wer Leistungen nach dem Asylbewerberleistungsgesetz bekommt, wird zu Integrationsmaßnahmen verpflichtet.

Wenn ich nicht alle von Ihnen angesprochenen Punkte im Einzelnen behandelt haben sollte, so heißt dies nicht, dass sie hier nicht dennoch mit Interesse gelesen wurden. Auch in Zukunft wird es Herausforderungen für Deutschland geben, für die es keine einfachen Lösungen gibt. Wir alle müssen über die richtigen Antworten auf die Fragen des 21.

Jahrhunderts diskutieren. Die CDU Deutschlands wird gute Argumente dabei immer in ihre Erwägungen einbeziehen.

Mit freundlichen Grüßen

A. Berger

Andrea Berger

CRM-Team
Bürgerservice der CDU-Bundesgeschäftsstelle

Leider gibt dieses Schreiben kaum eine Antwort auf meine Fragen, doch so ist es wohl nun einmal, wenn kritische Bürger unbequeme Fragen stellen. Das Volk kann aber auch wirklich fies und gemein sein. Warum lässt es die Regierung nicht in Ruhe ihre Arbeit machen, während es selbst fleißig zur Arbeit geht, damit die Steuern in Strömen fließen? Die Untertanen wissen schließlich doch gar nicht, was für sie gut ist.

Einladung vom ZDF

Es war an einem Donnerstag im Juni 2017, als ich in meinem Postfach in der Schule einen kleinen gelben Zettel vorfand, den mir unsere, von mir sehr geschätzte Schulsekretärin dort hineingelegt hatte. Darauf stand eine Kurzmitteilung mit sinngemäß den Worten „Anruf von ZDF-Redaktion Marietta Slomka, Redakteurin bittet um Rückruf unter der Nr. ...". An dem Tag hatte ich an mehreren mündlichen Abiturprüfungen als Teil des Prüfungsausschusses teilgenommen und im Anschluss daran am späten Nachmittag bis 17 Uhr noch 90 Minuten Biologie in der Oberstufe unterrichtet. Nach Feierabend war ich völlig platt und nicht mehr in der Lage, überhaupt ein Telefonat zu führen, schon gar nicht mit der ZDF-Redaktion von Marietta Slomka. Deren Redakteurin rief ich am nächsten Tag an. Wir haben uns sehr nett unterhalten und sie unterbreitete mir den Wunsch, mich als Gast in die ZDF-Sendung „Wie geht´s, Deutschland?" einladen zu wollen. Schließlich hätte ich doch einen offenen Brief unter meinem richtigen Namen geschrieben, was nur sehr wenige täten. Ich musste die gute Dame dennoch ein wenig vertrösten, wollte ich zum einen nicht aus der Hüfte geschossen eine Entscheidung treffen. Vor allem wollte ich aber mit meiner Familie darüber sprechen. Wenn man Kinder hat, dann wollen Entscheidungen schließlich wohl überlegt sein. Dabei war es mein Jüngster, zum damaligen Zeitpunkt gerade 15 Lenze zählend, der mir in seiner manchmal unnachahmlich weisen Art erklärte: „Mama, natürlich gehst du dahin. Wer solche Briefe schreibt, der will doch damit was erreichen!"

Ich sagte der Redakteurin am Montag zu, nachdem ich das Okay meiner Familie bekommen hatte. Wir verabredeten uns zeitnah in der Nähe des Ohlsdorfer Friedhofes im Café Schwesterherz zu einem Gespräch. Ehrlich und offen erzählte ich ihr auch von meinem Buchprojekt, für das sich kein Verleger finden ließ, woraufhin sie mich bat, in der Sendung darüber aber bitte nicht zu sprechen. Man würde man mich ja ohnehin im Anschluss an diese Talkshow googeln. Haben Sie das verstanden? Nein? Ich damals auch nicht. Wer hat schon Zeit und Lust, jeden Talkshowteilnehmer zu googeln? Als ich die Frage nach Tickets für meine Familie bzw. Freunde stellte, sagte mir die nette Dame, dass ich vielleicht ein, zwei Karten bekommen könnte, mehr jedoch nicht, da das Publikum gecastet werde. Dies natürlich der Ausgewogenheit halber hinsichtlich der politischen Vielfalt. Wie aber sieht so eine Casting-Veranstaltung beim ZDF aus? Bekommt man Fragen gestellt wie beispielsweise „Sind Sie ein großer Fan der Bundeskanzlerin?", „Welche Partei wählen Sie?" oder „Warum werden Sie zukünftig nicht mehr eine der beiden Volksparteien wählen?" Ich weiß es nicht.

Mit dem Einverständnis der Pressestelle der Hamburger Behörde für Schule und Beruf wurde an meiner Schule ein kurzer Einspieler gedreht, während ich im Zusammenhang mit diesem vom ZDF-Mann Marcus Niehaves interviewt wurde. In Zeiten zusammengeschnittener Filmsequenzen und aus dem Kontext gerissener Sätze hätte ich diesen Kurzclip gerne vor der Sendung zu sehen bekommen, doch weder mir noch meine Schulleitung war das vergönnt. Noch ein weiteres Treffen gab es mit der Redakteurin und dem Executive Producer, der mich angeblich unbedingt kennenlernen wollte, in zuvor erwähnter Lokalität nur wenige Tage nach dem Attentat in Hamburg-Barmbek. Ein Asylbewerber hatte in einem Edeka-Markt auf Kunden mit einem Messer eingestochen und einen 50-Jährigen tödlich verletzt. Der Täter, der mittlerweile zu lebenslanger Haft verurteilt wurde, lebte nur wenige Hundert Meter von meiner Mutter entfernt in einer Flüchtlingsunterkunft. Er hätte schon längst nach Norwegen abgeschoben werden können und war den Behörden als Islamist bekannt. Nach eigener Aussage sei es dem drogenabhängigen Mann darum gegangen, *„so viele deutsche Staatsangehörige christlichen Glaubens wie möglich zu ermorden".*[604] Die Containerunterkunft, in der der Täter bis zu diesem Attentat gelebt hatte, befand sich in dem Park, in dem meine frühere Mitschülerin aus der Parallelklasse ermordet wurde. Sie war zuvor vergewaltigt und dann mit ihrem Halstuch erdrosselt worden von einem psychisch kranken Sexualstraftäter, dem man in der nahe gelegenen Psychiatrie Freigang gewährt hatte. Nur wenige Monate später ermordete derselbe Täter auch noch eine 21-Jährige im Naturschutzgebiet Raakmoor, wo man früher gelegentlich Loki Schmidt beim Spazierengehen treffen konnte.[605] Der Vater meiner ehemaligen Mitschülerin war wiederum ein Kollege meines Vaters, der in einer anderen Schicht bei Axel Springer arbeitete. Wie mag es wohl ihrer Familie ergangen sein? Anders als viele Täter bekommen Eltern, Geschwister, Verwandte und Freunde schließlich ein Lebenslänglich, indem sie den Rest ihres Lebens mit dem Verlust eines geliebten Menschen durch Gewalt von anderen leben müssen. Für uns als Schüler, ganz egal ob man der Popper-, Roller-, Skinhead-, Birkenstock-Fraktion angehörte bzw. ein Normalo war, war das damals kaum zu ertragen. Heute hingegen scheint man sich an Mord und Totschlag im öffentlichen Raum bereits gewöhnt zu haben bzw. man schlägt sich in den unterschiedlichen politischen Lagern deswegen am liebsten gleich die Köpfe ein. Doch nun wieder zurück zum ZDF.

Ohne Unterschrift geht gar nichts. Ich hatte schon vorher von der für das ZDF tätigen Produktionsfirma eine Mitwirkungsvereinbarung zugeschickt bekommen, die vielmehr einem Knebelvertrag gleichkam. So hätte ich beispielsweise *innerhalb von 12 Monaten nach Vertragsunterzeichnung weder an Bild- und Tonaufnahmen für vergleichbare TV-Formate* mitwirken dürfen. Der Redakteurin und dem Executive Producer teilte ich mit, dass ich mit vielen Textpassagen der Vereinbarung nicht einverstanden sei. Mir wurde gesagt, dass dies keinerlei Problem wäre und ich alle möglichen Änderungen daran vornehmen könnte. Jürgen Trittin von den Grünen würde laut deren Aussage ohnehin immer ohne Vertrag in so eine Sendung kommen. Also habe ich mir Rat bei einem befreundeten Juristen geholt, entsprechende Änderungen handschriftlich vorgenommen und den Vertrag unterschrieben auf dem Postweg zurückgeschickt. Noch einen Tag vor der Live-Sendung kontaktierte man mich, um mich noch einmal an den Vertrag zu erinnern. Ich weiß nicht, ob dieser bei der Post auf Abwege geraten oder innerhalb des Unternehmens verloren gegangen ist. Ich hatte vor so einer Sendung, in der mir die Rolle der Antagonistin und Befürworterin von „Grenzen zu!" zukam, bestimmt anderes im Kopf als an diesen doofen Vertrag zu denken. Dennoch: So ganz unwichtig scheint er nicht gewesen zu sein, denn noch Monate nach Ausstrahlung der Sendung bekam ich per Mail mehrfache Erinnerungen hinsichtlich des Vertrages, was sich für mich durch meinen Auftritt in besagter Sendung jedoch erledigt hatte. Da hat die Paulsen quasi ungewollt doch glatt die Trittin-Nummer gemacht.

Erst unmittelbar vor der Sendung wurde mir übrigens das zusammengeschnittene Filmmaterial im Regieraum gezeigt, als mein Puls ohnehin schon auf 180 war und das Adrenalin in meinem Blut langsam zu kochen anfing. Mein Gott, wie war ich aufgeregt, als ich am 5. September 2017 live und in Farbe an der besagten Sendung teilnahm.[606] Zuvor hatte ich mich, die ich im Block „Flüchtlinge und Integration" zu Wort kam, unzählige Stunden über Daten und Fakten hinsichtlich des deutschen Bildungssystems und über die Problematik der Schulen mit der Integration von Flüchtlingskindern informiert. Auf dem Weg nach Berlin ins Studio ließ ich mich während der Autofahrt von meiner Tochter immer wieder über Zahlen, Daten und Fakten abfragen. Dass ich an einer „der übelsten Propagandasendungen" – nein, das habe nicht ich, sondern „Bullway0815", einer der vielen Kommentatoren bei YouTube über diese geschrieben –, teilnehmen würde, hätte ich nicht gedacht. Selten habe ich mich in meinem Leben in der Umgebung von Menschen wie den eingeladenen Politikern so unwohl gefühlt. Die im Anschluss an diese Sendung mit den Herren Trittin (Bündnis 90/Die Grünen) und Scheuer (CSU) geführten Gespräche brachten leider auch keine Besserung. Auf was hatte ich mich da nur eingelassen? Während meine Tochter kurz nach Mitternacht im Hotel schon friedlich neben mir eingeschlafen war, fand ich erst viel später den Weg ins Träumeland.

Zwei Monate später gab ich mein erstes Interview in den Freien Medien in der Sendung SchrangTV-Talk, in der ich u. a. auch über die Erfahrungen mit der ZDF-Sendung gesprochen habe.[607] Auch da bin ich aufgeregt gewesen, wenngleich doch deutlich entspannter als im ZDF. Schließlich hatte ich mit den Freien Medien zuvor auch keinerlei Erfahrung gemacht. Allen Kommentatoren, die sich in der Kommentarspalte auf YouTube darüber echauffiert haben, dass ich bei dem am 13. November 2017 veröffentlichten Interview so viele Ähs und Ähms von mir gegeben habe, sei gesagt: Im normalen Leben spreche ich fließend Deutsch. Mich selbst haben diese „Füllwörter" im Nachhinein wohl am meisten geärgert. Immerhin hat dieses Interview über zwei

Millionen Aufrufe erreicht, weswegen es auf Platz eins der Freien Medien stand. Ich bin keine Person der Öffentlichkeit, also im Geben von Interviews zu politischen Themen nicht geübt. Heute muss schließlich jedes Wort, das man von sich gibt, wohlüberlegt sein, damit es einen nicht irgendwann im Munde umgedreht wird. Und nicht zu vergessen: Ich bin verbeamtete Lehrerin und liebe meinen Beruf.

Es ist geschafft!

Nein, nicht die Aufgabe, die die Bundeskanzlerin uns seit 2015 aufs Auge gedrückt hat, ist hiermit gemeint. Endlich, am 29. Januar 2018, erblickte „Deutschland außer Rand und Band" in Form eines Buches das Licht der Welt. Als mir der Postbote ein Paket mit mehreren Exemplaren in den Arm legte, habe ich diesem zu seiner großen Verblüffung erst einmal eines davon gleich in die Hand gedrückt. Zu Ihrer Information: Der nette Herr ist nach wie vor freundlich zu mir und noch immer gerne zu einem kurzen Pläuschchen bereit, sofern es zeitlich gerade passt.

Nach nicht einmal ganz drei Wochen schaffte es dieses Buch auf die SPIEGEL-Bestsellerliste. Damit hatte ich nun wirklich nicht gerechnet. Während Artikel und Rezensionen darüber in den Freien Medien erschienen, titelte der Tagesspiegel: „Petra Paulsen, Thorsten Schulte & Co. – Warum rechte Bücher zu Bestsellern werden". Lediglich 14 Kommentare erschienen zu diesem Artikel, die allein schon äußerst lesenswert sind.[608] Im Buch ist keinerlei Hetze gegen Menschen zu finden, die nicht aus Deutschland stammen. Vielmehr ist es eine Bestandsaufnahme über den Ist-Zustand der Bundesrepublik und ein Blick hinter die politischen Kulissen, um einordnen zu helfen, warum die Welt einfach nicht zur Ruhe kommt. Dass Fakten und Belege mittlerweile als rechts verteufelt werden – so aber auch Menschen, die nicht an den anthropogen verursachten Klimawandel glauben –, kann einem wirklich manchmal den Atem verschlagen. Oder sagt dies nicht vielmehr etwas darüber aus, dass man möglicherweise in ein Wespennest gestochen hat?

Die Freude über den Bestseller währte jedoch nicht lange, denn am 20.02.2018 kam in den Tagesthemen ein Interview mit Yascha Mounk, das mich wenige Tage später an meinen Schreibtisch trieb, um erneut an die damals in den Koalitionsverhandlungen steckende geschäftsführende Bundeskanzlerin Merkel folgenden Brief zu schreiben:

Betr.: Historisch einzigartiges Experiment

Sehr geehrte Frau geschäftsführende Bundeskanzlerin Merkel,

„(...) Dass wir hier ein historisch einzigartiges Experiment wagen, und zwar eine monoethnische, monokulturelle Demokratie in eine multiethnische zu verwandeln. Das kann klappen, das wird glaube ich auch klappen, aber dabei kommt es natürlich auch zu vielen Verwerfungen. (...)" Dies waren die Worte des Politikwissenschaftlers Yascha Mounk im Live-Interview mit Caren Miosga in den Tagesthemen vom 20.02.2018. Ich konnte meinen Ohren gar nicht trauen, was ich da gehört hatte und musste mir unbedingt noch einmal die Sendung ansehen. In der ARD-Mediathek erschien der Hinweis „Dieses Video kann leider nicht abgespielt werden. Wir bitten um Ihr Verständnis."[609] Glücklicherweise bin ich aber bei YouTube fündig geworden und: Nein, ich hatte mich nicht verhört. Herr Mounk hat tatsächlich von einem historisch einzigartigen Experiment hinsichtlich der Migrationskrise gesprochen.[610] Ein Experiment mit lebenden Menschen!

Von Frau Miosga im GEZ-zwangsfinanzierten System-TV kam keinerlei Nachfrage hinsichtlich dieser Aussage und auch in den Mainstreammedien erfolgte nirgends ein Aufschrei der Empörung. Lediglich die Freien Medien schrieben darüber. Nun könnte man ja meinen, Herr Mounk, der an der Universität in Harvard Politische Theorie lehrt, hat sich in den Tagesthemen versprochen. Interessanterweise hat er in der SPIEGEL-Ausgabe 40/2015 vom 26.09.2015, also zu dem Zeitpunkt, als die vermeintliche Flüchtlingskrise so richtig an Fahrt aufnahm, Folgendes geäußert: *„Vor allem geht es um mehr als ein kurzes, fremdenfreundliches Sommermärchen. In Westeuropa läuft ein Experiment, das in der Geschichte der Migration einzigartig ist: Länder, die sich als monoethnische, monokulturelle und monoreligiöse Nationen definiert haben, müssen ihre Identität wandeln. Wir wissen nicht, ob es funktioniert, wir wissen nur, dass es funktionieren muss."*[611] Frau Merkel, Sie erinnern sich bestimmt noch an den kurzen Auftritt von Herrn Prof. Dr. Thomas Rödel bei der Einweihung des Fraunhofer Institutes in Halle im Januar 2016, als dieser ein Plakat mit der Aufschrift „Keine Experimente CDU" hochhielt, Ihre Festrede unterbrach und aus dem Saal geführt wurde.[612] Was aber passiert, wenn das Humanexperiment nicht klappt? Wurde der Souverän überhaupt zu einem solchen Feldversuch gefragt? Schon Nicolas Sarkozy hatte im Dezember 2008 im Palaiseau in Paris von dem Ziel der Vermischung der Rassen gesprochen[613] und auch der Vizepräsient der EU-Kommission, Frans Timmermans, sprach davon, das Verschwinden von monokulturellen Staaten und den Prozess der Umsetzung der multikulturellen Vielfalt in allen Staaten weltweit zu beschleunigen.[614]

Ihnen, der Europa-Preisträgerin der Coudenhove-Kalergi-Stiftung aus dem Jahr 2010[615], sagen die Mainstreammedien nach, Sie würden die Dinge vom Ende her denken. Was aber ist das Ende, das Ziel? Die von den Herren Mounk, Sarkozy, Timmermans und Coudenhove-Kalergie angesprochene multiethnische Demokratie nebst Rassenvermischung mit einer eurasisch-negroiden Zukunftsrasse[616]? Und was sollen die vielen Verwerfungen sein? Die Aushebelung der Rechtsordnung und der Strafverfolgung, gewalttätige Übergriffe seitens derjenigen, die hier schon länger leben, und seitens der Neubürger, sexuelle Übergriffe auf Frauen u. v. m.? In diesem Zusammenhang tut sich auch der US-Chef-Globalisierungsideologe Thomas P. M. Barnett besonders hervor, dessen Bücher „Der Weg in die Weltdiktatur" und „Drehbuch für den 3. Weltkrieg" seit 2016 in deutscher Sprache käuflich zu erwerben sind. Auf die unsägliche Rolle der NATO im Nahen und Mittleren Osten unter der Vorherrschaft der USA und die vielen Todesopfer hatte ich schon mit meinem offenen Brief – auch dieser wird übrigens wieder ein offener Brief – vom 23. Mai 2017 an Sie hingewiesen. Was wird hier für ein mieses, was für ein teuflisches Spiel gespielt? Menschen werden mithilfe der NATO und deutschen Waffen aus ihren Heimatländern vertrieben, begeben sich auf den oft tödlichen

Weg über das Mittelmeer und die einheimischen Bevölkerungen sollen sich ehrenamtlich als Flüchtlingshelfer betätigen und sich hinsichtlich ihrer Identität wandeln. „Ich frage mich, wie lange wir das ohne große gesellschaftliche Verwerfungen durchhalten", wird der Ex-BND-Chef August Hanning in der WELT vom 31.12.2017 zitiert.[617] Tja, Frau Merkel, nicht nur Herr Hanning fragt sich das, sondern mittlerweile sehr viele Menschen.

Wissen Sie eigentlich, wie schlimm es sich anfühlt, wenn ein Oberstufenschüler zu einem nach einer ganz normalen Biostunde kommt und ihnen sagt, er befürchte, dass wir bald Bürgerkrieg in Deutschland haben werden? Können Sie sich vorstellen, wie sich in Deutschland geborene Schüler mit Migrationshintergrund fühlen, denen Biodeutsche auf der Straße zunehmend mit Ablehnung begegnen? Sind Sie in der Lage, sich in Menschen hineinzuversetzen, die jahrelang in Deutschland geduldet werden, jedoch aufgrund des Duldungsstatus ihre Zukunft nicht planen können? Meinen Sie, es ist toll, wenn eine muslimische Schülerin plötzlich zwangsverheiratet wird? Und die Sorgen einer Mutter können Sie wohl kaum nachvollziehen. Daher empfehle ich Ihnen als Lektüre den SPIEGEL-Bestseller „Deutschland außer Rand und Band". Durch dieses Buch können Sie sich mal einen Überblick verschaffen, wie es um Deutschland tatsächlich bestellt ist. Unter anderen Umständen hätte ich Ihnen dieses Buch übersandt, doch ich gehe davon aus, dass Sie wahrscheinlich noch nicht einmal das Buch „Scharia in Deutschland" von Sabatina James, welches Ihnen von Vera Lengsfeld am 3. Oktober 2015 überreicht wurde, gelesen haben.[618]

Eine letzte Frage noch: Nehmen Sie mit Ihrer Weiter-so-Politik bürgerkriegsähnliche Zustände, wie sie von dem früheren CIA-Chef Michael V. Hayden in der Washington Post vom 1. Mai 2008 für europäische Länder gezeichnet wurden, nicht billigend in Kauf?[619]

Mit freundlichen Grüßen
Petra Paulsen

Auf diesen Brief bekam ich keine Antwort, Was hätte man mir auch darauf schreiben sollen? Vielleicht „Sehr geehrte Frau Paulsen, sie sehen das völlig falsch" oder „Natürlich wird es durch sexuelle Übergriffe und auch Morde den einen oder anderen hier schon länger lebenden Menschen erwischen, doch auch die Deutschen müssen nun einmal Opfer bringen." Mir ging es nicht darum, eine Antwort zu erhalten. Vielmehr wollte ich Menschen darauf aufmerksam machen, dass wir uns in einem Sozialexperiment der besonderen Art befinden, gleichwohl wir Versuche mit lebenden Menschen bereits aus den dunkelsten Zeiten des Nationalsozialismus oder aber von der CIA her kennen.

Hetz- und Stimmungsmache-TV

Der nächste Aufreger im zwangsfinanzierten Staatsfernsehen, über das sich immer mehr Menschen empören, ließ nicht lange auf sich warten. Das, was das ZDF kann, kann die ARD natürlich auch. An einem entspannten Sonntagabend, wenn man relaxed und nichts Böses ahnend auf der Couch liegt, sich gedanklich schon auf den Start in die neue Arbeitswoche vorbereitet, kann es einen manchmal tatsächlich vom Sofa hauen. So geschehen im April 2018. Doch was war passiert? Folgende Mail ging an Info@DasErste.de:

Offener Brief aufgrund der gestrigen ARD-Sendung „ttt – titel, thesen, temperamente"

9. April 2018

Sehr geehrte Damen und Herren der ARD,

mit großer Fassungslosigkeit habe ich gestern Abend im Programm der ARD die Sendung „ttt – titel, thesen, temperamente" im Hinblick auf die durch die frühere DDR-Bürgerrechtlerin Vera Lengsfeld initiierte *Gemeinsame Erklärung 2018* verfolgt – und ich habe mich wieder einmal mehr gefragt, wie tief das durch den Rundfunk"beitrag" in Höhe von derzeit 17,50 €/Monat zwangsfinanzierte Programm im öffentlich-rechtlichen TV eigentlich noch sinken kann?

Ich selbst war Talkgast der Sendung „Wie geht's, Deutschland?" im ZDF am 05.09.2017. Für diese hatte ich mich nicht etwa als Teilnehmerin beworben, sondern die Redaktion von Marietta Slomka war durch mehrere meiner Schreiben, die im Internet unter meinem vollen Namen zu lesen sind – u. a. ein offener Brief an Angela Merkel –, auf mich gestoßen. Nach einigen Tagen Bedenkzeit sagte ich der Redaktion zu und wurde so Teilnehmerin und Zeugin, wie es vor und hinter den Kulissen der legendären Sendung, die von Alice Weidel (AfD) vorzeitig verlassen wurde, zuging. Mich hat der Abgang von Frau Weidel, über den man viel spekulieren und den man auch unangemessen für eine Berufspolitikerin halten konnte, nicht so sehr erschüttert wie die parteiische und diffamierende, teilweise unsachliche Moderation von Frau Slomka.[620]

Und was war am 20.02.2018 in den ARD-Tagesthemen mit der Journalistin Caren Miosga los, als diese mit dem Harvard-Professor Yascha Mounk ein Interview führte? Als dieser davon sprach, „dass wir hier ein historisch einzigartiges Experiment wagen, und zwar eine monoethnische monokulturelle Demokratie in eine multiethnische zu verwandeln" und auch auf „viele Verwerfungen" hinwies, hätte Frau Miosga nicht einhaken und diese Ausführungen hinterfragen müssen?[621] Stattdessen ging es einfach im Thema weiter, als sei nichts gewesen. Sieht so guter Journalismus aus? Ich habe mir in diesem Zusammenhang erlaubt, mal wieder ein paar Fragen an unsere Bundeskanzlerin zu stellen.[622]

Nach wie vor stranden einerseits Menschen auf der Balkanroute oder begeben sich auf die gefährliche Reise über das Mittelmeer nach Europa, nahezu täglich ist andererseits über sexuelle Übergriffe, Messerstechereien, Vergewaltigungen, Morde und den Umgang mit Antisemitismus in der regionalen Presse, aber auch in den Mainstreammedien in Deutschland zu lesen. Gehört das alles in Form von Verwerfungen und Kollateralschäden zu diesem Experiment dazu?

Gegen diese Zustände im Landesinneren gehen mittlerweile vielerorts die Menschen auf die Straßen und 110.539 Menschen (Stand: 09.04.2018, 13 Uhr 41) haben sich bislang in Form der *Gemeinsamen Erklärung 2018* solidarisch mit denjenigen erklärt, „die friedlich dafür demonstrieren, dass die rechtsstaatliche Ordnung an den Grenzen unseres Landes wiederhergestellt wird." Und jetzt kommt´s, meine sehr geehrten Damen und Herren der ARD: Auch ich habe mich als dreifache Mutter, Lehrerin und Buchautorin auf diese Liste setzen lassen und gehörte zu den ersten 2.018 Unterzeichnern. Das bin ich schon allein meinen Kindern, die auch weiterhin in einem friedlichen Land leben wollen, aber auch meinen Schülerinnen und Schülern mit und ohne Migrationshintergrund schuldig, von denen mir diejenigen, denen man ansieht, dass sie nicht biodeutscher Herkunft sind, immer häufiger berichten, dass das Verhalten ihnen gegenüber im öffentlichen Raum zunehmend ablehnender wird. Viele von ihnen leben dabei schon seit ihrer Geburt in Deutschland oder aber sind schon vor vielen Jahren mit ihren Familien hierhergekommen.

Ist man automatisch ein Neurechter, ein Neonazi, ein Nazi im Nadelstreifenanzug o. Ä., wenn man das Einhalten von Gesetzen in einem Rechtsstaat fordert, oder hat das möglicherweise etwas mit gesundem Menschenverstand zu tun? So viel Hass, Hetze und Propaganda gegenüber Andersdenkenden bezüglich der illegalen (Massen-)Einwanderung – ca. 200.000 Zuwanderer pro Jahr sind natürlich keine Masse, wenn man bedenkt, dass allein pro Tag in Afrika 99.000 Menschen das Licht der Welt erblicken – wie in der gestrigen Sendung „ttt – tendenziös, trennend, totalitär" habe ich jedenfalls selten erlebt. Die vielen negativen Zuschauerkommentare sprechen auch eine ganz eigene Sprache und so hat sich mancher Kommentator erst durch die Sendung veranlasst gesehen, die *Gemeinsame Erklärung 2018* zu unterzeichnen.[623]

Wann dürfen wir in Deutschland endlich mit gutem überparteilichen, umfassenden, kritischen und den Politikern auf die Finger schauenden Journalismus rechnen, ohne ständig manipuliert, getriggert oder auf Dauer hirngewaschen zu werden? Sollten sich Journalisten nicht für den Erhalt der Demokratie inklusive Pluralismus, Meinungsfreiheit und das Recht auf gewaltlose und friedliche Demonstrationen starkmachen, statt sich neben der Politik auch noch als Spaltaxt der Gesellschaft zu betätigen? Denken Sie einfach mal darüber nach und wundern Sie sich bitte nicht, warum der Rundfunk"beitrag" zunehmend in die Kritik gerät.

Mit freundlichen Grüßen
Petra Paulsen

Diese Erklärung schaffte es nach vielen Widrigkeiten und Steinen, die man den Initiatoren in den Weg gelegt hatte, in Form einer Petition am 8. Oktober 2018 in den Deutschen Bundestag. Dort durften Vera Lengsfeld und Henryk M. Broder gnädigerweise vor dem Petitionsausschuss sprechen. Sollte Ihnen diese Anhörung nicht bekannt sein, so möchte ich Ihnen das Video hierzu wärmstens ans Herz legen.[624]

Hallo Schlafschafe

Erst im Januar 2018 hatte ich für eine erkrankte Kollegin als Klassenlehrerin die Leitung einer Klasse des Jahrgangs 5 übernommen. Dass eine eigene Klasse viel mehr Arbeit als die bloße Vorbereitung von Fachunterricht bedeutet, muss ich sicherlich nicht weiter ausführen. Eigentlich habe ich nicht genügend Freizeit, um Artikel oder Briefe zu schreiben, geschweige denn Einladungen zu Lesungen anzunehmen, doch politisch bewegte Zeiten, in denen es um Demokratie und Meinungsfreiheit geht, fordern auch persönliche Opfer in Form von Zivilcourage. Nachdem ich Mitte April 2018 zu einer Lesung auf Einladung der Liberal-Konservativen Reformer eingeladen war, veröffentlichte ich am 30. April 2018 den folgenden Artikel:

Deutschland 2018: Zwischen Meinungskontrolleuren, Mundtoten und Schlafschafen

Heute in aller Herrgottsfrühe weckte mich ein lautes „Määäh!", denn eines unserer Schafe hatte sich mal wieder einen Weg gesucht, das grüne Gras außerhalb des umzäunten Geheges beim Nachbarn zu fressen. Dort schmeckt es aus mir nicht bekannten Gründen anscheinend immer besser. Erst war ich ein wenig genervt über diesen morgendlichen Ausflug unseres zotteligen Wiederkäuers, mittlerweile bin ich dem dicken Olli aber dankbar für sein Verhalten, hat er mir doch damit den Aufhänger für diesen Artikel geliefert.

Der US-Thriller „Das Schweigen der Lämmer" mit Hannibal Lecter, einem Psychiater mit kannibalistischen Neigungen als eine der beiden Hauptfiguren, ist sicherlich sehr vielen bekannt. Das Video „Warum schweigen die Lämmer?" von Prof. Dr. Rainer Mausfeld hingegen haben meines Erachtens leider noch immer viel zu wenige

Menschen gesehen.[625] In diesem befasst sich der Professor für Allgemeine Psychiatrie u. a. mit dem Paradoxon der Demokratie, dem Orwell´schen Neusprech, der Propaganda sowie den Techniken des Meinungs- und Empörungsmanagements. Jeder halbwegs politisch interessierte Mensch sollte den Vortrag von Mausfeld gesehen haben, um zu verstehen, warum wir so leicht durch Medien und Politik in unserem Denken manipuliert werden. Viele Menschen laufen schon seit längerer Zeit mit geballter Faust in der Tasche umher, verschaffen ihrem Unmut in anonymen Kommentarspalten Luft oder aber sind regelrecht in der von Elisabeth Noelle-Neumann bereits in den 1970er-Jahren beschriebenen Schweigespirale gefangen. Gründe hierfür sind beispielsweise die Angst vor sozialer Ausgrenzung, das ständige Beobachten und Abgleichen zwischen öffentlicher/veröffentlichter Meinung durch Mitmenschen/Medien und seinen eigenen Ansichten u. v. m.[626]

Doch wenn man zu lange schweigt, fängt er an manchmal an zu wachsen, der sprichwörtliche Kloß im Hals. Nachdem ich daran regelrecht zu ersticken drohte – und das bei ansonsten bester psychischer und physischer Verfassung –, kam mir im Herbst 2016 der Gedanke, ein Buch über Deutschland, Gott und die Welt zu schreiben. Dies war sozusagen für mich eine Art Loch im Zaun, um einen Weg zu finden, die Schweigemauer zu durchbrechen, nachdem ich seit dem Herbst 2015 aus dem Staunen nicht mehr herausgekommen bin, was in diesem Land politisch so alles geschieht. Gesagt, getan und flink an die Arbeit gemacht, doch von Piper, C. H. Beck & Co. hagelte es nach Einreichung des Manuskripts nur Absagen. So habe man keine Möglichkeit gesehen, dieses Projekt innerhalb ihres Programms zu veröffentlichen. Hört, hört! Nun ja, ich bin natürlich kein Uwe Tellkamp und auch kein Matthias Matussek, doch auch bekannten Journalisten, Autoren und Publizisten wie diesen ergeht es in letzter Zeit nicht viel besser, da sich ihre Verlage von ihnen distanzieren oder aber ihre Bücher totgeschwiegen werden. Für eine verbeamtete Lehrerin mit A13-Besoldung, also einem gut auskömmlichen

Einkommen, wäre der Weg des Schweigens der Lämmer sicherlich der bequemere gewesen, doch wie hätte ich dies eines Tages vor meinen Kindern, aber auch vor meinen Schülern rechtfertigen können? Somit wollte ich mit meinem Buch unter Angabe von 760 Quellen ein wenig den Ist-Zustand in Deutschland beleuchten und wie es dazu kommen konnte – nicht mehr und nicht weniger.

Dank einer glücklichen Fügung hat sich der MSW-Verlag meinem Geschreibsel angenommen und dieses schaffte es binnen drei Wochen in die SPIEGEL-Bestsellerliste auf Platz 17. Und siehe da: Sogleich sprang Gerrit Bartels vom Tagesspiegel, seines Zeichens Arzt der Inneren Medizin und der Psychiatrie bzw. nunmehr Literaturredakteur, darauf an und „verriss" es unter der Überschrift „Warum rechte Bücher zu Bestsellern werden. Die Wahrheit ist vielgestaltig: Warum rechte Bücher wie Petra Paulsens ‚Deutschland außer Rand und Band' zu Bestsellern werden".[627] Schade, dass Herr Bartels sich in seiner „Rezension" so gar nicht mit inhaltlichen Themen wie beispielsweise der Flüchtlingspolitik, dem politischen Linksruck der Merkel-CDU, der Situation in Schweden, der Bildungsmisere an deutschen Schulen, der Rolle der NATO usw. auseinandergesetzt hat. Vielmehr sollte seine „Literaturkritik" wohl der „psychologischen Kriegsführung" des studierten Psychiaters gegenüber selbst denkenden Menschen dienen und mir den Stempel „rechts" aufdrücken bzw. mich möglicherweise mundtot machen. Ich selbst bin als Kind zweier Kriegskinder ein friedliebender Mensch, für den Erhalt des Rechtsstaats sowie das Einhalten des Völkerrechts und damit des Weltfriedens. Ich halte mich an die Rechts-vor-links-Regel der StVO, bin als jemand, der im Rotstiftmilieu arbeitet (Anm.: Dieser Spruch stammt nicht von mir, sondern von einer Kollegin), ein echter Fan von Rechtschreibung und ich esse lieber rechts- als linksdrehende Milchprodukte, da diese meiner Verdauung besser bekommen. Oh mein Gott, ich bin ja so was von rechts!

Viele Leser aus Deutschland, Österreich und der Schweiz haben mich über den MSW-Verlag kontaktiert, mir ihren Dank ausgesprochen, mir aber auch berichtet, dass man beispielsweise bei Hugendubel in den Riem Arcaden in München erst ins Lager gehen musste, um mein Buch auf den Ladentisch zu bugsieren, und dies, obwohl es auf der Bestsellerliste stand. Ähnliches berichtete mir auch ein Herr aus Berlin bezüglich der Thalia-Buchhandlung. Ein Freund wollte dieses Buch in einem kleinen Buchladen nördlich von Hamburg käuflich erwerben – Fehlanzeige, denn *solche* Bücher würde man nicht vertreiben. Na klar, wir leben in einem freien Land und betreutes Denken gibt es nur in anderen Nationen. Bei meiner ersten Lesung auf Einladung der Liberal-Kmonservativen Reformer (LKR) in Darmstadt unter dem Motto „Wir müssen reden" gab es im Publikum zwei junge Männer, die zunächst ganz friedlich im Zuschauerraum Platz genommen hatten. Diese verließen aber schon nach kurzer Zeit pöbelnd die Veranstaltung und wollten leider so gar nicht reden, sondern lieber an den Sprechchören vor dem Haus teilnehmen. So was nennt sich wohl Besuch von der Antifa und scheint in Deutschland mittlerweile „normal" zu sein. Immerhin gab es keine körperlichen Attacken und mein Honorar kam einem sozialen Zweck zugute.

Wären die beiden Jungs, die vom Alter her meine Söhne hätten sein können, geblieben, hätten sie von meinem zweiten offenen Brief an Frau Merkel erfahren.[628] Noch heute steht die Stellungnahme zu dem darin von Yascha Mounk in den Tagesthemen erwähnten „einzigartigen historischen Experiment", was uns ja bislang medial durch die Mainstreammedien als Flüchtlingskrise verkauft wurde, aus. Na ja, auf dieses Schreiben werde ich wohl nicht einmal von der CDU-Bundesgeschäftsstelle aus Berlin die übliche Antwort in Form von Textbausteinen bekommen, geschweige denn eine solche von der einst mächtigsten Frau der Welt, die nunmehr bereits als schwächstes Glied Europas betitelt wird. Und das als Europa-Preisträgerin der Coudenhove-Kalergi-Stiftung des Jahres 2010. So what! Und im Blätterwald der MSM zu dieser Äußerung des

Harvard-Dozenten? Nichts, rein gar nichts. Nur das übliche (Ver-)Schweigen der (Medien-)Lämmer. Und stattdessen immer mehr Opfer und zwar auf allen Seiten.

Warum ich diesen Artikel geschrieben habe? Wenn er nur einem einzigen Schlafschaf ein wenig die Augen öffnet und diesem nur ein kleines Stück den Blick über den Zaun ermöglicht, wäre ich schon froh. Meines Erachtens ist es mittlerweile unerträglich, wie einzelne Menschen bzw. Menschengruppen an den öffentlichen Pranger gestellt und zum Schweigen gebracht werden sollen. Ich wünsche mir ein Land mit Politikern, die sich zunächst einmal für das Wohl „ihres Landes" einsetzen, sowie eine unabhängige und kritische Presse – und eben keine Gesellschaft nach dem Andrea-Nahles-Motto „Ab morgen kriegen sie in die Fresse" oder „Divide et impera". Man wird ja wohl noch träumen dürfen. Ich jedenfalls werde auch zukünftig mit rechten und linken, jungen und alten, dicken und dünnen Menschen mit und ohne Migrationshintergrund gleich welchen Glaubens, Atheisten und Agnostikern sprechen bzw. es zumindest wie im vorgenannten Fall versuchen. Und ich werde nicht aufhören, wiederkäuerartig das aufzustoßen, was mir gesellschaftlich schwer im Magen liegt bzw. mir die Kehle zuzuschnüren droht. Basta! oder eben Määäh! im Sinne von aufgeweckten Schafen.

Mit der Antifa hatte ich in meinem bisherigen Leben noch keinerlei Kontakt, wusste aber um die Gefahr, die von dieser Organisation auf dem G20-Gipfel in Hamburg ausging. Gerne hätte ich mich mit den beiden zuvor erwähnten jungen Männern nach der Veranstaltung in Hessen unterhalten, an der neben mir auch einige andere Lehrer als Zuhörer teilnahmen. Leider zeichneten sich diese beiden Herren, die so aussahen, als würden sie aus gut situierten Elternhäusern kommen, jedoch durch keinerlei Sitzfleisch und Gesprächsbereitschaft aus, weswegen ein sicherlich sich gegenseitig befruchtender Dialog ausblieb.

BAMF-Skandal

Die besten Dialoge, auch nonverbaler Art, lieferten in der Vergangenheit insbesondere Angela Merkel und Horst Seehofer (CSU). Denken wir nur einmal an das demütigende Verhalten Seehofers gegenüber der Kanzlerin beim Parteitag der CSU im November 2015, als Seehofer noch Chef der Schwesternpartei und Ministerpräsident in Bayern war.[629] Die Rolle des heutigen Bundesinnenministers Horst Seehofer in Sachen Migrationspolitik ist eine eher unrühmliche. So wetterte er im Februar 2016 gegen Angela Merkel, indem er die von Frau Merkel am 4. September 2015 verkündete Grenzöffnung für Flüchtlinge in die Nähe von Unrechtstaaten rückte: *„Wir haben im Moment keinen Zustand von Recht und Ordnung",* klagte Herr Seehofer in einem Interview mit der Passauer Neuen Presse. *„Es ist eine Herrschaft des Unrechts."* [630] Gut zwei Jahre später sah ich mich dann veranlasst, an Herrn Seehofer im Bundesministerium des Inneren, für Bau und Heimat – Sie haben richtig gelesen, das Wort Heimat kommt tatsächlich darin vor – sowie an das Bundesamt für Migration und Flüchtlinge folgende Mail zu schreiben:

Aufklärung BAMF-Skandal

28. Mai 2018

Sehr geehrter Herr Bundesinnenminister Seehofer,
sehr geehrte BAMF-Mitarbeiter,

vollmundig wurde von Ihnen, Herr Bundesinnenminister, nun die unabhängige und schonungslose Aufklärung des BAMF-Skandals in Bremen und weiterer 13 Außenstellen angekündigt. Sogar von der Bundeskanzlerin wurde Ihnen die „volle politische Unterstützung" zugesagt und Rückendeckung zugesichert.[631]

Na, das klingt doch recht viel versprechend, was auch immer unter voller politischer Unterstützung zu verstehen sein mag – allein mir fehlt der Glaube! Schließlich waren doch Sie derjenige, der im Rahmen der Migrationskrise 2015/2016 – die übrigens gerade wieder durch neue Routen auf dem Balkan an Fahrt aufnimmt[632] – von einer Herrschaft des Unrechts durch Frau Merkel sprach und die offene Grenze als einen andauernden Rechtsverstoß bezeichnete.[633] Sogar ein Gutachten wurde von Ihnen in Auftrag gegeben und Ihre angekündigte Verfassungsklage gegen den Bund wegen der unbegrenzten Aufnahme von Migranten hätte sogar Aussicht auf Erfolg gehabt.[634] Was ist seither Ihrerseits geschehen? Nichts! Außer viel Getöse, weswegen Sie von vielen Bürgern mittlerweile als Herr Drehhofer, Merkels Bettvorleger oder als zahnloser Tiger bezeichnet werden. Nein! Doch! Ohh … Und kommen Sie mir jetzt bitte nicht mit der Wiedereinführung der Grenzkontrollen in Bayern. Diese verdienen nämlich nicht einmal den Namen, da die Kontrollen dort nur stichprobenartig erfolgen - ich als Nordlicht habe es mehrfach live erlebt. Darüber hinaus sind die Grenzen zu sämtlichen Nachbarländern völlig offen.[635] Beispielsweise reisen derzeit verstärkt abgelehnte Asylbewerber illegal über Dänemark nach Deutschland ein.[636] So weit, so schlecht!

Doch zurück zum BAMF: Ein wenig Licht ins Dunkel über die Arbeit im BAMF brachte der Undercover-Journalist Abdullah Khan, der vergangene Woche zu Gast bei Markus Lanz war.[637] Wo wir jetzt also eine schonungs- und lückenlose sowie vollumfängliche Aufklärung der Missstände im BAMF erwarten dürfen, kommen also auch Sie, liebe BAMF-Mitarbeiter, ins Spiel. Ich persönlich – und viele andere Menschen in diesem Land sicherlich auch – habe ein Interesse daran, zu erfahren, wer dem BAMF den Auftrag erteilt hat, bereits Anfang 2014 bei der Hamburger Filmproduktionsfirma Miramedia GmbH einen 17-minütigen Videoclip drehen zu lassen, um mit diesem die „Ware Asyl" in Deutschland in diversen Sprachen auf der Internetseite des BAMF im weltweiten Netz zu bewerben.[638] In wessen Auftrag wurde hier gehandelt? Wer ist hierfür verantwortlich? Stefan Aust hat darüber bereits am 30.08.2015 einen sehr interessanten Artikel in der WELT unter der Überschrift „Der Werbefilm für das gelobte Asylland Germany" veröffentlicht.[639] Natürlich wusste man genau, dass sich ein solch professionell erstellter Clip als Pullfaktor erweisen würde, wie eben auch die von Frau Merkel mit Migranten gemachten Selfies, die in vieler Herren Länder verschickt wurden. Und all das, obwohl Deutschland von sicheren Drittstaaten umgeben ist. Seither befindet sich Europa, allen voran aber die Bundesrepublik, in einem einzigartigen historischen Experiment, wie von dem Politikwissenschaftler und Harvard-Dozenten Yascha Mounk am 20.02.2018 in den Tagesthemen zu hören war.[640] Finden Sie als christlich-sozialer Unionspolitiker gesellschaftspolitische Versuche mit lebenden Menschen in dieser Form eigentlich vertretbar, obwohl dieses Experiment so manch einer mit seinem Leben bereits bezahlt hat bzw. noch bezahlen wird? Wenn ich nur daran denke, wird mir persönlich ganz schlecht.

Einer schnellstmöglichen Antwort sehe ich in freudiger Erwartung entgegen! Diese Mail werde ich aufgrund des sicherlich hohen Interesses im Internet veröffentlichen lassen – Ihre Antwort natürlich ebenfalls. Schließlich sollte ein Bundesminister den Bürgern Rede und Antwort stehen, zumal dieser auf der Gehaltsliste der Steuerzahler steht. Ich bedanke mich für Ihre Bemühungen und verbleibe

mit sommerlichen Grüßen
Petra Paulsen

P. S.: In eigener Sache noch ein Lesetipp für den bevorstehenden Sommerurlaub: „Deutschland außer Rand und Band – Zwischen Werteverfall, Political (In)Correctness und illegaler Migration". Aber Achtung: Dieses Buch macht keine gute Laune!

Auch in dieser E-Mail habe ich das Asylanwerbevideo der Hamburger Filmproduktionsfirma Miramedia aus dem Jahr 2014 erwähnt, doch natürlich gab es auf dieses Schreiben keinerlei Reaktion von Herrn Seehofer oder durch einen BAMF-Mitarbeiter. Letztere stehen doch ohnehin unter politischem Druck und öffentlich in der Kritik. Dennoch stellte sich im Jahr 2019 die Lage hinsichtlich des größten Asylskandals in der Bundesrepublik Deutschland plötzlich ganz anders dar. „Nicht verboten, mit einer Beamtin befreundet zu sein", „Neue Zahlen zeigen völlig neues Bild" und „BAMF-‚Skandal' wird immer kleiner" konnte man in den Medien lesen. Die Hauptsache ist doch, dass der Asylskandal zu einem Skandälchen wird und alles wieder im Lot ist. Schließlich kann es nur auf diese Weise ein „Weiter so!" geben. Gucken Sie sich aber trotzdem gerne einmal das Asylanwerbevideo an.

Schamesröte

Nachdem in Deutschland offenbar alles in Butter zu sein scheint – dies bekanntlich nicht erst seit Herabschmelzung des BAMF-Skandals auf einen kleinen Aufreger –, konnte ich nicht anders und schickte am 20. Juni 2018 eine lange Mail an den Deutschen Bundestag sowie an alle Fraktionen, um meinen Sorgen und meinem Unmut einfach mal Luft zu machen:

Sehr geehrte Damen und Herren des 19. Deutschen Bundestages, ich wende mich mit diesem offenen Brief an Sie, die gewählten Volksvertreter der Bundesrepublik Deutschland, denn ich schäme mich, nein, ich schäme mich sogar sehr!

- **Ich schäme mich sehr** dafür, was deutsche Politiker und insbesondere die Migrationspolitik der letzten drei Jahre, die einer gesellschaftlichen Massenkarambolage gleichkommt, innerhalb Deutschlands sowie Europas angerichtet hat bzw. noch immer anrichtet! Hierzu schrieb Baron Norbert van Handel aus Österreich an Sie, Frau Merkel, einen offenen Brief, wie auch der freie Journalist Axel Retz.[641,642]

- **Ich schäme mich sehr**, dass der Demokratie und der Rechtsstaatlichkeit in Deutschland bereits großer Schaden zugefügt wurde, indem Sie, Frau Merkel, im Alleingang eine folgenreiche Entscheidung treffen konnten, ohne dass die Mitglieder des Deutschen Bundestages als Kontrollgremium einberufen wurden und mittlerweile Gesetze von wenigen Bundestagsmitgliedern nur noch durchgewunken werden[643], wie im Falle z. B. des *NetzDGs*, obwohl der Bundestag nur beschlussfähig ist, *wenn mehr als die Hälfte seiner Mitglieder im Sitzungssaal anwesend ist.*[644]

- **Ich schäme mich sehr** dafür, dass man sich als Biodeutsche(r) bei Freunden und Geschäftspartnern im europäischen Ausland für diese Politik – der Brexit ist eine Folge dieser Politik! – entschuldigen muss und man gegenüber Menschen außerhalb Europas in Erklärungsnot gerät, weswegen die Deutschen „Weltmeister der Humanität" sein müssen. Dies erscheint vor allem Geschäftspartnern außerhalb Europas nicht einmal vor dem Hintergrund der deutschen Geschichte der letzten 100 Jahre nachvollziehbar. Tja, anscheinend werden wir immer noch von Adolf Hitler regiert, was mir gegenüber neulich ein Ausländer äußerte. Selbst Dritte-Welt- und Schwellenländer schützen ihre Grenzen und bei der Einreise z. B. nach Malaysia werden die biometrischen Daten der Reisenden erfasst! Schon seit einiger Zeit warnt die chinesische Botschaft Berlin ihre Staatsbürger davor, nachts in Deutschland allein auf die Straße zu gehen oder Fremden die Türen zu öffnen,[645] aber auch andere Länder haben Reisewarnungen für Deutschland ausgesprochen.[646] Ein tolles Bild, das die Bundesrepublik Deutschland mittlerweile international abgibt.
- **Ich schäme mich sehr**, dass sich Menschen jüdischen Glaubens in Deutschland wieder fürchten müssen, sich nicht mehr trauen, mit einer Kippa auf die Straße zu gehen, und jüdische Schüler Opfer von Antisemitismus werden, während meine Berufskollegen – ich bin Lehrerin – häufig einfach wegsehen.[647]
- **Ich schäme mich sehr** gegenüber den vielen gut integrierten Menschen mit einem Migrationshintergrund. Aus meinem Freundes- und Bekanntenkreis weiß ich von Menschen mit ausländischen Wurzeln, dass die Politik der offenen Grenzen von vielen abgelehnt wird, da sie um ihre gute Integration fürchten. Immer wieder berichten mir Schüler, denen ihr Migrationshintergrund anzusehen ist, dass das Klima ihnen gegenüber rauer und unfreundlicher wird.

- **Ich schäme mich sehr** dafür, dass Menschen wie Seyran Ateş, Hamed Abdel-Samad, Imad Karim und Ahmad Mansour, um nur einige zu nennen, in Deutschland, einem vermeintlich freien Land, unter Personenschutz stehen, weil sie über den Islam aufklären, sich für einen moderaten Islam einsetzen oder aber für den Erhalt der Demokratie und der Rechtsstaatlichkeit öffentlich eintreten.
- **Ich schäme mich sehr** dafür, dass die öffentlichen Medien wie Rundfunk und Presse, die durch unabhängige kritische Berichterstattung als vierte Gewalt fungieren sollten, viel zu eng mit der Politik verquickt sind und daher oft einseitige Meinungs- und Stimmungsmache betreiben. So bestehen z. B. zwischen Ihnen, Frau Merkel, Ihrem Ehemann und Friede Springer enge freundschaftliche Beziehungen zu aller Nutzen, aber auch die Unternehmerwitwe Liz Mohn vom Bertelsmann-Konzern zählt zu Ihrem Förderkreis.[648,649,650] Um offene und vor allem kritische Briefe einer breiteren Leserschaft zugänglich zu machen, bleiben einem z. B. häufig nur die Internetseiten von Epoch Times und die der Freien Medien, da Bild, Welt, Zeit, Spiegel & Co. nicht zu einer Veröffentlichung bereit sind. Für die nahe Zukunft hoffe ich, dass immer mehr Polizisten, Lehrer, Ärzte usw. endlich ihr Schweigen brechen und sich zu den Folgen der verfehlten Asylpolitik in ihrem Berufsalltag äußern und dass die Medien darüber auch berichten werden.
- **Ich schäme mich sehr** dafür, dass die öffentlichen Medien das von Yascha Mounk am 20.02.2018 in den Tagesthemen thematisierte „historisch einzigartige Experiment", das gerade hier in Deutschland und Europa zwecks Transformation in eine multiethnische Gesellschaft läuft, nicht aufgegriffen haben. Moment mal, Frau Merkel, Sie waren es doch, die bereits 2010 davon sprach, dass der Ansatz von Multikulti gescheitert, absolut gescheitert sei.[651] Hätten die Mainstreammedien die Bürger nicht noch einmal darüber informieren und sie auf die Verwerfungen – damit waren wohl die mittlerweile täglichen Messerstechereien, Überfälle,

Vergewaltigungen und Morde gemeint – hinweisen müssen?[652] Grob fahrlässig ist, dass die unfreien Medien dazu schweigen. Ich jedenfalls habe meine Kinder schon seit einiger Zeit zu erhöhter Vorsicht und Wachsamkeit ermahnt, ähnlich wie die chinesische Botschaft in Berlin ihre Bürger.

- **Ich schäme mich sehr** dafür, dass sich der Deutsche Bundestag nicht geschlossen gegen die völkerrechtswidrigen Interventionen der USA sowie der NATO-Partner in Syrien ausgesprochen hat.[653] Bereits seit 1999 nimmt Deutschland immer wieder direkt oder indirekt an Kriegshandlungen im Rahmen der NATO teil, für die es keinerlei UN-Mandate gibt.[654,655,656] Warum hat die deutsche Rüstungsindustrie in jüngster Zeit dank der großen Koalition so viele Waffen in Krisengebiete geliefert wie noch nie?[657] Ist man vielleicht auch hier experimentell zugange, um sich als Industrieländer Energieträger und Bodenschätze zu sichern, weswegen gerne mal anderer Länder Herrscher gestürzt und somit Menschen aus ihrer Heimat vertrieben werden? So etwas nennt man dann wohl modernen Kolonialismus.

- **Ich schäme mich sehr** *für die noch immer stattfindende NATO-Osterweiterung bis an Russlands westliche Grenze*[658] und die gegenüber Russland verhängten Sanktionen im Rahmen der Ukrainekrise, in die – wen mag es noch wundern? – auch die amerikanische Regierung wieder einmal involviert war.[659] Muss es wirklich wieder einen Kalten Krieg mit unseren russischen Nachbarn geben, der einzig und allein den USA nutzt?[660] Warum diese Doppelmoral gegenüber dem „bösen" Putin und dem Königreich Saudi-Arabien, das seit drei Jahren Krieg im Jemen mit verheerenden Folgen für die Menschen führt[661] und auch sonst nicht gerade bekannt für seine Kuscheljustiz ist. Übrigens: Den Saudis sollten laut Koalitionsvertrag keine deutschen Waffen mehr im Zusammenhang mit dem Krieg im Jemen geliefert werden – leider Fehlanzeige![662]

- **Ich schäme mich sehr** *für deutsche Politiker, die immer wieder an den umstrittenen elitären Bilderberg-Konferenzen*[663] *teilnehmen,* die u. a. eine Kanzler-, Präsidenten- und Ministerschmiede sind. So waren vor zwei Wochen Sie, Frau von der Leyen, in Turin dabei und zufälligerweise auch Mathias Döpfner, Vorstandsvorsitzender des Springer-Konzerns.[664] Mal gucken, was aus Ihnen wird – als neue NATO-Generalsekretärin werden Sie ja schon gehandelt.[665] Vielleicht werden Sie ja aber auch irgendwann einmal die neue Kanzlerin, sollte Frau Merkel entgegen aller Erwartungen abdanken oder ein Misstrauensvotum – man wird ja wohl noch träumen dürfen – gegen sie gestellt werden? In den Springer-Medien klingt es jedenfalls seit ein paar Tagen schon ein wenig nach Ihrem Abgesang, Frau Bundeskanzlerin, aber vielleicht ist das ja auch nur ein Teil des Spiels. Und mal so unter uns, Frau von der Leyen, wir sind uns ja schon mal persönlich begegnet: Warum schweigt man gegenüber der Öffentlichkeit darüber, was die Eliten aus Politik, Wirtschaft, Medien u. v. m. – viele von ihnen sind ja Transatlantiker[666] – hinter verschlossenen Türen besprechen? Schließlich wird man dort wohl kaum untereinander Panini-Sammelbildchen und Strickmuster tauschen. Vielmehr geht es doch um Politik, die in erster Linie die Bürger betrifft. Also warum diese Geheimhaltung?
- **Ich schäme mich sehr** *für die Selbstbedienungsmentalität vieler Bundestagsabgeordneter hinsichtlich des Sich-die-Taschen-Vollstopfens in Form von Diätenerhöhungen. Diese sind zum einen nicht transparent und verstoßen gegen höchstrichterliche Urteile.*[667] Ganz besonders profitiert davon ab Juli 2018 der ehemalige „Herr der schwarzen Null" und jetzt neuer Bundestagspräsident Wolfgang Schäuble[668], während die Kinder- und Altersarmut in diesem Land wächst und wächst und wächst und …[669,670]
- **Ich schäme mich sehr** dafür, was im Deutschen Bundestag für eine gegenseitige Respektlosigkeit an den Tag gelegt wird, die einem Spiegelbild des gesellschaftlichen Verfalls gleichkommt. Buh- und Dazwischenrufe, Pöbeleien und verbale Entgleisungen

aller politischer Couleur, aber auch demonstratives Desinteresse durch Smartphone- und Laptopgedaddel während Bundestagsreden und -debatten zeugen nicht gerade von einem kultivierten Umgang einer vermeintlichen Elite. Das Hohe Haus wäre jedenfalls der letzte Ort, den ich mit einer Schulklasse bei einem Berlin-Aufenthalt besuchen würde. Nichts für ungut, Herr Schäuble, aber das mit der Degeneration in Inzucht in Europa würde ich Ihnen gerne noch mal als Biologielehrerin unter mathematisch-populationsökologischen und genetischen Gesichtspunkten erklären. Ihre Äußerungen haben selbst meine Schüler – die wenigsten von ihnen sind Mathe- und Naturwissenschaftsgenies – sprachlos gemacht. Mit fragwürdigen Äußerungen bzw. antidemokratischem Verhalten sind viele deutsche Politiker ja mittlerweile in bester Gesellschaft, nicht wahr, Frau Roth?

- **Ich schäme mich sehr** dafür, dass sich die Menschen in Deutschland durch die Politik der letzten Jahre so spalten lassen haben. Immer wieder haben sich viele von Ihnen, Frau Merkel, hinters Licht führen lassen, obwohl Sie mehrfach Ihr Wort gebrochen, so manche 180°-Wende z. B. bezüglich Atomkraft, Maut, Wehrpflicht, ESM-Euro-Rettungsschirm vorgenommen haben und Sie immer wieder gegen den Willen des Volkes regieren, wie u. a. im Falle von TTIP/CETA und der derzeitigen Flüchtlingspolitik.[671,672] Zwei Drittel aller Deutschen lehnen Ihre Flüchtlingspolitik ab[673] und 75 Prozent gehen davon aus, dass es eine europäische Lösung nicht geben wird. Und die, die noch immer meinen, auf der vermeintlich guten Seite zu stehen, merken anscheinend nicht, dass sie sowohl politisch als auch medial für eine Sache instrumentalisiert wurden und werden, gegen die sie normalerweise auf die Straße – Stichwort Turbokapitalismus und Niedriglöhner für international tätige Megakonzerne – gehen würden, denn um Humanität im Rahmen der Migrationspolitik geht es doch gar nicht.
- **ICH WILL MICH NICHT MEHR LÄNGER SCHÄMEN MÜSSEN!!!**

Frau Merkel, Herr Seehofer, es ist an der Zeit, langsam mit Ihrer Vorstellung einer schlechten Laienschauspieltruppe hinsichtlich der Migrationspolitik und der Grenzkontrollen aufzuhören! Dies ist einfach nicht mehr zu ertragen! Haben Sie das als FDJ-Sekretärin bzw. im bayerischen Komödiantenstadl gelernt? **Machen Sie sich doch einfach endlich mal ehrlich gegenüber den Wählern!!!**

Vielleicht geht es Ihnen, Herr Seehofer, ja wirklich um die Grenzsicherung von Deutschland, vielmehr doch wohl aber um die absolute Mehrheit der CSU bei der Landtagswahl 2018 in Bayern mit Herrn Söder im Nacken. Das Abschneiden der CSU bei der Bayernwahl 2018 war ja übrigens die größte Sorge von Ihnen, Herr Scheuer, – Gratulation noch zum Amt des neuen Bundesministers für Verkehr und digitale Infrastruktur – bei einem Gespräch zwischen Ihnen, drei weiteren Personen und mir am 05.09.2017 nach der ZDF-Sendung „Wie geht´s, Deutschland?". Und das, obwohl die Bundestagswahl gerade vor der Tür stand, wo doch „die böse AfD" in den Deutschen Bundestag einzuziehen drohte. Immerhin: Mit dem Bundesministerposten haben Sie ja einen guten Schnitt gemacht. Ob es mit der CSU in Bayern für Sie wunschgemäß ausgehen wird? Ich habe da so meine Zweifel.

Frau Merkel, Ihnen geht es doch gar nicht um Deutschland, zumal Sie ja zunächst gegen die deutsche Wiedervereinigung waren und für einen demokratisch geprägten Sozialismus in einer eigenständigen DDR eingetreten sind[674], was Ihnen über viele Jahre mit der CDU!!! ja auch gelungen ist. Allerdings habe ich mit dem Begriff „demokratisch" bei Ihnen so meine Schwierigkeiten. Ihnen geht es doch nur um Europa und letztendlich um das große Ganze im Sinne der UNO mit einem globalen Menschenumsiedlungsprogramm.[675,676,677] Dabei sind Ihre Brüder im politischen und geistigen Bunde u. a. EU-Kommissionsvizepräsident Frans Timmermans[678], der ehemalige französische Präsident Nicolas Sarkozy[679] und EU-Migrationskommissar Dimitris Avramopoulos, der mehr als 70 Millionen Migranten in den nächsten 20 Jahren für Europa fordert.[680] Hier sollen Menschen unterschiedlichster Kulturen weltweit wie Spielsteinchen bei einem Brettspiel verschoben und in Ländern neu angesiedelt werden, deren Bürger das gar nicht wollen. Diese sind natürlich allesamt inhuman, Nazis und ganz weit re(ääääää)chts. Dabei haben wir noch gar nicht über das Thema „Industrie 4.0" gesprochen, das unterm Strich viele Arbeitsplätze in Zukunft kosten wird, sollte Deutschland als Wirtschaftsstandort überhaupt noch eine Rolle spielen, wobei ich gerade an die Autoindustrie denken muss.

Der bevorstehende EU-Gipfel fällt auf den 28. und 29. Juni 2018 und somit in die Zeit der WM in Russland, wo viele Menschen vor der heimischen Glotze sitzen oder beim Public Viewing sind. Ich jedenfalls bin schon heute gespannt, was dort beschlossen wird. Steht dort eventuell die Reformierung des Dublin-Abkommens auf der Tagesordnung, über die bereits Anfang des Jahres der Bayernkurier berichtete?[681] Ja, da schau her, Herr Seehofer, Sie sind ja sogar der Herausgeber dieses CSU-Politmagazins[682], das gerne mal Artikel über Schweden mit Überschriften wie „Afrikas Vergewaltiger im hohen Norden" versieht.[683] Nach der neuen Dublin-IV-Verordnung sollen neben einer Quotenregelung die Asylbewerber sogar ihr Wunschland wählen können, wenn beispielsweise bereits Verwandte als Ankerpersonen dort leben. Ja mei, das kann dann ja richtig spaßig für Länder wie Deutschland, Österreich und Schweden werden. Sowohl Österreich als auch Schweden fahren mittlerweile eine restriktive Asylpolitik und es bleibt zu hoffen, dass es wirklich zu keiner Einigung kommen wird.

Sehr geehrte Damen und Herren des Deutschen Bundestages, kommen Sie Ihrer Pflicht nach und machen Sie endlich Politik mit Herz, Sinn und Verstand für die Menschen in Deutschland, von denen Sie gewählt wurden, z. B. in Sachen Bildung, Bekämpfung von Kinder- und Altersarmut, Altenpflege, Sanierung der maroden

Infrastruktur, Digitalisierung, Energie- und Geldpolitik! Helfen Sie den Menschen der ärmeren Länder nicht mit Waffenlieferungen, sondern vor Ort mit gezielter Entwicklungshilfe, die bei den Menschen und nicht bei den autokratischen Herrschern ankommt, mit Hilfe zur Selbsthilfe und machen Sie sich entgegen der katholischen Kirche stark für Geburtenkontrolle und Empfängnisverhütung in Afrika, wo täglich 99.000 Kinder geboren werden! Unterlassen Sie es, deutsche Soldaten in illegale Auslandseinsätze zu schicken! Schützen Sie die gesamte deutsche Grenze, solange es keinen gemeinsamen Schutz der EU-Außengrenzen gibt! Ansonsten verzichten Sie bitte auf Personenschutz, gepanzerte Staatskarossen und schließen Sie Ihre Haustür nicht ab!

An die CDU: Ich empfehle Ihnen, endlich Ihren Kadavergehorsam – ich muss es leider so nennen – aufzugeben und den gesunden Menschenverstand einzusetzen, denn Sie sind doch wohl in erster Linie Ihrem Gewissen und nicht einer Partei bzw. dem Erhalt einer Kanzlerin verpflichtet! Vielleicht gucken Sie einfach noch einmal in das CDU/CSU-Wahlprogramm von 2002. Und wenn Sie, sehr geehrte Frau Wagenknecht, die ich Sie für eine intelligente Realpolitikerin halte, eine eigene Partei gründen würden, könnte ich mir glatt vorstellen, Sie zu wählen!

Sollten Sie den eingeschlagenen Kurs der jetzigen Zuwanderungspolitik – unkontrolliert, ohne Papiere und in hoher Anzahl – weiterfahren, bin ich mir ganz sicher, dass wir in Deutschland und Europa die bereits 2008 in der Washington Post erwähnten Verhältnisse, auf die der damalige CIA-Chef, Michael V. Hayden in einer Rede an der Kansas University eingegangen ist, bekommen werden.[684] Dies würde schlussendlich bedeuten, dass Sie bürgerkriegsähnliche Zustände in Deutschland und Europa billigend in Kauf nehmen! Wollen Sie das wirklich?

Mit freundlichen Grüßen
Petra Paulsen

Auch in diesem Schreiben habe ich den früheren CIA-Chef Michael V. Hayden erwähnt. Schließlich soll keiner von unseren gut bezahlten Mitgliedern des Deutschen Bundestages einmal sagen können, sie hätten davon nichts gewusst, wenngleich bei diesem Kindergarten, der uns mittlerweile regiert, nicht davon auszugehen ist, dass solche Schreiben von Bürgern dort überhaupt gelesen werden. In vielen Kindergärten geht es heute sicherlich gesitteter, anständiger und demokratischer zu als im Reichstag.

Augen öffnen

Von einer inneren Unruhe und einer immer größer werdenden Sorge um die innere Sicherheit und die Zukunft von Deutschland getrieben, verfasste ich einen weiteren Artikel, der am 2. Juli 2018 online ging. Dabei richtete sich dieser an jeden, der mit offenen Augen und Ohren durch die Welt geht und meines Erachtens einfach merken *muss*, dass hier gerade etwas ganz gehörig falsch läuft.

Jeder kann ein Aufklärer sein

Sie, ja genau Sie, haben Sie schon seit längerer Zeit das Gefühl, mit unserer Demokratie stimmt etwas nicht, denn die da oben machen ja sowieso was sie wollen, ganz gleich welche politischen Parteien regieren? Schreiben Sie sich in den Kommentarspalten der Mainstreampresse und der Freien Medien die Finger wund, was Ihnen zwar zum Frustabbau dient, sonst aber leider nicht viel bringt? Mittlerweile sind zwei Drittel aller Deutschen gegen Angela Merkels Flüchtlingspolitik[685], die Mehrheit wünscht sich einen Untersuchungsausschuss hinsichtlich ihrer Politik und sogar fast die Hälfte der Befragten mit einem Migrationshintergrund schließt sich dieser Meinung an.[686] Doch die Bundesregierung macht immer weiter und weiter und weiter … Halt! Stopp! Sie als freiheitsliebender und freiheitlich denkender Mensch, der sich eine echte, eine direkte Demokratie mit mehr Bürgerbeteiligung und einen funktionierenden Rechtsstaat wünscht, bei dem sich tatsächlich an Recht, Gesetz und Ordnung gehalten wird, können als Aufklärer tätig werden.

Hierzu bedarf es keiner mehrjährigen Ausbildung, denn Sie können schon heute damit beginnen, denn Aufklärung ist vielseitig und lebt vom Mitmachen. Vernetzen Sie sich mit Ihrer Familie, Freunden, Verwandten, Arbeits- und Sportkollegen über die sozialen Medien und versenden Sie wichtige und informative Links! Schreiben Sie Briefe an Fraktionsvorsitzende, Kommunalpolitiker, den Deutschen Bundestag und veröffentlichen Sie diese unbedingt im Internet! Schreiben Sie Aufklärungswerke! Recherchieren Sie im Netz und verschicken Sie Ihre Recherchen samt Quellenangaben an Ihre Mitmenschen! Entwerfen Sie Flugblätter! Organisieren Sie Friedensdemonstrationen! Gründen Sie parteilose Interessensgemeinschaften! Organisieren Sie Infoabende und -stände! Verlinken Sie interessante Informationen der Freien Medien in den Internetforen der Mainstreampresse! Tun Sie nur eines nicht: Bleiben Sie nicht untätig, denn es ist eine Minute vor zwölf, wenn nicht schon später! (siehe hierzu auch GG, Artikel 20).

Seit Tagen bekommen wir das unsäglich schlechte Theater zwischen Angela Merkel und Horst Seehofer hinsichtlich der Migrationspolitik präsentiert. Der Ruf der CSU nach einer Obergrenze ist schon längst verhallt. Stattdessen wurde ein atmender Deckel installiert, was letztendlich nicht viel mehr als Augenwischerei und ein Placebo für die Bevölkerung darstellt. Der Familiennachzug von 1.000 Personen pro Monat für subsidiär Schutzbedürftige tritt ab August 2018 in Kraft – neben der bereits bestehenden Härtefallregelung, die auf diese 1.000 Migranten nicht eingerechnet wird.[687] Möglicherweise wird eben diese Härtefallregelung sich als weitere Eintrittskarte nach Deutschland erweisen.[688]

Resettlement- und Relocationprogramm – was verbirgt sich dahinter?[689] Was findet man heute noch in den Mainstreammedien über den Bericht der sogenannten Bestandserhaltungsmigration der UNO[690], die verschiedene Szenarien für Deutschland und weitere sieben Länder hinsichtlich „benötigter" Zuwanderung aufgrund sinkender Geburtenzahlen berechnet hat? Interessanterweise erschien der UNO-Bericht schon im Jahr 2000 und damals wurde tatsächlich u. a. in der *WELT* darüber berichtet und zwar dort in einem

Artikel mit der verheißungsvollen Überschrift „Ohne Ausländer droht Kollaps der Sozialsysteme".[691] Das ist schon lange her und die Wirtschaftsexperten Bernd Raffelhüschen und Hans-Werner Sinn warnen bereits seit Herbst 2015 immer wieder vor den Kosten für den deutschen Steuerzahler aufgrund dieser Migrationspolitik, die vielmehr über kurz oder lang den Kollaps der Sozialsysteme bedeuten wird.[692]

Wem ist bekannt, dass das alljährliche Weltwirtschaftsforum in Davos mit führenden Wirtschaftsexperten, Politikern, Journalisten und Intellektuellen Pläne zur Migration entwickelt? Hierüber hat der Wirtschaftsjournalist Norbert Häring auf „Cashkurs.com" einen sehr lesenswerten Artikel verfasst, der sich mit der Willkommenskultur beschäftigt, die einfach nur gut für die Asylindustrie ist.[693] Wer die Kernaussagen der von Häring zitierten Publikation „The Business Case for Migration" von 2013 liest, dem sollte klar werden, warum u. a. die AfD so massiv bekämpft wird, denn *Staat und Zivilgesellschaft sollen in Partnerschaft mit der Privatwirtschaft (sinngemäß) eine Willkommenskultur etablieren.* Zwei Jahre später hatten wir bereits die politisch-medial gestützte Willkommenskultur. Im Sinne der Globalisierer – Angela Merkel sieht in der Globalisierung die große Chance zu mehr Frieden, Freiheit und Wohlstand[694] – sollte man Migration *heute nicht mehr als eine Beziehung zwischen Individuum und Staat verstehen, sondern als Beziehung zwischen Individuum und Arbeitgeber, vermittelt über den Staat.* Der Staat soll quasi als Jobcenter zwischen Konzernen und Wirtschaftsmigranten fungieren.

Aber stimmt das mit mehr Frieden, Freiheit und Wohlstand angesichts der Situation, die seit Herbst 2015 in Deutschland herrscht, wenn sich immer mehr Menschen, vor allem aber Frauen in ihrer Bewegungsfreiheit in der Öffentlichkeit eingeschränkt fühlen, manch einer um den gesellschaftlichen Frieden fürchtet, und wem kommt der vermeintliche Wohlstand in erster Linie zugute? Wohl doch den international tätigen Megakonzernen sowie den ohnehin superreichen Unternehmern. Dabei plagte Angela Merkel schon auf dem EU-Gipfel im November 2015 die Frage, wie man aus illegaler Migration legale Migration machen könnte.[695] Und siehe da, dafür gibt es anscheinend schon bald „eine Lösung" durch die New Yorker Erklärung für Flüchtlinge und Migranten, beschlossen von der UN-Vollversammlung im September 2016.[696] Unter dem Stichwort „Global compact for migration" soll die Flüchtlings- und Arbeitsmigration nunmehr geregelt werden.[697] Was aber passiert, wenn dieser Global compact bis Ende 2018 von den Mitgliedsstaaten verabschiedet wird? Sollte Deutschland das nationale Recht auf Selbstbestimmung der Zuwanderung durch den Global compact, das dieser den Nationalstaaten ausdrücklich zugesteht, an die EU abgeben, wie Norbert Kleinwächter (AfD) befürchtet,[698] drängt sich einem die Frage auf, welche Möglichkeit die deutsche Zivilgesellschaft hat, um dagegen Einspruch einzulegen?

Nein, es ist illusorisch, sich darüber Gedanken zu machen, denn der Bürger hat kein Mitspracherecht. Die „Eliten" des Deutschen Bundestages in Berlin, des EU-Parlaments in Straßburg und Brüssel, der NATO sowie die UNO mit Sitz des Hauptquartiers in New York beanspruchen für sich, insbesondere den Ländern Europas mit ihren schrumpfenden Gesellschaften zu sagen, wo es langzugehen hat. Mit Demokratie hat das nichts zu tun. Börsenmakler Dirk Müller, auch bekannt als Mr. Dax, sprach in einem Interview mit Focus-Money auf die Frage, ob wir denn überhaupt noch in einer Demokratie leben würden, davon, dass wir noch nie in einer Demokratie gelebt hätten, sondern in einer Plutokratie, also in einer Herrschaft des Geldes.[699] Wie aber kam er zu dieser Aussage? Er bezog sich dabei auf den österreichischen Politiker und Philosophen Richard Coudenhove-Kalergi, den Gründungsvater der Europäischen Union, Träger des ersten Karlspreises und Autor des Buches „Praktischer Idealismus". In diesem schrieb dieser bereits 1925: *„Heute ist Demokratie Fassade der Plutokratie: weil die Völker nackte Plutokratie nicht dulden würden, wird ihnen die nominelle*

Macht überlassen, während die faktische Macht in den Händen der Plutokraten ruht. In republikanischen wie monarchischen Demokratien sind die Staatsmänner Marionetten, die Kapitalisten Drahtzieher: sie diktieren die Richtlinien der Politik, sie beherrschen durch Ankauf der öffentlichen Meinung die Wähler, durch geschäftliche und gesellschaftliche Beziehungen die Minister. (...) Die Plutokratie von heute ist mächtiger als die Aristokratie von gestern: denn niemand steht über ihr als der Staat, der ihr Werkzeug und Helfershelfer ist."[700]

Die Europa-Gesellschaft Coudenhove-Kalergi verleiht alle zwei Jahre den Europapreis für außerordentliche Verdienste. Angela Merkel erhielt diesen Preis 2010[701] und vor ihr schon Helmut Kohl und EU-Kommissionspräsident Jean-Claude Juncker. Letzterer sagte bereits 1999 über die Trickkiste der EU: „*Wir beschließen etwas, stellen das dann in den Raum und warten einige Zeit ab, was passiert. Wenn es dann kein großes Geschrei gibt und keine Aufstände, weil die meisten gar nicht begreifen, was da beschlossen wurde, dann machen wir weiter – Schritt für Schritt, bis es kein Zurück mehr gibt.*" Erschienen ist diese Äußerung in einem *SPIEGEL*-Artikel mit dem Titel „Brüsseler Republik – Im 21. Jahrhundert wächst der europäische Bundesstaat heran. Er wird ein Multikulti-Staatsvolk von wenigstens 440 Millionen Menschen umfassen".[702] Der EU-Gründungsvater selbst schrieb in „Praktischer Idealismus", dass der *Mensch der fernen Zukunft ein Mischling sein werde und die eurasisch-negroide Zukunftsrasse, äußerlich der altägyptischen ähnlich, wie die Vielfalt der Völker durch eine Vielfalt der Persönlichkeiten ersetzen*. Zur Erinnerung: Angela Merkel sagte 2010, dass Multikulti total gescheitert sei.[703] Und nur fünf Jahre später werden Tür und Tor nach Deutschland bis heute für jedermann offen gehalten, denn sonst würde laut Äußerung im Jahr 2016 von Wolfgang Schäuble (CDU) Europa in Inzucht degenerieren.[704]

Barbara Coudenhove-Kalergi, die Nichte des 1972 verstorbenen EU-Begründers, schrieb bereits im Januar 2015, also noch bevor die eigentliche Migrationskrise so richtig an Fahrt aufnahm, im österreichischen *Standard* einen Artikel mit dem Titel „Völkerwanderung – Europa bekommt ein neues Gesicht, ob es den Alteingesessenen passt oder nicht".[705] Auch über das Sterben von Demokratien durch demokratische Wahlen schrieb sie, wohl wissend, dass es gemäß ihrem Onkel gar keine echte Demokratie gibt.[706] Ihr Onkel verfasste für den britischen Premierminister Winston Churchill eine Rede, die dieser im Mai 1947 in London hielt und die Einblick auf die Ziele einer angloamerikanischen Politikelite gibt: *„Wir geben uns natürlich nicht der Täuschung hin, dass die Vereinigten Staaten von Europa die letzte und vollständige Lösung aller Probleme der internationalen Beziehungen darstelle. Die Schaffung einer autoritativen, allmächtigen Weltordnung ist das Endziel, das wir anzustreben haben. Wenn nicht eine wirksame Welt-Superregierung errichtet und rasch handlungsfähig werden kann, bleiben die Aussichten auf Frieden und menschlichen Fortschritt düster und zweifelhaft. Doch wollen wir uns in Bezug auf das Hauptziel keiner Illusion hingeben: Ohne ein Vereinigtes Europa keine sichere Aussicht auf eine Weltregierung. Die Vereinigung Europas ist der unverzichtbare erste Schritt zur Verwirklichung dieses Zieles."*[707]

Wer noch ein bisschen mehr Aufklärungsmaterial benötigt, dem seien die Bücher „Die einzige Weltmacht – Amerikas Strategie der Vorherrschaft" des 2017 verstorbenen Politikwissenschaftlers und Politikberaters Zbigniew Brzeziński sowie „Der Weg in die Weltdiktatur"[708] und „Drehbuch für den 3. Weltkrieg"[709] von Thomas P. M. Barnett, US-Militärstratege und damaliger Mitarbeiter im Team von US-Verteidigungsminister Donald Rumpsfeld, wärmstens empfohlen. Er schreibt in seinem „Drehbuch", das bereits 2005 in Englisch erschien: *„(…) Und ebenso wenig möchte ich die enormen sozialen, wirtschaftlichen und politischen Herausforderungen herunterspielen, denen Europa sich bei der Integration von Flüchtlingen und Einwanderern aus Asien und Afrika entgegensieht. Ich sage Ihnen bloß, dass es das wert ist – und zwar alles."*[710] Aus Barnetts Sicht muss es noch viele Kriege, Unruhen und Krisen weltweit geben, um am Ende am

Ziel anzukommen, nämlich einer Zukunft, die es wert ist, geschaffen zu werden, in Form der Vormachtstellung der USA und der Ausschaltung von Völkern, die ihre Kultur und Identität bewahren und ihren Nationalstaat erhalten wollen.[711] Wie sagte doch Yascha Mounk am 20.02.2018 in den Tagesthemen: *„(…) Dass wir hier ein historisch einzigartiges Experiment wagen, und zwar eine monoethnische, monokulturelle Demokratie in eine multiethnische zu verwandeln. Das kann klappen, das wird, glaube ich, auch klappen, aber dabei kommt es natürlich auch zu vielen Verwerfungen. (…)"*[712]

So, es kann losgehen mit der Aufklärung, denn jeder kann ein Aufklärer sein! Jetzt sind Sie dran.

Tja, alles ist angeblich nur eine Verschwörung und das Verrückte daran ist: Wir sind mittendrin. Schon lange wurde daran so gearbeitet, wie von Jean-Claude Juncker beschrieben, denn die wenigsten scheinen es zu merken. Die Bücher von Thomas P. M. Barnett, über den bereits im Jahr 2003 ein Artikel in der ZEIT erschienen ist, sind dabei jedem wärmstens zu empfehlen.[713] Auch lohnt es sich, dessen Videos im Internet anzusehen. Und wir wundern uns, warum die Welt nicht zur Ruhe kommt und die Menschen nicht in Frieden und Freiheit miteinander leben dürfen.

Hallo Deutschland

Am 14. Juli 2018 setzte ich mich mal wieder an meinen Schreibtisch. Dieser war durch die Sommerferien mittlerweile befreit von Tests, Arbeiten und Klausuren. Der folgende Brief ging an Sie, Sie, ja – und auch an Sie. Auch dieser ist mal wieder etwas länger geworden. Um aber bestimmte Zusammenhänge darstellen zu können, lässt sich ein gewisser Umfang an Inhalten leider nicht vermeiden. Dabei bin ich mir durchaus bewusst, dass viele Menschen, die dank der sozialen Medien mittlerweile auf kurze und oftmals reißerische Nachrichten konditioniert sind, lange Texte nicht so gerne lesen.

Liebe Mitbürgerinnen und Mitbürger,

nehmen Sie sich bitte etwas Zeit zum Lesen. Laut einer aktuellen Umfrage sind 71 Prozent der Bürger der Meinung, der Anstand in der Politik sei generell verloren gegangen.[714] 62 Prozent der Befragten sprechen sich für ein Einreiseverbot für Migranten ohne Papiere aus,[715] während bereits im Oktober 2015 rund 71 Prozent für die Einrichtung von Transitzonen stimmten.[716] Auch im Sommer 2018 gehört die Zuwanderung zu den wichtigsten politischen Themen aus Sicht der Bürger.[717] Seit drei Jahren heißt es aber weiterhin „Hereinspaziert!", geltendes Recht wird somit täglich gebrochen und viele Menschen haben das Gefühl, dass sie von den Politikern – ich will es mal gemäßigt ausdrücken – veräppelt werden. Es wird nicht im Sinne des Volkes, dem Souverän, regiert, sondern über dessen Willen hinweg. Das merken immer mehr Menschen, weswegen die Stimmung bei vielen steuerzahlenden Bürgern, insbesondere bei denjenigen mit kleinen Einkommen, die teilweise aufstocken müssen, bzw. bei denjenigen mit geringen Renten, schlecht ist. In den

Berufsgruppen z. B. der Polizisten und Lehrer steigt die Frustration zunehmend. Auch der Ärger bei Menschen mit einem Migrationshintergrund, die gut integriert in die deutsche Gesellschaft sind, nimmt aufgrund einer – man kann es ja nur so sagen – verantwortungslosen Politik der offenen Grenzen und Einreisen ohne Papiere der Unmut zu. Diese Menschen werden zunehmend schief angesehen und mit kriminellen Migranten in einen Topf geworfen. Die Massenmedien in Form der Mainstream-(Hackfleich-)Presse – alles schön in kleinen Häppchen verabreicht – und des öffentlich-rechtlichen Rundfunks tragen maßgeblich durch ihren Nanny- und Betreutes-Denken-Journalismus zu dieser Stimmungslage, aber auch zur gesellschaftlichen Spaltung bei.

Auch wenn unserem Bundespräsidenten, Frank-Walter Steinmeier (SPD) – dieser schrieb 2016 das Buch *Europa ist die Lösung: Churchills Vermächtnis* unter Bezug auf dessen Europa-Rede 1946 –, das Wort „Asyltourismus" nicht passt[718], müssen Dinge endlich klar benannt werden: Es gibt sowohl den Asyltourismus als auch die vorzüglich funktionierende Asylindustrie zugunsten vieler Unternehmen, NGOs[719] sowie insbesondere kirchlicher Wohlfahrtsverbände wie Diakonie und Caritas. Und nebenbei haben wir in Deutschland auch einen millionenschweren Asylbetrug[720], während zeitgleich die Sozialausgaben durch Migration enorm hoch sind[721] und ein immer höheres Renteneintrittsalter[722] seitens der Politik gefordert wird. Den BAMF-Skandal möchte ich hier nur der Vollständigkeit halber erwähnen.

Wie schlecht die Stimmung in diesem Land schon ist, lässt sich an den Umfragewerten der AfD erkennen, die mit 17,5 Prozent erstmals vor der SPD laut einer aktuellen INSA-Umfrage liegt, während die große Koalition nur noch auf 46 Prozent kommt.[723] Dies wird mit an Sicherheit grenzender Wahrscheinlichkeit an der Asyldebatte liegen, mit der den Menschen durch ganz viele Scheingefechte Sand in die Augen gestreut wird. Mittlerweile wachen aber immer mehr Menschen auf, indem sie merken, dass man ihnen seit

Jahren keinen reinen Wein eingeschenkt hat hinsichtlich Migration und dem EU-Projekt, dem Deutschland in erster Linie mithilfe des deutschen Steuerzahlers als Melkkuh der EU zur Verfügung steht. Werfen wir also mal ohne die berühmt-berüchtigte rosarote Brille einen chronologischen Blick in die Vergangenheit.

- 1925: Der Vordenker des EU-Gedankens und Begründer der Paneuropa-Union, Richard Nikolaus Coudenhove-Kalergi, schreibt in seinem Buch *Praktischer Idealismus*, in dem er sich u. a. auch mit dem Heiden-, Juden- und Christentum befasst, Folgendes: *„Heute ist Demokratie Fassade der Plutokratie: weil die Völker nackte Plutokratie nicht dulden würden, wird ihnen die nominelle Macht überlassen, während die faktische Macht in den Händen der Plutokraten ruht. In republikanischen wie monarchischen Demokratien sind die Staatsmänner Marionetten, die Kapitalisten Drahtzieher: sie diktieren die Richtlinien der Politik, sie beherrschen durch Ankauf der öffentlichen Meinung die Wähler, durch geschäftliche und gesellschaftliche Beziehungen die Minister. (...) Die Plutokratie von heute ist mächtiger als die Aristokratie von gestern: denn niemand steht über ihr als der Staat, der ihr Werkzeug und Helfershelfer ist.* Seiner Ansicht nach sei der *Mensch der fernen Zukunft ein Mischling* und *die eurasisch-negroide Zukunftsrasse, äußerlich der altägyptischen ähnlich, wird die Vielfalt der Völker durch eine Vielfalt der Persönlichkeiten ersetzen."*[724] Das gesamte Werk ist im Internet zu lesen. In diesem Zusammenhang gibt es auch ein interessantes Interview mit Barbara Lerner-Spectre, einer gebürtigen US-Amerikanerin, die mittlerweile in Schweden lebt.[725] (Anm.: Erkundigen Sie sich mal, was aus Schweden, dem einstigen *Multikulti-PISA-Gewinner-Musterland*[726] geworden ist).

- 1946: Im September hält der britische Premierminister und einer der EU-Gründungsväter, Winston Churchill, in Zürich seine bekannte Europa-Rede an die akademische Jugend. Frankreich und Deutschland sollten zusammen die Führung Europas übernehmen, während Großbritannien, das britische Commonwealth und Amerika die Freunde und Förderer des neuen Europas sein sollten.[727]

- 1947: Im Mai in London hält Churchill eine von Coudenhove-Kalergi für diesen geschriebene Rede, die Einblick in die Ziele einer angloamerikanischen Politikelite gibt: *„Wir geben uns natürlich nicht der Täuschung hin, dass die Vereinigten Staaten von Europa die letzte und vollständige Lösung aller Probleme der internationalen Beziehungen darstelle. Die Schaffung einer autoritativen, allmächtigen Weltordnung ist das Endziel, das wir anzustreben haben. Wenn nicht eine wirksame Welt-Superregierung errichtet und rasch handlungsfähig werden kann, bleiben die Aussichten auf Frieden und menschlichen Fortschritt düster und zweifelhaft. Doch wollen wir uns in Bezug auf das Hauptziel keiner Illusion hingeben: Ohne ein Vereinigtes Europa keine sichere Aussicht auf eine Weltregierung. Die Vereinigung Europas ist der unverzichtbare erste Schritt zur Verwirklichung dieses Zieles."*[728]

- 1952: Jean Monnet, ein weiterer Vater der EU, soll am 30. April einem Freund Folgendes geschrieben haben: *„Europas Länder sollten in einen Superstaat überführt werden, ohne dass die Bevölkerung versteht, was geschieht. Dies muss schrittweise geschehen, jeweils unter einem wirtschaftlichen Vorwand. Letztendlich führt es aber zu einer unauflösbaren Föderation."*[729] Monnet wird ebenfalls mit den Worten *„Nur aus Unordnung entsteht etwas Vernünftiges"* zitiert.[730]

- 1997: Das Buch *Die einzige Weltmacht – Amerikas Strategie der Vorherrschaft* von Zbigniew Brzeziński, Politikwissenschaftler und Politikberater etlicher amerikanischer Präsidenten, zuletzt von Barack Obama, erscheint. Auf dem Klappentext der im „ach so bösen Kopp-Verlag" 2015 erschienenen Ausgabe wird Helmut Schmidt mit den Worten *„Ein Buch, das man lesen und ernst nehmen sollte"* zitiert (Hier sei an die NATO-Osterweiterung und die neuen US-Russland-sanktionen erinnert).

- 1999: Der heutige EU-Kommissionspräsident Jean-Claude Juncker (*"Wenn es ernst wird, muss man lügen"*[731]) spricht über die Trickkiste der EU: *"Wir beschließen etwas, stellen das dann in den Raum und warten einige Zeit ab, was passiert. Wenn es dann kein großes Geschrei gibt und keine Aufstände, weil die meisten gar nicht begreifen, was da beschlossen wurde, dann machen wir weiter – Schritt für Schritt, bis es kein Zurück mehr gibt.* Erschienen ist diese Äußerung in einem *SPIEGEL*-Artikel mit dem Titel *Die Brüsseler Republik – Im 21. Jahrhundert wächst der europäische Bundesstaat heran. Er wird ein Multikulti-Staatsvolk von wenigstens 440 Millionen Menschen umfassen.*[732]
- 2000: Im UNO-Bericht zur Bestandserhaltungsmigration für u. a. die USA und europäische Länder, werden für Deutschland verschiedene Szenarien für den Zeitraum ab 1995 (Anm.: Schengen-Abkommen tritt in Kraft) bis 2050 vorgestellt.[733]
- 2001: Kurz nach 9/11 gibt es laut Ex-NATO-Oberbefehlshaber und Vier-Sterne-General a. D., Wesley Clark (im März 2007 von ihm publik gemacht[734]), eine geheime Memo des Verteidigungsministers Donald Rumsfeld. Hiernach sollen sieben Staaten – namentlich *Irak, Syrien, Libanon, Libyen, Somalia, Sudan und Iran* – in fünf Jahren zerstört werden.[735] In diesem Zusammenhang gibt es von Jürgen Todenhöfer (CDU), selbst viel in der arabischen Welt unterwegs, einen interessanten Facebook-Post vom 18. Mai 2014.[736] Zur Erinnerung: Nun fehlt nur noch der Iran, wo es gerade bezüglich des Atomabkommens und Handelssanktionen langsam brenzlig wird.
- 2004 bzw. 2005: Thomas P. M. Barnett[737], ehemaliger Harvard-Student und -Doktorand, US-Militärstratege und damaliger Mitarbeiter im Amt zur Transformation der Streitkräfte nach 9/11 von US-Verteidigungsminister Donald Rumpsfeld, veröffentlicht die beiden Bestseller *Der Weg in die Weltdiktatur*[738] und *Drehbuch für den 3. Weltkrieg*[739]. Diese sind seit 2016 auf Deutsch erhältlich. In

seinem „Drehbuch" schreibt er: (...) *Und ebenso wenig möchte ich die enormen sozialen, wirtschaftlichen und politischen Herausforderungen herunterspielen, denen Europa sich bei der Integration von Flüchtlingen und Einwanderern aus Asien und Afrika entgegensieht. Ich sage Ihnen bloß, dass es das wert ist – und zwar alles.*[740] Aus Barnetts Sicht muss es noch viele Kriege, Unruhen und Krisen weltweit geben, um am Ende am Ziel anzukommen, nämlich einer Zukunft, die es wert ist, geschaffen zu werden, in Form der Vormachtstellung der USA und der Ausschaltung von Völkern, die ihre Kultur und Identität bewahren und ihren Nationalstaat erhalten wollen.

- 2008: Am 1. Mai erscheint ein Artikel in der *Washington Post* über den damaligen CIA-Chef Michael V. Hayden, der in einer Rede an der Kansas State University von bevorstehenden Problemen und Unruhen aufgrund der starken Einwanderung überwiegend muslimischer Migranten nach Europa berichtet.[741]

- 2008: Im Juli spricht der damalige französische Präsident Nikolas Sarkozy noch davon, die Einwanderung in die EU begrenzen zu wollen, während Durch-Abschottung-würde-Europa-in-Inzucht-degenerieren-Schäuble[742], damals noch Bundesinnenminister, etwas anderes will: *„Wir machen aus Europa keinen Bunker, sondern wir steuern Wanderbewegungen in der Welt."*[743] Die von Sarkozy geforderten schnelleren Abschiebungen werden von Herrn Schäuble nicht mitgetragen wie auch zwei Frontex-Einheiten abgelehnt werden. Nur ein halbes Jahr später hält Sarkozy an der Elite-Universität in Palaiseau eine Rede, bei der er sich um 180° gedreht hat. Nun sah er *die Herausforderung der Vermischung verschiedener Nationen als die Herausforderung des 21. Jahrhunderts* an.[744]

- 2010: Am 20. Mai lässt Horst Seehofer (CSU) in einem Gespräch mit Frank-Markus Barwasser alias Erwin Pelzig die Maske fallen. Wörtlich sagt er darin: *„Diejenigen, die entscheiden, sind nicht gewählt und diejenigen, die gewählt werden, haben nichts zu entscheiden."*[745]

- 2010: Am 3. Oktober, dem Tag der deutschen Einheit, spricht Ex-Bundespräsident Christian Wulff (CDU) davon, dass der Islam zu Deutschland gehöre.[746] (Anm.: Selbst 2018 ist nur jeder Fünfte dieser Meinung[747]).
- 2010: Auf dem Deutschlandtag der Jungen Union vom 15. bis 17. Oktober in Potsdam erklären sowohl Merkel und Seehofer Multikulti für gescheitert bzw. für tot.[748]
- 2010: Angela Merkel wird mit dem Europa-Preis der Europa-Gesellschaft Coudenhove-Kalergi ausgezeichnet.[749] Preisträger sind auch Helmut Kohl und Jean-Claude Juncker.
- 2012: Am 21. Juni schreibt BBC News: The EU should "do its best to undermine" the "homogeneity" of its member states. Dies war die Aufforderung an die EU durch den UN-Sonderbeauftragten für Migration, Peter Sutherland, vor Mitgliedern des britischen Oberhauses.[750] Er appellierte an die EU-Staaten, sich nicht auf „hochqualifizierte" Einwanderer zu konzentrieren, da grundsätzlich alle Individuen die Freiheit haben sollten, sich auszusuchen, ob sie sich in einem anderen Land niederlassen und dort studieren oder arbeiten wollen. Sutherland war außerdem Chef der WTO (Welthandelsorganisation), Chairman von Goldmann Sachs, Teilnehmer der Bilderberg-Konferenz, einem internationalen Netzwerk auf höchster Ebene, sowie Migrationsberater von Papst Franziskus.
- 2012: Am 7. November schreibt das Hamburger Abendblatt, Merkel werbe für die „Vereinigten Staaten von Europa" mit der EU-Kommission als so etwas wie eine europäische Regierung.[751] Siehe hierzu auch den Merkel-Versprecher.[752]
- 2014: Das BAMF lässt ein Asylanwerbevideo[753] in zehn Sprachen produzieren und stellt dieses auf seiner Internetseite ein, worüber Stefan Aust am 30. August 2015 in der WELT berichtet.[754]
- 2015: Am 7. Januar, also noch bevor die „Flüchtlingskrise" so richtig an Fahrt aufnimmt, schreibt Barbara Coudenhove-Kalergi, die Nichte des EU-Vordenkers, im österreichischen Standard

einen Artikel mit dem Titel *Völkerwanderung – Europa bekommt ein neues Gesicht, ob es den Alteingesessenen passt oder nicht*.[755] Hier sei auf die finanziellen Kürzungen beim Welternährungsprogramm für Flüchtlinge hingewiesen.[756]

- 2015: In der Nacht vom 4. auf den 5. September trifft Angela Merkel aufgrund der Grenzöffnung eine historische und folgenschwere Entscheidung.
- 2015: Am 1. Oktober spricht der Vizepräsident der EU-Kommission, Frans Timmermans, während des EU Fundamental Rights Colloquiums davon, weltweit die multikulturelle Vielfalt in allen Staaten zu beschleunigen.[757,758]
- 2015: Im Dezember erklärt Dimitris Avramopoulos, EU-Kommissar für Migration, vor dem EU-Ausschuss der Regionen (AdR), dass wegen der Vergreisung Europas *in den nächsten zwei Jahrzehnten (…) mehr als 70 Millionen Migranten nötig sein würden*.[759]
- *2016: Am 23. Juni findet das EU-Mitgliedschaftsreferendum in Großbritannien statt. Das Ergebnis: Der Brexit (Anm.: Die Briten nahmen u. a. aufgrund ihrer beibehaltenen Währung ohnehin eine EU-Sonderstellung ein; zur Erinnerung: Die Worte Churchills).*
- *2016: Am 19. September verabschiedet die UN-Vollversammlung die New Yorker Erklärung 2016 als ein Paket zum verbesserten Schutz von Flüchtlingen und Migranten*.[760]
- 2017: Im Mai wird Xavier Naidoo für seinen Song *Marionetten* von den Medien hart angegangen und ihm werden seitens der Medien Antisemitismus, Verschwörungstheorien bzw. die Nähe zur Reichsbürgerbewegung nachgesagt.[761]
- 2017: Am 7. Dezember fordert Martin Schulz (SPD) auf dem SPD-Bundesparteitag bis 2025 die Vereinigten Staaten von Europa nebst eigener EU-Verfassung. Merkel, die neoliberale Ökosozialistin, reagiert auf Schulz´ Äußerung zurückhaltend und bezieht keine klare Stellung.[762] Dieses Thema ist immer noch brandaktuell (Anm.: Nicht einmal jeder Dritte Deutsche

ist für die VSE, die eigentlich als EUdSSR bezeichnet werden müssten[763]).

- 2018: Am 20. Februar spricht Yascha Mounk[764], Harvard-Dozent und deutsch-amerikanischer Politikwissenschaftler, in einem Interview mit Carmen Miosga in den Tagesthemen davon: *„(...) Dass wir hier ein historisch einzigartiges Experiment wagen, und zwar eine monoethnische, monokulturelle Demokratie in eine multiethnische zu verwandeln. Das kann klappen, das wird, glaube ich, auch klappen, aber dabei kommt es natürlich auch zu vielen Verwerfungen. (...)"*[765] Ähnliches hatte Herr Mounk bereits im September 2015 in einem SPIEGEL-Interview[766] geäußert; am 8. Juli war er gerade zu Gast im Presseclub.[767]

- 2018: Am 26. Juni veröffentlicht die italienische Tageszeitung *Il Giornale* ein Interview mit dem in 1961 in Kirgisien geborenen katholischen Weihbischof Athanasius Schneider.[768,769] Darin spricht dieser von einem langjährigen Plan, die europäischen Völker durch Massenmigration auszutauschen, von dem „gelenkten" Versuch, das Christentum infrage zu stellen und von der EU als einer neuen europäischen Sowjetunion. Ebenso wies er auf den Missbrauch des wahren Gedankens von Humanität und des christlichen Gebotes der Nächstenliebe hin, um die Einwanderung nach Europa zu steuern.

- 2018: Am 12. Juli wird auf *kath.net* Ettore Gotti Tedeschi zitiert, der der ehemalige Chef der Vatikanbank IOR ist. Dieser *sieht hinter dem „demographischen Kollaps" des Westens einen Plan einer „globalistischen Elite". Diese wolle bewusst Krisen verursachen, um dann eine „Neue Weltordnung" einführen zu können, sagte der italienische Banker bei einer Konferenz im Vatikan. Die Vertreter dieser Agenda hätten ihren Einfluss mittlerweile bis in die höchsten Ebenen des Vatikan ausgedehnt, behauptete Gotti Tedeschi und verwies auf die wiederkehrenden Themen Armut, Migration und Umweltzerstörung, auf die Papst Franziskus immer wieder zu sprechen komme.* Als Ziel einer neuen universalen Religion sieht Tedeschi den *„gnostischen Umweltschutz".* Eine neue Weltordnung? Diese gehörte zumindest bislang immer ins Reich der Verschwörungstheorien.

Machtmittel zur Umsetzung von (geo)politischen Zielen bzw. zum Umbau in Diktaturen sind Invasion, Besatzung, Eroberung, Mord, Nötigung, Lüge, Täuschung, Zensur, Überwachung, Nudging, Wording, Propaganda und bestimmt noch einiges mehr. Wie aber sagte einst Abraham Lincoln, 16. US-Präsident: „Man kann einen Teil des Volkes die ganze Zeit täuschen und das ganze Volk einen Teil der Zeit. Aber man kann nicht das gesamte Volk die ganze Zeit täuschen." Denn: „In der Politik geschieht nichts zufällig. Wenn es doch passiert, dann war es so geplant" (Franklin D. Roosevelt, 32. US-Präsident). Politische Praktiken wie „Divide et impera" (Teile und herrsche!) sowie „Panem et circenses" (Brot und [Zirkus-]Spiele) sind altbekannte Führungsstrategien der Herrschenden, die sich auch heute noch bewähren.

In letzter Zeit haben wir immer häufiger den Begriff „Postdemokratie" gehört, worüber schon die *FAZ* am 30.01.2012 berichtete.[770] Wurden wir dazu befragt? Hat uns jemand über dieses ideologische Experiment einer politischen Elite inklusive der gesellschaftlichen Verwerfungen wie sexuelle Belästigung, Messerstechereien, No-go-Areas, Mord und Totschlag informiert? Ich kann mich daran nicht erinnern, aber, um es mit Coudenhove-Kalergi zu sagen: Die Demokratie war ohnehin immer eine Fassade der Plutokratie, die Politiker nur Marionetten und die Drahtzieher die Kapitalisten. Dass mittlerweile jeder Opfer dieses völkerrechtswidrigen Feldversuches der Globalisten, welches das Völkerrecht auf Selbstbestimmung aushebelt, werden kann, gleich welcher sozialen, religiösen, politischen, ethnischen und kulturellen Herkunft, muss ich nicht weiter erklären.

2018 im Dezember sollen der Global Compact on Refugees und der Global Compact for Migration verhandelt und angenommen werden.[771] Am 12. Juli 2018 schrieb Eva Herman, die einst sehr beliebte, vom NDR geschasste und durch die Medien öffentlich hingerichtete Ex-Tagesschau-Sprecherin[772], auf ihrer Internetseite dazu Erhellendes inklusive Verlinkung zu den Quellen.[773] Übrigens: Donald Trump ist aus diesem Flüchtlingspakt bereits ausgestiegen, da dieser mit der Einwanderungs- und Flüchtlingspolitik der USA unvereinbar sei, während Deutschland, einer der größten Geldgeber dieses Projektes, schon 2017 dafür 477 Millionen US-Dollar zur Verfügung gestellt hat.[774] Frau Merkel denkt halt alles vom Ende her ...

Ihnen allen wünsche ich einen schönen erholsamen und sonnigen Sommer! Machen Sie sich eine tolle Zeit zusammen mit Familie, Freunden und Bekannten, wo auch immer Sie sind! Und bleiben Sie, gleich welcher politischen Gesinnung, friedlich!

Mit lieben Grüßen und besten Wünschen für die Zukunft
Petra Paulsen

Anhand der chronologischen Abfolge der vielen Ereignisse und Äußerungen mächtiger Menschen aus der Politik lässt sich aufzeigen, warum wir heute da stehen, wo wir stehen. Interessanterweise hatte ich bereits zu Beginn der 1990er-Jahre einen Artikel entweder im Stern oder im SPIEGEL gelesen, der diese Szenarien aufzeigte, die wir heute hinsichtlich der Migration aus Afrika aufgrund der dortigen Bevölkerungsexplosion erleben. Das heißt, man hatte mehr als zwanzig Jahre Zeit, an den Umständen auf dem schwarzen Kontinent durch den Einsatz von gezielter Entwicklungshilfe, Aufklärung über Empfängnisverhütung usw. etwas zu ändern, was jedoch gar nicht gewollt zu sein scheint. Hier sei an Coudenhove-Kalergi erinnert, dessen Buch als PDF-Datei im Internet herunterladbar ist.[775] Ebenso sei aber auch auf den immer noch nicht wirksamen Schutz der EU-Außengrenzen hingewiesen.

Noch mal Post an Frau Merkel

Aller guten Dinge sind drei, so sagt bekanntlich der Volksmund. Also verfasste ich am 10. August 2018 meinen dritten offenen Brief an Frau Merkel. Ich bin dank der Erziehung meines Elternhauses ein freundlicher und höflicher Mensch. Dennoch konnte ich mich bei diesem Schreiben an die Bundeskanzlerin nicht mehr dazu überwinden, diese mit „Sehr geehrte ..." anzuschreiben. Der Grund hierfür ist ganz einfach: Unter ihrer Regierung hat sich Deutschland in ein Land verwandelt, das kaum noch etwas mit dem Deutschland der Bonner Zeit gemein hat. Darüber hinaus weiß man bei dieser Dame nie, deren polnischer Großvater Ludwig Kazmierczak im Ersten Weltkrieg sehr wahrscheinlich gegen die Deutschen gekämpft hat, was sie mit ihrem verschwurbelten Deutsch tatsächlich meint.[776] Eigentlich weiß man nicht einmal genau, wer sie eigentlich ist. War sie zu DDR-Zeiten womöglich IM Erika, was viele im Netz vermuten? Schon so mancher hat sich auf die Spurensuche der Vergangenheit der „Tochter des roten Pfarrers" begeben, die ohne dessen gute Kontakte zum DDR-System möglicherweise kein Abitur hätte machen können, da sie die Internationale auf Englisch und somit in der Sprache des Klassenfeindes gesungen hatte.[777,778] Warum leidet diese Frau an der Spitze Deutschlands bei Staatsempfängen seit 2019 an Zitterattacken, wenn die deutsche Nationalhymne ertönt, während der Bergsteiger Reinhold Messner sie für ihre zähe Kondition lobt, da sie es locker schaffe, ohne zu rasten tausend Höhenmeter zu bewältigen?[779]

Betr.: Ein klares NEIN zum Bürgerkrieg!!!

Frau Bundeskanzlerin Dr. Angela Merkel,

Lehrer haben aus Sicht von Schülern oft die unangenehme Eigenschaft, Fragen zu stellen und bei Konflikten den wahren Verursacher ausfindig machen zu wollen. Mancher Pädagoge kann diese Eigenschaft auch in seiner Freizeit nicht ablegen, weswegen ich Ihnen privat als Bürgerin und dreifache Mutter bereits am 23. Mai 2017 einen offenen Brief geschrieben habe.[780] Als Lehrerin der Fächer Biologie und Chemie gehört u. a. sexuelle Aufklärung zu meinen Themen. Privat geht es mir jedoch um politische Aufklärung, weswegen ich hoffe, dass meine offenen Briefe von vielen Bürgern gelesen und geteilt werden. Dank Smartphones, WhatsApp & Co. lässt sich aus diesen auch völlig unkompliziert eine Sprachnachricht machen. Schließlich haben immer weniger Menschen Zeit zum Lesen längerer Texte. In der Kürze liegt bekanntlich die Würze, doch manchmal muss man etwas länger ausholen, um Zusammenhänge verständlich darzustellen.

Auf meinen zweiten offenen Brief an Sie anlässlich der Äußerungen von Yascha Mounk in den *Tagesthemen* im Februar 2018 zu dem in Deutschland gerade laufenden einzigartigen historischen Experiment, „eine monoethnische, monokulturelle Demokratie in eine multikulturelle" nebst „vielen Verwerfungen" zu verwandeln, habe ich bislang keinerlei Reaktion aus Berlin erhalten.[781] Warum nicht? Ich habe letztes Jahr nur Post von der CDU-Bundesgeschäftsstelle mit lauter Beschwichtigungen aufgrund der vor der Tür stehenden Bundestagswahl bekommen. Wollte man mir damit ein wenig Bürgernähe und Problembewusstsein vorgaukeln? Unterm Strich war die CDU-Post aus Berlin eine einzige Beleidigung meiner Intelligenz! Habe ich auf meinen zweiten Brief keine Antwort erhalten, da dieses teuflische Spiel, wie ich es genannt habe, hier stattfinden soll und tatsächlich über Jahrzehnte geplant wurde? In Deutschland werden täglich durch Ihre verantwortungslose Politik der offenen Grenzen unschuldige Menschen gleich welcher Herkunft, gleich welchen Glaubens Opfer von Verbalattacken, Messerstechereien, Schlägereien, Vergewaltigungen, Schießereien auf offener Straße am helllichten Tag und schlimmstenfalls Mord im Sinne von Mounks Verwerfungen. Interessiert Sie das alles nicht, Frau Bundeskanzlerin? Mafiöse Kartelle, Clanstrukturen und islamistische Gotteskrieger konnten sich während Ihrer gesamten Regierungszeit ungehindert ausbreiten und sich dank Ihrer Open-borders-Politik bis heute in ganz Europa festsetzen.[782] Berlin selbst scheint immer mehr ein Hexenkessel zu werden.[783] Man könnte glatt zu dem Schluss kommen, dass dahinter ein System steckt.

Menschen, die gegen die offenen Grenzen, gegen die Einreise ohne Papiere friedlich demonstrieren und Trauermärsche für die Mordopfer veranstalten, werden nicht selten von Gegendemonstranten angegriffen.[784] Andersdenkende halten lieber den Mund, aus Angst vor Repressalien und Verlust ihres Arbeitsplatzes. Politiker, die Kritik an Ihrer Politik äußern, werden bedroht und auch medial scharf angegangen. Autoren wird die Veröffentlichung von kritischen Büchern erschwert und dank des NetzDGs von Heiko Maas wird die Meinungsfreiheit zunehmend eingeschränkt, wie man aus den Freien Medien immer wieder hören kann. Erinnert das alles nicht sehr an totalitäre Regime, mit denen Deutschland ja schon so seine Erfahrungen gemacht hat? Sie allerdings scheinen in der ehemaligen DDR ja eher privilegiert aufgewachsen zu sein, durften Sie doch in Leipzig und im Ausland studieren, von Ihrer Rolle als FDJ-Funktionärin ganz zu schweigen.[785] Selbst an der innerdeutschen Grenze gab es „nur" 327 Tote zuzüglich 139 toter Flüchtlinge an der Berliner Mauer, während allein schon in diesem Jahr 1.500 Menschen auf der Flucht im Mittelmeer gestorben sind.[786,787] Nicht nur die Sonne lacht gerade über Deutschland, während man in Ländern wie China, Myanmar und Malaysia nur noch den Kopf über uns schüttelt. Wäre ich Sie, Frau Merkel, könnte ich mir morgens aufgrund meines schlechten Gewissens nicht mehr in den Spiegel sehen!

Sie haben als Christin – Sie sind als Pfarrerstochter doch gläubige Christin, oder? – mittlerweile zum vierten Mal den Amtseid unter dem Zusatz „So wahr mir Gott helfe" geschworen und eine neuerliche Amtszeit als Bundeskanzlerin der Bundesrepublik Deutschland angetreten.[788] Dass dem Amtseid keinerlei „eigenständige rechtliche Bedeutung" zukommt und dieser somit wohl eher eine Farce darstellt, wirft doch so manche Frage auf.[789] Wenn Sie nicht dem deutschen Volk dienen müssen, das nach Ihrer Definition „jeder ist, der in diesem Land lebt", also dann ja auch jeder, der sich illegal hier aufhält, wessen Interessen bedienen Sie dann?[790]

Zu gerne weisen Politiker wie beispielsweise Bundespräsident Frank-Walter Steinmeier mit seinem Buch *Europa ist die Lösung: Churchills Vermächtnis* auf den früheren englischen Premierminister als einen der Gründungsväter des EU-Projektes und dessen Rede von 1946 in Zürich hin.[791] Aus dieser Rede ergibt sich bereits die Sonderrolle der Briten in Europa und mit dem Brexit haben diese die Notbremse gezogen, denn das ehemalige Britisch Empire ist nicht gewillt, Ihre Migrationspolitik mitzutragen und seine Souveränität aufzugeben. Kennen Sie als Trägerin des Europa-Preises der *Europa-Gesellschaft Coudenhove-Kalergi*, der auch Helmut Kohl und Jean-Claude Juncker verliehen wurde, denn auch die von Richard Nikolaus Coudenhove-Kalergi für Churchill geschriebene Rede, die dieser im Mai 1947 in London hielt?[792] Diese gibt einen „wunderbaren" Einblick auf die weitreichenden Ziele einer angloamerikanischen Politikelite: *„Wir geben uns natürlich nicht der Täuschung hin, dass die Vereinigten Staaten von Europa die letzte und vollständige Lösung aller Probleme der internationalen Beziehungen darstelle. Die Schaffung einer autoritativen, allmächtigen Weltordnung ist das Endziel, das wir anzustreben haben. Wenn nicht eine wirksame Welt-Superregierung errichtet und rasch handlungsfähig werden kann, bleiben die Aussichten auf Frieden und menschlichen Fortschritt düster und zweifelhaft. Doch wollen wir uns in Bezug auf das Hauptziel keiner Illusion hingeben: Ohne ein Vereinigtes Europa keine sichere Aussicht auf eine Weltregierung. Die Vereinigung Europas ist der unverzichtbare erste Schritt zur Verwirklichung dieses Zieles."*[793]

Neben dem Paneuropäer Coudenhove-Kalergi wird EU-Mitbegründer Jean Monnet mit folgenden Worten zitiert: *„Europas Länder soll-*

ten in einen Superstaat überführt werden, ohne dass die Bevölkerung versteht, was geschieht. Dies muss schrittweise geschehen, jeweils unter einem wirtschaftlichen Vorwand. Letztendlich führt es aber zu einer unauflösbaren Föderation."[794] Helmut Kohl wurde 2007 mit der goldenen Medaille der Stiftung Jean Monnet für Europa ausgezeichnet.[795] Wussten Sie, Frau Bundeskanzlerin, dass auf der Karlspreis-Medaille von Jean Monnet und Konrad Adenauer der Satz „Dem Schöpfer der ersten souveränen übernationalen europäischen Institution" eingraviert war?[796] Klingt das nicht ein wenig gottgleich und nach einer gehörigen Portion Selbstüberhöhung? Ich wüsste ja zu gerne, was man Ihnen, Martin Schulz, Papst Franziskus, Jean-Claude Juncker und Emmanuel Macron auf den Karlspreis geschrieben hat.

Coudenhove-Kalergi schrieb jedenfalls bereits 1925 (!!!) in seinem Buch *Praktischer Idealismus,* in dem er sich u. a. auch mit dem Heiden-, Juden- und Christentum befasst, Folgendes: *„Heute ist Demokratie Fassade der Plutokratie: weil die Völker nackte Plutokratie nicht dulden würden, wird ihnen die nominelle Macht überlassen, während die faktische Macht in den Händen der Plutokraten ruht. In republikanischen wie monarchischen Demokratien sind die Staatsmänner Marionetten, die Kapitalisten Drahtzieher: sie diktieren die Richtlinien der Politik, sie beherrschen durch Ankauf der öffentlichen Meinung die Wähler, durch geschäftliche und gesellschaftliche Beziehungen die Minister. (…) Die Plutokratie von heute ist mächtiger als die Aristokratie von gestern: denn niemand steht über ihr als der Staat, der ihr Werkzeug und Helfershelfer ist."* Übersetzt heißt das, dass Wahlen praktisch nichts bewirken und alles nur eine große Show ist. Frau Merkel, das ist ja unglaublich! Sie, die vermeintlich mächtigste Frau der Welt, sollen nur eine Marionette der Geldherrschaft sein! Wer steckt dahinter, etwa der militärisch-industrielle Komplex, der Probleme schafft, die es ohne ihn nicht geben würde?[797] Werden deswegen über den öffentlich-rechtlichen Rundfunk, die Mainstreammedien z. B. aus dem Hause Ihrer Freundin

Friede Springer[798] und Stiftungen, die gerne Umfragen in Auftrag geben, wie die Bertelsmann-Stiftung Ihrer Freundin Liz Mohn[799], Einheitsmeinungen wie z. B. 2015 bezüglich der Willkommenskultur – allein diese Wortschöpfung ist sehr beachtenswert – verbreitet? Zwischen öffentlicher und veröffentlichter Meinung kann es durchaus gewaltige Unterschiede geben. Und jetzt passen Sie mal bitte gut auf, Frau Bundeskanzlerin: Coudenhove-Kalergis Ansicht nach sei der *Mensch der fernen Zukunft ein Mischling* und *die eurasisch-negroide Zukunftsrasse, äußerlich der altägyptischen ähnlich, wird die Vielfalt der Völker durch eine Vielfalt der Persönlichkeiten ersetzen.* [800] Aber das wissen Sie ja bestimmt alles schon.

Ein Schelm, wer dabei Böses denkt, möchte man meinen. Dabei hatte seine Nichte Barbara Coudenhove-Kalergi am 7. Januar 2015, also noch bevor die „Flüchtlingskrise" so richtig an Fahrt aufnahm, im österreichischen *Standard* einen Artikel mit dem Titel *Völkerwanderung – Europa bekommt ein neues Gesicht, ob es den Alteingesessenen passt oder nicht*[801] geschrieben. Wurden deshalb die finanziellen Kürzungen beim Welternährungsprogramm für Flüchtlinge vorgenommen?[802] Werden aus diesem Grund die Grenzen bis heute nicht zum Schutze von uns Bürgern geschlossen, Frau Doktor Merkel? Schließlich sind mit Migranten jeglicher Art lukrative Geschäfte zu machen und Grenzkontrollen würden die deutsche Wirtschaft mindestens 77 Milliarden Euro in zehn Jahren kosten.[803] Jaja, es geht immer nur ums Geld. In der Nähe zur Heimat hätte man mit jedem Euro viel mehr Menschen helfen können, doch das war ja gar nicht gewollt, weswegen viele Menschen gezwungenermaßen die Flüchtlingscamps in Richtung Europa verlassen haben. Wo blieb da die so hoch gepriesene Humanität, wo Ihr freundliches Gesicht? Mein Tipp: Opfern Sie mal ein wenig Ihrer freien Zeit und sehen Sie sich das Filmdrama „Der Marsch" (Original „The March", BBC-Fernsehdrama von 1990) auf YouTube an, welcher einer Self-fulfilling Prophecy gleichkommt.[804]

Schon 1999 sagte Wenn-es-ernst-wird-muss-man-lügen-Juncker, der ein echter Bruder im Geiste von Monnet zu sein scheint, über die Trickkiste der EU: *„Wir beschließen etwas, stellen das dann in den Raum und warten einige Zeit ab, was passiert. Wenn es dann kein großes Geschrei gibt und keine Aufstände, weil die meisten gar nicht begreifen, was da beschlossen wurde, dann machen wir weiter – Schritt für Schritt, bis es kein Zurück mehr gibt.*[805] Erschienen ist diese Äußerung in einem *SPIEGEL*-Artikel mit dem Titel *Die Brüsseler Republik – Im 21. Jahrhundert wächst der europäische Bundesstaat heran. Er wird ein Multikulti-Staatsvolk von wenigstens 440 Millionen Menschen umfassen*.[806] Auch Herr Juncker scheint ein echter Prophet zu sein, während so mancher nicht einmal weiß, was er seinen Kindern am nächsten Tag zu essen machen soll.

Martin Schulz, Ihr vermeintlicher politischer Gegner, hätte ja gerne bis 2025 die Vereinigten Staaten von Europa mit eigener EU-Verfassung, d. h. dieses Thema ist nach 70 Jahren aktueller denn je, wenngleich Sie auf dieses Thema zurückhaltend reagiert, aber nicht klar Stellung bezogen haben.[807] Dies sind die üblichen politischen Spielchen, die wir auch von Ihnen und Herrn Seehofer kennen. Nicht einmal jeder dritte Deutsche ist für die Vereinigten Staaten von Europa (VSE) oder besser gesagt, für die EUdSSR[808], doch das scheint die Politiker in Berlin und Brüssel nicht zu interessieren. Die Zeche darf aber wie üblich der deutsche Steuerzahler begleichen. Apropos Brüssel: Wie geht es eigentlich dem Rücken von Herrn Juncker? Man konnte gar nicht mit ansehen, wie er auf dem NATO-Gipfel in der belgischen Hauptstadt durch die Gegend torkelte und wankte. Nur gut, dass man sich in der NATO aus Sicht der Politiker gegenseitig hilft und (unter)stützt, persönlich wie militärisch. So konnte er wenigstens trotz Schmerzen die Schönen, Reichen und Mächtigen auf diesem Treffen abbusseln.[809]

Das bereits 1997 von Zbigniew Brzeziński, dem 2017 verstorbenen Globalisten, Politik-wissenschaftler und -berater etlicher amerikanischer Präsidenten von Carter bis Obama verfasste Buch *Die einzige Weltmacht – Amerikas Strategie der Vorherrschaft* haben Sie bestimmt gelesen.[810,811] Auf dem Klappentext meiner Ausgabe, die 2015 im ach so bösen Kopp-Verlag erschienen ist, wird Helmut Schmidt mit den Worten „*Ein Buch, das man lesen und ernst nehmen sollte*" zitiert, was man hinsichtlich der NATO-Osterweiterung und neuer US-Russlandsanktionen nur unterschreiben kann. Falls Sie es nicht wussten: Die Begriffskonstruktion „Tittytainment" wird Brzeziński zugeschrieben.[812] Inhaltlich lässt sich diese auf die einfache Formel „Brot und Spiele für das Volk" zwecks Ruhigstellung in Form medialer Berieselung reduzieren.

Thomas P. M. Barnett ist ein ehemaliger Harvard-Student und -Doktorand, US-Militärstratege und früherer Mitarbeiter im Amt zur Transformation der Streitkräfte nach 9/11 von US-Verteidigungsminister Donald Rumpsfeld.[813] Schon 2004 bzw. 2005 schrieb er die Bücher *Der Weg in die Weltdiktatur* und *Drehbuch für den 3. Weltkrieg: Die zukünftige neue Weltordnung*. Beide gibt es erst seit 2016 in deutscher Sprache, doch bereits 2003 berichtete *ZEIT online* über Barnett.[814] Er selbst war mit der Wahl der deutschen Buchtitel einverstanden! Dabei liest man über die neue Weltordnung (NWO) doch immer, diese sei eine reine Verschwörungstheorie. In seinem „Drehbuch" schreibt er: „*(...) Und ebenso wenig möchte ich die enormen sozialen, wirtschaftlichen und politischen Herausforderungen herunterspielen, denen Europa sich bei der Integration von Flüchtlingen und Einwanderern aus Asien und Afrika entgegensieht. Ich sage Ihnen bloß, dass es das wert ist – und zwar alles.*"[815] Klingt das nicht sehr nach Yascha Mounk, Frau Merkel? Barnetts Ausführungen nach lernte er die Bevölkerungsbombe sogar lieben (s. hierzu auch den Replacementbericht der UN aus dem Jahr 2000[816]) und wie Coudenhove-Kalergi träumt auch er von Menschen mittlerer Hautfarbe, da der Begründer seiner *eigenen Religion, Jesus Christus, sicherlich mit diesem Hautton auf Erden gewandelt* sei.[817] Aus Barnetts Sicht muss es noch viele Kriege, Unruhen und Krisen weltweit geben, um am Ende am Ziel anzukommen, nämlich einer

Zukunft, die es wert ist, geschaffen zu werden, nämlich in Form der Vormachtstellung der USA und der Ausschaltung von Völkern, die ihre Kultur und Identität bewahren und ihren Nationalstaat erhalten wollen. „Sag´ beim Abschied leise Servus an das Selbstbestimmungsrecht der Völker" fällt mir dazu nur noch ein.[818] Sie selbst haben ja bereits 2010 vollmundig verkündet, dass sogar der Ansatz von Multikulti absolut gescheitert sei.[819] Vor diesem global-geostrategischen Hintergrund ergibt Ihr Satz natürlich einen ganz neuen Sinn. Es sei mir die Frage gestattet: Hat hier eine elitäre Clique einen Pakt mit dem Satan geschlossen?

Ich persönlich hoffe, dass immer mehr Menschen verstehen, was für ein teuflisches, rassistisches und tödliches Spiel (Nikolas Sarkozy [2008][820]; Peter Sutherland [2012][821]; Frans Timmermans [2015][822,823]; Dimitris Avramopoulos [2015][824]; Wolfgang Schäuble [2016][825]; Ban Ki-moon [2016][826]) mit uns Menschen gespielt wird. Jeder sollte sich einmal fragen, welche Rolle dabei der EU, UNO, NATO, CIA, WEF, der Bilderberger-Konferenz und der Transatlantik-Brücke zukommt, welche den vielen NGOs, oft von Ihrem neuen Berliner Nachbarn George Soros finanziert.[827]

Sie als gut informierte Politikerin und Fan grüner Politik wissen doch bestimmt auch, dass der frühere US-Vizepräsident Al Gore von Sugar Daddy Soros finanziert wurde.[828] Dieser sollte die Öffentlichkeit über die Auswirkungen einer vom Menschen verursachten globalen Erwärmung auf den Planeten belügen.[829] Und nur mal so unter uns beiden Hamburger Deerns und Naturwissenschaftlerinnen: Warum dürfen im Hamburger Hafen Kreuzfahrtschiffe anlegen, die nun mal nicht mit Bio-Diesel betrieben werden, während es gleich nebenan in Altona für Dieselfahrzeuge Fahrverbote gibt? Warum dürfen Nordseekrabben den langen Weg nach Marokko per Schiff machen, um da gepult zu werden? Warum werden Altkleider und Elektroschrott nach Afrika verschifft? Warum exportiert man EU-subventionierte Tiefkühlhähnchen, Tomaten, Kartoffeln usw. nach Afrika? Warum durfte die Bayer AG erst kürzlich den umstrittenen Monsanto-Konzern, der Landwirte durch genmanipuliertes Saatgut zu Leibeigenen macht, übernehmen und damit zum weltweit größten Saatgut- und Glyphosathersteller werden?[830] Na, die Antworten kennen wir doch beide, Frau Merkel. Man könnte wirklich zum chronischen Schnappatmer werden. Sicherlich bekäme man dann noch eine CO_2-Atemluftsteuer aufgebrummt!

Und wie sieht es mit der protestantischen und katholischen Kirche – gerade muss ich an Bedford-Strohm und Marx, die beiden Kreuzableger denken – nebst Vatikan unter jetziger Führung des ersten nicht-europäischen Papstes seit 1272 Jahren aus?[831,832] Dieser gehört dem oftmals von der katholischen Kirche schon verbotenen Jesuitenorden an.[833] Den Jesuiten wird seit Langem eine besondere Nähe zur Macht nachgesagt. Der Pontifex selbst sieht Europa als eine unfruchtbare Großmutter an, weswegen er die globale Migration natürlich befürwortet, statt sich für eine Geburtenkontrolle in Afrika auszusprechen.[834] Zu den großen Migrationsprofiteuren gehören beispielsweise ja auch die beiden kirchlichen Wohlfahrtsverbände Diakonie und Caritas.[835] Gutgläubige Menschen wie z. B. ehrenamtliche Flüchtlingshelfer, Unterstützer des Schleppertums und Demonstranten, die auf der vermeintlich richtigen Seite zu stehen glauben, sollten sich einmal überlegen, wem sie tatsächlich dienen. Leider sind diese oft nur nützliche Erfüllungsgehilfen einer menschenverachtenden Machtelite.

Zur NATO, dem einstigen Verteidigungsbündnis, fällt mir noch etwas ein: Was sagen Sie eigentlich zu den Ausführungen von 2007 des Ex-NATO-Generals Wesley Clark bezüglich einer geheimen Memo des Verteidigungsministers Donald Rumsfeld von 2001, kurz nach den Ereignissen von 09/11? Hiernach sollten der Irak, Syrien, Libanon, Libyen, Somalia, Sudan und Iran innerhalb von fünf Jahren zerstört werden.[836] Wir erinnern uns ganz kurz an die Ausführungen von Barnett. Bis auf einen zeitlich etwas verzögerten Ablauf und bis auf den Iran wurden – natürlich rein zufällig – diese

Länder allesamt ins Chaos gestürzt. Dabei bleibt abzuwarten, wie es politisch zukünftig mit dem Iran weitergehen wird. Seit Jahrzehnten werden die Länder im Mittleren und Nahen Osten sowie in Afrika destabilisiert und mit Bürgerkriegen ins Chaos gestürzt.

Dabei geht es doch immer nur um das eine: Um Gas- und Ölvorkommen wie auch Bodenschätze für die politischen, wirtschaftlichen und finanziellen Ziele westlicher Eliten. Gezielt werden dort False-Flag-Operationen angezettelt sowie Regime-Changes angestrebt, wie im Irak 2003 und Libyen 2011.[837,838] Dadurch werden unzählige Menschen aus ihrer Heimat vertrieben. Diese dienen dann hauptsächlich der unfruchtbaren Großmutter Europa als neue Konsumenten und billige Arbeitskräfte aufgrund fehlender Qualifikation, d. h. auch diese Menschen werden nur zum Zweck der Pläne der Globalisten benutzt. Hillary Clinton, Außenministerin unter US-Präsident und Friedensnobelpreisträger Barack Obama – wofür hat der diesen Preis eigentlich bekommen? –, triumphierte regelrecht über den Tod Gaddafis, der bekanntlich der Türsteher Europas war.[839] Saddam Hussein, Osama bin Laden, Muammar al-Gaddafi können nicht mehr reden, und auch Anis Amri, der mutmaßliche Weihnachtsmarktattentäter von Berlin, schweigt für immer. Der Fall Amri wirft ja so einige Fragen hinsichtlich geheimdienstlicher Verstrickungen auf.[840] Musste Gaddafi sterben, damit der Weg für Migranten nach Europa frei gemacht werden sollte, weil es um libysches Erdöl ging oder weil er 2007 Sarkozy den Wahlkampf finanzierte?[841,842] Gehören Krieg, Tod und Vernichtung zu den westlichen Werten, die immer so hoch gepriesen werden?

Sie, Frau Dr. Merkel, waren entgegen Ihrer heutigen Äußerungen sehr wohl für einen Militäreinsatz im Irak mit mindestens 500.000 Toten, dessen unmittelbare Folge die Entstehung des IS war, und haben auch einen Bundeswehreinsatz dort nicht ausgeschlossen.[843,844,845] Die Spätfolgen durch den erst 2017 durch das Pentagon zugegebenen Einsatz von Uranmunition bleiben noch abzuwarten.[846] Leiden Sie am Golfkriegssyndrom ganz eigener Art, wie die *SZ* schrieb, oder an partieller Amnesie? Als wahre Christin müssten Sie doch wissen, dass das achte Gebot „Du sollst nicht lügen" lautet und dass es sich gegen alle Formen der Lüge wendet, oder? Lügen haben bekanntlich kurze Beine und ich hoffe, dass eines nicht allzu fernen Tages all die Unwahrheiten, Heucheleien, Täuschungen, Indoktrinationen, Umerziehungsmaßnahmen und Manipulationen der vergangenen Jahrzehnte einer global-ideologisch agierenden neoliberalen Ökosozialismusclique ans Licht kommen.

Im November 2015 sagten Sie, Sie würden kämpfen für „meinen Plan, den ich habe, an den Fluchtursachen anzusetzen, aus Illegalität Legalität zu machen."[847] Ist damit der globale UN-Flüchtlings- und Migrationspakt gemeint gewesen, über den in den Mainstreammedien kaum etwas zu lesen ist? Interessantes weiß beispielsweise die frühere „Miss Tagesschau" Eva Herman hierzu auf ihrer Internetseite zu berichten.[848] Im Dezember 2018 soll der Abschlusstext in Marokko unterzeichnet werden. Deutschland hat für dieses Projekt 2017 bereits 477 Millionen US-Dollar als einer der größten Geldgeber zur Verfügung gestellt.[849] Dieser Pakt soll völkerrechtlich nicht bindend sein. Die USA haben ihn bereits verlassen, da dieser unvereinbar mit der US-amerikanischen Einwanderungs- und Flüchtlingspolitik ist. Ebenfalls hat Ungarn sich daraus zurückgezogen, Tschechien wird auch keine illegale Migration unterstützen. Kanada, Australien und Japan werden da vermutlich auch nicht mitmachen. Indien hat bereits hinsichtlich Einwanderung eigene Vorstellungen wie auch Myanmar.[850] Im Falle von Myanmar berichten deutsche Mainstreammedien übrigens nicht die Wahrheit über die Rohingyas, Frau Doktor Merkel. Vielleicht hat die Bundesregierung ein wenig vorschnell finanzielle Hilfe in Höhe von 11,2 Millionen Euro zur Verfügung gestellt. Fraglich ist, wer damit unterstützt wird. Wer seit zwanzig Jahren persönliche Kontakte in das frühere Burma hat, der weiß, dass es dort zu Massakern und Enthauptungen durch islamistische Terroristen und

Rohingyas an Hindus und Buddhisten gekommen ist, wie man es korrekt bei *Tichys Einblick* lesen kann.[851] Womit haben wir nur all diese Lügen verdient? Papst Franziskus soll sogar gesagt haben, Jesus Christus heißt heute Rohingya.[852] O Herr, vergib ihnen, denn sie wissen nicht, was sie tun!

Ich bin mir sicher, Frau Merkel, Deutschland wird ganz vorne mit dabei sein, wenn es um die Umsetzung dieses Paktes geht. Schließlich ist das doch wohl Ihr angekündigter Plan und laut einiger Journalisten denken Sie ja immer alles vom Ende her. Gerne hätte ich von Ihnen gewusst, ob Sie wie ich Menschen kennen, die in Südafrika gelebt oder dort Angehörige durch Mord verloren haben? Warum haben wir nicht schon längst die Farmer Südafrikas bei uns aufgenommen, die dort enteignet und bestialisch ermordet werden?[853,854] Es wird hoffentlich nicht daran liegen, dass diese weißer Hautfarbe und ursprünglich europäischer Prägung sind? Warum kümmert man sich in Europa nicht um die Aufnahme der 200 Millionen verfolgten Christen?[855] Ich habe da so eine Vermutung. Haben Sie die Wähler nicht getäuscht, indem Sie von Ihrem Merkel-Plan, der ja nicht von heute auf morgen aus dem Boden gestampft wurde, nichts Konkreteres erzählt haben? Hätten Sie hierzu nicht eine Ansprache, ähnlich Ihrer Neujahrsansprache machen können? Warum haben Sie nicht schon längst wie einige Ihrer Amtsvorgänger die Vertrauensfrage im Bundestag gestellt? Man könnte meinen, Sie sind eine echte Überzeugungstäterin, weswegen so mancher in Ihnen Honeckers Rache sieht.[856] Tatsächlich sind Sie wohl eher eine willige Gehilfin eines elitären Kreises, dem es eben nicht um den vorgeschobenen Frieden und das Narrativ der Humanität geht, sondern um Zugang zu Rohstoffen, Saatgut, Wasservorräten, billigen Arbeitskräften, Wirtschaftswachstum und Gewinnmaximierung um jeden Preis. Hier werden Menschen unter falschen Vorgaben gezielt zu einer weltweiten humanen Manövriermasse gemacht, wobei am Ende wohl eher die moderne Sklaverei steht.[857] So starben gerade in Italien 16 Migranten als

Erntehelfer, die dort regelrecht ausgebeutet werden.[858] Was für ein unmenschliches und erbärmliches Trauerspiel! Denken Sie nur mal an den Aufschrei aus der Wirtschaft, als die Mannschaft, also die Fußballnationalmannschaft bei der WM 2018 um 16 Uhr gegen Südkorea spielte. Ökonomen rechneten mit einem Gesamtverlust zwischen 130 und 200 Millionen Euro.[859] Den fleißigen Menschen in diesem Land ist aber auch nichts vergönnt. Dabei kommt bei den Bürgern immer weniger an, wie man allein an der maroden Infrastruktur dieses Landes seit Jahren unschwer erkennen kann. Im September 2017 habe ich im ZDF bereits insbesondere Heiko Maas, neulich noch Justiz-, heute schon Außenminister, auf die Situation an deutschen Schulen hingewiesen.[860] Was ist seitdem passiert? Nichts, denn gerade heute musste ich wieder lesen, der Lehrermangel würde sich weiterhin zuspitzen.[861] Ach, wer hätte das gedacht? Seit dem 1. August 2018 rollt gerade der Familiennachzug an. Egal, Bildung wird sowieso total überbewertet. Und wenn ich nur an die vielen Wohnungslosen und Kinder in prekären Zuständen in diesem Land denke, wird mir ganz schlecht.[862,863] Von wegen „Mama Merkel". Wenn der Sozialstaat durch die rechtliche Gleichstellung weiterer Migranten anhand des Migrationspaktes mit einheimischen Bürgern, die täglich fleißig zur Arbeit gehen und jede Menge Steuern zahlen, zusammenbricht – was dann? Von einem Wirtschaftsabschwung und dem Zukunftsprojekt „Industrie 4.0", sofern es dazu irgendwann mal kommen wird, ganz zu schweigen.

Sie als bereits einmal geschiedene Frau haben Ihr persönliches Paarexperiment beendet, weil Sie und/oder Herr Merkel festgestellt haben, dass das mit Ihnen beiden keine gemeinsame Zukunft hat. Was aber, wenn dieses Humanexperiment in Deutschland und Europa mit Millionen Menschen völlig unterschiedlicher Kultur, Herkunft und Sozialisierung scheitert? Dann können wir nicht mal eben die Scheidung einreichen! Dieses Land „erfreut" sich einer ständig wachsenden Salafistenszene und ist zu einem sicheren Hafen von Dschihadisten geworden.[864,865] Selbst bei WELT online ist immer häufiger in Leserkommentaren von der Angst vor Bürgerkrieg in Deutschland zu lesen, während sich in anderen Foren so mancher den Bürgerkrieg herbeizusehnen scheint, ohne auch nur die leiseste Vorstellung davon zu haben, was das bedeuten und wem genau das dienen würde.

Wer wie Sie und viele andere hochrangige Politiker keine genetische Zukunft hat, muss sich um seine Nachkommen keine Sorgen machen. Umso mehr bleibt zu hoffen, dass immer mehr Menschen ihre Angst vor Beschimpfungen als Nazis und Rassisten verlieren. Es muss endlich Klartext hinsichtlich der Migration gesprochen werden. Schließlich geht es für uns Bürger um die friedliche Zukunft Deutschlands mitten in Europa. Sie selbst haben ja in einem „äußerst bemerkenswerten" Interview 2015 in Bern gesagt, Angst sei noch nie ein guter Ratgeber gewesen.[866] Die Angst muss endlich der Wahrheit weichen. Dabei bleibt zu hoffen, dass sich auch die vielen gut integrierten Ausländer verstärkt zu Wort melden, die dieses Land und seine Vorzüge lieben gelernt haben und weiterhin hier in Frieden leben wollen. Deutschland könnte mit gezielt eingesetzten Mitteln so viel Gutes im eigenen Land und mit Sinn und Verstand in den ärmsten Ländern der Welt bewegen, ohne die dort weltweit reichsten Präsidenten mit Unsummen an versickernder Entwicklungshilfe zu unterstützen![867] Sollte Nächstenliebe nicht vor der eigenen Tür beginnen und sich immer weiter ausbreiten?

Gerne würde ich meine Fragen an Sie direkt richten. Daher bin ich natürlich auch gerne bereit, zu einem Gespräch zu Ihnen nach Berlin zu kommen. Dieses müsste dann unbedingt aufgezeichnet und ohne einen Vorab-Fragenkatalog in ungeschnittener Form der Öffentlichkeit zugänglich gemacht werden. Vielleicht lassen Sie sich, die Sie ja sehr experimentierfreudig zu sein scheinen, wenn es um andere Menschen geht, auf dieses für Sie ja wahrscheinlich beinahe waghalsige Experiment mit mir ein!

Sollte ich auch auf diesen Brief keine ausführliche Antwort Ihrerseits bekommen, gehe ich davon aus, dass ich mit meinen Ausführungen richtigliege. Keine Antwort ist manchmal auch eine Antwort. Machen Sie mit Ihrer bisherigen Migrationspolitik weiter, nehmen Sie und die Regierungstruppe in Berlin und Teile der EU in Brüssel soziale Unruhen und bürgerkriegsähnliche Zustände gemäß der Worte des früheren CIA-Chefs Michael V. Hayden billigend in Kauf.[868] So bleibt nur noch die Hoffnung, die bekanntlich ja zuletzt stirbt, dass immer mehr Menschen all diese Zusammenhänge erkennen und sich nicht gegeneinander aufhetzen lassen. Vielmehr sollten alle gemeinsam und friedlich für bessere Lebensbedingungen hier und in der Welt auf die Straße gehen. Ein Bürgerkrieg in Europa würde unvorstellbares Elend bedeuten und unzählige Tote aufgrund einer atomisierten Gesellschaft sowie dank Ihrem „Divide et impera" fordern. Ein solcher wäre mit Sicherheit ein weiterer Schritt in ein totalitäres Europa mit immer weniger Bürgerrechten, Bargeldverbot und keinerlei Aussicht mehr auf Bürgerentscheide. All dies wäre nur ein weiterer Schritt im Sinne der *Schaffung einer autoritativen, allmächtigen Weltordnung* der Globalistenelite unter US-amerikanischer Vormachtstellung. Das kann niemand von uns Bürgern in Europa wirklich wollen! Ihnen wünsche ich nur eines: Gnade Ihnen Gott, Frau Merkel!

Auf eine friedliche Zukunft für alle Menschen, vor allem aber für die Kinder in Deutschland, Europa und der ganzen Welt!

In tiefer Sorge

Petra Paulsen

Das in diesem Brief Gesagte möchte ich einfach mal so stehen lassen. Nur vielleicht so viel: Auf dieses Schreiben habe ich selbstverständlich keine Antwort erhalten.

Lachnummer Bundeswehr

Mitte September, genauer gesagt am 14.09.2018, ging der folgende offene Brief an die damalige Bundesverteidigungsministerin und seit Juli 2019 neue EU-Kommissionspräsidentin Ursula von der Leyen heraus. Dank ihres „kompetenten" Handelns melden sich immer mehr Stimmen aus der Bundeswehr zu Wort, während Deutschlands Verteidigungstruppe nahezu wehrlos und als Schrottarmee darniederliegt.

Hallo Frau von der Leyen,

mir ist durchaus bewusst, dass diese Anrede Ihnen gegenüber formal-protokollarisch nicht korrekt ist. Sie werden mir dies sicherlich nachsehen. Ich selbst sehe mich jedoch außerstande, Sie mit „Sehr geehrte Frau Bundesverteidigungsministerin Dr. von der Leyen" anzusprechen, wofür es aus meiner Sicht gute Gründe gibt. Was ich von einer siebenfachen Mutter und ausgebildeten Ärztin als Oberbefehlshaberin der Streitkräfte halte, können Sie sich vermutlich schon denken.

Erinnern Sie sich noch an unseren „gemeinsamen" Auftritt in der ZDF-Sendung „Wie geht's, Deutschland?" Anfang September 2017 in der Berliner Fernsehwerft? Natürlich werden Sie sich daran erinnern, gilt diese Sendung unter vielen Zuschauern mittlerweile doch als Tiefpunkt politischer Talkshows im öffentlich-rechtlichen Zwangs-Pay-TV. Dies ist einer völlig inakzeptablen Moderation seitens Marietta Slomka zu verdanken gewesen, die als Moderatorin keinesfalls parteipolitisch neutral durch die Sendung führte, neben einem gecasteten Publikum.[869] Des Weiteren war nach dem Verlassen von Alice Weidel (AfD) der gemeinsame Schulterschluss aller

Parteien durch das bildhafte Zusammenrücken von Katja Kipping als Vertreterin der Linken über Jürgen Trittin (Bündnis 90/Die Grünen), Heiko Maas (SPD), Katja Suding (FDP), Ihnen als Vertreterin der CDU bis hin zu Andreas Scheuer (CSU) unübersehbar. Was für ein gelungener (Talk-)Showeffekt mit gemeinsamem Gruppenfoto der schon länger an den Futtertrögen hängenden Altparteienvertreter.

Sie, Frau von der Leyen, fanden das, was ich in dieser Sendung geschildert hatte, ja so beeindruckend[870], weswegen Sie mir am Ende unseres gemeinsamen Themenblocks „Flüchtlinge und Integration" ein „Kompliment" gemacht haben. Ich persönlich hätte darauf gut verzichten können, zumal mir viele Menschen nach der Sendung gesagt haben, sie hätten Ihr Verhalten als anbiedernd und verlogen empfunden. Zuvor hatte ich dargelegt, mit welchen Problemen Lehrer vielerorts mittlerweile zu kämpfen haben. Dass wir große personelle Engpässe in ganz Deutschland in Sachen Bildung antreffen, dem ehemaligen Land der Dichter und Denker. Daneben gibt es vielschichtige Probleme mit Klassen, in denen viele Kinder mit Migrationshintergrund sitzen. Lehrer sind in Deutschland mittlerweile Mangelware, denn der Stellenmarkt ist leer gefegt. Dies hatte ich insbesondere unserem mittlerweile zum Außenminister avancierten Ex-Justizminister Maas in der Sendung zu erklären versucht. War Herr Maas doch tatsächlich der Ansicht, dass es mit dem Scheckheft des Steuerzahlers für Schulen getan wäre – mitnichten! Ende August 2018 kam nun Ihr Parteikollege Volker Kauder daher und warnte laut DPA vor einem Bildungsnotstand.[871] Es scheint symptomatisch zu sein, dass viele Politiker eine sehr lange Leitung haben und zunehmend Dinge einfach ausgesessen werden. Nur mal als kleiner Tipp: Vielleicht kommt daher die Politikverdrossenheit vieler Bürger, die sich zunehmend von den etablierten Parteien abwenden und sich nicht länger ein X für ein U vormachen lassen.

Doch zurück zu Ihnen: Sie sind auch nach der Bundestagswahl 2017 noch immer Verteidigungsministerin und haben zwischenzeitlich zum dritten Mal an der Bilderberg-Konferenz teilgenommen, die dieses Jahr im Juni in Turin stattfand. Diese gilt als außerparlamentarisches Paralleluniversum und somit als antidemokratischer Tummelplatz für Regierungschefs, Präsidenten, hochrangige Politiker, Medienvertreter, Bankiers, Wirtschafts- und Finanzbosse, Geheimdienstler, Adlige und NATO-Generalsekretäre, die die Richtung der Agenda der Politik der nächsten Jahre bestimmen.[872] 2018 war erstmals sogar ein Vertreter des Vatikans zugegen. Kaum etwas dringt von diesem privaten Treffen – warum wird dieses als solches eigentlich von der Polizei beschützt? – an die Öffentlichkeit, da Geheimhaltung seitens der Teilnehmer dazugehört.[873] Finden Sie es eigentlich richtig, an so einem „privaten" Treffen, ja aber wohl kraft Ihres Amtes in Sachen Bundeswehr teilzunehmen? Dort werden zwischen Ihnen und Henry Kissinger wohl kaum Strickanleitungen und Panini-Fußball-WM-2018-Sticker ausgetauscht worden sein. Aber wie sagte schon Ex-Bundesinnenminister Thomas de Maiziere: „(Dieses Treffen) wird völlig überbewertet."[874] Wenn das alles gar nicht so geheim dort zugehen soll, dann wüsste ich zu gerne von Ihnen, Frau von der Leyen, ob bei dem Turiner Treffen die Zukunft Syriens, der Iran und die von den Mainstreammedien kaum thematisierten Flüchtlings- und Migrationspakte Inhalt der Gespräche waren? Schließlich soll der *Global Compact for Safe, Orderly and Regular Migration* im Dezember 2018 in Marrakesch/Marokko angenommen werden.[875]

Über die Bundeswehr in ihrem derzeitigen desolaten Zustand hinsichtlich nicht einsatzbereiter Hubschrauber und Korvetten, das neue Grünzeug-Outfit für schwangere Soldatinnen und die Körperlängenbeschränkung von 1,84 Meter für Soldaten bezüglich des Schützenpanzers *Puma* möchte ich mich gar nicht weiter äußern. Dass seit 2010 laut einer als vertraulich eingestuften Liste deutlich mehr Waffen, u. a. sogar sechs Maschinengewehre, und jede Menge Munition abhandengekommen sind, als ursprünglich bekannt, finde ich allerdings sehr bedenklich.[876] Dass Sie anscheinend keinerlei Skrupel haben, zunehmend Nachwuchs für militärische Zwecke zu rekrutieren, der die Volljährigkeit noch nicht erreicht hat – Rekordwert 2018: 2.128 Minderjährige bei der Bundeswehr[877] –, halte ich persönlich geradezu für skandalös. Keines Ihrer sieben Kinder ist bei der Bundeswehr, weswegen Sie natürlich gut lachen haben.[878] Fassungslos macht mich der Umstand, dass die vermeintliche Verteidigungstruppe aufgrund des Personalmangels möglicherweise zu einer Söldnergruppe umgebaut werden soll.[879] Gibt es nicht ein besonderes Treueverhältnis zwischen Staat und Soldat? Rechtsextremisten und Islamisten hatten wir ja bereits in der bunten Grünzeugtruppe. Bleibt nur zu hoffen, dass auch alle ausfindig gemacht wurden.[880]

Berichte der letzten Tage, wonach Sie eine „glaubhafte Abschreckung gegen einen Giftgaseinsatz in Syrien" fordern, haben mich wieder einmal mehr regelrecht vom Hocker gehauen.[881] Können Sie denn glaubhaft erklären, warum die Allianz Assad/Putin Giftgas einsetzen sollte, nachdem Syrien weitgehend befriedet ist? Gab es nicht schon so manche False-Flag-Operation in dieser Region, die vom Westen unterstützt wurde?[882] Wie dem auch sei: Ein Einsatz deutscher Tornado-Kampfjets in Nordsyrien wäre nicht nur verfassungswidrig[883] und ein Verstoß gegen das Völkerrecht. 74 Prozent der Deutschen lehnen einer aktuellen Umfrage zufolge den Einsatz der Bundeswehr in Syrien ab!!![884] Weitere 5,5 Prozent der Befragten waren unentschieden. Frau von der Leyen: **Die Deutschen wollen mehrheitlich keinen Krieg!**

Laut Bundesentwicklungsminister Gerd Müller (CSU) soll sich in Idlib nun die größte humanitäre Katastrophe anbahnen.[885] Wie aber sieht es im Jemen aus, wo ebenfalls seit Jahren ein schrecklicher Bürgerkrieg unter Beteiligung von Saudi-Arabien zusammen mit der sich ausbreitenden Cholera wütet?[886] Warum wird Deutschland dort nicht tätig? Weil man dort so herrlich lukrative Waffengeschäfte machen kann? Immer mehr Menschen erkennen, dass in Syrien nicht Assad und sein Verbündeter Putin das Problem sind, sondern heuchlerische westliche Regierungen, die ihre Einflussnahme in dieser Region aufgrund von Erdgas und Erdöl im eigenen Interesse als Industrienationen ausweiten wollen. Immerhin haben die Niederlande aktuell die Unterstützung der immer wieder in die Kritik geratenen Weißhelme und der bewaffneten Opposition aufgekündigt.[887]

Dass am Anfang des Irakkriegs 2003 eine Lüge stand, ist Ihnen hoffentlich nicht entgangen, Frau von der Leyen![888] Die Folgen: Hunderttausende Tote, unzählige Flüchtlinge, die Entstehung des Islamischen Staates und ein bis heute destabilisierter Naher Osten. Aber das alles geschieht ja nur für den „guten Zweck" im Sinne einer Neuen Weltordnung der Globalisierer, zu denen die Bilderberger ja wohl zweifelsohne zählen. Dass es in den aufnehmenden westlichen Ländern zu vermehrten Straftaten und gesellschaftlichen Verwerfungen kommt, scheint die politischen Entscheidungsträger nicht zu interessieren. Schließlich steckt dahinter eine Ideologie. Mit solchen, in den letzten Jahren gerne unter dem Deckmantel der Humanität getarnt, ist das bekanntlich immer so eine Sache. Deswegen wird gerne mal die Wirklichkeit ausgeblendet, schlimmstenfalls sogar auf den Kopf gestellt. So sind laut einer Meldung vom 12.09.2018 Asylzuwanderer – was ist das eigentlich für eine neue Begriffsschöpfung? – bei Tötungsdelikten überrepräsentiert.[889] Und das im Gastland, wo sie ohne Papiere entgegen der geltenden Rechtsordnung eingewandert sind, weil diese seit 2015 dank Ihrer Chefin, Frau Merkel, ausgehebelt ist, was im internationalen Ausland nur noch für Entsetzen sorgt.

Die ursprünglich als Verteidigungsbündnis gegründete NATO ist seit dem Jugoslawienkrieg 1999 zu einem Angriffspakt mutiert, weswegen ich in Ihnen, Frau von der Leyen, nicht eine Bundesverteidigungsministerin sehe, die sich auf das Bekenntnis „Von deutschem Boden darf nie wieder Krieg ausgehen!" von Willy Brandt (SPD) beruft. Für mich sind Sie vielmehr eine Kriegsministerin, denn auch im Frühjahr 2018 haben Sie sich bereits für die Beteiligung der Bundeswehr bei Luftangriffen in Syrien ausgesprochen. Von vielen Politikern und seitens der Massenmedien ist schon seit Längerem eine regelrechte Kriegstreiberei zu verzeichnen. Viel gäbe es in diesem Zusammenhang u. a. noch über den Kalten Krieg 2.0 mit Russland zu sagen, den Bundeswehreinsatz in Mali und über die Übungsstadt Schnöggersburg. Aber lassen wir das.

Mit einem lapidaren „Uschi, mach kein Quatsch" kommen wir hinsichtlich des Friedens in der Welt nicht weiter. Deswegen sage ich Ihnen klipp und klar, Frau von der Leyen:

In meinem Namen und im Namen meiner Familie wird nicht ein einziger Angriffskrieg unter deutscher Beteiligung geführt!!!

Ich als Kind der Kriegsenkelgeneration, der ja auch Sie angehören, möchte, dass meine eigenen Kinder, meine Nichte und Neffen, meine Schüler, aber auch zukünftige Generationen in einer friedlicheren Welt leben, gleich welcher Herkunft, Ethnie, Hautfarbe und Religion sie sind. Ob das mit Politikern wie Ihnen überhaupt möglich sein wird – mich plagen sehr große Zweifel. Die meisten Menschen brauchen nicht viel mehr als ein auskömmliches Einkommen, innere Sicherheit und ein Leben in Frieden. In Deutschland selbst scheint man bürgerkriegsähnliche Zustände billigend in Kauf zu nehmen und das „Drehbuch für den 3. Weltkrieg – Die zukünftige neue Weltordnung" ist von Thomas P. M. Barnett, dem früheren Pentagon-Mitarbeiter von „Ex-Verteidigungsminister" Donald Rumsfeld, bereits geschrieben.[890]

Hoffentlich schließen sich diesem an Sie gerichteten Brief viele Menschen an und tun ihre Meinung Ihnen gegenüber per E-Mail an ursula.vonderleyen@bundestag.de oder auf dem Postwege kund. Außerdem ist es Zeit, dass wir schnellstens eine Friedensbewegung gegen diesen Irrsinn auf die Straße bekommen, bevor es zu spät ist. Es kann doch nicht sein, dass entgegen dem Willen des deutschen Volkes in anderen Ländern Krieg geführt wird aufgrund der Interessen einer kleinen Machtelite!

In tiefer Sorge und Fassungslosigkeit über die politischen Missstände in Deutschland

Petra Paulsen

P. S.: Dieser Brief geht sowohl an die Freien Medien als auch an verschiedene Mainstreammedien mit der Bitte um Veröffentlichung. Mal sehen, ob Letztere sich wagen, diesen zu publizieren.

Dieser Brief wurde von den Freien Medien natürlich gerne veröffentlicht, von den Main-streammedien selbstverständlich nicht.

Von wegen Land der Dichter und Denker

Was könnte einer Lehrerin von Berufs wegen mehr am Herzen liegen als gute Bildung und damit ein Rüstzeug für Schüler, um später gut durch eine Ausbildung, ein Studium, aber auch gut durchs Leben zu kommen? Dank des Tittytainmentprogramms, YouTube, Netflix und PC-Ballerspiele wird die Vermittlung von Wissen jedoch zunehmend schwieriger, wenngleich einem die immer besser werdenden Abiturnoten eine ganz andere Wirklichkeit vormachen wollen.[891] Also machte ich mich am 20. September 2018 daran, einen Artikel zum Thema Schule, Bildung und Erziehung, also zum deutschen Bildungsexperiment zu schreiben.

2 x 3 macht 4 und kese schmekkt bessa alz meionese – Wie eine ganze Generation von Kindern an die Wand gefahren wird

Dass in Deutschland gerade *ein einzigartiges historisches Experiment gewagt* wird, ist spätestens seit den ARD-Tagesthemen vom 20.02.2018 „amtlich". Dass Deutschland üblicherweise als das Land der Dichter und Denker bezeichnet wird, ist ebenfalls nichts Neues. Dass eine Industrienation wie Deutschland auch in Zukunft kluge Köpfe und gut ausgebildete junge Menschen braucht, um im internationalen Wettbewerb bestehen zu können, versteht sich von selbst.

Dass wir in Deutschland viele sanierungs- und ausbaubedürftige Schulen haben, ist ein offenes Geheimnis. In so mancher Schule bröckeln Putz und Farbe von den Wänden, die dank Schimmelbefall schon mal ein Eigenleben entwickeln können. Dass der Spruch „Lehrer haben vormittags recht und nachmittags frei" längst ad acta gelegt gehört, dürfte sich inzwischen ebenfalls herumgesprochen haben. Den Lehrkräften der Gegenwart und hier insbesondere denen an den Allgemeinbildenden Schulen soll neben der Vermittlung von Wissen, Fähigkeiten und Fertigkeiten auch ein ganzheitlicher Erziehungsauftrag zukommen. Dabei ist die Kindererziehung laut Artikel 6 (2) des Grundgesetzes das natürliche Recht der Eltern; gleichzeitig obliegt sie ihnen zuvörderst als Pflicht. Bundesfinanzminister Olaf Scholz – verheiratet mit Britta Ernst, einst Bildungsministerin in Schleswig-Holstein, derzeit in Brandenburg, beide kinderlos und in der SPD –, frohlockte schon 2002 als Generalsekretär seiner Partei, die Lufthoheit über die Kinderbetten durch die Ganztagsbetreuung in Krippen, Kitas und Schulen erobern zu wollen. Es lässt sich doch so herrlich einfach über die Kinder anderer Leute verfügen, deren Eltern oftmals beide arbeiten müssen, um die Familie überhaupt ernähren zu können.

In Sachen Bildung scheint man in Deutschland überaus experimentierfreudig zu sein. Vor gut zwanzig Jahren trat die neue Rechtschreibreform in Kraft. Nicht nur Schüler und Eltern waren durch diese verunsichert. Selbst Referendaren und Lehrern, die über gute orthograph(f)ische Kenntnisse verfügten, rutschte so schon mal bei der Beschriftung einer Pflanze an der Tafel ein alter „Stengel" statt ein neuer „Stängel" heraus. Schreibt nach diesem wohl eher politisch motivierten Experiment einer Ost-West-Annäherung die heutige Schülergeneration fehlerfreier? Leider nein bzw. ganz im Gegenteil.

Der durchaus erfolgreichen, landläufig als Fibel-Methode bekannten Methode, um Grundschülern das Lesen beizubringen, folgte die weit weniger erfolgreiche Ganzwortmethode. Spaß am Schreiben sollten unsere jüngsten Pennäler nach Jürgen Reichens Verfahren, bekannt auch als „Schreiben nach Gehör", finden. Mitt disa metode wurde aba auch nischt ales bessa. Wie denn auch, denn zwecks korrekter Schreibweise müssen die Kinder die Wörter erneut lernen. Wen mag es da noch verwundern, dass Universitäten bei Studienanfängern eine zunehmende Rechtschreibschwäche bemerken und viele Polizeischüler am Deutsch-Diktat scheitern? Man kann nur hoffen, dass demnächst die Methode „Rechnen nach Gefühl" nicht salon- bzw. schulfähig wird. Dies wäre bestimmt nicht im Sinne von Adam Riese, aber schon gar nicht im Sinne künftiger Leistungsträger unserer Gesellschaft.

Das Abitur wurde aufgrund ökonomischer Ideen der Bertelsmann-Stiftung und anderer Institutionen an den Gymnasien auf das G8 verkürzt, das sogenannte Turbo-Abi. Sowohl Schüler und Lehrer mussten die komprimierten Themeninhalte im Swiensgalopp abarbeiten, weswegen z. B. Schleswig-Holstein, Niedersachsen, Bayern und NRW mittlerweile wieder das Abi am Gymnasium nach neun Jahren eingeführt haben – von den immensen Kosten wollen wir in diesem Zusammenhang gar nicht sprechen. Aussagen wie „Das Abitur droht zur Discounterware zu werden" von Josef Kraus, Ex-Präsident des Deutschen Lehrerverbandes, oder die Befürchtung, dass eines Tages, wenn alle das Abitur haben, keiner mehr das Abitur hat, sollten aufgrund einer inflationären Vergabe guter Noten alle aufhorchen lassen. Deutschland leidet gerade im Handwerk an einem hausgemachten Fachkräftemangel und zunehmend unter einer Pseudoakademisierung, wobei das Abiturzeugnis wenig über die tatsächliche Studierfähigkeit junger Menschen aussagt. Vielmehr ist dies lediglich ein Attest der Studienberechtigung. Lehrer sollten sich endlich wieder um eine realistische Einschätzung ihrer Schüler bemühen. Schließlich möchte doch auch diese Berufsgruppe eines Tages nicht auf ihre täglich frischen Brötchen vom Bäcker verzichten und darauf warten müssen, dass der Bauantrag für das Einfamilienhäuschen erst nach zwei Jahren mangels Angestellter im öffentlichen Dienst bearbeitet werden kann, von fehlenden Handwerkern für den anschließenden Häuslebau mal ganz zu schweigen.

Immer mehr Lehrkräfte geraten zunehmend an ihre Grenzen, wie die am 18.09.2018 ausgestrahlte ZDF-Doku „Lehrer am Limit" eindrucksvoll und sogar recht unverblümt zeigte. Neben der Wissensvermittlung, die zunehmend ins Hintertreffen gerät, werden den Lehrern aufgrund des gesellschaftlichen Wandels immer mehr Aufgaben wie z. B. Inklusion und Integration aufs Auge gedrückt. Der Unterricht läuft oftmals im Sinne des Pro-7-Slogans „We love to entertain you" ab und so mancher Lehrer sieht sich schon als Raubtierdompteur, denn Schläge und Bisse seitens der Schüler sind längst keine Seltenheit mehr. Pädagogen müssen heute darüber hinaus Sozialarbeiter, Rechtsexperten sowie Verwaltungs- und Dokumentationsassistenten sein.

Dauerstress durch beispielsweise Lärm, Disziplinprobleme, hohe Konfliktpotenziale, zu große Klassen, Unterricht auf unterschiedlichen Sprach- und Lernniveaus und Konzentrationsschwierigkeiten sind der Lehrer täglich Brot. Keine echten Pausen zwischen dem Unterricht, interkulturelle Konflikte, desinteressierte oder aber übermotivierte Helikoptereltern lassen viele Lehrer ausbrennen und zum sprichwörtlichen Leerkörper werden. Seitens der Politik und der Gesellschaft fühlen sich viele Pädagogen im Stich gelassen. Der Lehrermarkt ist leer gefegt. Es fehlt an Sozial- und Sonderpädagogen ebenso wie an Fachlehrern und Schulpsychologen, weswegen Schulpolitiker verstärkt auf Quer- und Seiteneinsteiger setzen bzw. im Ausland nach geeignetem Personal suchen. Für so manche Penne lässt sich nicht einmal mehr ein Schulleiter finden. Dass es allein mit dem Winken des Scheckheftes seitens der Politik schon längst nicht mehr getan ist, versuchte die Autorin dieses Artikels Politikern aller Parteien in der ZDF-Sendung „Wie geht´s, Deutschland?" Anfang September 2017 zu erklären. Anonym setzte eine Hamburger Lehrerin im Dezember 2017 in der MOPO einen Hilferuf ab, die ohne ihr Glas Rotwein nach einem stressigen Arbeitstag schon lange nicht mehr runterkommt. Obwohl der Leidensdruck hoch ist, trauen sich viele Lehrer, Abteilungs- und Schulleiter aus Angst vor Repressalien nicht an die Öffentlichkeit zu gehen. Und auch wenn so mancher Brandbrief in den letzten zwei Jahren seitens Lehrern und Schulleitungen geschrieben wurde, ist bestimmt der eine oder andere ungehört geblieben bzw. wurde die Problemlösung zurück an die Schulen delegiert.

Immerhin: Vor zwei Tagen demonstrierten 600 Pädagogen gegen die Missstände an Schulen im Saarland. Schon viel zu lange haben Lehrer vielerorts in Deutschland für eine völlig verfehlte Bildungspolitik hergehalten. Diese können über Kinofilme wie „Fack ju Göhte" kaum noch lachen. Doch auch immer mehr Eltern und Kindern vergeht das Lachen angesichts dessen, was heute in deutschen Schulen Alltag ist. Schließlich hat alles seine Grenzen. Hauptleidtragende sind schließlich die Kinder, die in einem Land wie Deutschland bestmöglich gebildet und ausgebildet werden sollten. Anders als Politiker können sich die wenigsten Eltern eine Privatschule für ihren Nachwuchs leisten. Und noch etwas: Das Thema Bildung kann selbst kinderlose Menschen nicht kaltlassen, denn letztlich sollen hier die zukünftigen Steuer- und Rentenzahler heranwachsen.

Wenn in der (Bildungs-)Politik nicht schnellstens umgesteuert wird, werden sämtliche laufenden Schul- und Sozialexperimente in Deutschland scheitern. Man kann dann nur zu diesem Schluss kommen: In dem Land, in dem wir vermeintlich gut und gerne leben, wird es zukünftig kaum noch Dichter und Denker geben. Schuld daran, dass eine ganze Generation von Kindern an die Wand gefahren wird, will dann aber wieder keiner gewesen sein.

Für mich persönlich ist das, was momentan in deutschen Schulen abläuft, eine einzige Katastrophe, die ich an dieser Stelle nicht weiter kommentieren möchte, denn dazu gibt es später noch mehr zu lesen.

Servus Kanzler Kurz

Gelegentlich kommt man zu manchen Dingen wie die Jungfrau zum Kind. So bat mich der österreichische Publizist und Sozialforscher Andreas Kirschhofer-Bozenhardt, der den Klappentext für „Deutschland außer Rand und Band" geschrieben hatte, ihn als Gastrednerin im Kontext mit einer Einladung durch das Freiheitliche Bildungsinstitut Wien zu vertreten. Dazu muss man wissen, dass Herr Kirschhofer-Bozenhardt über 90 Jahre alt ist, was jedoch seiner geistigen Beweglichkeit in keinster Weise entgegensteht. Nur selten habe ich in meinem Leben einen so klugen Denker und brillant formulierenden Journalisten erlebt. Also machte ich mich Ende Oktober auf in die Stadt an der schönen blauen Donau, die ich so sehr liebe und die ich fast besser kenne als meine Heimatstadt Hamburg. Es war übrigens das erste Mal, dass ich nicht mit dem Zug nach Wien gefahren bin, sondern binnen einer Stunde Flug landete ich nach dem Start in Hamburg-Fuhlsbüttel auf dem Flughafen in Wien-Schwechat.

Nach meinem dortigen Aufenthalt schrieb ich diesen offenen Brief an den österreichischen Bundeskanzler Kurz, der am 5. November 2018 veröffentlicht wurde.

Betr.: Ausstieg aus UN-Migrationspakt

Sehr geehrter Herr Bundeskanzler Kurz,

als gebürtige Hamburgerin verbindet mich eine enge Liebe mit Wien und Österreich. Daher möchte ich Ihnen, der österreichischen Regierung und allen Österreichern zunächst einmal dazu gratulieren, dass Sie vor vier Tagen dem globalen UN-Migrationspakt eine Absage erteilt haben. Aus Sicht der deutschen Bundesregierung und deutscher Medien sind Sie jedoch einer Stimmungsmache, irreführenden Informationen, abstrusen Verschwörungstheorien (O-Ton Heiko Maas) und Falschmeldungen im Zusammenhang mit dem Migrationspakt erlegen.

Ich hingegen bin mir ganz sicher, dass man genau wusste, warum man sich in Österreich so entschieden hat! Hätte Österreich nicht mit einem NEIN gestimmt, würde dieser globale Pakt, der bislang nur in den Freien Medien thematisiert wurde, völlig vorbei am deutschen Parlament sowie an der deutschen Bevölkerung ratifiziert werden. Dank Ihrer Entscheidung wird man nun hoffentlich auch in Deutschland darüber debattieren, wenngleich Frau Merkel, die ja aus Illegalität Legalität machen wollte, weiter zu diesem Pakt stehen und diesen meines Erachtens auch gegen den Willen der Deutschen unterzeichnen wird. So was nennt man wohl aus Sicht der Bundeskanzlerin, in der ich persönlich eine neoliberale Ökosozialistin mit autokratischem Regierungsstil sehe, „gelebte Demokratie".

Auf Einladung des Liberalen Klubs und des Freiheitlichen Bildungsinstitutes habe ich am 25.10.2018 im Hotel Bristol in Wien einen Vortrag gehalten, zu dem ich im Zusammenhang mit meinem Buch „Deutschland außer Rand und Band" eingeladen wurde. Bei meinem viertägigen Wien-Aufenthalt hatte ich ausreichend Gelegenheit, mich mit vielen Menschen ganz unterschiedlicher sozialer, nationaler und politischer Herkunft zu unterhalten. Ursprünglich wollte ich Ihnen am Nationalfeiertag im Kanzleramt einen Besuch abstatten. Aufgrund des großen Besucherandranges am Ballhausplatz habe ich mich jedoch anders entschieden. Daher möchte ich Ihnen nun per Mail, die ich im Internet veröffentlichen werde, einige meiner Eindrücke aus Wien schildern:

Lieber Herr Kurz, Sie können stolz auf Ihre Bürgerinnen und Bürger sein! Viele lassen sich zum einen politisch-korrekt nicht verbiegen und sind zum anderen des selbstständigen Denkens nicht so entwöhnt wie viele Menschen in Deutschland. Anders als in Deutschland scheinen die Österreicher viel informierter und aufgeklärter zu sein. So sind Coudenhove-Kalergi, die Bilderberger usw. so manchem ein Begriff. Auch wusste man im Gegensatz zur Mehrheit der Deutschen über den UN-Migrationspakt bereits gut Bescheid. Viele meiner Gesprächspartner hatten keinerlei Verständnis für die deutsche Migrationspolitik, die Europa mittlerweile vor viele Probleme stellt. So wurde mir immer wieder die Frage gestellt, warum die Deutschen sich die sexuellen Übergriffe, Vergewaltigungen, Messerstechereien und Morde durch Migranten gefallen lassen. „Wie unendlich groß ist eigentlich die Leidensfähigkeit der Deutschen?" wurde ich mehrfach gefragt. Häufig tauchte auch die Frage auf, ob die Deutschen weiterhin fleißig zur Arbeit gehen werden, um für ihren eigenen Untergang und millionenfachen Asylmissbrauch und -betrug zu hackeln.

Als Begründung habe ich die Verbrechen an den Juden in der NS-Zeit angeführt und die kollektive Schuld der Deutschen bis in alle Ewigkeit. Dies wollte man jedoch nicht gelten lassen. Schließlich müsse irgendwann doch bei jedem der gesunde Menschenverstand und der angeborene Selbsterhaltungstrieb einsetzen. Ebenso müsse doch auch jedem klar sein, dass man nicht die ganze Welt nach Europa holen könne, ohne einen sich flächenartig ausbreitenden Bürgerkrieg in Europa zu provozieren. Solche Äußerungen bekam ich von Ihren Landsleuten zu hören, denen Frau Merkels Migrationspolitik große Angst und Sorgen bereitet, aber nicht nur diesen! Nach wie vor stellen täglich 460 illegale Migranten einen Asyl-Erstantrag in der Bundesrepublik. Gerade heute habe ich auf „Krone" online gelesen, dass im bosnisch-kroatischen Grenzgebiet der Durchbruch von mehr als 20.000 Migranten, davon 95 % männlich und fast alle mit Messern bewaffnet, in Richtung Deutschland möglicherweise kurz bevorstehe.[892]

Am Maria-Theresien-Platz forderte am 26.10.2018 ein Sprecher, sich dem Neoliberalismus entgegenzustellen und u. a. den sozialen Wohnungsbau zu fördern. Ob Ärzte-, Lehrer-, Fachkräftemangel, Pflegenotstand usw. – wie sich die Probleme im vergleichsweise großen

Deutschland und seinem kleinen Nachbarn Österreich doch gleichen. Apropos großes Deutschland: Ein Herr dort vor Ort meinte zu mir, dass wir Deutschen jetzt doch das hätten, was Hitler nicht gelungen sei – ein großdeutsches Reich in Form der EU, wo Deutschland ein maßgeblicher Taktgeber und Bevormunder anderer Nationen sei. Tja, wir Deutschen respektive unsere Regierung als Handlanger der Globalisten scheint mittlerweile in ganz Europa ein trauriges Bild in Form der ewigen Besserwisser und Moralisten abzugeben.

Eine deutsche Ärztin aus Oberösterreich, die ich beim Meinl am Graben kennenlernte, erzählte mir, ihre Tochter wohne in Meidling. Sie traue sich abends nicht mehr auf die Straße aus Angst vor sexuellen Belästigungen etc. Auch würden aus diesem Grund abends keine Freundinnen zu ihr kommen. Ich selbst bin während meines Lehramtsstudiums vor 30 Jahren im 23. Bezirk im Wohnpark Alt-Erlaa Opfer eines sexuellen Übergriffs durch einen Migranten geworden – ein Ereignis, das mich bis heute begleitet. Die Situation in Meidling wurde mir von einem älteren Ehepaar, das dort lebt, bestätigt, doch auch Geschäftsleute aus dem 1. Bezirk erzählten mir, dass sich die Kriminalität durch Laden- und Taschendiebstahl in letzter Zeit erhöht habe. Leider hatte die Eisdiele Tichy am Reumannplatz in Favoriten geschlossen. Da es schon dunkel wurde, habe ich nur zugesehen, von dort so schnell wie möglich wegzukommen, da ich trotz Taschenalarms ein ungutes Gefühl hatte. Apropos Favoriten: Ist Ihnen Susanne Wiesinger bekannt? Als Lehrerin dieses Bezirks hat sie kürzlich das Buch „Kulturkampf im Klassenzimmer" veröffentlicht. Viele Dinge, die sie in einer Doku auf YouTube[893] schildert, erlebe ich als Lehrerin in Hamburg so oder ähnlich.

Es sei mir gestattet, einige Bitten an Sie zu richten, sehr geehrter Herr Kurz: Bleiben Sie zum einen mit den Menschen in Österreich im Gespräch. Suchen Sie den Kontakt zu Polizisten, Eltern, Lehrern, Rentnern, Pflegekräften usw., denn nur so werden Sie erfahren, was Ihr Volk wirklich bewegt, wo der Schuh drückt. Bitte machen

Sie zum anderen, auch wenn Sie Mitglied des ECFR von Mitbegründer George Soros sind, gute, vernünftige, transparente und vor allem ideologiebefreite Politik für die Menschen in Österreich. Diese werden es Ihnen danken, da bin ich mir ganz sicher! Einen Politiker wie Sie wünschen sich mittlerweile auch viele Deutsche!

Nachdem ich schon einmal gut integriert in Österreich gelebt habe, hoffe ich, „Asyl" für meine Familie und mich zu erhalten, sollte sich die Situation in meinem Heimatland, das ich natürlich sehr liebe, weiterhin gesellschaftlich und politisch verschlechtern. Keine Sorge, wir werden dem österreichischen Staat auch nicht auf der Tasche liegen!

Ihnen wünsche ich sowohl beruflich als auch privat für die Zukunft alles erdenklich Gute! Mögen Sie eine glückliche Hand bei allen politischen Entscheidungen haben und jede Menge Rückgrat besitzen!

Herzliche Grüße aus Norddeutschland sendet Ihnen
Petra Paulsen

Nein, des is ka Schmäh: Besonders eindrucksvoll war bei meinem Besuch in Wien das enorme Wissen der Zuhörer meines Vortrags, die leider allesamt geschätzt 60 Jahre und älter waren. „Junges Gemüse" war dort leider nicht anzutreffen. Aber immerhin. Dazu muss man nämlich wissen, dass Richard Coudenhove-Kalergi mit seiner Paneuropa-Union den Zentralsitz in der Wiener Hofburg hatte. Was man aber vielleicht auch noch wissen sollte, ist, dass diese Bewegung nach eigenen Angaben des Europa-Vordenkers in seinen Lebenserinnerungen auf Anregung von Louis Rothschild bereits im Jahr 1924 durch den Finanzmagnaten Max Warburg *„mit 60.000 Goldmark zur Ankurbelung der Bewegung während der drei ersten Jahre"* Unterstützung fand. Durch dessen Vermittlung traf sich Coudenhove-Kalergi in Amerika mit dem Banker Paul Warburg sowie dem Börsenspekulanten und Finanzberater von Winston Churchill, Bernhard Baruch.[894] Letzterer wiederum war im Ersten Weltkrieg

Berater von Woodrow Wilson in Sachen Verteidigung und Teilnehmer der Versailler Friedenskonferenz im Jahr 1919. Später soll auch er ein Philanthrop geworden sein.[895] Ja, da schau her. Ebenso aufschlussreich war an diesem Abend im Hotel Bristol ein Gespräch mit einem Herrn aus Ungarn und einer russischstämmigen Dame. Letztere sagte mir, ich solle mich mal erkundigen, von wem die Russische Revolution im Jahr 1917 finanziert wurde. Diese Aufgabe gebe ich hiermit an Sie weiter, habe aber noch einen kleinen Buchtipp in Form eines PDF-Dokuments aus dem Internet für Sie bereit: Wie wär´s mit Antony Suttons „Wall Street and the Bolshevik Revolution"?[896,897] Sie ahnen es bereits: Es waren die üblichen Verdächtigen mit freundlicher Unterstützung von Woodrow Wilson, der Leo Trotzky mit einem amerikanischen Pass ausstattete. Schon meine Mutter sagte mir und meinem Bruder als Kinder gelegentlich: „Wenn zwei sich streiten, freut sich der Dritte!" Eines sei an dieser Stelle noch verraten: Schon damals hatte man kein Interesse daran, sich an das geltende Völkerrecht zu halten, mit dem Ergebnis, dass durch die Russische Revolution und dem sich anschließenden Bürgerkrieg zwischen 1917 und 1921 8 Millionen Menschen ihr Leben verloren.

Jetzt aber noch einmal kurz von Russland zurück in die Republik Österreich der Gegenwart: Eigentlich war die Regierung unter Kanzler Kurz von der ÖVP mit der FPÖ echt leiwand, denn mit dieser Regierungskoalition waren viele Österreicher zufrieden. Dass diese seit dem Skandal um das Strache-Video auf Ibiza bereits Geschichte ist, ist nichts Neues. Bemerkenswert ist daran aber vor allem, wer ein Interesse daran gehabt haben könnte, diese Regierung zu sprengen und wer alles dabei seine Finger im Spiel hatte bzw. wer über dieses Video schon vor dessen Veröffentlichung Bescheid wusste. So beispielsweise der deutsche Satiriker Jan Böhmermann, der Mann mit dem Schmähgedicht über den türkischen Präsidenten Erdogan.[898] In Verbindung mit dieser epischen Dichtung ist Herr Böhmermann gegen Frau Merkel übrigens mit einer Unterlassungsklage Mitte April 2019 gescheitert.[899] Was für ein Irrsinn ist das mittlerweile eigentlich alles? Nein, es ist ein Spiel mit dem Feuer, indem an allen möglichen Stellen politisch gezündelt wird. Wie es mit Österreich nach der Nationalratswahl vom 29. September 2019 weitergehen wird, steht in den Sternen. Ob der alte und neue Bundeskanzler Kurz, ein echter Senkrechtstarter wie sein französischer Amtskollege Macron, tatsächlich die mit der FPÖ eingeschlagene restriktive Politik in Sachen Migration weiterführen wird, bleibt abzuwarten. Hätten Sie gewusst, dass Europas jüngster Regierungschef im Sommer 2018 an einem streng geheim gehaltenen Treffen in den Rocky Mountains auf Einladung von Ex-Google-Chef Eric Schmidt teilgenommen hat?[900] Wer von dieser Zusammenkunft erfahren hatte, stellt sich schon heute die Frage, ob der Yellowstone-Club das private Nachfolgemodell der Bilderberger ist.

Innen wie außen

Und wenn man denkt, es kann eigentlich gar nicht mehr schlimmer kommen, wird man tatsächlich manchmal eines Besseren belehrt. Doch lesen Sie dazu selbst, was ich in dem am 4. Dezember 2018 veröffentlichen Brief an Heiko Maas geschrieben habe.

Herr Bundesaußenminister Heiko Maas,

bereits vor 15 Monaten sind wir uns in der ZDF-Sendung „Wie geht´s, Deutschland?" begegnet – Sie als einer von sieben Politikern, ich als Bürgerin und Lehrerin.[901] Damals waren Sie noch Bundesjustizminister und Vertreter der SPD, also der Sozialdemokratischen Partei Deutschlands (SPD), der einstigen „Partei des kleinen Mannes", die aus Sicht vieler immer mehr zur Sozialistischen Partei Deutschlands, u. a. auch dank Ihres Netzwerkdurchsetzungs-Zensur-Gesetzes mutiert ist. Bereits 2002 forderte unser heutiger SPD-Finanzminister, der immer noch kinderlose Olaf Scholz, die „Lufthoheit der Regierung über den Kinderbetten".[902] SPD-Ex-Kanzlerkandidat Martin Schulz träumt aktuell von den Vereinigten Staaten Europas bis 2025, einen Traum, den Angela Merkel (CDU) bereits 2012 träumte.[903]

„Lehrer allein können das nicht richten"[904], „Immer mehr Lehrer verlassen Berlins Schulen", „In sieben Tagen zum Lehrer"[905], „Nur eins von 103 Kindern spricht zu Hause deutsch"[906], „Hilferuf einer Hamburger Lehrerin: Den Job ertrag ich nur noch mit Rotwein"[907], „Integration an Schulen: Auf dem Rücken der Lehrer"[908] – das sind nur einige Schlagzeilen der Medien der jüngsten Vergangenheit im Zusammenhang mit Bildung, Integration und Inklusion.

Deutschland leidet schon heute unter dem größten Lehrermangel seit drei Jahrzehnten und das zu einer Zeit, wo Integration und Inklusion ein großes Aufgabenfeld in den Schulen darstellt und die Wissensvermittlung immer mehr hintenansteht. In ihrer Not greifen immer mehr Schulen auf pensionierte Lehrkräfte und Quereinsteiger zurück,[909] Gymnasiallehrer müssen an Grundschulen aushelfen[910], man wirbt um Grundschullehrer in Österreich und Holland[911] und allein in NRW fehlen derzeit 3.244 Sonderpädagogen.[912] Bis zum Jahr 2025 musste die Zahl der Schüler um über 1,3 Millionen aufgrund von Migration auf 8,7 nach oben korrigiert werden[913], d. h. die Situation wird sich weiterhin noch verschärfen.[914] Dies vor allem in den östlichen Bundesländern, wo z. B. in Dresden gelegentlich schon heute Eltern den Unterricht übernehmen.[915] In Berlin versuchte man bereits 2016 Grundschullehrer aus Österreich und Holland anzuwerben.

Die von Ihnen angekündigte Milliardenhilfe für finanzschwache Kommunen scheint irgendwie nicht anzukommen, denn allein für die Sanierung von Schulen fehlen noch immer 48 Milliarden Euro.[916] Was aber auch zunehmend fehlt, ist die Lesekompetenz der Grundschüler. 18,9 Prozent von ihnen leiden unter starker Leseschwäche.[917] Cui bono? Der Gesellschaft jedenfalls nicht. Nun aber soll das Grundgesetz geändert werden, um die Digitalisierung an den Bildungseinrichtungen voranzutreiben in dem Land der Dichter und Denker, dem allein jährlich 10.000 Ingenieure fehlen.[918] Ebenfalls fehlen bereits heute schon 10.000 Ärzte, was einem kompletten Studiengang entspricht und sich insbesondere im ländlichen Bereich negativ niederschlägt.[919] Und nur mal so: In den 77 deutschen Großstädten fehlen laut Hans-Böckler-Stiftung 2 Millionen bezahlbare Wohnungen.[920] Es fehlt an allen Ecken und Enden, überall Mangelverwaltung und Rückabwicklung. Hier wird eine ganze Schülergeneration, aber auch ein ganzes Land an die Wand gefahren, da Politiker scheinbar nicht willens oder schier aufgrund fehlender Weitsicht nicht in der Lage sind, sich um die wichtigen Belange ihres Landes zu kümmern.

Und nun kommen Sie als Chef des Auswärtigen Amtes im Kabinett Merkel IV daher und wollen uns Bürgern so mir nichts, dir nichts, den UN-Migrationspakt förmlich unterjubeln. Sie, Herr Maas, behaupten allerdings, über die sozialen Medien hätte man die Verhandlungen offengelegt.[921] Ach ja? Muss ich etwa bei Facebook, Twitter & Co. sein, um über solche gesellschaftlich wichtigen Dinge informiert zu werden? Warum wurde erst am 21.11.2018 die Petition 85565 auf der Seite der Bundesregierung freigeschaltet, während man andere Petitionen mit der Begründung, „den interkulturellen Dialog zu belasten" bereits abgelehnt hatte?[922] Das Quorum ist seit Tagen erreicht, doch was nützt es? Nichts, nada, niente, nothing. Unsere Bundesregierung scheint ein sehr eigenartiges Verständnis von Demokratie zu haben oder ist es einfach nur Missachtung uns Bürgern gegenüber? Laut einer Aussage von Ihnen werde „der Migrationsdruck auf Deutschland langfristig gesehen spürbar nachlassen."[923] Was aber bedeutet „langfristig"? Ein Jahr, zwei Jahre, zehn Jahre oder gar 50 Jahre?

Sind sowohl der UN-Migrationspakt als auch der UN-Flüchtlingspakt nicht lediglich Kosmetik? Schließlich werden durch diese mitnichten die Fluchtursachen wie z. B. hohe Geburtenrate, Korruption, Privatisierung von Trinkwasser, Bürgerkrieg dank Waffenlieferungen und Regierungsumstürze durch westliche Länder in den Herkunftsländern bekämpft. Dienen beide Pakte nicht in erster Linie dazu, die Migrationspolitik der Bundesregierung unter Angela Merkel seit 2015 ex post zu legitimieren und sowohl allen Regierungsmitgliedern, aber auch der Opposition die politisch-juristische Absolution zu erteilen? Soll so gemäß Merkel-Sprech nun aus Illegalität Legalität gemacht werden? Schließlich wurden beide Compacts finanziell, personell und inhaltlich vehement von der deutschen Regierung vorangetrieben.[924] Darüber hinaus sollen doch wohl in erster Linie weiterhin billige Arbeitskräfte und Konsumenten nach Deutschland und Europa gelockt werden. Wäre das nicht ganz im Sinne der neoliberalen und neokolonialen Globalisierungsideologen? Freier Waren-, Dienstleistungs-, Finanz- und Rohstoffhandel und jetzt auch noch jede Menge Humankapital – ein wahrer Traum für supranationale Organisationen wie UNO, WEF, OECD & Co., EU-Politiker wie Frans Timmermans und Dimitris Avramopoulos („Brauchen über 70 Millionen Migranten in 20 Jahren"[925]) und international tätige Großkonzerne. Hurra, es lebe die neue Weltordnung! Ein Hoch auf die deutsche Diplomatie, der ab 2019 für zwei Jahre ein befristeter Sitz im UN-Sicherheitsrat winkt! Gilt das Selbstbestimmungsrecht der Völker eigentlich nicht mehr? Dass sich damit die beiden großen Volksparteien förmlich in suizidaler Absicht den eigenen Todesstoß versetzen – egal. Welchen Preis aber müssen wir Bürger dafür zahlen?

Helmut Schmidt hat einmal gesagt: „Wenn wir uns überall einmischen wollen, wo himmelschreiendes Unrecht geschieht, riskieren wir den Dritten Weltkrieg." Tja, Herr Maas, solche klugen Köpfe hatte die SPD einmal. Aber auch heute gibt es in diesem Land sehr wohl weltoffene Menschen, die sich aber des eigenen Denkens nicht berauben lassen und große Gefahren für die Demokratie und eine friedliche Zukunft sehen. Oh bitte nein, Herr Maas, nicht doch: Dies sind weiß Gott nicht alles Nazis, sondern gebildete Menschen, gut informiert und ideologisch unverblendet. Sorry, fast hätte ich gesagt, Menschen wie du und ich, doch ich meinte natürlich Menschen wie ich aus der Mitte der Gesellschaft. Den Artikel von Stefan Aust vom vergangenen Wochenende in der WELT haben Sie ja sicherlich gelesen, das Interview mit Gabor Steingart bestimmt gehört?[926,927] Kritik an dem Pakt und an der Regierung kommt auch vom Völkerrechtler Professor Matthias Herdegen, selbst CDU-Mitglied. Beide sind meines Wissens keine Verschwörungstheoretiker.

Es ist immer wieder interessant, auf was für Fundstücke man im Netz trifft. Erst Ende letzten Jahres hat der EX-BND-Chef August Hanning eine ernüchternde Bilanz hinsichtlich der Migrationskrise gezogen und vor großen gesellschaftlichen Verwerfungen gewarnt.[928] Doch nicht nur das: Bereits am 1. Mai 2008 wurde der frühere CIA-Chef Michael V. Hayden in der Washington Post zitiert. Dieser sah auf Europa aufgrund der großen Einwanderung überwiegend Menschen muslimischen Glaubens bereits vor über zehn Jahren nicht unerhebliche Probleme, Unruhen und Extremismus zukommen, ohne dabei auf den importierten Antisemitismus einzugehen. Den genannten Artikel verlinke ich ebenfalls, wenngleich er auf Englisch ist.[929] Hayden jedenfalls scheint ein wahrer Prophet zu sein.

Laufen wir mit Ihnen als Bundesaußenminister und der Bundesregierung nicht sehenden Auges in zunehmende gesellschaftliche Konflikte, die sich schlimmstenfalls zu einem Bürgerkrieg auswachsen und sich zu einem europäischen Flächenbrand ausweiten könnten? Das wollen Sie doch nicht wirklich, Herr Maas, schließlich haben Sie im Gegensatz zu unserer Kanzlerin selbst zwei Kinder. Oder leben Sie einfach nach dem Motto „Macht ist geil", koste es, was es wolle?

Noch eines, Herr Maas: Man muss kein großer Mensch sein, um ein großer Mensch zu sein, denn wahre Größe kommt von innen. Leider geht Ihnen das Charisma eines Helmut Schmidt völlig ab.

Fassungslos und sorgenvoll
Petra Paulsen

Im Zusammenhang mit dem UN-Migrationspakt habe ich übrigens auch diverse Abgeordnete des Deutschen Bundestages angeschrieben. Es war das übliche Spielchen: Entweder haben sie sich gar nicht geäußert oder es kam eines der üblichen Beschwichtigungsschreiben nach dem Motto „Alles ist gut". Dennoch habe ich mich am 10. Januar 2019 mit einem CDU-Bundestagsabgeordneten getroffen, um mich einfach mal in Ruhe mit einem Politiker zu unterhalten. Die erste Viertelstunde dieses Gespräches mit dem Politiker in seinem Markenanzug nebst Qualitätsschuhen und manikürten Händen, die allenfalls mal einen Spaten zum Spatenstich gehalten haben mögen, machte mich bereits so wütend, dass ich einfach nur noch davonlaufen wollte. Doch da ich allein schon aufgrund meines Vornamens – Petra kommt vom griechischen „petros" für Stein, Fels – eher ein Fels in der Brandung bin, als dass ich mich so einfach davonmache, hielt ich tatsächlich zweieinhalb Stunden durch. In dieser Zeit erfuhr ich, dass gut 200 Petitionen gegen den Globalen Migrationspakt beim Petitionsausschuss eingegangen waren. Hingegen interessierte es den Herrn Bundestagsabgeordneten überhaupt nicht, wie es an deutschen Schulen läuft. Reges Interesse bestand seinerseits jedoch daran, ob ich für meinen Auftritt beim ZDF Geld bekommen hätte. So habe er gehört, man würde für einen Auftritt bis zu 5.000 Euro erhalten. Mir jedenfalls wurde kein Geld geboten, was ich ohnehin dankend abgelehnt hätte, da ich nicht käuflich bin. Nach diesem Treffen wurde mir aber auch eines klar: Viele Politiker sind nicht mehr von dieser Welt, sie leben einfach auf einem ganz anderen Stern.

In Sachen Bildung

Schon einmal wurde ich vom Bildungsausschuss des Landtages in Mecklenburg-Vorpommern im Sommer 2018 als kritische Bürgerin und Lehrerin mit der Bitte kontaktiert, an einer Debatte hinsichtlich der Novellierung des Schulgesetzes dieses Bundeslandes teilzunehmen. Dies lehnte ich jedoch ab, da ich an diesem Termin meiner Unterrichtsverpflichtung nachzukommen hatte. Ein weiterer Termin im Februar 2019 war mit meinem Stundenplan ebenfalls nicht kompatibel. 109 Seiten bezüglich des neuen Schulgesetzes hatte man mir zuvor zukommen lassen, durch die ich mich allein aus zeitlichen Gründen nicht durcharbeiten konnte. Vielmehr kam mir aber die Idee einer schriftlichen Stellungnahme meinerseits, die ich ebenfalls in das neue Buch aufnehmen könnte. Wann hat man schon mal als parteilose Lehrerin die Möglichkeit, gegenüber Politikern aus der Praxis zu berichten? Und zwar in Form eines Schriftsatzes, der möglicherweise sogar gelesen wird. So ging an den mecklenburgisch-vorpommerschen Bildungsausschuss das folgende Schreiben heraus:

20. Februar 2019

Öffentliche Anhörung zum Entwurf eines Sechsten Gesetzes zur Änderung des Schulgesetzes für das Land Mecklenburg-Vorpommern – Drucksache 7/3012

– Schriftliche Stellungnahme –

Sehr geehrte Damen und Herren,

meine langjährigen Erfahrungen als ausgebildete Gymnasiallehrerin beziehen sich sowohl auf die Sekundarstufe I und II an einer inklusiv arbeitenden Stadtteilschule im Ganztagsunterricht in Hamburg. Ich unterrichte Schüler ganz unterschiedlicher Kulturkreise,

Ethnien und Sozialisation. Es sind Kinder und Jugendliche mit vielfältigen und vielschichtigen Schicksalen und Problemen wie z. B. Flucht- und Gewalterfahrung, Tod eines Elternteils, (Wohlstands-)Verwahrlosung, Scheidung der Eltern, Sprachdefiziten, Mobbingerfahrungen sowie körperlichen und/oder geistigen Einschränkungen. Es sind Schüler mit sonderpädagogischem Förderbedarf in ganz unterschiedlichen Bereichen. Und dann ist da noch die Gruppe der Schüler ohne Förderbedarf, die der ganz normalen Schüler. Die Schere der Leistungsbereitschaft dieser jungen Menschen ohne Handicap geht von einer Null-Bock-auf-alles-Haltung über den Anspruch auf Entertainment durch den Lehrer sowie ein normales Lernverhalten bis hin zur Hochbegabung auseinander.

Alles in allem klingt das nicht nur nach ganz viel Arbeit. Das *ist* in der Tat jede Menge Arbeit! Dabei häufen sich gerade in letzter Zeit Brandbriefe und Überlastungsanzeigen von Lehrern.[930,931,932] Ganz aktuell kam gerade aus Niedersachsen ein Hilferuf wegen Überlastung durch Inklusion.[933] Rund ein Drittel der Lehrer leiden schon heute unter Burn-out-Symptomen, was der höchsten Rate aller Berufe entspricht.[934] Wen mag das bei den zahlreichen Aufgaben, die dieser Berufsgruppe in den letzten Jahren neben ihrer eigentlichen Aufgabe der Wissensvermittlung zusätzlich aufgebürdet wurden, noch wundern? So werden Lehrer zunehmend zu Verwaltungskräften, Dokumentationsassistenten, Psychotherapeuten und Lebensberatern.

Laut Änderung von § 4 Absatz 2 des Schulgesetzes von Mecklenburg-Vorpommern sind *„[...] Schule und Unterricht [...] auf gleiche Bildungschancen für alle Schülerinnen und Schüler auszurichten. Unterricht knüpft an den individuellen Lernausgangslagen und Entwicklungsvoraussetzungen der Schülerinnen und Schüler an und fördert diese auf der Grundlage innerer oder äußerer Differenzierungsmaßnahmen. Individuelle Förderung ist Aufgabe jeder Schulart. [...]"*. So oder ähnlich steht es auch in den Schulgesetzen der anderen

Bundesländer. Oft erweist sich dieser Gesetzestext hinsichtlich der individuellen Förderung jedoch als illusorisch, was ich als Mutter selbst erlebt habe.

Bundesweit gab es jahrelang gute Erfahrungen mit der integrativen Beschulung von Schülern mit besonderen Beeinträchtigungen an Regelschulen neben den Förderschulen. Natürlich können Kinder mit körperlichen Einschränkungen am normalen Regelunterricht teilnehmen, sofern bauliche, technische und personelle Ausstattung dies zulassen. Auch Schüler mit z. B. Asperger-Autismus sind für so manche Lerngruppe aufgrund ihrer oft überdurchschnittlichen Intelligenz eine echte Bereicherung. Ebenso kann ein Migrantenkind, dem durch schulinterne Intensivkurse das Erlernen der deutschen Sprache ermöglicht wird, problemlos ein Gymnasium besuchen.

Was sich die UN-Behindertenrechtskonvention bezüglich des Rechts auf inklusive Bildung von Menschen mit Behinderungen ausgedacht hat und was von deutschen Bildungsexperten am runden Tisch gesetzlich verankert wird, mag sich theoretisch zunächst gut anhören. Ohne ein gut durchdachtes Konzept, dessen gewährleisteter Finanzierung und ohne eine ausreichend dicke Personaldecke von qualifiziert ausgebildeten und gerecht entlohnten Fachlehrern – gemeint sind hier keine Quer- und Seiteneinsteiger! – sowie Sonder- und Sozialpädagogen, Schulpsychologen, therapeutischem Personal, Schulbegleitern und Ehrenamtlichen sind der Durchführung von Inklusion an Regelschulen jedoch Grenzen gesetzt.

Echte Inklusion zielt darauf ab, alle Kinder, ob mit oder ohne Handicap, tatsächlich *gemeinsam* in Form von Binnendifferenzierung bei angemessener personeller Ausstattung in kleinen Klassen zu unterrichten. So helfen Schüler einander gerne, stärken dadurch ihre Sozialkompetenzen und können hierdurch voneinander lernen und wechselseitig profitieren. Ebenso haben Schüler mit einer schnelleren Auffassungsgabe aber auch das gesetzlich verbriefte Recht, entsprechend ihrem Leistungsvermögen einen sie fordernden Unterricht zu erhalten, während leistungsschwächere Schüler vor einem ständigen Vergleich mit den leistungsstarken einer Klasse zu schützen sind. Allen gleichermaßen gerecht zu werden ist eine nahezu schier unmögliche Aufgabe. Durch die zunehmend erzieherische Aufgabe von Schule z.B. bezüglich des gegenseitigen Respekts bleibt der eigentliche Fachunterricht viel zu oft auf der Strecke. Dabei monieren Eltern von Kindern mit Förderbedarf immer wieder, dass die zugesagten Ressourcen bei ihren Kindern nicht ankommen, da Förderlehrer zunehmend als Vertretungslehrer eingesetzt werden. Und nicht selten gerät man als Lehrer ohne eine zweite Lehrkraft in eine juristische Grauzone, wenn z.B. ein Kind mit sozial-emotionaler Entwicklungsstörung einfach während des Unterrichts die Klasse oder sogar die Schule verlässt.

Die Situation an den Schulen der Hansestadt Hamburg als Stadtstaat mag gegenüber Mecklenburg-Vorpommern als Flächenland an so mancher Stelle allein schon aufgrund der Bevölkerungsstruktur – im Schuljahr 2016/2017 hatten bereits 45,1 % der Schüler einen Migrationshintergrund[935] – nicht immer direkt übertragbar sein. In Hamburg wurde jedoch völlig übereilt etwa jede zweite Förder- und Sprachheilschule geschlossen. Dies führte zu fahrenden Sonderpädagogen, die immer nur stunden- oder tageweise an den Schulen eingesetzt werden. Daneben haben sich die wenigen Förderzentren als unzureichend herausgestellt, weswegen viele Lehrkräfte ein Comeback der Förderschulen fordern. Zu Recht wurde in Hamburg die Initiative *Gute Inklusion für Hamburgs SchülerInnen* gegründet, die sich einmischt und den Bildungspolitikern zeigt, dass es so nicht geht.

Vielerorts erweist sich die gemeinsame Beschulung von Kindern ohne Einschränkungen, Kindern mit ganz unterschiedlichen Behinderungen, Flüchtlingskindern sowie Kindern mit nur geringen Deutschkenntnissen von bereits vor Jahren eingewanderten Migranten als ideologische Illusion. Darunter leiden letztendlich alle, denn auch das gehört zur Wahrheit dazu: Es gibt Kinder, die an einer Regelschule einfach nicht beschulbar sind. Schulen haben in erster

Linie einen Bildungsauftrag im Lehren und Lernen zu erfüllen, sollten jedoch nicht zu Verwahranstalten verkommen. Und bevor man sich über digitale Klassenzimmer Gedanken macht: Sollten Kinder nicht zunächst einmal gute Lese-, Schreib- und Rechenkompetenzen erreichen? Diesbezügliche Warnungen kommen auch von etlichen Wissenschaftlern.[936,937] Schon heute leben bereits 7,5 Millionen funktionale Analphabeten in Deutschland[938] und 20 Prozent der 15-Jährigen sind zu wenig gebildet, um beispielsweise einen Beruf zu erlernen.[939]

Sehr geehrte Damen und Herren, Sie können es drehen und wenden, wie Sie wollen: Ohne ausreichend finanzielle Mittel und eine entsprechend dicke Personaldecke bei kleiner Klassenstärke wird Inklusion nicht gelingen. Schon heute ist der Lehrermangel vielerorts dramatisch hoch. Bis zum Jahr 2025 sollen laut dem Erziehungswissenschaftler Peter Struck bundesweit rund 200.000 Lehrkräfte fehlen, die KMK spricht von jährlich rund 32.000 benötigten Lehrkräften bis 2030.[940] Insbesondere die Grundschulen werden von diesen Engpässen als erste betroffen sein. Zunehmend Mangelware werden aber auch Sonderpädagogen, die für gelingende Inklusion unerlässlich sind. Susanne Miller, Professorin für Grundschulpädagogik, sprach davon, dass man schnellstmöglich über Maßnahmen bezüglich des prognostizierten Lehrermangels für die kommenden Jahre diskutieren müsse, „die aber generell Notlösungen sein werden". Zu diesen Themen hatte ich mich bereits im September 2017 in der ZDF-Sendung „Wie geht´s, Deutschland?"[941] gegenüber Vertretern aus der Bundespolitik geäußert.

Deutschland, das einstige Land der Dichter und Denker, fährt also mit Notlösungen im Bildungsbereich in die Zukunft. Das sind keinesfalls rosige Aussichten. Während Länder wie Singapur und Japan bei der PISA-Studie aus dem Jahr 2015 die beiden ersten Plätze belegten, lag Deutschland nur im oberen Mittelfeld. Dabei erzielten deutsche Schüler in Mathematik und den Naturwissenschaften schlechtere Ergebnisse als noch in den Jahren 2012 bzw. 2009.[942]

Kann sich eine exportorientierte Industrienation ohne nennenswerte Rohstoffe dies für zukünftig leisten? Und auch die Tatsache, dass immer mehr Schüler das Abitur machen, kann über die seit Jahren sinkenden Leistungsanforderungen nicht hinwegtäuschen, oder um es mit den Worten von Josef Kraus, dem ehemaligen Präsidenten des Deutschen Lehrerverbandes, zu sagen: *Wenn alle Abitur haben, hat keiner Abitur.* Dabei verkommt das Abitur immer mehr zu einer Studierberechtigungsbescheinigung, die jedoch immer weniger die tatsächliche Studierfähigkeit junger Menschen widerspiegelt.

Mein Tipp: Sprechen Sie mit Lehrkräften aus der Praxis, den wahren Bildungsexperten, um sich ein umfangreiches Bild zu machen, bevor voreilige Beschlüsse getroffen werden. Sorgen Sie in Mecklenburg-Vorpommern für ein ausreichendes Bildungsangebot sämtlicher Schulformen mit hoher Durchlässigkeit, damit in einer vielfältigen Gesellschaft Eltern als mündige Bürger auch die Wahl zwischen verschiedenen Bildungseinrichtungen für ihre Kinder haben. Vielen Menschen steht aufgrund eines geringen Einkommens schließlich nicht wie Ihrer Ministerpräsidentin Manuela Schwesig die Möglichkeit offen, ihr Kind auf eine Privatschule zu geben, und sei es nur wegen des kürzeren Schulwegs. Sie als Politikerinnen und Politiker treffen Entscheidungen, die für das zukünftige Fortbestehen Deutschlands als Wirtschaftsnation und den damit verbundenen Wohlstand der hier lebenden Menschen von großer Bedeutung sind. Dabei sollten am Ende einer Schullaufbahn möglichst viele allgemein gut gebildete junge Menschen stehen, nicht jedoch Mittelmaß und Gleichmacherei. Diese Verantwortung liegt in Ihren Händen, dafür wurden Sie schließlich von den Bürgerinnen und Bürgern Ihres Bundeslandes gewählt.

Weltweit bleibt 263 Millionen Kindern und Jugendlichen der Besuch einer Schule verwehrt[943], darunter 130 Millionen Mädchen[944] sowie 32 Millionen Kindern mit Behinderung.[945] In Deutschland hingegen wird bereits seit vielen Jahrzehnten das Recht auf Bildung als ein Menschenrecht gemäß Artikel 26 der Allgemeinen Erklärung der Vereinten Nationen vom 10. Dezember 1948 sowohl für Menschen mit und ohne körperliche und/oder geistige Einschränkung umgesetzt. Die von dieser supranationalen Organisation gemachten Vorgaben zwecks Etablierung auf nationaler Ebene sind meines Erachtens insbesondere dann zu hinterfragen, wenn ein Land die Anforderungen z. B. aufgrund von Personalmangel nicht umgesetzt bekommt. Oder werden eines Tages die Vereinten Nationen für den volkswirtschaftlichen Schaden in Deutschland durch immer schlechter gebildete Menschen zur Rechenschaft gezogen? Sorgen Sie als Politikerinnen und Politiker durch den Verzicht auf immer neue Bildungsexperimente dafür, dass Deutschland wieder zu der weltweit hoch angesehenen Bildungsnation wird, die es einmal war!

Mit freundlichen Grüßen
Petra Paulsen

Als ausgebildete Lehrerin lässt sich das, was gerade an deutschen Schulen läuft, immer weniger mit meinem Gewissen und meinem Verständnis von guter Bildung vereinbaren. Wir haben in Deutschland die gesetzliche Schulpflicht. Also haben Eltern auch das Recht auf bestmögliche Bildung für ihre Kinder durch den Staat, der wiederum von diesen in die Pflicht genommen gehört, oder nicht? Die derzeitige Bildungspolitik läuft jedoch immer mehr auf Gleichmacherei hinaus, wobei die so bejubelte Inklusion allein schon aufgrund von Lehrermangel nicht funktionieren kann. Darunter leiden schlussendlich alle, nämlich frustrierte Schüler wie auch frustrierte Lehrer. Es sind die eigenen Erfahrungen, die ich während meines Berufes gemacht habe, doch es sind auch die Erfahrungen und Erlebnisse, von denen mir meine eigenen Kinder, deren Freunde und andere junge Menschen immer wieder berichten. Und natürlich gehören auch Erfahrungsberichte anderer Lehrer zu meinen Informationen. In diesem Sinne: Es gibt viel zu tun in diesem Land.

Die vielen Gesichter des Krieges

Globalisierungselite

Zurück auf Anfang. Nur einen Tag, nachdem Claus Kleber seinen fiktiven Schocker über den Militäreinsatz in Estland im heute-journal verkündet hatte, sagte er in dieser Sendung am 5. April 2019: *"Guten Abend, wie müssen über Krieg reden. Es ist nämlich Krieg, man merkt es nur nicht. Moderne Kriege brauchen im Idealfall keine Panzer und Bomben mehr. Sie schaffen es, die Gesellschaft, die öffentliche Diskussion und die Entscheidungsprozesse einer anderen Macht so zu unterwandern, dass die gefügig wird. Es gibt von der Brexit-Entscheidung über Wahlen in Europa bis zur US-Präsidentschaft deutliche Hinweise darauf, dass russische Operative dort mitgemischt haben. Und jetzt belegen Recherchen des ZDF, des SPIEGEL, der BBC und anderer, wie Einflussversuche aus Moskau in Deutschland ansetzen, konzentriert auf und angefacht vom Aufstieg der AfD."*[946]

Ja, Herr Kleber, es ist Krieg, doch nicht der, von dem Sie sprechen. Es herrscht Krieg, und zwar ein Krieg einer kleinen internationalen Elite aus Politik, Medien, Wirtschaft, Finanzen und Militär einschließlich Geheimdiensten gegen die Völker und ihre oftmals demokratisch gewählten Regierungen. Claus Kleber, Deutschlands bestbezahlter transatlantischer TV-Nachrichtenmann, der mittlerweile für viele nur noch der "klebrige Claus" heißt, legt dabei jedoch falsche Fährten. Hatte er denn nicht mitbekommen, dass schon am 24. März 2019 der US-Sonderermittler Mueller verkünden ließ, dass *"laut Justizminister Barr keine Beweise für eine Verschwörung des Trump-Wahlkampfteams mit Russland gefunden"* wurden?[947] Hatte er in seinem Beitrag nicht vergessen zu erwähnen, dass die vielen illegalen und völkerrechtswidrigen

Kriege von den USA und ihrer NATO-Gefolgschaft und eben nicht durch Russland angezettelt wurden? War ihm entfallen, darauf hinzuweisen, dass moderne Kriege auch mittels der Massenmigration als Waffe à la Kelly Greenhill geführt werden?[948] Und hatte er darüber hinaus nicht vergessen zu berichten, dass ein altes Herrscherprinzip „Divide et impera" lautet, indem man das Staatsvolk in immer kleinere Grüppchen zersplittert, um diese gegeneinander aufzubringen? Nein, davon hat Herr Kleber selbstverständlich nichts erzählt, doch das ist ja auch gar nicht seine Aufgabe. Das Hauptaugenmerk beruht seit Jahrzehnten schließlich darauf, einen Keil zwischen Europa und Russland zu treiben, wie es bereits der verstorbene US-Präsidentenberater Zbigniew Brzeziński, der ein Urlogenmitglied gewesen sein soll, in seinem 1997 erschienenen Buch „Die einzige Weltmacht – Amerikas Strategie der Vorherrschaft" eindrücklich beschrieben hat. Dieses heißt im Original „The Grand Chessboard", also das große Schachbrett, auf dem die politischen Akteure wie Schachfiguren im Sinne der geopolitischen Interessen des US-Imperiums hin- und hergeschoben werden.

In der Wiener „Neue Freie Presse" vom 25. Dezember 1909 war Folgendes zu lesen: *„Dreihundert Männer, von denen jeder jeden kennt, leiten die wirtschaftlichen Geschicke des Kontinents und suchen sich Nachfolger aus ihrer Umgebung."* So die Worte Walther Rathenaus in einem Schreiben an die Redaktion dieser Zeitung.[949] Rufen wir uns an dieser Stelle noch einmal in Erinnerung, was der Europa-Vordenker Coudenhove-Kalergi 1925, als er schon von der eurasisch-negroiden Zukunftsrasse unter Führung einer geistigen Adelsrasse philosophierte, über die Demokratie, Staatsmänner und Kapitalisten sinngemäß gesagt hat: Die Demokratie ist eine Fassade der Plutokratie, Staatsmänner sind darin Marionetten und die Kapitalisten hinter dieser Fassade sind die eigentlichen Drahtzieher in der Politik. Letztere diktieren die politische Agenda und gesellschaftlichen Richtlinien, während sie durch die Medien die Meinung der Wähler beeinflussen sowie durch geschäftliche und gesellschaftliche Beziehungen die Politiker beherrschen. Neunzig Jahre später erschien am 29. August 2015 – also zurzeit der anschwellenden Migrationskrise und dem deutschen Dieselgate – im SPIEGEL ein Essay mit dem Titel „Vereinigte Oligarchen von Amerika – Milliardäre bestimmen nicht nur die

Wirtschaft, sondern auch die Politik der USA". Darin ist vom bekannten Bild der auseinanderklaffenden Schere zwischen Arm und Reich in der amerikanischen Gesellschaft die Rede, die mittlerweile so weit offen ist, wie es beim besten Willen keine Schere sein kann. Weiter ist dort Folgendes zu lesen: *„Seit dem letzten Einbruch der Wall Street 2008 gingen 58 Prozent der Einkommenszuwächse an das oberste Prozent der Bevölkerung. Im Jahre 2013 machten die führenden 25 Hedgefonds-Manager der USA mehr als 24 Milliarden Dollar Gewinn, so viel, wie 533 000 Lehrer an öffentlichen Schulen verdienten."* Der Milliardär Warren Buffet soll sogar zugegeben haben, dass er einen geringeren Steuersatz habe als seine Sekretärin.[950] Wer mag sich also darüber noch wundern, dass die Moral einer Gesellschaft zerstört wurde und der amerikanische Traum ausgeträumt ist? Warum Politiker, die auf die Wahlkampfspenden der Superreichen angewiesen sind, gegen derartige Bedingungen nichts unternehmen, liegt klar auf der Hand.

In seinem Buch „The Shadow Party" beschreibt der jüdische Bestsellerautor und Publizist David Horowitz, wie der vermeintliche Philanthrop und Milliardär George Soros sowie Radikale aus den 1960er-Jahren die Demokratische Partei in den USA übernommen haben. In einem Interview mit Epoch Times erklärte dieser: *„Die Linke hat stets die kulturellen Institutionen beherrscht, deshalb wissen die Menschen nicht einmal mehr, was Kommunismus ist. Aber das ist die Demokratische Partei: die Umverteilung ihrer rassistischen Ideologie namens ‚Identitätspolitik', wo es in erster Linie auf die Hautfarbe, das Geschlecht und die sexuelle Orientierung eines Menschen ankommt. Alles andere ist zweitrangig."* Weiter geht Horowitz auf die Oben-und-unten-Strategie ein, die durch Soros und die Partei der Demokraten angewandt wird: *„Schaffe Gewalt auf den Straßen und lasse dann deine eigenen Leute kommen, um das wieder in Ordnung zu bringen. Diese gewalttätigen Menschen lassen Anarchie attraktiv erscheinen. Aber das bedeutet nur, dass unschuldige Menschen getötet werden. Und dann werden sie von Obama ins Weiße Haus eingeladen, und Soros finanziert sowohl die Kriminellen auf der Straße als auch Obama."*[951] Dass Deutschland, aber auch Europa seit bereits vielen Jahrzehnten unter dem starken Einfluss der US-Politik stehen, wird wohl kaum jemand ernsthaft anzweifeln, wobei viele sozial- und gesellschaftspolitische Erscheinungen in einer globalisierten

Welt inzwischen kaum noch zeitverzögert, sondern nahezu in Echtzeit über den großen Teich nach Europa schwappen. Dabei machte Henry Kissinger, der in der Macht das stärkste Aphrodisiakum sieht und Militärs als dumme, dumme Tiere, die als Pfand für die Außenpolitik verwendet werden sollten, bezeichnet haben soll, schon vor einiger Zeit klar, dass „Globalisierung" nur ein anderes Wort für „US-Herrschaft" sei.[952,953]

Zwei aus meiner Sicht äußerst lesenswerte Bücher sind „Die Macher hinter den Kulissen" und „Fassadendemokratie und tiefer Staat". Auf dem Klappentext der ersten Lektüre steht nur ein einziger Satz: *„Man kann mehr erreichen, wenn man nicht in der Öffentlichkeit arbeitet."* Damit wird Beate Lindemann, die langjährige Geschäftsführerin der Atlantik-Brücke in der Berliner Zeitung vom 16. Januar 2003 zitiert.[954] Auf der Rückseite des zweiten Buches ist zu lesen: *„Immer sichtbarer wird für Beobachter des Zeitgeschehens die schleichende Transformation parlamentarischer Demokratien in Richtung autoritärer Systeme. Regierungen unterwerfen sich zunehmend den Interessen des Kapitals. Gemeinsam mit den ökonomisch Mächtigen dieser Welt schaffen sie supranationale Strukturen, die sich der demokratischen Kontrolle entziehen."*[955]

Entgrenzung

Ja, wir befinden uns im Krieg. Ziemlich sicher sogar in dem bereits von dem US-Militärstrategen Thomas P. M. Barnett in seinen Büchern beschriebenen Dritten Weltkrieg. Dies ist jedoch nicht der in Deutschland und der EU gerade als Scheingefecht stattfindende Kampf zwischen dem politisch linken und dem politisch rechten Lager. Es ist vielmehr ein Krieg der Ideologien von Globalisten, Internationalsozialisten und Kapitalisten mit ihren Helfershelfern in Form der Medien, von NGOs, Think Tanks, internationalen und supranationalen Organisationen wie der UNO, Atlantik-Brücke, EU, WTO, IWF u. v. m. gegen die Patrioten westlicher Gesellschaften. Letztere werden dabei oft gerne mit dem stärker negativ konnotierten Begriff der Nationalisten gleichgesetzt, indem diese als menschenfeindlich, xenophob, inhuman und ewiggestrig verunglimpft werden. Dabei ist es eine kleine internationale Macht- und Funktionärselite, die die Auflösung von Staaten nebst Unterminierung von Souveränität vorantreibt und den Globalismus zur neuen Ideologie erhoben hat. Die Folge ist die tiefe Spaltung westlicher Gesellschaften und somit der Zerfall der gewachsenen homogenen Zivilgesellschaft, die einst Orientierung, Identifikation und Geborgenheit bedeutete. Damit verbunden ist aber auch der Verlust von Freiheit, Kultur und Traditionen. Das ist alles schlecht. Das kann alles weg. Das hat alles ausgedient. Auf dem Weg zum totalitären Internationalsozialismus – auch die Nazis waren Sozialisten, eben Nationalsozialisten – steht die Entmündigung des Bürgers sowie die Entdemokratisierung der Gesellschaft. Nicht umsonst ist immer öfter von postdemokratischen Zeiten die Rede, obwohl wir gemäß Coudenhove-Kalergi ohnehin nur in einer Scheindemokratie gelebt haben, die jedoch immer offensichtlicher wird, wobei es zukünftig immer mehr Abgehängte geben wird. Auf dem Planeten Erde findet gerade eine Art ideologischer Weltkrieg statt, ein Kampf zwischen Gut und Böse, wobei das vermeintlich Gute in

Wirklichkeit das Böse ist, welches das Gute fälschlich als das Böse diffamiert. Und Politiker, die am Tropf des Steuerzahlers hängen, machen bei diesem Spielchen mit. Das Perfide daran ist, dass diese sich als Verfechter von Demokratie und Rechtsstaat betrachten, dabei jedoch beides zunehmend außer Kraft setzen.

Diejenigen, die es sich aus was für Gründen auch immer nicht leisten können oder wollen, an anderen Orten der Welt zu arbeiten und zu leben, sind dazu verdammt, ihr Leben in einer inhomogenen Menschenmasse, die dem gewachsenen Staatsvolk gewichen ist, in ihrem Heimatland zu fristen, während diejenigen, die privat und beruflich international unterwegs sind wie hochrangige Politiker, **üppig dotierte** Vorstandsmitglieder international tätiger Unternehmen, Medienvertreter oder Künstler, sich darüber keinerlei Gedanken machen, da sie überall und nirgends zu Hause sind. Tschüss Solidargemeinschaft, willkommen in der schönen neuen und vor allem multikulturellen bunten Welt der Globalisierungs- und Sozialismusideologen. Einzige Gewinner neben den Globalisten selbst werden dabei wohl die überwiegend muslimischen Migranten sein, die nach Deutschland und Europa drängen und durch den demografischen Wandel innerhalb von wenigen Generationen den größten Teil der Gesellschaft ausmachen dürften. Dass viele ihre Heimat und ihre Familien bei zunehmender Einschränkung der Mobilität möglicherweise für immer verlassen, um ihr Glück in der westlichen Welt als Wirtschaftsmigranten zu suchen, ist dabei nicht von Belang. Schließlich ist der heimatlose Mensch das Ideal des Globalismus, weswegen dies den Globalisierungsbefürwortern egal sein kann. Man macht sich den Staat oder lieber gleich den ganzen Globus zur Beute und stellt sich ein neues „Volk" – auch dank des Globalen Migrationspaktes – zusammen. Jaja, und die neue Weltordnung ist nur eine Verschwörungstheorie.

An dieser Stelle sei auf Willy Wimmer (CDU), den ehemaligen Staatssekretär des Verteidigungsministeriums unter Helmut Kohl, verwiesen. In einem Artikel für Sputnik schrieb er zu Beginn 2017 über die G-20-Gipfel-Metropole Hamburg und ihre amerikanische Vergangenheit, die sich in berühmten Namen äußere: *„Hier ist intensiv an einem ‚Scharnier' zwischen Deutschland und der ‚Neuen Welt' gearbeitet worden, und das zu einer Zeit, als das kaiser-*

liche Deutschland eine Macht in Europa darstellte, die aus Gründen wirtschaftlicher Leistungsfähigkeit, eines hohen Wissenschaftsstandards und Grundsätzen einer demokratischen Toleranz weltweit geachtet wurde. Natürlich war diese Macht mit Österreich-Ungarn verbündet, dessen in jeder Hinsicht fortschrittlicher Thronfolger in Sarajewo getötet wurde, um den Anlass für den Untergang des bekannten Europa zu bewerkstelligen. Das einstmals blühende Deutschland wurde über Versailles in Verbrecherhand gegeben. Bei George Friedman kann man sich über die Hintergründe schlaumachen, wie man so etwas bewerkstelligt."[956] So viel von Willy Wimmer, der sicherlich kein Verschwörungstheoretiker ist, zur Vergangenheit der deutschen und europäischen Geschichte des letzten Jahrhunderts unter amerikanischem Einfluss. Doch die Zukunft sieht aus Sicht des langjährigen Bundestagsmitgliedes eben nicht rosig aus, wenn es um die Politik der Grünen geht, die medial ja omnipräsent sind und als die Lösung aller Probleme gepriesen werden.

In einem am 6. August 2019 erschienenen Artikel auf den NachDenkSeiten war von Wimmer, der in den Mainstreammedien keinerlei Beachtung findet, Folgendes zu lesen: *„In diesen Tagen werden aus der Führungsspitze der Partei ‚Die Grünen' prominente Stimmen laut, die sich einen Einsatz der Bundeswehr im Persischen Golf durchaus vorstellen können. Das ist kein Wunder, wenn man sich über die Förderung des völkerrechtswidrigen Krieges gegen die Bundesrepublik Jugoslawien 1999 die Mutation der Partei ‚Die Grünen' von der Kerntruppe der sogenannten ‚Friedensbewegung' hin zur aktiven Förderung amerikanischer Globalaggression seit Petra Kellys Zeiten ansieht. Seit diesem ‚Geniestreich' der politischen Manipulation, der auf Dauer mit dem Namen von Herrn Joschka Fischer verbunden ist, kann man sich in Deutschland auf eines verlassen: Wenn es um Krieg und seine Unterstützung aus Deutschland geht, sind die Grünen bei der Stange. Schlimm genug, vor allem deshalb, weil es die Grünen gewesen sind, die unter Herrn Fischer der einst machtvollen Friedensbewegung das Rückgrat gebrochen haben. Von der damaligen Umwidmung aller Werte hat sich die Friedensbewegung bis heute nicht erholt."*[957] Ergänzend sei noch hinzugefügt, dass es die Grünen mit freundlicher Unterstützung des IPCC, NGOs wie dem Club of Rome, Greta Thunberg & Co., Künstlern wie Leonardo DiCaprio, der Deutschen Umwelthilfe und dergleichen sind, die den Weltuntergang aufgrund des globalen Klimawandels propagieren. Damit vergiften sie nicht nur immer mehr das gesellschaftliche Klima. Vielmehr wurde ihrerseits allen, die ihrer grünen Ideologie, ihren ewigen Forderungen nach Steuererhöhungen und Verboten nicht folgen, der Kampf unter Zuhilfenahme radikaler und faschistischer Mittel angesagt. *„Wenn der Faschismus wiederkehrt, wird er nicht sagen: ‚Ich bin der Faschismus'. Nein, er wird sagen: ‚Ich bin der Antifaschismus'*. Dieses Zitat wird dem italienischen Schriftsteller Ignazio Silone (1900–1978) zugeschrieben, wofür es keinerlei Niederschrift gibt.[958] Ob er diese Sätze gesagt hat oder nicht, sei einmal dahingestellt. Vielmehr geht es um einen Abgleich dieser Worte mit der gegenwärtigen Situation.

Jede Medaille hat zwei Seiten. So verzeichnet die Globalisierung, die als ein Synonym für den Begriff der Neuen Weltordnung verwendet wird, viele Gewinner wie zum Beispiel international tätige Unternehmen, doch auch massenweise Verlierer. Warum? Durch den freien Warenhandel, den freien Verkehr von Rohstoffen und Energieträgern, die Liberalisierung der Finanzmärkte und eine Öffnung des Personenverkehrs durch den Wegfall von Grenzen und deren Kontrolle insbesondere in Europa lassen sich durchaus besorgniserregende Entwicklungen verzeichnen. Lassen wir einmal die von Zuwanderern seit der „Flüchtlingskrise 2015" begangenen Verbrechen wie Vergewaltigung, sexuelle Nötigung, Mord an jungen Mädchen und unter Asylbewerbern, aber auch die zunehmende Gewalt gegenüber Ausländern durch Einheimische beiseite. Schauen wir uns einen Artikel in der ZEIT aus dem Jahr 2007 mit dem Titel „Das globalisierte Verbrechen" an. Darin geht es um Menschenhandel, gefälschte Produkte, Drogen, Waffen, Antiquitäten und den Handel mit menschlichen Organen. Schon damals sagte Wolfgang Hetzer, einer der führenden deutschen Experten für das internationale Verbrechen und Berater der europäischen Antibetrugsbehörde OLAF, die gerne auch mal die Zweckentfremdung von EU-Geldern anprangert: *„Mit der Globalisierung haben sich für die Organisierte Kriminalität die Möglichkeiten vervielfältigt, die Summen vervielfacht."* Besonders lukrative Geschäftszweige sind dabei der Drogenhandel, die Menschenschleusung und die Produktpiraterie. Schon damals sollen mindestens zwei bis drei Prozent der weltweiten Wirtschaftsleistung auf kriminellen Geschäften basiert haben.[959] In diesem

Zusammenhang brachte zwölf Jahre später im Juni 2019 der Tagesspiegel einen Artikel mit der Überschrift „Berlin ist eine Drehscheibe für den Menschenhandel" heraus, dem ein paar lesenswerte Kommentare folgten.[960] Tja, in der Bundeshauptstadt ist eben doch der Teufel los. Ein dreifaches Hoch auf die Globalisierung! In diesem Kontext empfehle ich Ihnen, sich eines der Interviews mit dem Ex-Banker Ronald Bernard oder dem Missbrauchsopfer Anneke Lucas im Internet anzusehen. Aber Achtung! Diese sind nichts für schwache Nerven.

Geld regiert die Welt

Erinnern Sie sich noch daran, was zu Beginn dieses Buches über die Fed zu lesen war? Fällt Ihnen der Satz von Mayer Amschel Rothschild wieder ein? Der erwähnte Artikel über die Fed in der Mainstreampresse, der mit dem Titel „Das Geld-Kartell – Wie die US-Notenbank die Weltfinanz manipuliert" versehen ist, beginnt folgendermaßen: *„Die US-Notenbank kontrolliert den Dollar – und hat es in der Hand, ganze Volkswirtschaften in den Ruin zu treiben. FOCUS-MONEY zeigt, wem die mächtigste Zentralbank der Welt gehört und was sie alles manipuliert."* Weiter ist in diesem Artikel zu lesen: *„Die US-Notenbank dient vielen Herren. Nicht zwangsläufig stehen die Interessen von Staat und Bürgern* (Anm.: „Bürger" korrigiert in „Bürgern") *ganz oben auf ihrer Prioritätenliste. Das ergibt sich schon aus der Entstehung der Notenbank – einem der klügsten Täuschungsmanöver in der Geschichte der modernen Wirtschaft."* Und weiter heißt es: *„Wahrscheinlich war die Namensfindung das Genialste an der Erschaffung der Federal Reserve. Schließlich ist die US-Notenbank nicht staatlich (Federal). Und Reserven hatte sie auch keine. [Das Konstrukt der Fed] verschaffte ihnen* (Anm.: den Gründern) *die Kontrolle über den Dollar. Und damit die Fähigkeit, Geld aus dem Nichts zu erschaffen. Und obendrein noch die Möglichkeit, die Verluste der Allgemeinheit aufzubürden, sollte ihr Milliardenspiel schiefgehen."* Ebenfalls in einem Artikel im FOCUS vom 30. Mai 2010 mit der Überschrift „Zurück zu den goldenen Zeiten" konnte man Folgendes lesen: *„Mit Beginn des Ersten Weltkriegs rückten die Industriestaaten gänzlich vom Goldstandard ab, nicht zuletzt, um eine Flucht ihrer Bürger in Gold zu unterbinden. Vor allem aber stieg durch die Kriegskosten der Geldbedarf immens – die Notenpressen wurden angeworfen. Die Weltwirtschaftskrise und der Ausbruch des Zweiten Weltkriegs verhinderten in der Folge eine Rückkehr zum goldgedeckten Geld."* So sei heute das sogenannte Fiat-Geld weltweit im Umlauf, das Regierungen eine Art der Geldschöpfung bietet, um die Konjunktur anzukurbeln. Doch mit der wachsenden Geldmenge wächst auch der Schuldenstand. Experten gehen mittlerweile davon aus, dass ungefähr 90 Prozent der globalen Geldmenge nur noch elektronisch, also bargeldlos existiere. Dies würde eine gehörige Portion Gottvertrauen voraussetzen.[961] Und ich dachte schon, Heiko Schrang wäre ein Verschwörungstheoretiker! Da habe ich ja noch mal richtig Glück gehabt. Doch Spaß beiseite: Was jetzt vielleicht lustig klingen mag, ist keinesfalls lustig.

Henry Ford sagte einmal über die Fed, die die Herrin über die Weltleitwährung US-Dollar ist: *„Eigentlich ist es gut, dass die Menschen der Nation unser Geldsystem nicht verstehen. Würden sie es nämlich, so hätten wir eine Revolution noch vor morgen früh."* [962] Über viele Jahrzehnte war das US-Bankenkartell ein undurchschaubares Konstrukt, denn kaum jemand wusste, dass hinter der Federal Reserve ein System aus zwölf Regionalbanken steckt, die in den Händen von Privatbankern liegen. Heute ist mittlerweile immer mehr Menschen klar, was es mit der Fed auf sich hat, denn was für Las Vegas gilt, das gilt auch an der Wall Street: *„Die Bank gewinnt immer. Und wenn das Kartenhaus mal wieder zusammenbricht, verlieren alle. Nur die Banken werden gerettet. Dafür haben sie ja schließlich die Fed."*[963] Damit ist nahezu schon alles gesagt. Bereits seit einiger Zeit warnen Finanzexperten vor dem Platzen der nächsten Finanzblase.

Erwähnenswert ist in diesem Zusammenhang ein Artikel bei boerse.ARD.de vom 24. September 2009, also kurz nach der Finanzkrise 2008, in dem die Frage „Ist die Fed so unabhängig wie die EZB?" bzw. „Wer schaut der Fed auf die Finger?" gestellt wird. Darin ist Folgendes zu lesen, nachdem die Fed statt 700 Milliarden US-Dollar für ein Rettungspaket des Finanzsektors eines mit 2 Billionen US-Dollar an unbekannte Empfänger geschnürt hatte: *„Im Rahmen des ‚Freedom of Information Act' (FOIA) ist die Fed zur Beantwortung der Fragen verpflichtet. Doch die Fed weigert sich – vor allem führt sie zwei Gründe an: Zum einen wären dadurch Geschäftsgeheimnisse betroffen, eine Veröffentlichungspflicht sei daher ausgeschlossen. Abgesehen davon würden die angefragten Informationen nur bei der New Yorker Fed vorliegen. Und die sei als regionale Reservebank als Privatunternehmen zu betrachten und unterliege daher nicht dem FOIA."*[964]

Wir alle sind vom Geld abhängig. Doch während man früher für seine Sparguthaben noch Zinsen bekam, werden Sparer zunehmend still enteignet. Bereits am 11. Juni 2014 hat die EZB Negativzinsen eingeführt, was vor allem die deutschen Banken belastet. Dabei haben die europäischen Banken bis Ende Mai 2019 insgesamt 21 Milliarden Euro an Strafzinsen bezahlt.[965] Ebenso belasten die Negativzinsen die deutschen Sozialkassen, die allein für das Jahr 2018 einen Betrag in Höhe von 54 Millionen Euro zahlen mussten.[966] Unterdessen sind aber die US-Großbanken doppelt so profitabel wie Europas Bankhäuser. So konnte JP Morgan 28 Milliarden Euro Gewinne im Jahr 2018 verzeichnen, während die Deutsche Bank nur auf 267 Millionen Euro kam.[967] Schon 2014 konnte man im FOCUS lesen, dass nur 35 Firmen die Welt kontrollieren. Veranschaulicht wurde dies mit einer Grafik bezüglich der Vernetzung von Banken. Unterdessen beherrschen 1.300 Konzerne allein 80 Prozent der Weltwirtschaft.[968] Wir leben also in einer Zeit der Banken- und Konzernkartelle.

Es kann daher nur einen Weg geben, um die Menschheit von der Geißelung der US-Notenbank, einem privaten Bankenkartell, zu befreien: *„Die Federal Reserve sollte abgeschafft werden, weil sie unmoralisch, verfassungswidrig und unbrauchbar ist, schlechtes Wirtschaften fördert und die Freiheit untergräbt. Ihr destruktives Wesen macht sie zu einem Werkzeug einer tyrannischen Regierung."* Dies sind die Worte von Ron Paul, einem früheren Abgeordneten der Republikaner im US-Repräsentantenhaus. Weiter äußert sich dieser über die Fed: *„Von der Federal Reserve ist nichts Gutes zu erwarten. Sie ist der größte Besteuerer überhaupt. Den Wert des Dollars zu mindern, indem man die Geldmenge erhöht, bedeutet eine heimtückische, hinterhältige Steuer für die Armen und die Mittelschicht."*[969]

Dabei beschränkt sich die Tätigkeit der Fed nicht nur auf die USA, sondern ihr Wirken umspannt den gesamten Globus. Wer verstehen möchte, warum die Welt so ist wie sie ist, der kommt nicht umhin, sich mit der US-Notenbank, aber auch mit der EZB, der Weltbank und dem IWF eingehender zu beschäftigen. Die Abschaffung der Weltbank und des IWF forderte bereits Gaddafi 2011 beim EU-Afrika-Gipfel in Libyen. Diese machte er für die stagnierende Wirtschaft vieler afrikanischer Staaten verantwortlich.[970] So wollte er mit seinen Goldreserven eine panafrikanische Währung schaffen. Diese sollte auf dem libyschen Gold-Dinar basieren und hätte den französischsprachigen Staaten Afrikas eine Alternative zum Französischen Franc (CFA) geboten.[971] Zehn Monate nach dem Gipfel war Gaddafi tot und mit der Zerstörung der Staatlichkeit Libyens ist Gaddafis gigantischer Gold- und Silberschatz spurlos verschwunden. Bis zum heutigen Tag herrscht in dem nordafrikanischen Land mit freundlicher Unterstützung von Barack Obama und Hillary Clinton Terror und Chaos. Seit Gaddafis Tod, der als der Türsteher Europas galt, begeben sich von dort aus Migranten über das Mittelmeer nach Europa. Dabei hatte schon Sir Peter Ustinov im Zusammenhang mit dem Irakkrieg 2003 gesagt: *„[…] Vor allem können Sie keinen Krieg dem Terrorismus erklären, ohne selbst zu Terroristen zu werden. Ich denke, der Terrorismus ist der Krieg der Armen und der Krieg ist der Terrorismus der Reichen. Der Krieg ist kein Mittel im Kampf gegen den Terrorismus. […]"*[972] Ein letzter Tipp von mir zu diesem Gedankengang: Wenn Sie mögen, googeln Sie die Begriffe „Aaron Russo" und „NWO". Sie erhalten einen tiefen Einblick, wie Ihre Zukunft aussehen soll.

Der Teufel und das Weihwasser

Liebe Leserin, lieber Leser, ich hatte anfangs gesagt, dass dieses ein Mitmach-Buch sei. Sie allein entscheiden, wie weit sie sich in den Kaninchenbau hineinbegeben. Im Internet gibt es zu vielen der hier angesprochenen Themen eine schier unendlich große Menge an Informationen in Form von Artikeln, Blogs und YouTube-Videos. Darüber hinaus sind zahlreiche sehr gute Bücher erhältlich. Sie allein entscheiden darüber, ob Sie es beim Lesen von Artikeln sowie dem Schauen von Videos belassen oder ob Sie für die Zivilgesellschaft in Deutschland etwas tun wollen.

Ich selbst bin ein Mensch, für den Kriege, sexuelle Gewalt und Ungerechtigkeiten kaum zu ertragen sind. Aus diesem Grund habe ich mich schon früher dagegen starkgemacht, was ich in diesem Buch ja auch beschreibe. Ebenso kann ich den zunehmenden Antisemitismus in Europa nicht so einfach hinnehmen. Darüber berichtete ich bereits in meinem ersten Buch. Antisemitismus soll in Amerika besonders schlimm sein und ich frage mich, womit hängt das zusammen? Ehrlich gesagt, ich weiß es nicht. Vielleicht damit, dass immer mehr über die Gründung der Fed in Amerika ans Tageslicht kommt? Ja, es waren Juden, sehr reiche Juden sogar, die diese gegründet haben, aber nein, deswegen gehören selbstverständlich nicht alle Juden über einen Kamm geschoren. Und natürlich sind auch nicht alle Muslime Salafisten und Islamisten, die von einem Kalifat träumen, wie auch nicht jeder gläubige Christ ein guter Mensch ist. Was aber wohl den allermeisten gläubig, atheistisch bzw. agnostisch lebenden Menschen gemeinsam ist, ist der Wunsch nach einem Leben in Ruhe und Frieden.

Nachdem ich die aktuellen weltweiten Zusammenhänge besser durchblickte, habe ich mich im Jahr 2016 dazu entschlossen, selbst aktiv zu werden, indem ich angefangen habe, offene Briefe zu schreiben. Diese sind jedes Mal entweder auf dem Postwege und/oder per E-Mail an die Adressaten gegangen, doch in erster Linie habe ich mit diesen Schreiben das Ziel verfolgt, Menschen zu informieren und ihnen die Augen zu öffnen. Anders verhält es sich auch nicht mit den beiden von mir geschriebenen Büchern, mit denen aus politischer und gesellschaftlicher Sicht meinerseits alles gesagt ist. Was aber kann jeder Einzelne tun, damit der deutsche Supertanker, der bereits seit 2015 in immer unruhigeres Fahrwasser gerät, nicht ungebremst mit voller Kraft voraus auf einen Eisberg zusteuert? Dieser kommt unaufhaltsam näher, während Politiker und Journalisten ähnlich wie die Bordkapelle der Titanic bis zum Schluss das Stück „Wir schaffen das" spielen. Dies, obwohl der frühere CIA-Chef Michael V. Hayden bereits 2008 vor sozialen Unruhen aufgrund von überwiegend muslimischer Einwanderung nach Europa gesprochen hatte. Konnte er dies 2008 schon wissen? Ja, er konnte, da es für dieses Sozialexperiment seit vielen Jahrzehnten eine Agenda gibt. Bürgerkriegsähnliche Zustände in Verbindung mit einem wirtschaftlichen Abschwung, der Deutschland bereits erreicht hat, und daraus folgende Arbeitslosigkeit und leere Sozialkassen hätten für uns alle ungeahnte Folgen. Noch mehr Regulierung, noch mehr Kontrolle, noch mehr Einschränkungen der persönlichen Freiheit, aber auch viele Tote in einer mittlerweile unüberschaubaren Gemengelage, die es in dieser Form in Europa wohl niemals zuvor gegeben hat. Spätestens dann werden wieder alle sagen, sie hätten von nichts gewusst bzw. sie hätten schon immer gewarnt und auf der richtigen Seite gestanden. Auch das ist uns aus der Geschichte hinlänglich bekannt.

Dabei war es George Friedman, Politologe und laut Handelsblatt enttarnter Chef der Schatten-CIA, der bereits im Jahr 2008 in seinem Buch „Die nächsten hundert Jahre" ziemlich präzise Entwicklungen beschrieben hat, die bereits eingetroffen sind. Laut seiner Aussage wird Deutschland im Jahr 2050 in die Bedeutungslosigkeit abgerutscht sein.[973] Tja, wenn wir so weitermachen wie bisher, dann schaffen wir auch das. Darüber hinaus äußerte sich Friedman im Jahr 2016 im Zusammenhang mit der Migration in einem Interview mit DER AKTIONÄR mit den Worten: *„Die USA sind als Staat ein künstliches Gebilde. Deutschland ist ein kulturelles Gebilde. Um Amerikaner zu werden, bedarf es eines Verwaltungsakts. Um ein Deutscher zu werden, bedarf es einer historischen Beziehung. Das ist eine Frage der Geburt, der Kultur und vieler anderer Dinge. Warum ist* *das für die aktuelle Situation von Bedeutung? Europa hatte schon immer ein Problem mit Außenseitern und Fremden – nehmen wir einfach mal die Juden als Beispiel. Die aktuellen Integrationsprobleme haben zum Teil ihren Ursprung im Gastarbeiter-Phänomen aus den sechziger Jahren. Die reichen Europäischen Nationen ließen sie kommen, ließen sie in Ghettos leben und nannten das dann „Multikulti". Es gab keine echte Integration. Nehmen wir jetzt ein Land, das jeden, der nicht von Geburt an dazugehört, nicht oder nur sehr schwer integriert. Und machen wir uns klar, dass dies für ganz Europa gilt. Wie soll dieses Land dann bitte Menschen integrieren, die in ihrer Kultur und Mentalität so fundamental anders sind, wie eben beispielsweise die Flüchtlinge aus dem Mittleren Osten?"* Und so sieht Friedman in den Migranten auch keine Chance für Deutschland, um das demografische Problem zu beseitigen. Vielmehr lautet seine Lösung: Deutsche Frauen müssen mehr Kinder bekommen.[974]

Glauben Sie mir: Mit den Themen, mit denen ich mich in dem vorliegenden Buch beschäftigt habe, habe ich mich vor drei, vier Jahren in keinerlei Weise befasst, wenngleich ich schon seit längerer Zeit intuitiv das Gefühl hatte, dass die Welt immer ver-rückter – auch dieser Trennstrich ist gewollt – wird. Dabei hatte 2010 bei einer Veranstaltung des Council on Foreign Relations in Montreal der 2017 verstorbene Zbigniew Brzezinski davor gewarnt, dass ein weltweit politisches Erwachen in Kombination mit Innenkämpfen unter den Eliten den Schritt in Richtung einer Weltregierung zu entgleisen lassen drohe. So sei die Menschheit zum ersten Mal in der Geschichte politisch erwacht, was eine völlig neue Realität sei, die es in dieser Form noch nie in der Geschichte der Menschheit gegeben habe.[975] Gemäß Churchill, wie zuvor erwähnt, müsse es aber für eine Weltregierung ein Vereintes Europa geben, weswegen man daran gerade arbeitet. Und deswegen geht man derzeit massiv gegen Menschen vor, die über die Gefahren der Vereinigten Staaten von Europa im Rahmen der Agenda einer Weltregierung aufklären, stellt diese in die rechte Ecke und versucht sie damit gesellschaftlich auszugrenzen. Politische Aufklärung fürchten diese elitären Kreise wie der Teufel das Weihwasser.

Aufklärung ist das A und O

Jeder kann ein Aufklärer sein, denn Aufklärung ist ein erster Schritt. Dabei ist es wichtig, darauf hinzuweisen, dass der politische Standpunkt völlig egal ist, da uns der Mammon regiert und wir alle im selben Boot sitzen. Wir als Gesellschaft müssen zusammenhalten, denn die Entscheidungen seitens der Regierung, die an ganz anderen Stellen getroffen werden, oder eine platzende Finanzblase, treffen uns alle. Für sein Handeln ist dabei jeder eigenverantwortlich. So muss man seine Einkäufe weder in Discountern noch in kleineren Geschäften per EC-Karte zahlen. Auch muss man nicht – und zwar aus ganz unterschiedlichen Gründen – zu Produkten wie Cola, Vittel, Mövenpick und Danone greifen.[976] Ebenso gibt es kein Muss, den Internethandel von Amazon, Zalando & Co. zu unterstützen. Bei Lebensmitteln hingegen sollte es meiner Ansicht nach ein Muss sein, zumindest überwiegend regionale Erzeugnisse zu kaufen und saisonal zu kochen. Auch sollte es meines Erachtens ebenso ein Muss sein, sich über sinnvolle Anlagen seines Geldes Gedanken zu machen, sofern man überhaupt in der Vergangenheit etwas ansparen konnte. Ebenso ist es nicht verwerflich, seinen Kindern mal das Smartphone oder die Spielekonsole zu verbieten und diese an die frische Luft zum Spielen zu schicken. Und überhaupt: Passen Sie gut auf Ihre Kinder und Enkelkinder auf, sofern Sie welche haben! Warum? Das lesen Sie am besten selbst in einem Artikel bei Tichys Einblick vom 13. August 2019.[977]

Jeder kann darüber hinaus selbst Artikel verfassen und diese veröffentlichen. Ebenso kann man Flyer verteilen, Infostände organisieren, Petitionen starten, Politiker mit Anschreiben überhäufen, Vorträge halten, Friedensdemonstrationen anmelden und vieles andere mehr. Das Themengebiet ist riesig und reicht von der Abschaffung des Bargeldes bis hin zum Zins-und-Zinseszins-System. Es geht von Geheimgesellschaften bis zu einer kleinen, sehr gut vernetzten globalen Elite, die sich die Welt zunehmend zu eigen macht.

Den Machtzentren des Vatikans, der Wallstreet/City of London sowie Washington D. C. kommt dabei eine wesentliche Rolle zu, wobei es keinesfalls um Menschenrechte, humanitäre Hilfe und Friedenssicherung geht, sondern vielmehr um die Sicherung der eigenen Position und Ideologie sowie ihrer finanziellen Vormachtstellung.

Wer wirklich etwas für Deutschland und die Europäische Union in Form einer EU der Vaterländer im Sinne von Charles de Gaulle tun möchte, der kann sich beispielsweise für eine direkte Demokratie statt der bisherigen Scheindemokratie, eine Begrenzung der Kanzlerschaft auf zwei Legislaturperioden, für Volksentscheide und Volksbegehren auf nationaler und europäischer Ebene, für ein Lobbyismusverbot und für die Wahl des Bundespräsidenten durch das Volk einsetzen. Darüber hinaus kann man sich für die Abschaffung des Doppelpasses starkmachen. Dafür, dass Deutschland aus dem Globalen Migrationspakt aussteigt und ein Einwanderungsgesetz nach beispielsweise australischem Vorbild bekommt, Grenzkontrollen so lange erfolgen, bis die EU-Außengrenzen gesichert sind und dass sich Deutschland nicht mehr an völkerrechtswidrigen Einsätzen der NATO beteiligt. Dann, ja vielleicht dann hätte Deutschland noch eine Chance auf eine friedliche, auf eine bessere Zukunft. Wobei wir unser Augenmerk nicht nur auf Deutschland und Europa richten sollten. Wie sagt Daniele Ganser doch immer so schön: „Wir sind eine Menschheitsfamilie!" Solidarisieren wir uns mit den Menschen in anderen Ländern der Welt, wo diese ihre Wurzeln, ihre Heimat und ihre Familien haben. Beenden wir endlich den Krieg gegen die Völker und Nationen. Beenden wir den Krieg zwischen den Religionen, den zwischen Arm und Reich, zwischen Mann und Frau, zwischen Jung und Alt! Zeigen wir allen Kriegstreibern der Welt endlich die Rote Karte! Und lassen wir uns unsere Umwelt nicht weiter durch profitgierige Unternehmen und den Einsatz von Techniken zerstören, deren Folgen für alle Lebewesen nicht eindeutig geklärt sind! Wir haben alle gemeinsam nur diese eine Erde!

Nein, ich bin kein besonders mutiger Mensch. Vielmehr bin ich ein Mensch, der das Leben, die Menschen und die Natur liebt. Ich bin aber auch ein Mensch, der aufrechten Ganges und mit Rückgrat durchs Leben geht. Und aus diesem Grund habe ich versucht, gegen diesen sich selbst überhöhenden Größenwahnsinn einer selbsternannten Elite aus Globalisierern und Internationalsozialisten im grünen Gewand, die die Welt seit Jahrzehnten ins Chaos stürzt, etwas zu unternehmen und den Menschen die Augen zu öffnen. Ich persönlich hoffe, dass es sich mit der Wahrheit wie mit dem Wasser verhält, das sich immer einen Weg sucht und diesen auch findet. Schließlich sagte bereits Abraham Lincoln (1809–1865): *„Man kann einen Teil des Volkes die ganze Zeit täuschen und das ganze Volk einen Teil der Zeit. Aber man kann nicht das gesamte Volk die ganze Zeit täuschen."* Ich habe bereits mehr als ein halbes Jahrhundert auf meiner Lebenszeituhr und ein Deutschland, ein Europa und eine Welt kennengelernt, die nie ganz friedlich war. Rückblickend war aber selbst die Zeit des Kalten Krieges während meiner Kindheit und Jugend eine stabilere und berechenbarere als die gegenwärtige. Auch habe ich Zeiten erlebt, als das Verhältnis zwischen Mann und Frau noch ein anderes, ein unverkrampfteres war, Kinder noch als ein Geschenk des Himmels galten und die Menschen miteinander respektvoller umgingen.

Was gewesen ist, kann keiner von uns mehr ändern, aber jeder kann sich für eine bessere Zukunft einsetzen. Befreien wir uns endlich von der Angst, in der wir durch Politik und Medien gehalten werden und zeigen wir gemeinsam Zivilcourage. Jeder für sich allein ist nur ein kleines Licht, doch zusammen können wir die Welt zum Leuchten bringen und die Liebe regieren lassen. Ich zumindest hoffe, dass ich Ihnen mit diesem Buch ein wenig zeigen konnte, weswegen es wichtig ist, dies zu tun und zwar selbst dann, wenn man dafür in die rechte Ecke gestellt oder gar als Nazi diffamiert wird. Weder Sie noch ich möchten Zustände wie im Dritten Reich mit seinen menschenverachtenden Experimenten und Morden. Unterdessen werden wir derzeit aber von den Globalisten und den Internationalsozialisten einem „historisch einzigartigen Experiment" unterworfen. Bei diesem kann es natürlich auch zu Kollateralschäden und Verwerfungen laut Yascha Mounk kommen, wie man täglich in den Medien liest. Sei es durch Ertrinkende im Mittelmeer, sei es durch Morde mit Messern oder Macheten von vermeintlich Schutzsuchenden in Deutschland. Erinnern Sie sich noch an die Worte von Coudenhove-Kalergi nebst den Äußerungen seiner Nichte und an die von Barnett hinsichtlich der zukünftigen Menschheit mittlerer Hautfarbe unter Führung einer geistigen Adelsrasse? An dieser Stelle fallen mir gerade wieder die Worte von Wolfgang Schäuble ein. *„Die Abschottung ist doch das, was uns kaputt machen würde, was uns in Inzucht degenerieren ließe",* sagte er der Wochenzeitung „DIE ZEIT" im Juni 2016 hinsichtlich der Migration nach Europa.[978] Ist das etwa kein Rassismus oder geht das alles zusammen betrachtet nicht sogar in Richtung Eugenik?

Allen Menschen auf dieser wunderbaren Erde und damit natürlich auch Ihnen, liebe Leserin und lieber Leser, wünsche ich für die Zukunft alles erdenklich Liebe und Gute sowie ein Leben in Frieden und Freiheit ohne Ausbeutung und Unterdrückung! Egal, was Sie tun: Bitte bleiben Sie friedlich! Passen Sie gut auf sich auf und bleiben Sie gesund in dieser ver-rückten Zeit!

Schlusswort

Das Schlusswort dieses Buches möchte ich dem Liedermacher Reinhard Mey überlassen, der schon 1996 mit seinem Lied „Sei wachsam" auf seinem Album „Leuchtfeuer" alles auf den Punkt gebracht hat. Ich könnte dies nicht besser ausdrücken.

Ein Wahlplakat zerrissen auf dem nassen Rasen,
Sie grinsen mich an, die alten aufgeweichten Phrasen,
Die Gesichter von auf jugendlich gemachten Greisen,
Die Dir das Mittelalter als den Fortschritt anpreisen.
Und ich denk' mir, jeder Schritt zu dem verheiß'nen Glück
Ist ein Schritt nach ewig gestern, ein Schritt zurück.
Wie sie das Volk zu Besonnenheit und Opfern ermahnen,
Sie nennen es das Volk, aber sie meinen Untertanen.
All das Leimen, das Schleimen ist nicht länger zu ertragen,
Wenn du erst lernst zu übersetzen, was sie wirklich sagen:
Der Minister nimmt flüsternd den Bischof beim Arm:
Halt du sie dumm, – ich halt' sie arm!

Sei wachsam,
Präg' dir die Worte ein!
Sei wachsam,
Fall nicht auf sie rein! Paß auf, daß du deine Freiheit nutzt,
Die Freiheit nutzt sich ab, wenn du sie nicht nutzt!
Sei wachsam,
Merk' dir die Gesichter gut!
Sei wachsam,

Bewahr dir deinen Mut.
Sei wachsam
Und sei auf der Hut!

Du machst das Fernsehen an, sie jammern nach guten, alten Werten.
Ihre guten, alten Werte sind fast immer die verkehrten.
Und die, die da so vorlaut in der Talk-Runde strampeln,
Sind es, die auf allen Werten mit Füßen rumtrampeln:
Der Medienmogul und der Zeitungszar,
Die schlimmsten Böcke als Gärtner, na wunderbar!
Sie rufen nach dem Kruzifix, nach Brauchtum und guten Sitten,
Doch ihre Botschaft ist nichts als Arsch und Titten.
Verrohung, Verdummung, Gewalt sind die Gebote,
Ihre Götter sind Auflage und Einschaltquote.
Sie biegen die Wahrheit und verdrehen das Recht:
So viel gute alte Werte, echt, da wird mir echt schlecht!

Sei wachsam,
Präg' dir die Worte ein!
Sei wachsam,
Fall nicht auf sie rein! Paß auf, daß du deine Freiheit nutzt,
Die Freiheit nutzt sich ab, wenn du sie nicht nutzt!
Sei wachsam,
Merk' dir die Gesichter gut!
Sei wachsam,
Bewahr dir deinen Mut.
Sei wachsam
Und sei auf der Hut!

Es ist 'ne Riesenkonjunktur für Rattenfänger,
Für Trittbrettfahrer und Schmiergeldempfänger,
'ne Zeit für Selbstbediener und Geschäftemacher,
Scheinheiligkeit, Geheuchel und Postengeschacher.

Und die sind alle hochgeachtet und sehr anerkannt,
Und nach den schlimmsten werden Straßen und Flugplätze benannt.
Man packt den Hühnerdieb, den Waffenschieber läßt man laufen,
Kein Pfeifchen Gras, aber 'ne ganze Giftgasfabrik kannst du kaufen.
Verseuch' die Luft, verstrahl' das Land, mach ungestraft den größten Schaden,
Nur laß dich nicht erwischen bei Sitzblockaden!
Man packt den Grünfried, doch das Umweltschwein genießt Vertrau'n,
Und die Polizei muß immer auf die Falschen drauf hau'n.

Sei wachsam,
Präg' dir die Worte ein!
Sei wachsam,
Fall nicht auf sie rein! Paß auf, daß du deine Freiheit nutzt,
Die Freiheit nutzt sich ab, wenn du sie nicht nutzt!
Sei wachsam,
Merk' dir die Gesichter gut!
Sei wachsam,
Bewahr dir deinen Mut.
Sei wachsam
Und sei auf der Hut!

Wir ha'm ein Grundgesetz, das soll den Rechtsstaat garantieren.
Was hilft's, wenn sie nach Lust und Laune dran manipulieren,
Die Scharfmacher, die immer von der Friedensmission quasseln
Und unterm Tisch schon emsig mit dem Säbel rasseln?
Der alte Glanz in ihren Augen beim großen Zapfenstreich,
Abteilung kehrt, im Gleichschritt marsch, ein Lied und heim ins Reich!
„Nie wieder soll von diesem Land Gewalt ausgehen!"
„Wir müssen Flagge zeigen, dürfen nicht beiseite stehen!"
„Rein humanitär natürlich und ganz ohne Blutvergießen!"
„Kampfeinsätze sind jetzt nicht mehr so ganz auszuschließen."
Sie zieh'n uns immer tiefer rein, Stück für Stück,
Und seit heute früh um fünf Uhr schießen wir wieder zurück!

Sei wachsam,
Präg' dir die Worte ein!
Sei wachsam,
Fall nicht auf sie rein! Paß auf, daß du deine Freiheit nutzt,
Die Freiheit nutzt sich ab, wenn du sie nicht nutzt!
Sei wachsam,
Merk' dir die Gesichter gut!
Sei wachsam,
Bewahr dir deinen Mut.
Sei wachsam
Und sei auf der Hut!

Ich hab' Sehnsucht nach Leuten, die mich nicht betrügen,
Die mir nicht mit jeder Festrede die Hucke voll lügen,
Und verschon' mich mit den falschen Ehrlichen,
Die falschen Ehrlichen, die wahren Gefährlichen!
Ich hab' Sehnsucht nach einem Stück Wahrhaftigkeit,
Nach 'nem bißchen Rückgrat in dieser verkrümmten Zeit.
Doch sag die Wahrheit und du hast bald nichts mehr zu lachen,
Sie wer'n dich ruinier'n, exekutier'n und mundtot machen,
Erpressen, bestechen, versuchen, dich zu kaufen.
Wenn du die Wahrheit sagst, laß draußen den Motor laufen,
Dann sag sie laut und schnell, denn das Sprichwort lehrt:
Wer die Wahrheit sagt, braucht ein verdammt schnelles Pferd.

Sei wachsam,
Präg' dir die Worte ein!
Sei wachsam,
Fall nicht auf sie rein! Paß auf, daß du deine Freiheit nutzt,
Die Freiheit nutzt sich ab, wenn du sie nicht nutzt!
Sei wachsam,
Merk' dir die Gesichter gut!
Sei wachsam,

Bewahr dir deinen Mut.
Sei wachsam
Und sei auf der Hut!

P.S.: Ich werde mich zukünftig bei der kürzlich von dem Unternehmer Peter Weber gegründeten überparteilichen „Hallo Meinung!"-Interessengemeinschaft Bürgerforum engagieren. Sollten Sie Lust und Interesse haben, bei dieser gemeinnützigen Gesellschaft mitzumachen, die sich um die Belange der Bürger kümmert, googeln Sie doch einfach mal danach!

Dank

An dieser Stelle möchte ich nur einem Menschen danken – meiner lieben Mutter. Sie ist der Mensch, der mich mit Liebe und Strenge erzogen hat, der immer für mich da war, auch wenn wir nicht immer einer Meinung waren und auch mal die Fetzen flogen. Insbesondere ihr habe ich es zu verdanken, dass ich dort stehe, wo ich heute bin. Liebe Mutti, ich danke Dir für alles, was Du für mich getan hast. Ich liebe Dich!

Anhang:

Liebe Frau Paulsen,

es freut mich sehr, Ihre E-Mail zu bekommen!

Ich stimme dem zu, was Ihrem Mann in Bezug auf den Brexit gesagt wurde. Ohne Frau Merkels Einwanderungspolitik wäre das Brexit-Referendum höchstwahrscheinlich ganz anders verlaufen. Viele Briten hatten wohl die deutschen Aufforderungen zur „Umverteilung" der Migranten vernommen und haben dementsprechend gewählt.

Ich habe für den Brexit gestimmt (meine Frau hat dagegen gewählt), weil meines Erachtens die EU (insbesondere die EU-Kommission) schon lange nicht mehr dem wirklichen Wohl der normalen Bürger dient (was ich übrigens auch vom britischen Staat behaupten würde). An den geheimen TTIP-Besprechungen habe ich insbesondere Anstoß genommen.

Zur Rechtfertigung der Massenmigration nach Europa führt man die abnehmende Geburtenrate der Europäer ins Feld. Von wirtschaftlicher Nothilfe durch „demographische Ersetzung" ist nun die Rede. Dabei sind einige Annahmen am Werk: Erstens, eine demographische Lösung sei die einzig mögliche Lösung zur Wirtschaftslage Europas. Zweitens, der Versuch die Geburtenrate der Europäer durch z. B. Steuererleichterungen für einheimische Familien zu erhöhen kommt nicht in Frage.

2012 teilte Peter Sutherland, UN-Migrationsgesandter und Bilderberger, dem britischen Oberhaus mit, die EU müsse sich alle Mühe geben, die ethnische Homogenität ihrer Mitgliedsstaaten zu „unterminieren", um deren künftigen Wohlstand zu schützen. Herr Sutherland führte auch die abnehmende Bevölkerungszahl Europas ins Feld. (Quelle: https://tinyurl.com/y83pf2yl)

In Ihrem großartigen Buch verwenden Sie den Begriff „Migrationswaffe". Ja - leider bin ich zur Erkenntnis gekommen, dass es bei der jetzigen europäischen Einwanderungspolitik weniger um humanitäre Hilfe oder unseren fortdauernden Wohlstand geht, als darum, mit voller Absicht das Gesicht Europas unabänderlich zu verändern - sowohl genetisch als auch bildlich. Nach dieser Auffassung sollte man der ethnischen Homogenität in Europa mittels massenhafter Einwanderung ein Ende bereiten. Mit dem endgültigen Aussterben ihrer Gründervölker könnten die Nationalstaaten nächstens als überholt abgeschafft werden.

Kürzlich schrieb man in The Economist, einem sehr hoch angesehenen britischen Wirtschaftsmagazin, die kulturelle und ethnische Integration von Europa und Afrika stehe kurz vor der Tür und die Europäer sollten sich damit abfinden. Kalergis Zukunftsmensch lässt schön grüßen. Der Autor fasst zusammen: „Ob wir es wollen oder nicht, gehört Eurafrika Europas demographischer und kultureller Zukunft." (Quelle: https://tinyurl.com/ycpqyu58)

Die konkreten Vorteile der Massenmigration für die Briten lassen sich sehr schwer entdecken. Tausende von Mädchen um England sind über Jahrzehnte hinweg von muslimischen Männerbanden missbraucht oder vergewaltigt worden, während die Behörden einfach wegschauten; in vielen britischen Städten gibt es jetzt No-go-Areas; Fälle resistenter Tuberkulose steigen rasch in die Höhe (meine Frau ist Krankenschwester im größten Krankenhaus Schottlands und erfährt das am eigenen Leib - es wird niemand unter Quarantäne gestellt).

Ich bin überzeugt, dass die in ihrem Buch zitierten Worte Helmut Schmidts eine Art Naturgesetz ausdrücken: Eine wirklich multikulturelle Gesellschaft braucht ein autoritäres Staatswesen um Frieden zu behalten. Freiheit, Frieden, Multikulturalismus - mir kommt's vor, dass man nur zwei davon haben kann. Vor drei Wochen gab es ein Tweet von der South Yorkshire Gendarmerie besagend, dass Bürger auch nichtkriminelle Beleidigungen zur Anzeige bringen sollten (Quelle: https://twitter.com/syptweet/status/1038891067381350401?lang=en). Zu einem totalitären britischen Staat sind wir anscheinend auf dem besten Weg.

Angesichts dieser düsteren Zukunftsvision drängt sich die Frage die Sie Frau Merkel gestellt haben auf: wem nützt das denn eigentlich?

Wenn ich meinen Blick auf Deutschland beschränke, kann ich mich des Eindrucks nicht erwehren, dass - abgesehen von den Migranten, die dank des deutschen Steuerzahlers einen viel höheren Lebensstandard als den in ihren Heimatländern genießen können - die demographische Ersetzung im eigenen Land einigen Deutschen gleichsam als Buße für die Sünden ihrer Großeltern symbolisiert. Denn wenn ein Volk jahrzehntelang als der größte Übeltäter aller Zeiten dargestellt wird, soll es nicht überraschen dass jüngere Mitglieder dieses Volks mit einem gewissen Maß an Selbsthass aufwachsen. Dazu kommt auch, dass viel gelesene Bücher wie *Hitlers Willige Vollstrecker* von Daniel Jonah Goldhagen die NS-Zeit nicht in ihren historischen Zusammenhängen interpretieren, sondern diese als vorhersehbarer Ausdruck des „kranken bösartigen deutschen Wesens" betrachten.

Wenn ich folgenden Artikel von einem jungen Deutschen lese, nehme ich in seinen Worten eine Art Todeswunsch wahr (Quelle: https://tinyurl.com/y89l46bo), was ich, mit einer tiefliegenden Liebe zu Deutschland und Österreich, als tragisch empfinde. Denn ohne diese aus meiner Sicht unangebrachte Selbstverachtung könnten sich die Deutschen gegen ihre Ersetzung besser wehren.

Als ich jünger war habe ich 5 Jahre in Deutschland (inkl. Hamburg) und Österreich gewohnt, und bin im Herzen nicht mehr losgekommen. Daher liegt es mir viel daran, dass Deutschland Deutschland bleibt, mit allem was diesem Schotten auch lieb und teuer ist.

Ich bedanke mich herzlich, dass Sie die Zivilcourage gezeigt haben, einen solchen Aufruf an Ihre Mitbürger zu schrieben. Eigentlich haben Sie nur das, was die durch Angst schweigende Mehrheit denkt zum Ausdruck gebracht.

mit freundlichen Grüßen,

David

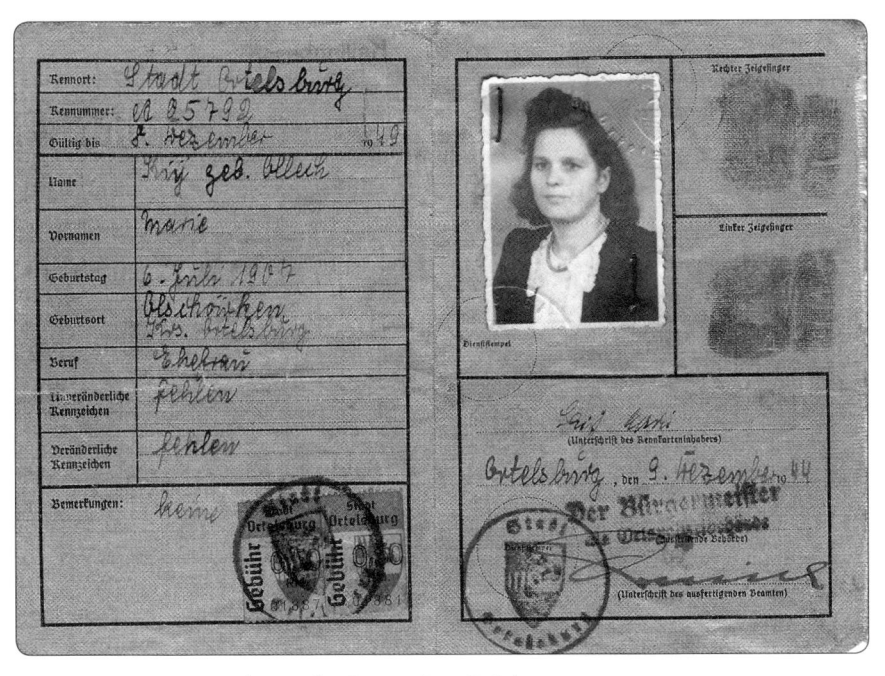

Sogenannte Kennkarte des Deutschen Reiches

Transportbescheinigung

Berichte über Gewalt von Schülern sind fast schon an der Tagesordnung. Von der Gewalt, die von Lehrern ausgeht, spricht hingegen kaum jemand. Und wenn, dann nur hinter vorgehaltener Hand. Kein Wunder, stehen doch hinterher meist nicht die Täter, sondern die Opfer am Pranger. Denn wer aufbegehrt, trifft vielfach auf verständnislose Schulbehörden, abwiegelnde Schulleiter und Lehrer ohne Schuldbewusstsein. Es wird verschleppt und verschleiert, und in vielen Fällen hilft nur noch ein Schulwechsel – weil zu oft die Faustregel gilt: Wenn man sich gegen Lehrer wehrt, leiden die Kinder.

Es ist ein verhängnisvoller Korpsgeist, der in vielen Lehrerzimmern herrscht und Lehrer deckt, die pädagogische und juristische Grenzen überschreiten – einer der Gründe, warum es bis heute keine verlässlichen Daten über die Zahl gewalttätiger Lehrer und deren Opfer gibt. Experten gehen von einer hohen Dunkelziffer aus. Sie schätzen, dass an jeder großen Schule mindestens ein Lehrer unterrichtet, der ab und an zu Gewalt als Erziehungsmittel greift. Höchste Zeit also für einen engagierten Zwischenruf!

Die beiden Autorinnen haben nach schockierenden Erlebnissen mit den eigenen Kindern den Kontakt zu anderen Betroffenen gesucht und eine Selbsthilfe-Initiative ins Leben gerufen. Aus dieser Arbeit heraus ist das vorliegende Buch entstanden. Es schildert Fälle von Lehrergewalt, die ein erschreckendes Licht auf den Alltag an deutschen Schulen werfen.

Widmung von Patricia Wolf, Autorin von „Wenn Lehrer schlagen"

Sehr geehrte Frau Paulsen,

Sie haben Ihren Austritt aus der Kirche erklärt. Ich nehme Ihren Entschluss mit Bedauern zur Kenntnis und hoffe, dass Sie sich nicht in Verbitterung von Ihrer Kirchengemeinde getrennt haben.

Sie haben sich von „der Kirche" getrennt, d.h. von einer Gemeinschaft, die in Schleswig-Holstein, Hamburg und Mecklenburg-Vorpommern mehr als 2 Mill. Gemeindeglieder umfasst.

Ich denke, unsere Gesellschaft braucht die Kirche. Denn sie ist, mit all den Fehlern und Schwächen einer Institution, die einzige Größe in unserer Gesellschaft, die sich dafür einsetzt, dass der Mensch nicht nach Leistung, sondern nach Liebe bewertet wird. Für viele Menschen ist sie lebensnotwendig, weil sie durch die von der Kirche bewahrten Lieder, Gebete und Bräuche ihre Freude und Trauer auszudrücken vermögen. Und nicht zuletzt schafft die Kirche durch ihre Arbeit den Wurzelboden für die kommenden Generationen.

Sie mögen sagen: „Ich habe meinen Glauben!" Aber ich frage Sie auch, woher kommt dieser Glaube, wenn es nicht die Kirche gäbe, die für den Religionsunterricht an den Schulen eintritt und junge Menschen bei ihrer religiösen Suche begleitet.

Nicht genannt sind darüber hinaus all die karitativen, seelsorgerlichen und diakonischen Aufgaben, die die Kirche für diese Gesellschaft wahrnimmt, ohne nach der Kirchenzugehörigkeit zu fragen. Ihr ideeller und finanzieller Beitrag wird für diese Aufgaben in Zukunft fehlen.

Vielleicht haben Sie von dieser Kirche aber bisher zu wenig erlebt. Deshalb möchte ich Sie auch weiterhin in diese Kirche einladen. Vielleicht ist es Ihnen eines Tages möglich, Ihre dieser Tage getroffene Entscheidung nochmals zu überdenken.

Hinweisen möchte ich Sie aber darauf, dass Sie mit Ihrem Austritt eine Reihe von Rechten an die Kirche verlieren: Dazu gehört das Recht, ein Patenamt zu übernehmen, das Anrecht auf eine kirchliche Trauung und Bestattung sowie das Recht zur Teilnahme am Heiligen Abendmahl.

Ich würde mich freuen, wenn Sie eines Tages eine andere Entscheidung treffen könnten als die Entscheidung zum Austritt.

Für Ihren Lebensweg wünsche ich Ihnen alles Gute!

Mit freundlichen Grüßen

Antwortschreiben des Gemeindepastors

Hans-Peter Degen   40629 Düsseldorf,24.8.19
                                    Luckemeyerstr.39

Macht-Steuert-Wissen Verlag
Seefeldstr.21
16515 Zühlsdorf

Betr.: Asyl-u.Einwanderungspolitik der Bundesregierung
Bezug: Buch "Deutschland außer Rand und Band" von Petra Paulsen

Sehr geehrte Damen und Herren!

auf Seite 40 ihres Buches schreibt Frau Paulsen,daß wir bis heute
nicht wüßten,ob tatsächlich eine Anordnung zur Aussetzung des §18 Abs.4
Nr.2 AsylG bzgl. der zwingenden Zurückweisung in sichere Drittstaaten
aufgr.humanitärer Gründe...erfolgt sei.Nach meiner Erinnerung hatte
ich schon voriges Jahr bei einer Talkshow im Fernsehen erfahren,daß
der frühere BMI De Maiziere eine derartige Anordnung mündlich erteilt
habe.Ich war mir aber nicht sicher,ob diese Anordnung noch gilt.Zu
meiner Überraschung und auch Empörung teilte mir das BMI auf meine
Anfrage v.6.7.19 mit,daß diese mündliche Anordnung gegenwärtig noch
Bestand habe.Ich halte es für rechtlich sehr fraglich,ob man eine
Ausnahmeregelung über nahezu vier Jahre gelten lassen kann.
Auch die Aufnahme der sog.Bootsflüchtlinge aus dem Mittelmeer erfolgt
lt.BMI aufgrund einer Ausnahmeregelung ,nämlich Art.17 Abs.2 der sog.
Dublin III-Verordnung,wo auf humanitäre Gründe abgestellt wird.Kann
man denn gegen solche dubiosen Rechtsanwendungen juristisch nichts
machen?Da ich die Anschrift von Frau Paulsen nicht herausbekomenn
konnte,bitte ich vorgenannte Informationen an sie weiterzuleiten,da=
mit sie sie vielleicht im Kampf gegen die Einwanderungspolitik ver=
wenden kann.Vielen Dank im voraus.

Mit freundlichen Grüßen

 Degen

Anlagen:-2-(mein Schr.v.6.7.19/Schr.BMI v.22.7.19 Kopien)

Hans-Peter Degen   40629 Düsseldorf, 6.7.19
Luckemeyerstr. 39

Bundesministerium des Innern,
für Bau und Heimat
53108 Bonn

Betr.: Asyl-u.Einwanderungspolitik
Bezug: Informationsfreiheitsgesetz(IFG)

Sehr geehrte Damen und Herren!

Gem.§7 IFG beantrage ich,daß Sie mir mitteilen
-entsprechend welcher Rechtsgrundlage(bitte präzise Angabe von Gesetz,VO §)
die Bundesregierung lt.WDR schon 227 sog.Bootsflüchtlinge, die von Afrika
teils mit Hilfe von Seenotrettungsschiffen nach Italien gelangt sind,in
Deutschland aufgenommen hat und derartiges Tun anscheinend fortsetzen will,
und
-ob die erstaunlicherweise nur mündliche Weisung des früheren BMI De Mai=
zier, von der in §18(2)AsylG vorgesehenen Einreiseverweigerung abzusehen,
noch Bestand hat-das wäre dann seit ca.Mitte September 2015-oder ob sie
mittlerweile aufgehoben worden ist.

Mit freundlichen Grüßen

Degen

| Bundesministerium
des Innern, für Bau
und Heimat

Bundesministerium des Innern, für Bau und Heimat, 11014 Berlin

Herrn
Hans-Peter Degen
Luckemeyerstr. 39
40629 Düsseldorf

HAUSANSCHRIFT Alt-Moabit 140
10557 Berlin
POSTANSCHRIFT 11014 Berlin
TEL +49 30 18 681-11519
FAX +49 30 18 681-55035
IFG@bmi.bund.de
www.bmi.bund.de

Betreff: Informationsfreiheitsgesetz
hier: Asyl- und Einwanderungspolitik

Bezug: Ihr Antrag vom 06. Juli 2019
Aktenzeichen: Z II 4-13002/4#2052
Berlin, 22. Juli 2019
Seite 1 von 2

Sehr geehrter Herr Degen,

mit Antrag vom 06. Juli 2019 beantragen Sie auf Grundlage des Informationsfreiheitsgesetzes (IFG) die Beantwortung der Frage aufgrund welcher Rechtsgrundlage die Bundesregierung schon 227 sog. Bootsflüchtlinge aufgenommen hat und bitten ferner um Beantwortung der Frage, ob die mündliche Weisung des ehemaligen Bundesministers des Innern, Herrn de Maizière, von der Anordnung gem. § 18 Abs. 4 Nr. 2 AsylG abzusehen, weiterhin Bestand hat.

Ihre erste Frage beantworte ich wie folgt: Die Rechtsgrundlage zur Übernahme der Zuständigkeit für die Durchführung von Asylverfahren ergibt sich aus Artikel 17 Absatz 2 der Verordnung (EU) Nr. 604/2013 des Europäischen Parlaments und des Rates vom 26. Juni 2013.

Zu Ihrer zweiten Frage ist zu sagen, dass der frühere Bundesminister des Innern, Herr de Maizière, am 13. September 2015 entschieden und dem Präsidenten des Bundespolizeipräsidiums mündlich mitgeteilt hat, dass Maßnahmen zur Zurückweisung an der Grenze mit Bezug auf um Schutz nachsuchende Drittstaatenangehörige derzeit nicht zur Anwendung kommen. Eine schriftliche Anordnung hierzu gibt es

ZUSTELL- UND LIEFERANSCHRIFT Ingeborg-Drewitz-Allee 4, 10557 Berlin
VERKEHRSANBINDUNG S + U-Bahnhof Hauptbahnhof

Berlin, 22.07.2019
Seite 2 von 2

nicht. Diese Entscheidung wurde im Rahmen der bestehenden Zuständigkeiten innerhalb der Bundesregierung getroffen und hat gegenwärtig noch Bestand.

Mit freundlichen Grüßen
Im Auftrag

Menz

Hinweis zum Datenschutz
Bei der Bearbeitung wurden bzw. werden von Ihnen personenbezogene Daten verarbeitet. Welche Daten zu welchem Zweck und auf welcher Grundlage verarbeitet werden, ist abhängig von Ihrem Anliegen und den konkreten Umständen. Weitere Informationen hierzu und über Ihre Betroffenenrechte finden Sie in der Datenschutzerklärung https://www.bmi.bund.de/DE/service/datenschutz/datenschutz_node.html des Bundesministeriums des Innern, für Bau und Heimat.

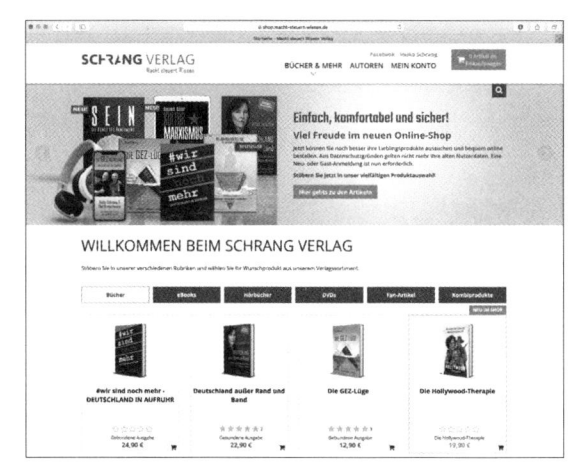

www.schrang.de

Tolle Produkte zu Top-Preisen!

Alle Produkte aus unserem Shop versandkostenfrei innerhalb Deutschlands!

Petra Paulsen

Deutschland außer Rand und Band

Dieses Buch schaffte es innerhalb von vierzehn Tagen nach dem Erscheinen in die Spiegel Bestsellerliste. Über zwei Millionen Menschen sahen ihre Botschaft auf YouTube. Als eine unübersehbare Zahl von Menschen aus dem Nahen Osten und Nordafrika im Herbst 2015 plötzlich unkontrolliert nach Deutschland strömte, stellte sich die Gymnasiallehrerin die Frage „Was ist hier bloß los?". Dieses Buch ist gespickt mit akribisch belegten Tatbeständen sowie spannend lesbaren und aufrüttelnden Informationen.

ISBN: 978-3-945780-32-9 · 22,90 €

(auch erhältlich als eBook, Hörbuch-CD und Mp3-Download)

Heiko Schrang

Die Jahrhundertlüge, die nur Insider kennen

Der Bestseller, der mittlerweile zum Kultbuch einer neuen Generation wurde, ist aktueller denn je. Dieses spannende Buch deckt nicht nur Unglaubliches auf, sondern bietet zudem im zweiten Teil auch Lösungen an, die Ihr Leben komplett verändern werden. Über 300 positive Bewertungen sprechen eine eindeutige Sprache.

ISBN: 978-3-9815839-0-8 · 24,90 €

(auch erhältlich als eBook, Hörbuch-CD und Mp3-Download)

Heiko Schrang

Die Jahrhundertlüge, die nur Insider kennen 2

Nach dem Erfolg des ersten Buches „Die Jahrhundertlüge, die nur Insider kennen", setzt dieses Buch völlig neue Akzente. In diesem eigenständigen Werk verbindet Heiko Schrang auf einzigartige Weise komplexe politische mit spirituellen Themen.

ISBN: 978-3-9815839-9-1 · 24,90 €

(auch erhältlich als eBook, Hörbuch-CD und Mp3-Download)

Heiko Schrang

Im Zeichen der Wahrheit

Vier Jahre nach dem Kultbuch „Die Jahrhundertlüge, die nur Insider kennen" erschien endlich Heiko Schrangs lang ersehntes neues Werk „Im Zeichen der Wahrheit". Dieses Buch deckt nicht nur die geheimen Aktivitäten der „Mächtigen" auf, sondern ist der bewusstseins-öffnende Schlüssel zu den essenziellen Fragen des Lebens. So wie sein Erstlingswerk avancierte es in kürzester Zeit zum Bestseller.

ISBN: 978-3-945780-41-1 · 24,90 €

(auch erhältlich als eBook, Hörbuch-CD und Mp3-Download)

Heiko Schrang

Die GEZ-Lüge

Dem Erfolgsautor Heiko Schrang wurde mit Gefängnis gedroht, da er sich aus Gewissensgründen weigerte, den Rundfunkbeitrag zu entrichten. Die Geschichte sorgte für große mediale Aufmerksamkeit. Dieses Buch ist ein Befreiungsschlag aus Gewissensgründen, die uns auferlegten Ketten aus Lügen, Manipulation und Kriegshetze zu zerreißen.

ISBN: 978-3-945780-84-8 · 12,90 €

(auch erhältlich als eBook, Hörbuch-CD und Mp3-Download)

Diverse Autoren

#wir sind noch mehr

Die bekanntesten Autoren der freien Medien, unter ihnen: Vera Lengsfeld, Petra Paulsen, Heiko Schrang, Hanno Vollenweider u.v.m, bilden mit diesem Buch zum ersten Mal ein gemeinsames Bündnis für eine unabhängige und freie Meinungsbildung fernab von journalistischem Einheitsbrei, staatlicher Deutungshoheit, Zensur oder erzwungener Political Correctness.

ISBN: 978-3-945780-42-8 · 24,90 €

(auch erhältlich als eBook)

Niklas Lotz

Mein Weckruf für Deutschland – Neverforgetniki

Innerhalb von kurzer Zeit avancierte Neverforgetniki zu einem ganz großen Hoffnungsträge der freien Medienszene. In diesem Buch schildert er erstmalig und exklusiv seine Erfahrungen und Eindrücke von Zuständen, die an deutschen Schulen herrschen. Es ist ein Weckruf zur Verteidigung der Demokratie und Meinungsfreiheit in Deutschland. Mit einem Vorwort der Spiegel-Bestseller-Autorin Petra Paulsen.

ISBN: 978-3-945780-70-1 · 24,90 €

(auch erhältlich als eBook)

Benjamin Kaiser & Heiko Schrang

Kulturmarxismus - Eine Idee vergiftet die Welt

Die westliche Welt befindet sich im freien Fall. „Bunt, offen und tolerant" sind Schlagworte einer neuen Gesellschaft, die aus dem Untergang der alten entstehen sollte. Dieses Buch ist Pflichtlektüre für alle, die verstehen wollen, was derzeit in der Politik geschieht. Benjamin Kaiser deckt in diesem wegweisenden Buch die dahinterstehenden Strukturen auf und entzaubert die Strippenzieher.

ISBN: 978-3-945780-61-9 · 24,90€

(auch erhältlich als eBook)

Renate Lilge-Stodieck

SEIN – Die Kunst des Annehmens

Das Buch „Sein – Die Kunst des Annehmens" kann für Viele ein Lichtblick in dieser dunklen Welt sein. Ähnlich wie im weltberühmten Tao Te King von Laotse findet der Leser in diesem Weisheitsbuch Antworten auf die wichtigsten Fragen des Lebens.

Die Autorin versteht es auf einzigartige Weise, den Leser auf eine Reise zu den tiefsten Geheimnissen des Seins mitzunehmen.

ISBN: 978-3-945780-43-5 · 22,90 €   (auch erhältlich als eBook)

Heiko Schrang

Meditation 1 – Der Schlüssel für Frieden und Liebe

Audio-Mitschnitt der großen Massenmediation „Für Frieden und Liebe in der Welt" vom 27.06.2019. Spüre die Kraft der Meditation. Jeder Gedanke hat ein messbares Schwingungsmuster. Ähnliche Gedanken haben ähnliche Schwingungen und ziehen sich deshalb an. Dies führt zu sogenannten Gedankenkörpern, die über ein viel größeres Energiepotential verfügen, als ein einzelner Gedanke.

exklusiv nur im Online-Shop: CD 9,99 € und MP3-Download 4,99 €

Heiko Schrang

Meditation 2 - Du bist das Licht der Welt

Audio-Mitschnitt der großen Massenmediation „Du bist das Licht der Welt" vom 05.09.2019. Spüre die Kraft der Meditation. Befreie Dich vom permanenten Strom der Gedanken und löse Dich von der Begrenztheit des physischen Körpers. Komm mit auf eine wundervolle Reise, die Deine Herzenskraft voll entfaltet und Dich spüren lässt, dass alles EINS ist, denn Du bist das Licht der Welt.

exklusiv nur im Online-Shop: CD 9,99 € und MP3-Download 4,99 €

Alle Produkte aus unserem Shop versandkostenfrei innerhalb Deutschlands!
www.schrang.de

Anmerkungen

1 https://www.merkur.de/tv/claus-kleber-sorgt-im-zdf-heute-journal-bei-vielen-fuer-schock-moment-zr-10472623.html
2 https://www.nachdenkseiten.de/?p=50764
3 https://bundesdeutsche-zeitung.de/headlines/national-headlines/claus-kleber-kann-dank-bundesverfassungsgericht-weiterhin-600-000-euro-im-jahr-abkassieren-971084
4 https://www.tagesspiegel.de/kultur/petra-paulsen-thorsten-schulte-und-co-warum-rechte-buecher-zu-bestsellern-werden/20974414.html
5 https://www.spiegel.de/politik/ausland/warum-in-donald-trump-barack-obama-und-angela-merkel-narzissmus-steckt-a-1151449.html
6 https://www.youtube.com/watch?v=PmtVX9VBL6A
7 https://www.welt.de/finanzen/article135044739/Geheime-Maechte-steuern-die-Welt-Echt-Wahnsinn.html
8 https://www.focus.de/wissen/mensch/tid-13152/verschwoerungstheorien-wer-regiert-die-usa_aid_363420.html
9 Anm.: Es ist nicht sicher, dass Roosevelt das so gesagt hat. Das englischsprachige Wikiquote schreibt: "There are no records of Roosevelt having made such a statement, and this is most likely a misquotation of the widely reported comment he made in a speech at the Citadel (23 October 1935)
10 https://www.spiegel.de/spiegel/spiegelgeschichte/d-70747526.html
11 https://www.focus.de/wissen/mensch/geschichte/zweiter-weltkrieg-verriet-praesident-roosevelt-die-us-kriegsplaene-an-hitler_id_10568626.html
12 https://de.wikipedia.org/wiki/Verschw%C3%B6rungstheorie
13 https://www.stern.de/panorama/weltgeschehen/titanic--wurde-ein-feuer-dem-schiff-zum-verhaengnis--7262492.html
14 https://www.welt.de/print-welt/article660373/War-die-Titanic-gar-nicht-die-Titanic.html
15 https://de.wikipedia.org/wiki/J._P._Morgan
16 https://de.wikipedia.org/wiki/John_D._Rockefeller
17 https://de.wikipedia.org/wiki/Paul_Moritz_Warburg
18 https://www.focus.de/finanzen/boerse/das-kartell-verschwoerung-oder-hirngespinst-wie-die-us-notenbank-die-weltfinanz-manipuliert_id_3995856.html
19 Anm.: Laut David Farrer in "The Warburg- The story of a family" lässt sich die Familiengeschichte bis ins Jahr 1001 zurückverfolgen
20 Ebenda.
21 https://de.wikipedia.org/wiki/Federal_Reserve_System
22 Ernst Wolf in: Fassadendemokratie und Tiefer Staat, Promedia , 2018, S. 131
23 http://www.holger-niederhausen.de/index.php?id=806
24 https://de.wikipedia.org/wiki/Rockefeller-Stiftung
25 https://www.youtube.com/watch?v=iWf-8qWzyPQ
26 https://www.n-tv.de/panorama/US-Pharmariese-muss-sich-verantworten-article20798036.html
27 https://de.wikipedia.org/wiki/Kaiser-Wilhelm-Institut_f%C3%BCr_Anthropologie,_menschliche_Erblehre_und_Eugenik

28 https://www.spiegel.de/spiegel/print/d-39774239.html
29 https://www.rockpa.org/about/our-story/
30 https://en.wikipedia.org/wiki/Rockefeller_Philanthropy_Advisors
31 https://philanthropyadvisors.org/en/home/#our-history
32 https://www.welt.de/vermischtes/article114200253/Die-dunkle-Seite-von-Mutter-Teresa.html
33 https://www.faz.net/aktuell/wirtschaft/menschen-wirtschaft/wie-sich-die-rockefellers-vom-oel-verabschieden-14143715.html
34 https://www.spiegel.de/spiegel/print/d-44906476.html
35 https://www.zeit.de/wissen/gesundheit/2019-06/weltdrogenbericht-drogenkonsum-un-kokain-entwicklung-todeszahlen
36 https://www.n-tv.de/politik/Afghanistan-verdoppelt-Drogenernte-article20134053.html
37 https://de.wikipedia.org/wiki/John_D._Rockefeller
38 https://www.deutschlandfunk.de/vom-erdoel-zum-medikament.676.de.html?dram:article_id=19893
39 https://www.spiegel.de/wirtschaft/unternehmen/familien-rockefeller-und-rothschild-verwalten-gemeinsam-vermoegen-a-835972.html
40 https://www.zeit.de/gesellschaft/zeitgeschehen/2019-06/bundesagentur-fuer-arbeit-hartz-iv-leistungen-kinder-anzahl
41 https://de.wikipedia.org/wiki/Paul_Moritz_Warburg
42 https://en.wikipedia.org/wiki/James_Warburg
43 https://www.mmwarburggruppe.com/de/presse/pressemitteilungen/Generationswechsel-bei-der-Warburg-Bank/
44 http://www.dasjuedischehamburg.de/inhalt/warburg-max-m
45 https://www.welt.de/regionales/hamburg/article129881659/Max-Warburg-und-sein-Lunch-mit-dem-Kaiser.html
46 Ron Chernow: Die Warburgs – Odyssee einer Familie, Siedler-Verlag, München 1994, S. 344
47 https://de.wikipedia.org/wiki/I.G._Farben#Aufsichtsrat_und_Vorstand
48 https://www.spiegel.de/spiegel/print/d-40872417.html
49 Antony C. Sutton: Wallstreet und der Aufstieg Hitlers, Perseus Verlag, Basel, 2008, S. 35
50 https://de.wikipedia.org/wiki/I.G._Farben
51 https://www.zeit.de/2017/37/warburg-bank-privatbank-geschaeftsbericht/seite-3
52 https://www.zeit.de/wirtschaft/unternehmen/2018-10/warburg-bank-cum-ex-geschaefte-ermittlungen
53 https://www.sueddeutsche.de/wirtschaft/warburg-deutsche-bank-1.4280544
54 https://de.wikipedia.org/wiki/Atlantik-Br%C3%BCcke
55 https://www.brigitte.de/aktuell/gesellschaft/kanzlerinnen-geburtstag--60-dinge--die-sie-noch-nicht-ueber-angela-merkel-wussten-10162816.html
56 https://www.spiegel.de/politik/deutschland/angela-merkel-ehemann-joachim-sauer-kassiert-jaehrlich-10-000-euro-von-springer-a-1086226.html
57 https://www.bild.de/news/2006/teufel-berlin-these-435578.bild.html
58 https://www.spiegel.de/politik/deutschland/sicherheitspanne-wachleute-filmten-heimlich-merkels-wohnzimmer-a-408015.html
59 https://www.spiegel.de/politik/deutschland/handy-spaehaffaere-um-merkel-regierung-ueberprueft-alle-nsa-erklaerungen-a-929843.html

60 https://www.tagesspiegel.de/politik/merkel-vor-nsa-untersuchungsauschuss-die-kanzlerin-weiss-dass-sie-nichts-wusste/19403822.html
61 https://de.wikipedia.org/wiki/Eric_M._Warburg
62 https://de.wikipedia.org/wiki/Council_on_Foreign_Relations
63 https://www.welt.de/regionales/hamburg/article119322471/Der-Mann-der-Luebeck-vor-den-Bomben-bewahrte.html
64 https://www.spiegel.de/spiegel/print/d-40872417.html
65 https://de.wikipedia.org/wiki/Walther_Rathenau#Attentat_und_Fahndung
66 https://de.wikipedia.org/wiki/%C3%9Cbersee-Club
67 https://www.wikiwand.com/de/M.M.Warburg_%26_CO
68 https://de.wikipedia.org/wiki/Erster_Weltkrieg
69 https://www.spiegel.de/spiegel/dokument/d-52650734.html
70 http://www.anglo-german-club.de/
71 https://www.spiegel.de/spiegel/print/d-9199143.html
72 https://www.deutschlandfunkkultur.de/raetselhafte-freundschaft.1079.de.html?dram:article_id=176448
73 https://www.clubofrome.de/historie
74 https://ef-magazin.de/2008/09/02/623-oekologismus-die-klimamacher
75 https://www.telegraph.co.uk/news/obituaries/finance-obituaries/1419964/Giovanni-Agnelli.html
76 https://fr.wikipedia.org/wiki/Club_de_Rome
77 https://de.wikipedia.org/wiki/Club_of_Rome
78 https://www.spiegel.de/spiegel/print/d-13509876.html
79 https://fr.wikipedia.org/wiki/Club_de_Rome
80 https://www.abendblatt.de/archiv/2000/article204403035/Milliardaer-kauft-Rockefeller-Center.html
81 https://de.wikipedia.org/wiki/David_Rockefeller
82 https://en.unesco.org/programme/mow/iac
83 https://rp-online.de/wirtschaft/unternehmen/liz-mohn-die-lady-bertelsmann-wird-75-jahre-alt_aid-21473459
84 https://de.wikipedia.org/wiki/Bertelsmann
85 https://www.freitag.de/autoren/der-freitag/die-tonangeber
86 https://de.wikipedia.org/wiki/Bertelsmann_Stiftung
87 https://de.wikipedia.org/wiki/Michael_Naumann
88 https://www.freitag.de/autoren/oliver-barckhan/gustav-stresemann-preis-fuer-helmut-schmidt
89 https://www.welt.de/regionales/hamburg/article149078341/In-diesem-Geschaeft-war-Helmut-Schmidt-Stammkunde.html
90 https://freimaurer-wiki.de/index.php/Helmut_Schmidt
91 https://freimaurer-wiki.de/index.php/Frauenlogen
92 https://de.wikipedia.org/wiki/Geschichte_der_Freimaurerei
93 https://www.deutschlandfunk.de/die-verschiedenen-stroemungen-in-der-freimaurerei.724.de.html?dram:article_id=97823 Anm.: „das" statt „dass" aus Originalzitat übernommen

94 https://www.spiegel.de/spiegel/print/d-13516932.html
95 https://www.abendblatt.de/hamburg/article107575703/Das-Mysterium-der-Hamburger-Freimaurer.html
96 https://freimaurer-wiki.de/index.php/Axel_Springer
97 https://www.spiegel.de/spiegel/print/d-13516932.html
98 https://freimaurer-wiki.de/index.php/Richard_Nikolaus_Coudenhove-Kalergi
99 https://de.wikipedia.org/wiki/Freimaurerei
100 https://www.tagesspiegel.de/themen/reportage/logenbrueder-freimaurer-die-aufgeschlossene-gesellschaft/20179304.html
101 https://www.planet-wissen.de/gesellschaft/organisationen/die_freimaurer/index.html
102 https://www.n-tv.de/panorama/Freimaurer-wollen-sich-fuer-Nachwuchs-oeffnen-article19902601.html
103 ebenda
104 https://freimaurer-wiki.de/index.php/USA:_Bis_2018_waren_14_Pr%C3%A4sidenten_Freimaurer
105 https://www.g-geschichte.de/plus/jesuiten-gegenreformation/
106 https://www.luther2017.de/reformation/
107 https://www.stern.de/panorama/der-orden-des-neuen-papstes-was-sind-eigentlich-jesuiten--3107962.html
108 https://www.theguardian.com/world/2013/mar/14/pope-francis-who-are-the-jesuits
109 https://www.deutschlandfunk.de/emmanuel-macron-extrem-entschlossen-stahlharter-kern.1773.de.html?dram:article_id=385620
110 https://www.focus.de/finanzen/karriere/wertvolle-zulagen-ist-er-schon-multimillionaer-schulz-ist-der- reichste-kanzlerkandidat-der-geschichte_id_7073248.html
111 https://www.kirche-und-leben.de/artikel/martin-schulz-ein-ordensschueler-wird-spd-kanzlerkandidat/
112 https://www.handelsblatt.com/finanzen/geldpolitik/mario-draghi-der-unverstandene/20271868.html?ticket=ST-748964-MWUdauRxcTtDyggllYdp-ap2
113 https://taz.de/Die-Wahrheit/!5039688/
114 http://www.shoepassion.de/magazin/story/das-schuhwerk-des-papstes
115 https://www.spiegel.de/wirtschaft/soziales/katholische-kirche-das-versteckte-vermoegen-der-bistuemer-a-1269846.html
116 https://www.spiegel.de/video/papst-franziskus-verweigert-glaeubigen-ring-kuesse-video-99026043.html
117 https://religion.orf.at/stories/2620041/
118 https://herzmariens.ch/Zuschriften/00wichtigezuschriften/Warum%20Papst%20Franziskus%20der%20falsche%20Prophet%20aus%20der%20Offenbarung%20ist_26.1.15.pdf
119 https://web.de/magazine/wissen/mystery/666-steckt-zahl-tieres-31970318
120 https://www.welt.de/geschichte/article130902237/Als-der-Papst-seine-schlauen-Jungs-wieder-zuliess.html
121 https://www.sueddeutsche.de/geld/der-papst-und-die-finanzkrise-die-nichtigkeit-irdischer-gueter-1.528159
122 https://www.spiegel.de/panorama/justiz/licio-gelli-ex-freimaurer-grossmeister-ist-tot-a-1068203.html

123 https://www.spiegel.de/politik/ausland/bunga-bunga-ruby-schildert-strip-partys-bei-berlusconi-a-900610.html
124 https://www.faz.net/aktuell/gesellschaft/kriminalitaet/ermittlungen-nach-tod-von-zeugin-gegen-berlusconi-16092752.html
125 https://www.youtube.com/watch?v=VfO7vezPphQ
126 rdpress.com/2016/12/36-geheime-ur-logen-regieren-die-welt-machtergreifung-hinter-den-kulissen.pdfhttps://deutschelobby.files.wo
127 http://projectavalon.net/forum4/showthread.php?107347-Gioele-Magaldi-Freemasons.-The-discovery-of-the-Ur-Lodges.
128 https://www.mopo.de/hamburg/im-rathaus-scholz-begruesst-merkel-und-cameron-zum-matthiae-mahl-23513836
129 https://www.hamburg.de/buergermeisterreden-2017/8718672/300-jahre-freimaurer/
130 https://de.wikipedia.org/wiki/Auge_der_Vorsehung
131 http://www.interessantes.at/dollartrick/dollar-symbol.htm
132 https://www.spiegel.de/spiegel/print/d-14340695.html
133 https://www.pressdemocrat.com/csp/mediapool/sites/PressDemocrat/News/story.csp?cid=2238060&sid=555&fid=181
134 https://www.heise.de/tp/features/Bohemian-Grove-3374520.html
135 https://www.fr.de/politik/spiel-feuer-11572727.html
136 https://isgp-studies.com/Bohemian_Grove
137 https://www.theguardian.com/commentisfree/2019/aug/12/jeffrey-epstein-was-enabled-he-did-not-operate-in-a-vacuum
138 https://www.sueddeutsche.de/panorama/epstein-insel-fbi-durchsuchung-1.4563344
139 https://www.t-online.de/unterhaltung/stars/royals/id_86245198/prinz-andrew-akten-zum-missbrauchsfall-epstein-belasten-auch-den-royal.html
140 https://www.abendzeitung-muenchen.de/inhalt.die-queen-soll-toben-stolpert-prinz-andrew-ueber-seinen-kriminellen-freund-jeffrey-epstein.2f558506-5063-4c05-9aad-839872f1d605.html
141 https://www.stern.de/politik/ausland/jeffrey-epstein--bill-clinton-in-frauenkleidern---bizarres-gemaelde-befeuert-verschwoerungstheorien-8852754.html
142 https://www.welt.de/politik/ausland/plus198697969/Paedophilen-Ring-Epstein-hatte-ein-kleines-schwarzes-Notizbuch.html
143 https://de.wikipedia.org/wiki/Jimmy_Savile
144 https://www.spiegel.de/spiegel/print/d-14340695.html
145 https://www.spiegel.de/spiegel/print/d-40349065.html
146 Helmut Schmidt: Menschen und Mächte, Siedler Verlag, 1999, S. 271.
147 http://michaelschuch.de/2016/documents/omt2015_03.pdf
148 Helmut Schmidt: Was ich noch sagen wollte, Pantheon Verlag, 2016, S. 21.
149 https://www.spiegel.de/wissenschaft/mensch/druiden-mistelzweig-und-menschenopfer-a-728847-4.html
150 https://www.spiegel.de/spiegelgeschichte/das-geheimnis-der-keltischen-druiden-mistelzweige-und-menschenopfer-a-1184830.html
151 https://sz-magazin.sueddeutsche.de/wild-wild-west-amerikakolumne/wie-satanisten-fuer-die-religionsfreiheit-kaempfen-83523

152 https://dieunbestechlichen.com/2018/04/bohemian-grove-dunkle-rituale-neue-einblicke/
153 https://www.t-online.de/leben/familie/id_70653384/eule-als-symbol-bedeutung-und-aberglaube-rund-um-den-vogel.html
154 https://de.wikipedia.org/wiki/Freitagsgesellschaft
155 https://www.helmut-schmidt.de/aktuelles/objekt-der-woche/detail/artikel/objekt-der-woche-die-freitagsgesellschaft/
156 https://www.abendblatt.de/hamburg/100-jahre-helmut-schmidt/article216065483/Im-Hause-Schmidt-immer-wieder.html
157 https://www.welt.de/regionales/hamburg/article159401428/Worum-es-in-Schmidts-Freitagsrunde-wohl-heute-ginge.html
158 https://www.welt.de/vermischtes/article159159707/Der-Prinz-der-die-Frauen-belaestigte.html
159 https://www.stern.de/lifestyle/leute/bernhard-der-niederlande-trauer-um-den-skandal-prinzen-3552596.html
160 https://de.wikipedia.org/wiki/Bilderberg-Konferenz
161 http://vatikanische-nwo.blogspot.com/2010/10/war-jozef-h-retinger-ein-jesuit.html
162 https://de.wikipedia.org/wiki/Max_Brauer
163 https://de.wikipedia.org/wiki/Bilderberg-Konferenz
164 https://www.fr.de/politik/verschwiegene-weltmacht-11584399.html
165 https://de.wikipedia.org/wiki/Liste_von_Teilnehmern_an_Bilderberg-Konferenzen
166 https://www.voltairenet.org/article206698.html
167 https://www.spiegel.de/politik/ausland/matteo-renzi-gruendet-partei-nicht-mehr-als-ein-gefaehrlicher-egotrip-a-1287900.html
168 https://www.youtube.com/watch?v=viFJojpxqYs
169 https://de.wikipedia.org/wiki/Chatham_House_Rule
170 https://www.voltairenet.org/article206698.html
171 https://www.zeit.de/wissen/geschichte/2011-05/papst-attentat-johannes-paul
172 https://www.fr.de/politik/verschwiegene-weltmacht-11584399.html
173 https://de.wikipedia.org/wiki/Trilaterale_Kommission
174 http://www.bpb.de/apuz/29015/vom-voelkerbund-zu-den-vereinten-nationen?p=all
175 http://www.zeitklicks.de/top-menu/zeitstrahl/jahr/1920/gruendung-des-voelkerbundes/
176 https://www.spiegel.de/fotostrecke/die-groessten-geschenke-der-welt-fotostrecke-132284-5.html
177 https://archive.org/details/CIADOC1035960/page/n1
178 https://www.heise.de/tp/news/50-Jahre-Verschwoerungstheoretiker-3674427.html
179 Ebenda.
180 https://www.faz.net/aktuell/politik/trumps-praesidentschaft/kennedy-dokumente-bleiben-zum-teil-unter-verschluss-15265637.html
181 https://www.theguardian.com/us-news/2017/oct/27/jfk-documents-what-we-have-learned-so-far
182 https://www.neopresse.com/politik/usa/aktuell-die-rede-die-john-f-kennedy-das-leben-kostete/
183 https://www.youtube.com/watch?v=FsmV-GDn89I
184 https://www.bundestag.de/resource/blob/408364/1df598fe4b02f2c4eb15a8df3b303464/wd-4-037-08-pdf-data.pdf
185 https://en.wikipedia.org/wiki/Executive_Order_11110

186 https://de.wikipedia.org/wiki/Attentat_auf_John_F._Kennedy
187 https://taz.de/!734289/
188 https://offenkundiges.de/der-axel-springer-verlag-und-die-cia/
189 https://www.deutschlandfunkkultur.de/presse-caesar-mit-bild-zeitung.932.de.html?dram:article_id=131525
190 https://bibelbund.de/2015/09/europa-das-achte-reich-des-drachen/
191 Victor Marchetti – hochrangiger CIA-Mitarbeiter in Peter Blackwood, „Das ABC der Insider", Verlag Diagnosen, 1992, S. 169.
192 https://rp-online.de/politik/deutschland/barack-obama-lobt-angela-merkel-fuer-fluechtlingspolitik_aid-19760299
193 https://de.wikipedia.org/wiki/John_Swinton
194 https://de.wikipedia.org/wiki/Paul_Sethe
195 https://www.spiegel.de/spiegel/print/d-46413915.html
196 https://www.spiegel.de/politik/deutschland/friedrich-ebert-stiftung-jeder-zweite-hat-ressentiments-gegen-asylsuchende-a-1264034.html
197 https://www.bild.de/news/ausland/geheimbund/geheimbund-42539314.bild.html
198 https://freimaurerei.de/freimaurer-werden/
199 https://de.wikipedia.org/wiki/MKULTRA
200 https://www.presseportal.de/pm/7840/369138
201 https://www.deutschlandfunkkultur.de/ahnungslos-im-lsd-rausch-die-menschenversuche-der-cia.976.de.html?dram:article_id=383734
202 https://www.spiegel.de/gesundheit/diagnose/borreliose-pentagon-soll-pruefen-ob-es-veraenderte-zecken-freigesetzt-hat-a-1277705.html
203 https://de.wikipedia.org/wiki/The_Tavistock_Institute
204 https://de.wikipedia.org/wiki/Eric_Lansdown_Trist
205 https://www.tagesspiegel.de/wissen/exil-in-london-freuds-letzte-adresse-auf-dem-planeten/23970560.html
206 https://de.wikipedia.org/wiki/The_Tavistock_Institute
207 https://en.wikipedia.org/wiki/Standard_Oil_Co._of_New_Jersey_v._United_States#Judgment
208 David Rockefeller, Erinnerungen eines Weltbankiers, FinanzBuch Verlag, 2010, S. 556.
209 Senate Report (Senate Foreign Relations Committee) (1950). Revision of the United Nations Charter: Hearings Before a Subcommittee of the Committee on Foreign Relations, Eighty-First Congress. United States Government Printing Office. p. 494.
210 https://de.wikipedia.org/wiki/Aldous_Huxley
211 https://www.zeit.de/2006/03/LSD-Geschichte/seite-2
212 https://de.wikipedia.org/wiki/Aleister_Crowley
213 https://www.spiegel.de/einestages/mysterium-aleister-crowley-a-947100.html
214 https://de.wikipedia.org/wiki/Quicksand_(Lied)
215 COMPACT Spezial, Sonderausgabe Nr. 23, 2019, S. 40.
216 https://hpd.de/node/1158
217 https://de.wikipedia.org/wiki/WWF
218 https://www.spiegel.de/wissenschaft/natur/wwf-die-schocktruppen-der-umweltorganisation-im-kampf-gegen-die-wilderei-a-1256336.html

219 https://de.wikipedia.org/wiki/Julian_Huxley
220 https://www.stern.de/panorama/stern-crime/jeffrey-epstein-wollte-20-frauen-schwaengern--um-die-menschheit-zu-verbessern-8827702.html
221 https://www.sueddeutsche.de/wissen/verbesserte-menschen-die-vielleicht-gefaehrlichste-idee-der-welt-1.1691220
222 https://www.stern.de/panorama/stern-crime/jeffrey-epstein-wollte-20-frauen-schwaengern--um-die-menschheit-zu-verbessern-8827702.html
223 https://unesdoc.unesco.org/ark:/48223/pf0000068197
224 https://kurier.at/wissen/wie-der-eigene-lebensstil-auf-spaetere-kinder-und-enkelkinder-wirkt/400575614
225 https://hamburgerarroganz.blogspot.com/2018/07/das-ehemalige-kinderkrankenhaus.html
226 https://de.wikipedia.org/wiki/Wilhelm_Gustloff_(Schiff)
227 https://www.ndr.de/kultur/geschichte/chronologie/Die-Versenkung-der-Wilhelm-Gustloff,gustloff120.html
228 https://www.zeitenschrift.com/artikel/hochfinanz-das-sinkende-schiff-der-schattenmaechte
229 https://www.nrz.de/panorama/vor-20-jahren-im-kino-15-kuriose-fakten-ueber-titanic-id213046079.html
230 https://www.vip.de/cms/leonardo-dicaprio-stiftung-100-millionen-US-Dollar-fuer-den-umweltschutz-4269310.html
231 https://www.welt.de/vermischtes/article157128504/Wie-ehrlich-ist-DiCaprios-Umwelt-Engagement.html
232 https://www.welt.de/print/wams/vermischtes/article157100548/Der-Weltenretter.html
233 https://www.welt.de/vermischtes/article157128504/Wie-ehrlich-ist-DiCaprios-Umwelt-Engagement.html
234 http://www.spiegel.de/einestages/hungerwinter-1946-47-in-deutschland-das-ueberleben-nach-dem-krieg-a-1133476.html
235 https://www.swr.de/wetter/jahrhundertsommer/-/id=5491998/did=4947862/nid=5491998/kobmsa/index.html
236 https://www.sueddeutsche.de/panorama/lebensmittelabfaelle-abfall-wegwerfgesellschaft-1.4427632
237 https://www.welthungerhilfe.de/hunger/
238 https://orange.handelsblatt.com/artikel/40262
239 https://www.faz.net/aktuell/wirtschaft/30-fussballfelder-wald-weniger-je-minute-16157045.html
240 https://sciencefiles.org/2019/08/24/der-amazonas-ist-nicht-die-grune-lunge-der-erde-hoffentlich-versteht-heiko-maas-von-sonst-etwas/
241 https://www.abendblatt.de/region/norderstedt/article205758019/Adolf-Hitler-befahl-den-rasanten-Bau-der-SS-Kaserne.html
242 https://de.wikipedia.org/wiki/Asklepios_Kliniken
243 https://de.wikipedia.org/wiki/Impfpflicht
244 https://www.bundesgesundheitsministerium.de/impfpflicht.html
245 https://www.nachdenkseiten.de/?p=42606
246 http://www.euro.who.int/de/media-centre/sections/press-releases/2018/measles-cases-hit-record-high-in-the-european-region

247 https://www.focus.de/gesundheit/news/masern-in-deutschland-fast-die-haelfte-der-erkrankten-sind-erwachsene_id_10690212.html
248 https://www.welt.de/politik/deutschland/article137944948/Bei-Fluechtlingen-klafft-eine-gefaehrliche-Impfluecke.html
249 https://www.impfkritik.de/koerperverletzung/
250 https://www.tagesspiegel.de/politik/masern-impfung-spahn-droht-impf-verweigerern-mit-bis-zu-2500-euro-strafe/24305414.html
251 https://de.wikipedia.org/wiki/Frank_Ulrich_Montgomery
252 https://www.focus.de/magazin/kurzfassungen/focus-20-2019-montgomery-will-impfkritische-mediziner-aus-patientenversorgung-nehmen_id_10691877.html
253 https://www.aerztezeitung.de/politik_gesellschaft/berufspolitik/article/983976/trotz-steigender-arztzahlen-baek-warnt-aerztemangel.html
254 https://www.aerzteblatt.de/archiv/196095/Auslaendische-Aerzte-Bundesaerztekammer-fuer-schnelle-Verschaerfung-der-Zulassung
255 https://www.epochtimes.de/gesundheit/kanada-wegen-kritik-an-impfungen-zu-100-000-dollar-geldbusse-verurteilt-a2948833.html
256 https://www.aegis.at/wordpress/glyphosat/
257 https://www.gesundheitsstadt-berlin.de/mehr-als-10000-neue-tuberkulose-faelle-in-zwei-jahren-11921/
258 https://www.rki.de/SharedDocs/FAQ/Impfen/Tuberkulose/FAQ01.html
259 https://www.aerzteblatt.de/nachrichten/98152/Tuberkulose-bleibt-toedlichste-Infektionskrankheit-vor-Aids
260 https://www.gesundheitsforschung-bmbf.de/de/antibiotika-resistenzen-kleine-erreger-grosse-gefahr-3282.php
261 https://www.gesundheitsstadt-berlin.de/deutschland-hat-ein-tuberkulose-problem-bekommen-12292/
262 https://www.zeit.de/wissen/gesundheit/2019-08/tuberkulose-erkrankungen-therapie-infektion-antibiotika
263 https://www.faz.net/aktuell/gesellschaft/grossbritannien-golfkriegssyndrom-durch-impfung-moeglich-1102759.html
264 https://www.spiegel.de/gesundheit/diagnose/schweinegrippe-impfstoff-pandemrix-risiken-wurden-ignoriert-a-1229144.html
265 https://www.spiegel.de/wissenschaft/medizin/schutz-vor-schweinegrippe-kanzlerin-und-minister-sollen-speziellen-impfstoff-erhalten-a-655764.html
266 https://de.wikipedia.org/wiki/Lepra
267 https://www.stern.de/gesundheit/medizin/contergan--wie-der-skandal-in-brasilien-weitergeht-7128618.html
268 https://www.gesetze-bayern.de/Content/Document/Y-300-Z-BECKRS-B-2019-N-11855?hl=true&AspxAutoDetectCookieSupport=1
269 https://www.apotheke-adhoc.de/nachrichten/detail/politik/impfschaeden-rheinland-pfalz-zahlt-22-millionen/
270 https://www.zeit.de/wirtschaft/2013-08/hersteller-elektrogeraete-verschleiss
271 https://www.welt.de/wirtschaft/article165248634/Deutschlands-Innenstaedte-drohen-zu-veroeden.html
272 https://www.wiwo.de/unternehmen/auto/kritik-am-deutschen-nahverkehr-die-usa-und-china-haben-visionen-wir-haben-verbote/23216264.html

273 https://www.welt.de/newsticker/news1/article193468665/Arbeit-Speditionsbranche-warnt-wegen-eklatanten-Lkw-Fahrer-Mangels-vor-Versorgungskollaps.html
274 https://www.n-tv.de/wirtschaft/Logistik-sucht-60-000-Brummi-Fahrer-article21024586.html
275 https://www.stern.de/gesundheit/deutsche-werden-immer-dicker---besonders-die-maenner-8661228.html
276 https://www.bild.de/politik/inland/politik-inland/kuehnert-fantasiert-von-bmw-enteignung-wie-viel-ddr-steckt-in-der-spd-61635732.bild.html
277 https://www.spiegel.de/thema/abwrackpraemie/
278 https://www.auto-motor-und-sport.de/news/vw-dieselskandal-software-updates-probleme-partikelfilter-agr-ventil-erfahrungen-fakten/
279 https://www.focus.de/auto/news/abgas-skandal/ueberraschende-messungen-doppelter-tagesgrenzwert-soviel-feinstaub-schlucken-sie-in-der-u-bahn_id_8932224.html
280 https://www.badische-zeitung.de/abrieb-von-reifen-und-schuhsohlen-schadet-der-umwelt--print--156337177.html
281 https://www.zeit.de/sport/2019-07/kunstrasenplaetze-eu-verbot-mikroplastik-moegliche-schliessungen
282 https://www.welt.de/wissenschaft/article171836995/Wasserkreislauf-Mikroplastik-stoert-menschliche-Zellen-beim-Kommunizieren.html
283 https://www.aerzteblatt.de/forum/120300/Am-Arbeitsplatz-sind-950-Mikrogramm-NOx-8-h-am-Tag-40-h-die-Woche-zugelassen
284 https://www.ndr.de/fernsehen/sendungen/panorama3/Neue-Staatshilfen-fuer-Kreuzfahrtschiffe,kreuzfahrt698.html
285 https://www.n-tv.de/wirtschaft/Ostfriesland-will-wieder-selbst-Krabben-pulen-article20317438.html
286 https://www.abendblatt.de/hamburg/article225878369/BUND-Diesel-Fahrverbote-in-Hamburg-wirken.html
287 https://www.focus.de/auto/news/abgas-skandal/neue-fahrverbote-in-berlin-gruene-und-spd-wollen-auch-nagelneue-euro-6-diesel-verbieten_id_9728147.html
288 https://www.spiegel.de/wirtschaft/diesel-viele-gebrauchtwagen-werden-nach-osteuropa-weiterverkauft-a-1250313.html
289 https://www.zdf.de/nachrichten/heute/scheinbar-saubere-elektromobilitaet-100.html
290 https://www.focus.de/politik/deutschland/doppelmoral-beim-fliegen-liste-zeigt-beim-reisen-sind-die-gruenen-politiker-die-schlimmsten-umweltsuender_id_11016930.html
291 https://www.focus.de/politik/deutschland/versprecher-oder-unwissenheit-rohstoff-kobold-bei-ard-sommerinterview-leistet-sich-annalena-baerbock-ein-eigentor_id_10973026.html
292 https://www.achgut.com/artikel/klima_paniker_immer_doller/P20
293 https://www.spiegel.de/politik/deutschland/annalena-baerbock-zittern-von-angela-merkel-haengt-mit-klimawandel-zusammen-a-1274955.html
294 https://www.focus.de/auto/elektroauto/e-auto-batterie-viel-mehr-co2-als-gedacht_id_7246501.html
295 https://www.abendblatt.de/region/norderstedt/article226458921/Feuerwehr-kann-Elektroautos-nur-schwer-loeschen.html
296 https://www.welt.de/wirtschaft/elektrotechnik/article159793495/Bergung-von-Elektroautos-ist-lebensgefaehrlich-fuer-Retter.html
297 https://www.krone.at/2016843

298 https://www.welt.de/wirtschaft/article191661247/Fridays-for-Future-Was-Reisen-mit-der-CO2-Steuer-kosten-wuerde.html
299 https://www.chip.de/news/Nach-der-Pleite-von-Thomas-Cook-Aldi-ueberrascht-mit-krasser-Werbeaktion_174340030.html
300 http://www.bpb.de/apuz/183442/wohnungspolitik-seit-1945?p=all
301 http://www.goettinger-tageblatt.de/Thema/Specials/Goettinger-Zeitreise/Die-60er-Jahre-Wohnungsnot-und-Siedlungsbau
302 https://www.bild.de/regional/hamburg/hamburg-aktuell/mehr-als-40-000-hamburger-lebten-in-nissenhuetten-ihre-geschichten-60039314.bild.html
303 http://www.bamf.de/SharedDocs/Anlagen/DE/Downloads/Infothek/Statistik/Asyl/aktuelle-zahlen-zu-asyl-februar-2019.pdf?__blob=publicationFile
304 https://www.boeckler.de/112132_113590.htm
305 https://www.faz.net/aktuell/wirtschaft/wohnen/bauen/zu-wenig-handwerker-fuer-den-bau-wegen-fachkraeftemangel-15734246.html
306 https://de.wikipedia.org/wiki/Vonovia
307 https://www.sueddeutsche.de/wirtschaft/vonovia-deutsche-wohnen-berlin-1.4401340
308 https://www.tagesschau.de/inland/faq-enteignung-immobilien-101.html
309 https://www.focus.de/immobilien/bauen/trotz-wohnungsnot-experte-fordert-jetzt-bauscham-weil-bauen-dem-klima-schadet_id_11185027.html
310 https://www.welt.de/vermischtes/article190304483/Hambacher-Forst-Wer-hat-die-Baeume-gefaellt-Und-woher-kommen-die-Baumhaeuser.html
311 https://www.neopresse.com/wirtschaft/enthuellt-friedrich-merz-und-der-mietwucher-wie-der-kandidat-mit-blackrock-am-mietelend-geld-verdient/
312 http://norberthaering.de/de/27-german/news/1032-ruegemer-blackrock
313 https://www.zdf.de/politik/frontal-21/kandidat-friedrich-merz-100.html
314 https://www.spiegel.de/wirtschaft/soziales/friedrich-merz-warum-er-nicht-zur-mittelschicht-gehoert-a-1238635.html
315 https://www.n-tv.de/wirtschaft/Die-Cum-Ex-Connections-von-Friedrich-Merz-article20713486.html
316 https://www.focus.de/digital/games/hirnforscher_aid_119699.html
317 https://www.focus.de/familie/schule/krimalhauptkommissarin-zu-gewalt-an-schulen-wenn-schueler-zu-taetern-werden-kriminalitaet-an-deutschen-schulen-dramatisch-gestiegen_id_9808369.html
318 https://www.tagesspiegel.de/berlin/computerspiele-sucht-kinder-zocken-immer-mehr-und-geben-dabei-viel-geld-aus/24064682.html
319 https://www.tagesschau.de/ausland/tornados-jemen-101.html
320 https://www.aerzteblatt.de/nachrichten/99724/Mehr-als-70-000-Tote-und-Verletzte-im-Jemen
321 https://www.spiegel.de/politik/ausland/ruestungsexporte-berlin-genehmigt-waffenlieferungen-an-jemen-kriegsparteien-a-1262477.html
322 https://www.handelsblatt.com/politik/deutschland/waffenausfuhren-deutschland-exportiert-wieder-mehr-ruestungsgueter-grossteil-geht-nach-ungarn/24580140.html?ticket=ST-23932628-Nfx9D6lQq9r1c4BV9JqR-ap2
323 https://www.deutschlandfunk.de/ausruestungsprobleme-die-bundeswehr-drueckt-der-schuh.1766.de.html?dram:article_id=457441
324 https://www.n-tv.de/politik/Macron-bringt-Elitesoldaten-in-Stellung-article20919360.html

325 https://www.spiegel.de/politik/ausland/deutsch-franzoesische-freundschaft-der-vertrag-von-aachen-a-1249058.html
326 https://www.tagesschau.de/ausland/ruestungsausgaben-sipri-101.html
327 https://taz.de/Nach-schwerem-Unfall-in-Berlin/!5621031/
328 https://www.aerzteblatt.de/archiv/40288/Zappelphilipp-und-ADHS-Von-der-Unart-zur-Krankheit
329 https://www.sueddeutsche.de/gesundheit/medizin-schnelle-ritalinpille-fuer-den-zappelphilipp-1.4015592
330 https://www.welt.de/wirtschaft/article126428625/Erstmals-seit-20-Jahren-weniger-Ritalin-verordnet.html
331 https://www.wunderweib.de/suizid-unter-schuelern-30-prozent-mehr-bei-schulstart-108980.html
332 https://www.allergieinformationsdienst.de/krankheitsbilder/neurodermitis/verbreitung.html
333 https://www.scheidung.org/scheidungsstatistik/
334 https://www.vdk.de/deutschland/pages/themen/74723/alleinerziehende_und_aeltere_sind_besonders_von_armut_bedroht
335 https://www.zeit.de/2018/32/patchworkfamilien-eltern-kinder-scheidung-trennung
336 https://www.eltern.de/patchwork-familie
337 https://www.spiegel.de/panorama/gesellschaft/adoption-dank-ehe-fuer-alle-schwules-paar-aus-berlin-adoptiert-kind-a-1172258.html
338 https://www.familie.de/kinderwunsch/wunschbaby-leihmutter-probleme-546832.html
339 https://www.mimikama.at/allgemein/familienministerium-vater-mutter/
340 https://www.nachhaltigkeitsrat.de/wp-content/uploads/migration/documents/RNE_Visionen_2050_Band_2_texte_Nr_38_Juni_2011.pdf
341 https://www.nachhaltigkeitsrat.de/ueber-den-rat/mitglieder/
342 https://www.welt.de/debatte/kolumnen/Maxeiner-und-Miersch/article13578319/Bis-2050-wird-der-Normalbuerger-abgeschafft.html
343 https://www.freiewelt.net/nachricht/die-vision-die-merkel-bewegt-10072711/
344 https://www.diepresse.com/4896893/streit-um-das-tagebuch-der-anne-frank
345 https://www.wuv.de/marketing/haribo_polarisiert_ohne_bully_herbig
346 https://www.haribo.com/deDE/unternehmen/aktuelles/news/news/7682/title/haribo-erweckt-mit-neuer-tv-kampagne-das-kind-in-uns-zum-leben.html
347 https://www.n-tv.de/panorama/Edeka-Werbespot-loest-Shitstorm-aus-article21010510.html
348 https://www.spiegel.de/panorama/gesellschaft/ein-jahr-metoo-was-wurde-aus-harvey-weinstein-a-1231827.html
349 https://www.bild.de/unterhaltung/tv/neues-supertalent-pupst-beethovens-fuenfte-live-in-rtl-10060378.bild.html
350 https://de.wikipedia.org/wiki/Tittytainment
351 https://kenfm.de/das-tittytainment-programm/
352 https://www.konjunktion.info/2015/02/russland-zbigniew-brzezinski-der-mann-hinter-dem-ukraine-konflikt/
353 https://www.waz.de/wirtschaft/tiefer-graben-zwischen-arm-und-reich-id216255971.html
354 https://www.oxfam.de/ueber-uns/aktuelles/2017-01-16-8-maenner-besitzen-so-viel-aermere-haelfte-weltbevoelkerung
355 https://dgvn.de/meldung/indikatoren-der-un-nachhaltigkeits-ziele-die-agenda-2030-und-die-situation-in-deutschland/

356 https://www.spiegel.de/wirtschaft/unternehmen/amazon-bezahlt-keine-steuern-auf-multimilliarden-gewinn-a-1253643.html
357 https://www.welt.de/wirtschaft/webwelt/article190209973/Digitalsteuer-fuer-Amazon-und-Co-ist-gescheitert.html
358 https://www.handelszeitung.ch/invest/weltweite-verschuldung-explodiert-nicht-nur-wegen-den-usa
359 https://www.mopo.de/hamburg/politisch-korrekter-fasching-hamburger-kita-verbietet-indianer-kostueme--32163248
360 https://www.welt.de/kultur/literarischewelt/article116303210/Kleine-Hexe-Aus-Negerlein-werden-Messerwerfer.html
361 https://www.bild.de/ratgeber/gesundheit/gesundheit/maennlich-weiblich-divers-wie-viele-geschlechter-gibt-es-eigentlich-60463570.bild.html
362 https://www.ndr.de/kultur/kulturdebatte/Gendergerechte-Sprache-Ein-Muss-oder-Unfug,gender178.html
363 https://www.zaronews.world/zaronews-presseberichte/jetzt-wirds-spannend-muslime-gegen-gender/
364 https://www.antidiskriminierungsstelle.de/SharedDocs/Downloads/DE/Literatur_Bildung/Fruehkindliche_Inklusionspaedagogik.pdf?__blob=publicationFile&v=6
365 https://www.apotheken-umschau.de/Scham
366 https://www.tagesspiegel.de/politik/immer-mehr-betroffene-spd-will-regierungsbeauftragten-fuer-einsamkeit/24304762.html
367 https://iftcc.org/de/resource/transsexualitaet-seit-fuenfzig-jahren/
368 https://www.thepublicdiscourse.com/2015/04/14688/
369 https://www.bild.de/lgbt/2018/lgbt/unisex-verfechterin-cline-dion-entwirft-genderneutrale-kindermode-58508188.bild.html
370 https://www.freiewelt.net/interview/grundschulkinder-interessieren-sich-nicht-fuer-sexuelle-vielfalt-17953/
371 https://www.epochtimes.de/wissen/gesellschaft/gender-mainstreaming-und-die-rolle-der-uno-teil-1-a2353160.html
372 https://www.deutschlandfunkkultur.de/paritaetswahlgesetz-die-haelfte-des-bundestags-fuer-frauen.1005.de.html?dram:article_id=432818
373 https://www.dijg.de/gender-mainstreaming/dale-o-leary-agenda-konzept-hintergrund/
374 https://www.zeit.de/2017/14/schulabschluss-abitur-angestiegen-verfall
375 https://www.zeit.de/gesellschaft/schule/2016-12/pisa-studie-2015-naturwissenschaften
376 https://www.welt.de/geschichte/article167232843/Wie-Benedikt-XV-den-Ersten-Weltkrieg-beenden-wollte.html
377 https://www.welt.de/geschichte/article190255871/Versailler-Vertrag-Rachsuechtiges-Diktat-Der-Frieden-den-niemand-wollte.html
378 https://www.historisches-lexikon-bayerns.de/Lexikon/Versailler_Vertrag,_1919/20
379 https://www.welt.de/welt_print/article4001523/Ein-nur-gut-gemeinter-Frieden.html
380 https://www.spiegel.de/spiegelspecial/a-296153.html
381 https://www.welt.de/debatte/kommentare/article123516387/Warum-Deutschland-nicht-allein-schuld-ist.html
382 Verborgene Geschichte, Gerry Docherty u. Jim Macgregor, KOPP, 3. Auflage, S. 17.
383 Fassadendemokratie und Tiefer Staat, Ulrich Mies, Jens Wernicke (Hg.), Promedia Verlag, 2016, S. 131.

384 Ebenda.
385 https://www.zeit.de/wissen/geschichte/2010-10/weltkrieg-schulden-deutschland
386 https://www.zeit.de/politik/ausland/2019-04/reparationen-polen-zweiter-weltkrieg-forderungen-deutschland-entschaedigung
387 https://meedia.de/2014/04/29/unseren-taeglichen-hitler-gib-uns-heute-jeden-tag-zwei-hitler-dokus-im-tv/
388 https://www.dw.com/de/un-akten-enth%C3%BCllen-neue-details-%C3%BCber-den-holocaust/a-38511865
389 https://www.stern.de/panorama/weltgeschehen/holocaust--die-alliierten-wussten-viel-frueher-bescheid--als-sie-zugaben-7416684.html
390 https://www.welt.de/geschichte/zweiter-weltkrieg/article167948937/Warum-die-Alliierten-Auschwitz-nicht-bombardierten.html
391 https://www.welt.de/print-welt/article667422/26-April-1945.html
392 https://de.wikipedia.org/wiki/Alfred_Kantorowicz
393 https://www.nw.de/kultur_und_freizeit/literatur/literatur/22051719_Historiker-David-Motadel-Hitler-war-vom-Islam-fasziniert.html
394 https://www.independent.co.uk/news/world/world-history/holocaust-allied-forces-knew-before-concentration-camp-discovery-us-uk-soviets-secret-documents-a7688036.html
395 Eva Schweitzer: Amerika und der Holocaust, Knaur, 2004, Klappentext.
396 https://de.wikipedia.org/wiki/Antony_C._Sutton
397 Eva Schweitzer: S. 234 und S. 367.
398 https://www.vice.com/en_uk/article/mv5393/the-uk-government-are-opening-thousands-of-secret-files-to-the-public
399 https://www.theguardian.com/politics/2013/oct/18/foreign-office-historic-files-secret-archive
400 https://rp-online.de/nrw/staedte/wesel/ex-major-des-us-army-forscht-zu-rheinwiesenlagern-bei-wesel-buederich_aid-38203233
401 http://www.pi-news.net/2018/01/sigmar-gabriel-tuerken-haben-deutschland-aufgebaut/
402 https://www.faz.net/aktuell/feuilleton/debatten/integration/gastarbeiter-die-kunst-des-missverstehens-11502703.html
403 https://juergenfritz.com/2017/07/23/wie-die-tuerken-nach-deutschland-kamen/
404 https://www.sibilla-egen-schule.de/konflikt/irak/irak2.htm
405 http://www.taz.de/!5167164/
406 https://www.nachdenkseiten.de/?p=33128
407 https://www.n-tv.de/politik/Der-Irak-die-Luege-und-die-bitteren-Folgen-article20408584.html
408 https://de.wikipedia.org/wiki/Julian_Assange
409 https://www.tagesschau.de/multimedia/video/video-533715.html
410 https://www.bento.de/politik/krieg-barack-obama-ist-der-us-praesident-mit-den-meisten-kriegstagen-a-00000000-0003-0001-0000-000000567071
411 https://www.bundestag.de/dokumente/textarchiv/2016/kw50-de-drohnenkrieg-484770
412 https://www.lto.de/recht/hintergruende/h/ovg-muenster-drohnen-usa-ramstein-militaer-toetungen-jemen-grundgesetz-voelkerrecht/
413 https://www.zeit.de/2017/06/universitaet-greifswald-namenspatron-ernst-moritz-arndt
414 https://www.focus.de/wissen/mensch/geschichte/nationalsozialismus/emil-nolde-sollten-die-bilder-des-nazi-malers-aus-den-museen-fliegen_id_10580771.html

415 https://www.bild.de/regional/hamburg/hamburg-aktuell/nazi-debatte-zum-trotz-schulministerin-haengt-sich-nolde-in-ihr-buero-61193508.bild.html
416 https://www.tagesspiegel.de/politik/iran-steinmeier-schickte-glueckwuensche-zum-jahrestag-der-islamischen-revolution/24022434.html
417 https://www.cicero.de/innenpolitik/nach-trumps-wahlsieg-steinmeier-ausser-rand-und-band
418 https://www.mz-web.de/politik/tochter-des-bundespraesidenten-diese-verbindung-hat-merit-steinmeier-nach-leipzig-25722682
419 https://www.sueddeutsche.de/politik/bundespraesident-tadel-fuer-das-staatsoberhaupt-1.4115596
420 https://www.welt.de/kultur/article170684267/Wie-Steinmeier-das-dunkle-Erbe-seiner-Dienstvilla-aufarbeiten-will.html#Comments
421 https://www.focus.de/wissen/mensch/geschichte/zweiter-weltkrieg/horrorgeschichte-die-dunkle-vergangenheit-von-steinmeiers-praesidentenvilla_id_7483303.html
422 https://www.zeit.de/2016/32/adolf-hitler-familie-wagner-bayreuth-film/seite-2
423 https://www.infranken.de/regional/bayreuth/bayreuther-festspiele-2019-merkel-soeder-aigner-co-schwitzen-auf-rotem-teppich-promis-faechern-tropenhitze-weg;art213,4354121
424 http://www.spiegel.de/spiegel/print/d-46369359.html
425 https://www.zeit.de/2014/24/blutdruck-cholesterin-grenzwerte/seite-2
426 https://www.tagesspiegel.de/berlin/bluthochdruck-oft-schnellen-die-werte-nur-wegen-der-aufregung-beim-arztbesuch-nach-oben/21057638-2.html
427 https://www.mdr.de/wissen/umwelt/antibiotika-resistenzen-in-abwaessern-100.html
428 https://www.welt.de/newsticker/dpa_nt/infoline_nt/brennpunkte_nt/article183345652/33-000-Tote-jaehrlich-durch-resistente-Keime-allein-in-Europa.html
429 https://www.ksta.de/kultur/tsunami-in-zeitlupe-arte-doku-beleuchtet-bedrohung-durch-antibiotika-resistente-keime-32233192
430 https://www.ndr.de/ratgeber/gesundheit/Antibiotika-Forschung-Warum-Unternehmen-aussteigen,antibiotika586.html
431 https://www.tagesschau.de/inland/krankenhaeuser-qualitaet-101.html
432 https://kenfm.de/tagesdosis-4-4-2019-ein-us-militaerkrankenhaus-der-superlative-fuer-weilerbach/
433 https://www.deutschlandfunk.de/medizin-die-untoten.740.de.html?dram:article_id=305199
434 https://www.bundesgesundheitsministerium.de/gzso.html
435 https://netzfrauen.org/2016/10/30/organhandel/
436 https://anfdeutsch.com/aktuelles/organmafia-beutet-fluechtlinge-in-der-tuerkei-aus-10037
437 https://www.epochtimes.de/meinung/gastkommentar/nie-wieder-organspende-renate-greinert-ueber-die-organentnahme-bei-ihrem-sohn-christian-a2867484.html
438 https://www.wsws.org/de/articles/2012/07/orga-j05.html
439 https://www.tagesspiegel.de/wissen/mischwesen-aus-mensch-und-tier-japan-erlaubt-chimaeren-experimente-fuer-organzucht/24855836.html
440 https://www.stern.de/panorama/wissen/mensch/uebergewichtige-kinder-generation-xxl-3074742.html
441 https://www.welt.de/wirtschaft/article178277048/Studie-zu-Kinderarmut-Arbeiten-nicht-beide-Eltern-reicht-es-fuer-viele-Familien-kaum-zum-Leben.html
442 https://www.welt.de/regionales/hamburg/article106330282/Der-Tag-an-dem-die-RAF-Axel-Springer-angriff.html
443 https://de.wikipedia.org/wiki/Mindestumtausch

444 https://www.merkur.de/wirtschaft/steuergesetze-wie-bankgeheimnis-abgeschafft-wurde-8458439.html
445 https://www.welt.de/wirtschaft/article188801967/Bargeld-Abschaffung-erodiert-Vertrauen-in-den-Staat.html
446 https://www.heise.de/newsticker/meldung/China-schafft-digitales-Punktesystem-fuer-den-besseren-Menschen-3983746.html
447 https://www.mobilegeeks.de/news/implantierte-rfid-chips-in-schweden-mehr-als-nur-ein-trend/
448 https://www.welt.de/wirtschaft/article197006211/Neuralink-Elon-Musk-pflanzt-kuenstliche-Intelligenz-ins-Gehirn.html
449 https://winfuture.de/news,106985.html
450 https://www.zeit.de/1993/29/diese-freundlichkeit-die-bedrueckt-einen-schon
451 https://www.focus.de/familie/kind/keine-kinder-wegen-der-umwelt-jetzt-legt-die-lehrerin-nach-mit-steilen-thesen_id_10421302.html
452 https://www.focus.de/politik/experten/bkelle/gastbeitrag-von-birgit-kelle-lehrerin-fordert-kinder-verzicht-fuers-klima-das-antwortet-eine-vierfache-mutter_id_10436016.html
453 https://de.wikipedia.org/wiki/Club_of_Rome
454 https://www.zeit.de/gesellschaft/zeitgeschehen/2016-09/club-of-rome-ein-kind-politik-industrielaender
455 https://de.wikipedia.org/wiki/Ein_Prozent_ist_genug#cite_note-zeit-1
456 https://www.focus.de/gesundheit/ratgeber/maenner/sperma-immer-mehr-maenner-sind-zeugungsunfaehig-mit-dramatischen-folgen_id_10142767.html
457 https://www.spiegel.de/panorama/gesellschaft/katholische-kirche-in-deutschland-studie-zaehlt-3677-missbrauchsopfer-a-1227688.html
458 https://data.worldbank.org/indicator/SP.DYN.TFRT.IN
459 https://de.wikipedia.org/wiki/Niger
460 https://de.wikipedia.org/wiki/Sudan
461 https://www.welt.de/politik/ausland/article134717757/Papst-nennt-Europa-eine-unfruchtbare-Grossmutter.html
462 https://www.domradio.de/themen/papst-franziskus/2017-08-21/papst-franziskus-legt-programm-zum-umgang-mit-migranten-vor
463 https://katholisches.info/2018/08/27/freimaurer-diktieren-masseneinwanderung/
464 https://katholisches.info/2019/01/09/alle-freimaurer-der-welt-schliessen-sich-dem-aufruf-des-papstes-an/
465 https://www.welt.de/kultur/article172838753/Vaterunser-Deutsche-Bischoefe-widersprechen-Papst.html
466 https://www.die-tagespost.de/kirche-aktuell/online/Kardinal-Sarah-Gott-wollte-keine-Migration;art4691,197008
467 https://www.youtube.com/watch?v=kijsdWL09LQ
468 https://www.stern.de/politik/ausland/schweden--liberale-fordern-legalisierung-von-inzest-und-ne-k-ro-phi-lie--6717384.html
469 https://www.focus.de/politik/deutschland/er-muss-weg-gruenen-politiker-stroebele-will-inzest-paragrafen-abschaffen_aid_736743.html
470 https://www.faz.net/aktuell/politik/inland/daniel-cohn-bendits-paedophile-aeusserungen-und-traeume-12164560.html

471 https://www.compact-online.de/endlich-schwedischer-professor-empfiehlt-kannibalismus-gegen-klimawandel/
472 https://www.spiegel.de/spiegel/print/d-17871172.html
473 http://www.pi-news.net/2017/05/europas-kinderlose-politiker/
474 https://www.spiegel.de/netzwelt/web/alexa-gespraeche-warum-amazon-auch-babygeschrei-notiert-a-1262678.html
475 https://netzpolitik.org/2018/ecall-verpflichtend-eingebaute-sim-karten-nun-in-jedem-neuwagen/
476 https://www.zentrum-der-gesundheit.de/handy-strahlung-krebs-ia.html
477 https://www.t-online.de/digital/smartphone/id_85555326/5g-netz-versuche-in-genf-und-bruessel-wegen-strahlung-gestoppt.html
478 https://www.finews.ch/news/banken/33223-genfer-banken-die-grosse-wette-auf-die-nachhaltigkeit
479 https://www.spiegel.de/spiegel/print/d-8680123.html
480 https://www.youtube.com/watch?v=jzAzdp9G1WU
481 http://www.eaec-de.org/Europaparlament.html
482 https://www.krone.at/571278
483 https://www.tagesspiegel.de/gesellschaft/mobilfunk-wie-gesundheitsschaedlich-ist-5g-wirklich/23852384.html
484 https://www.focus.de/digital/dldaily/naechste-mobilfunkgeneration-scheuer-will-5g-ausbau-mit-ampeln-und-laternenmasten-vorantreiben_id_11062950.html
485 https://www.tagesschau.de/inland/5g-gefahren-115.html
486 https://www.welt.de/wirtschaft/article175842986/Steuerlast-Nur-ein-Land-verlangt-noch-hoehere-Steuerbeitraege-von-den-Buergern.html
487 https://www.morgenpost.de/flughafen-BER/article216858873/Flughafen-BER-seit-2500-Tagen-nicht-eroeffnet.html
488 https://www.spiegel.de/wirtschaft/soziales/flughafen-berlin-brandenburg-wie-realistisch-ist-ein-ber-abriss-a-1199612.html
489 https://www.spiegel.de/wirtschaft/soziales/flughafen-berlin-brandenburg-ber-kosten-steigen-auf-7-3-milliarden-euro-a-1195101.html
490 https://www.welt.de/politik/deutschland/article157812853/Die-komplette-Hamsterkauf-Liste-fuer-den-Notfall.html
491 https://www.wiwo.de/politik/deutschland/140-millionen-euro-fuer-eine-geisterstadt-bundeswehr-baut-sich-eigene-stadt-fuer-orts-und-haeuserkampf/20253124.html
492 https://www.welt.de/politik/deutschland/article164488462/Regierung-will-eigene-Gebaeude-besser-gegen-Angriffe-schuetzen.html
493 https://www.spiegel.de/politik/deutschland/reichstag-graben-fuer-mehr-schutz-geplant-a-1277938.html
494 https://www.abendblatt.de/region/norderstedt/article106882401/Itzstedter-kaempfen-fuer-einen-sicheren-Schulweg.html
495 https://www.abendblatt.de/region/norderstedt/article107008990/Sie-wollen-keine-neue-Lehrerin.html
496 https://www.tagesschau.de/inland/gewalt-gegen-lehrer-101.html
497 „Wenn Lehrer schlagen – Die verschwiegene Gewalt an unseren Schulen" von Angelika Bachmann u. Patricia Wolf, 1. Aufl., 2007, S. 127.
498 https://www.lexm.uni-hamburg.de/object/lexm_lexmperson_00002119

499 https://www.spiegel.de/panorama/justiz/antisemitismus-zahl-der-vorfaelle-2018-deutlich-gestiegen-a-1265302.html
500 https://de.wikipedia.org/wiki/B%E2%80%99nai_B%E2%80%99rith
501 https://www.audiatur-online.ch/2019/04/05/wir-verzweifeln-franzoesische-juden-fuehlen-sich-von-regierung-und-gesellschaft-im-stich-gelassen/
502 https://www.manager-magazin.de/unternehmen/personalien/brexit-investment-legende-george-soros-hat-auf-das-pfund-gesetzt-a-1100037-2.html
503 https://de.wikipedia.org/wiki/George_Soros
504 https://www.theeuropean.de/eckhard-kuhla/12543-das-geheime-netzwerk-von-soros
505 https://fassadenkratzer.wordpress.com/2016/04/28/das-netzwerk-des-george-soros-fuer-grenzenlose-migration-in-europa/
506 https://www.br.de/nachrichten/bayern/gewalt-gegen-rettungskraefte-das-sagen-die-zahlen,RFEiEx2
507 https://newspunch.com/wikileaks-soros-vatican-coup/
508 https://www.heise.de/newsticker/meldung/5G-Auktion-geht-bei-5-4-Milliarden-in-die-Osterpause-4402049.html
509 https://www.saarbruecker-zeitung.de/nachrichten/politik/topthemen/klimaschutz-goering-eckardt-sieht-in-greta-thunberg-prophetin_aid-37541857
510 https://www.bild.de/politik/inland/politik-inland/klima-demos-wie-palmsonntag-erzbischof-vergleicht-greta-mit-jesus-61229224.bild.html
511 https://bibeltext.com/matthew/7-15.htm
512 https://www.spiegel.de/wirtschaft/unternehmen/christine-lagarde-gericht-spricht-iwf-chefin-der-fahrlaessigkeit-schuldig-a-1126512.html
513 https://www.noz.de/deutschland-welt/politik/artikel/1710576/nun-auch-beim-papst-greta-thunberg-und-die-prominenten
514 https://www.spiegel.de/lebenundlernen/schule/greta-thunberg-fuer-friedensnobelpreis-nominiert-a-1257871.html
515 https://correctiv.org/faktencheck/wirtschaft-und-umwelt/2019/08/12/ja-greta-thunberg-ist-laut-ihrem-vater-eine-nachfahrin-von-svante-arrhenius
516 https://www.theguardian.com/world/2019/mar/11/greta-thunberg-schoolgirl-climate-change-warrior-some-people-can-let-things-go-i-cant
517 https://de.wikipedia.org/wiki/Forschungsgeschichte_des_Klimawandels
518 https://www.tichyseinblick.de/meinungen/das-leben-der-greta/
519 https://www.welt.de/vermischtes/article188389013/Kritik-an-Deutschland-Greta-Thunberg-findet-Kohleabkommen-absurd.html
520 https://www.youtube.com/watch?v=ZjeEjhH7V8w
521 https://www.mimikama.at/allgemein/greta-rothschild-boot/
522 https://rp-online.de/politik/ausland/greta-thunberg-atlantik-ueberfahrt-ist-umweltschaedlicher-als-flug-in-die-usa_aid-45115407
523 https://www.youtube.com/watch?v=QIMXerHaSsU
524 https://www.abendblatt.de/hamburg/article227016737/Boris-Herrmann-Greta-war-als-Einzige-nie-seekrank.html
525 https://www.welt.de/print/welt_kompakt/vermischtes/article189470855/Fliegen-muss-teurer-werden.html

526 https://www.cicero.de/wirtschaft/zw%C3%B6lf-millionen-f%C3%BCr-g%C3%B6ring/38290
527 https://www1.wdr.de/nachrichten/westfalen-lippe/interview-carla-reemtsma-klimaschutz-100.html
528 https://www.freiewelt.net/nachricht/greta-thunbergs-deutsche-organisatorin-wird-von-george-soros-finanziert-10077715/
529 https://www.t-online.de/region/berlin/news/id_86579900/jutta-ditfurth-bewertet-extinction-rebellion-als-sekte-.html
530 https://sciencefiles.org/2019/10/07/extinction-rebellion-teil-eines-aktivistensumpfes-mit-gesellschaftlichem-umsturz-als-ziel/
531 https://www.spiegel.de/thema/sexueller_missbrauch_in_der_katholischen_kirche/
532 https://www.merkur.de/politik/sie-wissen-dass-dies-ueberall-passiert-papst-franziskus-aeussert-sich-zu-missbrauchsvorwuerfen-zr-10274476.html
533 https://www.bunte.de/stars/leonardo-dicaprio-sein-bruder-macht-ihm-schwere-vorwuerfe.html
534 https://www.merkur.de/politik/greta-thunberg-wie-camping-auf-einer-achterbahn-kritik-an-usa-fluegen-ihrer-crew-zr-12914106.html
535 https://www.tagesspiegel.de/gesellschaft/reich-und-schoen-beim-google-camp-die-welt-retten-jedenfalls-am-vormittag/24858446.html
536 https://www.faz.net/aktuell/gesellschaft/menschen/google-camp-mit-den-privatjets-zum-klimagipfel-16322374.html
537 https://www.n-tv.de/leute/Katy-Perry-schockt-mit-Suizidgedanken-article19885172.html
538 https://de.wikipedia.org/wiki/Meeresspiegelanstieg_seit_1850
539 https://www.bazonline.ch/wissen/natur/diese-forscher-haben-eine-politische-agenda/story/29438610
540 https://www.worldpropertyjournal.com/featured-columnists/celebrity-homes-column-al-gore-tipper-gore-oprah-winfrey-michael-douglas-christopher-lloyd-fred-couples-nicolas-cage-peter-reckell-kelly-moneymaker-2525.php
541 http://www.gegenwind-saarland.de/Presse/100905-HB---Das-Milliardengeschaeft-mit-dem-Abgas-Handel.pdf
542 https://www.focus.de/panorama/welt/topverdienst-nach-politik-al-gore-verdient-75-millionen-euro-im-monat_aid_984951.html
543 https://www.spiegel.de/wissenschaft/natur/streit-um-unterrichtsmaterial-gericht-zaehlt-fehler-in-gores-klimafilm-auf-a-510794.html
544 https://www.eike-klima-energie.eu/2018/10/28/gore-gibt-zu-der-ipcc-klimareport-war-aufgemotzt-um-aufmerksamkeit-zu-erregen/
545 https://www.welt.de/debatte/kommentare/article13466483/Die-CO2-Theorie-ist-nur-geniale-Propaganda.html
546 https://www.welt.de/print/die_welt/debatte/article13468245/Die-grosse-Luftnummer.html
547 https://www.tichyseinblick.de/daili-es-sentials/500-wissenschaftler-erklaeren-es-gibt-keinen-klimanotfall/
548 https://www.eike-klima-energie.eu/2010/01/20/nur-00004712-prozent-bund-aktivist-weiss-nicht-wieviel-co2-von-deutschland-in-die-luft-abgegeben-wird/
549 https://www.spiegel.de/wissenschaft/natur/erdorbit-veraenderungen-loesten-extremen-klimawandel-aus-a-825973.html
550 https://www.horizonworld.de/inuit-es-gibt-keinen-klimawandel-sondern-die-erde-ist-leicht-gekippt/
551 https://www.swr.de/swr2/wissen/klimaschaedlicher-reisanbau,article-swr-19602.html

552 https://de.wikipedia.org/wiki/Schaumweinsteuer

553 https://wetter.tagesschau.de/wetterthema/2019/02/20/die-wettermacher.html

554 https://www.sueddeutsche.de/wissen/geoengineering-klimawandel-klimaschutz-1.4363742

555 https://praxistipps.focus.de/was-ist-haarp-einfach-erklaert_98472

556 https://de.statista.com/statistik/daten/studie/157767/umfrage/anzahl-der-geplanten-atomkraftwerke-in-verschiedenen-laendern/ Stand: 25.07.2019

557 https://www.handelsblatt.com/unternehmen/energie/energiepolitik-deutschland-treibt-den-ausstieg-voran-doch-weltweit-boomt-die-kohle/23141178.html

558 https://www.focus.de/finanzen/news/konjunktur/weil-keine-busse-mehr-fahren-gruenen-politikerin-will-esel-taxis-einfuehren_id_8375556.html

559 https://www.neues-deutschland.de/artikel/1123027.haustiere-lasst-uns-die-koeter-abschaffen.html

560 https://www.epochtimes.de/politik/europa/raetsel-um-brandursache-von-notre-dame-de-paris-video-aufnahmen-beweisen-person-auf-kirchendach-a2861884.html

561 https://de.wikipedia.org/wiki/Emmanuel_(Glocke)

562 https://www.welt.de/politik/ausland/article168013167/Franzosen-aergern-sich-ueber-Macrons-Make-up-Kosten.html

563 https://www.bild.de/news/ausland/news-ausland/notre-dame-in-flammen-es-gibt-menschen-die-sich-darueber-freuen-61320412.bild.html

564 https://katholisches.info/2019/07/27/freimaurer-notre-dame-soll-profaniert-und-zum-kulturtempel-werden/

565 http://www.spiegel.de/politik/deutschland/christentum-und-islam-die-unterwerfung-kolumne-a-1120073.html

566 https://www.geolitico.de/2014/06/29/koerperliche-selbstentfremdung/

567 https://www.heimatliebe-onlineshop.de/heimatliebe-kollektion

568 https://de.wikipedia.org/wiki/Patriotismus

569 https://www.berliner-kurier.de/berlin/kiez---stadt/erkennt-man-so-nazi-eltern--kita-broschuere-sorgt-fuer-empoerung-31670196

570 https://www.zeit.de/wirtschaft/unternehmen/2019-10/pariser-fashion-week-nachhaltigkeit-labels-modewoche

571 https://vera-lengsfeld.de/2019/02/13/anetta-kahane-alias-im-victoria-die-perfekte-weichzeichnerin-in-eigener-sache/

572 http://dip21.bundestag.de/dip21/btd/19/052/1905270.pdf

573 http://www.ostsee-zeitung.de/Nachrichten/MV-aktuell/2000-Windraeder-in-Mecklenburg-Vorpommern-Todesfalle-fuer-Insekten

574 https://www.zeit.de/wirtschaft/unternehmen/2019-10/pariser-fashion-week-nachhaltigkeit-labels-modewoche

575 https://www.tichyseinblick.de/wirtschaft/hans-werner-sinn-vernichtendes-urteil-ueber-energiewende/

576 https://www.gruene-niedersachsen.de/was-ist-glyphosat/

577 https://www.welt.de/wirtschaft/article196263951/Oesterreich-beschliesst-Totalverbot-von-Unkrautvernichter-Glyphosat.html

578 https://deutsch.rt.com/inland/78235-glyphosat-minister-schmidt-wechselt-in-aufsichtsrat-db-groesster-verbraucher-glyphosat/

579 https://www.ostsee-zeitung.de/Vorpommern/Suedvorpommern/Bundeswehr-statt-Glyphosat-100-Soldaten-entfernen-Unkraut-in-Ueckermuende

580 https://www.tagesspiegel.de/wirtschaft/konzern-in-geldnot-gewinn-der-deutschen-bahn-sinkt-um-30-prozent/24154716.html

581 https://www.sueddeutsche.de/wirtschaft/gruene-bahn-flugzeug-co2-1.4535496

582 https://www.deutschlandfunk.de/nord-und-ostsee-tickende-zeitbomben-auf-dem-meeresgrund.697.de.html?dram:article_id=386332

583 https://de.sputniknews.com/gesellschaft/20160914312539610-frieder-wagner-deadly-dust-todesstaub/

584 https://www.welt.de/gesundheit/article173224341/Uran-Munition-Wie-schlimm-sind-die-gesundheitlichen-Folgen.html#Comments

585 https://de.wikipedia.org/wiki/Georgia_Guidestones

586 https://www.tagesschau.de/ausland/elfter-september-jahrestag-101.html

587 https://www.youtube.com/watch?v=vQKYegj6S-4

588 https://www.derstandard.at/story/725276/new-york-beutekunst--archiv-der-us-zollbehoerde-ist--zerstoert

589 https://de.wikipedia.org/wiki/World_Trade_Center

590 https://www.focus.de/politik/ausland/moore-hatte-recht_aid_92980.html

591 https://www.mopo.de/hamburg/politik/15-jahre-danach-9-11--der-terror-kam-aus-hamburg-24721582

592 https://www.welt.de/politik/ausland/article124737933/Fotos-von-Bin-Ladens-Leiche-wurden-vernichtet.html

593 https://www.cbsnews.com/news/obama-on-bin-laden-the-full-60-minutes-interview/

594 https://www.spiegel.de/panorama/justiz/freude-ueber-bin-ladens-tod-wie-ein-richter-merkel-zur-raeson-bringen-will-a-761166.html

595 https://www.spiegel.de/politik/ausland/attentaeter-von-paris-was-wir-ueber-die-terroristen-wissen-a-1063031.html

596 https://www.focus.de/politik/videos/demokratie-ist-nur-der-zug-auf-den-wir-aufsteigen-ein-zitat-erdogans-von-1998-ist-heute-aktueller-denn-je_id_5742865.html

597 http://www.christenverfolgung.org/

598 Senatsverwaltung für Inneres und Sport, Verfassungsschutzbericht 2015, Pressefassung

599 http://www.ehrenmord.de/

600 https://www.welt.de/politik/deutschland/article191584235/BKA-Lagebild-Gewalt-von-Zuwanderern-gegen-Deutsche-nimmt-zu.html

601 http://www.washingtonpost.com/wp-dyn/content/article/2008/04/30/AR2008043003258.html?noredirect=on

602 https://netzpolitik.org/2017/un-sonderberichterstatter-netzwerkdurchsetzungsgesetz-verstoesst-gegen-menschenrechte/

603 https://www.heise.de/newsticker/meldung/NetzDG-Berichte-Die-grosse-Zensur-blieb-bislang-aus-4295222.html

604 https://de.wikipedia.org/wiki/Messerattacke_in_Hamburg_am_28._Juli_2017#Tathergang

605 http://www.wikiwand.com/de/Hamburg-Langenhorn#/20._Jahrhundert

606 https://www.youtube.com/watch?v=Z31MIMZuDvw

607 https://www.youtube.com/watch?v=VqBfHwKpkbA

608 https://www.tagesspiegel.de/kultur/petra-paulsen-thorsten-schulte-und-co-warum-rechte-buecher-zu-bestsellern-werden/20974414.html
609 http://www.tagesschau.de/multimedia/video/video-378713.html
610 https://www.youtube.com/watch?v=eFLY0rcsBGQ
611 http://www.spiegel.de/spiegel/print/d-139000005.html
612 https://www.youtube.com/watch?v=KILsQ262sO4
613 https://www.youtube.com/watch?v=cXfXSPht-c4
614 http://unser-mitteleuropa.com/2016/05/04/vizeprasident-der-eu-kommission-monokulturelle-staaten-ausradieren/
615 https://www.bundeskanzlerin.de/ContentArchiv/DE/Archiv17/Artikel/2011/01/2011-01-13-merkel-europapreis.html
616 https://archive.org/stream/PraktischerIdealismus1925/PraktischerIdealismus#page/n21/mode/2up
617 https://www.welt.de/politik/deutschland/article172054738/Ex-BND-Chef-ueber-Migranten-Zum-grossen-Teil-wissen-wir-nicht-wer-sie-sind.html
618 http://vera-lengsfeld.de/2016/02/28/scharia-in-deutschland/
619 http://www.washingtonpost.com/wp-dyn/content/article/2008/04/30/AR2008043003258.html
620 https://www.youtube.com/watch?v=VqBfHwKpkbA
621 https://www.youtube.com/watch?v=eFLY0rcsBGQ
622 https://www.epochtimes.de/politik/deutschland/petra-paulsen-zweiter-offener-brief-an-die-bundeskanzlerin-was-fuer-ein-teuflisches-spiel-wird-gespielt-a2359666.html
623 http://www.daserste.de/information/wissen-kultur/ttt/sendung/sendung-vom-08042018-122.html Anm.: Diese Seite ist nicht mehr abrufbar.
624 https://www.youtube.com/watch?v=LZjoMggCs1Q
625 https://www.youtube.com/watch?v=Rx5SZrOsb6M
626 http://noelle-neumann.de/wissenschaftliches-werk/schweigespirale/
627 https://www.tagesspiegel.de/kultur/petra-paulsen-thorsten-schulte-und-co-warum-rechte-buecher-zu-bestsellern-werden/20974414.html
628 https://www.epochtimes.de/politik/deutschland/petra-paulsen-zweiter-offener-brief-an-die-bundeskanzlerin-was-fuer-ein-teuflisches-spiel-wird-gespielt-a2359666.html
629 https://www.n-tv.de/politik/Seehofer-demuetigt-Kanzlerin-article16401526.html
630 https://www.pnp.de/nachrichten/bayern/1958889_Seehofer-unterstellt-Merkel-Herrschaft-des-Unrechts.html
631 https://www.wiwo.de/politik/deutschland/aufklaerung-der-bamf-affaere-merkel-gibt-seehofer-rueckendeckung/22612060.html
632 https://www.n-tv.de/politik/Neue-Balkanroute-schreckt-Osterreich-article20453311.html
633 http://www.sueddeutsche.de/bayern/fluechtlinge-seehofer-es-ist-eine-herrschaft-des-unrechts-1.2856699
634 https://www.welt.de/politik/deutschland/article150899381/Seehofer-Klage-gegen-Merkels-Asylkurs-waere-berechtigt.html
635 https://www.theeuropean.de/eva-herman/13433-die-grenze-ist-trotz-unserer-praesenz-voellig-offen
636 https://www.shz.de/regionales/schleswig-holstein/daenemark-draengt-fluechtlinge-ueber-sh-nach-deutschland-id18798646.html
637 https://www.youtube.com/watch?v=S2x5TQC2tSE

638 https://www.youtube.com/watch?v=PQjcCZe8r9Y
639 https://www.welt.de/politik/deutschland/article145792553/Der-Werbefilm-fuer-das-gelobte-Asylland-Germany.html
640 https://www.youtube.com/watch?v=eFLY0rcsBGQ
641 https://www.epochtimes.de/politik/europa/oesterreichs-hochadel-merkels-politik-zerstoert-europa-offener-brief-a1334698.html
642 https://publikumskonferenz.de/blog/2015/09/14/offener-brief/
643 https://www.youtube.com/watch?v=6Hr8XIU-fZ4
644 https://www.bundestag.de/service/glossar/glossar/B/beschl_faehig/245348
645 https://www.focus.de/politik/videos/berlin-chinesische-botschaft-publiziert-sicherheitshinweise-fuer-ihre-buerger-in-deutschland_id_6620663.html
646 https://www.achgut.com/artikel/reisewarnungen_vor_deutschland
647 http://www.haz.de/Nachrichten/Politik/Deutschland-Welt/Gemobbt-weil-sie-Juden-sind
648 https://www.basel-express.ch/redaktion/medienkritik/216-ach-wie-gut-dass-niemand-weiss-dass-meine-freundin-springer-heisst
649 http://www.spiegel.de/politik/deutschland/angela-merkel-ehemann-joachim-sauer-kassiert-jaehrlich-10-000-euro-von-springer-a-1086226.html
650 http://www.handelsblatt.com/politik/deutschland/portraet-lauf-maedchen-lauf-seite-5/2511074-5.html?ticket=ST-4040467-YkBg3sonaJ6fijzRZYAg-ap3
651 http://www.spiegel.de/politik/deutschland/integration-merkel-erklaert-multikulti-fuer-gescheitert-a-723532.html
652 https://www.youtube.com/watch?v=eFLY0rcsBGQ
653 http://www.dw.com/de/kriegseins%C3%A4tze-ohne-un-mandat/a-17050460
654 http://www.taz.de/!5165840/
655 https://www.zeit.de/2011/37/Libyen
656 https://daserste.ndr.de/panorama/aktuell/USA-fuehren-Drohnenkrieg-von-Deutschland-aus,ramstein146.html
657 https://www.zeit.de/politik/deutschland/2018-01/waffenexporte-ruestungsexporte-deutschland-krisengebiete-rekordhoch
658 https://www.heise.de/tp/features/Nato-Osterweiterung-Das-ist-eine-brillante-Idee-Ein-Geniestreich-4009027.html?seite=all
659 https://www.zeit.de/2015/20/ukraine-usa-maidan-finanzierung
660 https://www.freiewelt.net/reportage/george-friedman-usa-gegen-deutsch-russische-kooperation-10057006/
661 http://www.faz.net/aktuell/politik/ausland/saudi-arabien-und-der-jemen-am-abgrund-15515708.html
662 https://www.zeit.de/politik/deutschland/2018-04/ruestungsexport-deutschland-saudi-arabien-hauptabnehmer-statistik-quartal
663 https://www.katholisches.info/2018/06/bilderberger-insistierten-auf-teilnahme/
664 https://www.godmode-trader.de/artikel/weltelite-darueber-sprechen-die-bilderberger,6124453
665 http://www.faz.net/aktuell/politik/inland/wird-von-der-leyen-die-naechste-nato-generalsekretaerin-15453878.html
666 http://de.wikimannia.org/Transatlantiker

667 https://www.cicero.de/innenpolitik/diaetenerhoehung-diaeten-abgeordnete-bundestag-gehalt-verfassungsrecht-Af

668 https://www.focus.de/politik/deutschland/erhoehung-im-juli-diaeten-hammer-bundestagsabgeordnete-bekommen-jetzt-noch-mehr-geld_id_8441195.html

669 http://www.faz.net/aktuell/wirtschaft/arm-und-reich/steigende-kinderarmut-in-deutschland-15135343.html

670 https://www.wochenblatt.de/politik/deggendorf/artikel/245340/arm-trotz-eines-langen-arbeitslebens

671 https://www.focus.de/politik/deutschland/ard-deutschland-trend-deutsche-lehnen-freihandelsabkommen-ttip-mehrheitlich-ab_id_5502086.html

672 https://www.t-online.de/nachrichten/id_83949980/umfrage-mehrheit-gegen-merkels-fluechtlingspolitik.html

673 https://www.stern.de/politik/deutschland/umfrage--zwei-von-drei-deutschen-lehnen-merkels-fluechtlingspolitik-ab-8124758.html

674 https://www.n-tv.de/politik/Nichts-verheimlicht-nicht-alles-erzaehlt-article10631536.html

675 http://www.un.org/esa/population/publications/migration/execsumGerman.pdf

676 https://fassadenkratzer.wordpress.com/2018/04/20/uno-eu-und-usa-kreise-planen-seit-jahrzehnten-die-massenmigration/

677 http://www.medam-migration.eu/archive/media/medam-wirkt-am-un-global-compact-for-migration-mit

678 https://www.youtube.com/watch?v=Gg2CNMwEhJ4

679 https://www.youtube.com/watch?v=KbtBsRhtiGg

680 https://www.sn.at/politik/weltpolitik/eu-kommissar-brauchen-ueber-70-mio-migranten-in-20-jahren-1917877

681 https://www.bayernkurier.de/ausland/31240-gefaehrlicher-unsinn/

682 https://de.wikipedia.org/wiki/Bayernkurier

683 https://www.bayernkurier.de/ausland/9476-afrikas-vergewaltiger-im-hohen-norden/

684 http://www.washingtonpost.com/wp-dyn/content/article/2008/04/30/AR2008043003258.html?nav=rss_world&noredirect=on

685 https://www.stern.de/politik/deutschland/umfrage--zwei-von-drei-deutschen-lehnen-merkels-fluechtlingspolitik-ab-8124758.html

686 https://www.cicero.de/innenpolitik/bamf-affaere-untersuchungsausschuss-fluechtlingskrise-bundesregierung-afd

687 https://www.zeit.de/politik/deutschland/2018-01/union-und-spd-einigen-sich-beim-familiennachzug

688 https://vera-lengsfeld.de/2018/01/22/wir-werden-verarscht-dass-es-quietscht/#more-2244

689 https://resettlement.de/relocation-umverteilung-von-asylsuchenden-aus-griechenland-und-italien-in-andere-eu-staaten/

690 http://www.un.org/esa/population/publications/migration/execsumGerman.pdf

691 https://www.welt.de/print-welt/article525931/Ohne-Auslaender-droht-Kollaps-der-Sozialsysteme.html

692 https://www.focus.de/finanzen/news/konjunktur/hans-werner-sinn-der-star-oekonom-spricht-klartext_id_7942461.html

693 https://www.cashkurs.com/hintergrundinfos/beitrag/warum-migration-gut-fuers-geschaeft-ist-das-weltwirtschaftsforum-und-die-willkommenskultur/

694 https://www.handelsblatt.com/archiv/davos-eroeffnung-die-rede-von-kanzlerin-merkel-im-wortlaut-seite-8/2760382-8.html?ticket=ST-6448874-QPvgsqskk5JdPtzeSmT3-ap3
695 https://www.welt.de/politik/video148791995/Wie-koennen-wir-aus-illegaler-Migration-legale-Migration-machen.html
696 https://www.deutschland.de/de/topic/politik/global-compact-on-migration-rechte-von-migranten-staerken
697 https://www.arbeitgeber.de/www/arbeitgeber.nsf/id/995829B29846E185C12581F60056891D
698 https://www.youtube.com/watch?v=Kg4ZtYUZWsU
699 https://www.focus.de/finanzen/boerse/boersen-guru-dirk-mueller-warnt-wir-erleben-die-groesste-blase-aller-zeiten_id_8388196.html
700 https://underinformation.files.wordpress.com/2010/02/praktischeridealismus.pdf
701 https://www.bundeskanzlerin.de/ContentArchiv/DE/Archiv17/Artikel/2011/01/2011-01-13-merkel-europapreis.html
702 http://www.spiegel.de/spiegel/print/d-15317086.html
703 http://www.spiegel.de/politik/deutschland/integration-merkel-erklaert-multikulti-fuer-gescheitert-a-723532.html
704 http://www.faz.net/aktuell/politik/wolfgang-schaeuble-abschottung-wuerde-europa-in-inzucht-degenerieren-lassen-14275838.html
705 https://derstandard.at/2000010102927/Eine-Voelkerwanderung
706 https://www.derstandard.de/story/2000076971769/wie-demokratien-sterben
707 https://fassadenkratzer.wordpress.com/2013/11/22/hintergrunde-der-europaischen-integrationsbewegung/
708 https://www.amazon.de/Weg-die-Weltdiktatur-Jahrhundert-Strategie/dp/3941956515/ref=sr_1_1?s=books&ie=UTF8&qid=1529858964&sr=1-
709 https://www.amazon.de/Drehbuch-f%C3%BCr-den-3-Weltkrieg-Weltordnung/dp/3941956493/ref=sr_1_3?s=books&ie=UTF8&qid=1529858964&sr=1-3&keywords=Thomas+Barnett
710 Thomas P. M. Barnett: Drehbuch für den 3. Weltkrieg: Die zukünftige neue Weltordnung. J. K. Fischer Verlag, 2016, S. 29.
711 Petra Paulsen: Deutschland außer Rand und Band – Zwischen Werteverfall, Political (In)Correctness und illegaler Migration, Macht-steuert-Wissen-Verlag, 2018, S. 170.
712 https://www.youtube.com/watch?v=eFLY0rcsBGQ
713 https://www.zeit.de/2003/22/Menschenrechte
714 https://www.bild.de/politik/inland/politiker/hat-die-politik-ihren-anstand-verloren-56247902.bild.html
715 https://www.stern.de/politik/deutschland/ard-umfrage-mehrheit-will-einreiseverbot-fuer-fluechtlinge-ohne-papiere-8126214.html
716 http://www.spiegel.de/politik/deutschland/fluechtlinge-mehrheit-der-deutschen-laut-umfrage-fuer-transitzonen-a-1059234.html
717 https://www.focus.de/politik/deutschland/meinungsforschungsinstitut-civey-zuwanderung-soziale-sicherheit-und-wirtschaft-umfrage-zeigt-was-deutschen-wichtig-ist_id_9186326.html
718 https://www.welt.de/politik/deutschland/article179008996/Bundespraesident-Asyltourismus-Steinmeier-mahnt-zu-mehr-Disziplin-in-der-Sprache.html
719 https://philosophia-perennis.com/2017/06/11/ngos-asylindustrie/
720 https://www.bild.de/regional/hannover/fluechtling/millionen-betrug-in-niedersachsen-49558654.bild.html

721 https://rp-online.de/politik/deutschland/bund-gab-2017-wegen-fluechtlingskrise-rund-21-milliarden-aus_aid-22700949 https://rp-online.de/politik/deutschland/bund-gab-2017-wegen-fluechtlingskrise-rund-21-milliarden-aus_aid-22700949 https://rp-online.de/politik/deutschland/bund-gab-2017-wegen-fluechtlingskrise-rund-21-milliarden-aus_aid-22700949 https://rp-online.de/politik/deutschland/bund-gab-2017-wegen-fluechtlingskrise-rund-21-milliarden-aus_aid-22700949

722 https://www.mdr.de/nachrichten/politik/inland/groehe-hoeheres-renteneintrittsalter-kein-tabu-100.html

723 https://www.welt.de/politik/deutschland/article179083232/Insa-Umfrage-AfD-klettert-auf-17-5-Prozent-und-ueberholt-die-SPD.html

724 https://underinformation.files.wordpress.com/2010/02/praktischeridealismus.pdf

725 https://www.youtube.com/watch?v=fl5Qhd3R8ik

726 Deutschland außer Rand und Band – Zwischen Werteverfall, Political (In)Correctness und illegaler Migration, Petra Paulsen, 2018, S. 25.

727 https://www.europa-union.de/fileadmin/files_eud/PDF-Dateien_EUD/Allg._Dokumente/Churchill_Rede_19.09.1946_D.pdf

728 https://fassadenkratzer.wordpress.com/2013/11/22/hintergrunde-der-europaischen-integrationsbewegung/

729 https://www.focus.de/magazin/archiv/debatte-es-ist-zeit-fuer-deutschland-wieder-aufzustehen_aid_544099.html

730 https://www.br.de/radio/bayern2/sendungen/radiowissen/jean-monnet-montanunion-100.html

731 https://www.wiwo.de/politik/europa/luxemburg-leaks-wenn-es-ernst-wird-muss-man-luegen/10990302.html

732 http://www.spiegel.de/spiegel/print/d-15317086.html

733 http://www.un.org/esa/population/publications/migration/execsumGerman.pdf

734 https://www.youtube.com/watch?v=9RC1Mepk_Sw

735 https://www.handelsblatt.com/politik/international/us-aussenpolitik-chaos-ohne-kontrolle/10036758-2.html

736 https://de-de.facebook.com/JuergenTodenhoefer/posts/'schurkenstaaten'-7-kriege-in-5/10152180944905838/

737 https://de.wikipedia.org/wiki/Thomas_P._M._Barnett

738 https://www.amazon.de/Weg-die-Weltdiktatur-Jahrhundert-Strategie/dp/3941956515/ref=sr_1_1?s=books&ie=UTF8&qid=1529858964&sr=1-1&keywords=Thomas+Barnett

739 https://www.amazon.de/Drehbuch-f%C3%BCr-den-3-Weltkrieg-Weltordnung/dp/3941956493/ref=sr_1_3?s=books&ie=UTF8&qid=1529858964&sr=1-3&keywords=Thomas+Barnett

740 Thomas P. M. Barnett: Drehbuch für den 3. Weltkrieg: Die zukünftige neue Weltordnung. J. K. Fischer Verlag, 2016, S. 29.

741 http://www.washingtonpost.com/wp-dyn/content/article/2008/04/30/AR2008043003258.html

742 http://www.faz.net/aktuell/politik/wolfgang-schaeuble-abschottung-wuerde-europa-in-inzucht-degenerieren-lassen-14275838.html

743 http://www.spiegel.de/politik/ausland/einwanderung-sarkozy-scheitert-mit-europaeischer-abschottungsstrategie-a-564371.html

744 https://www.youtube.com/watch?v=be2pX2IYTEs

745 https://www.youtube.com/watch?v=MDWqSWKCAs8

746 http://www.bundespraesident.de/SharedDocs/Reden/DE/Christian-Wulff/Reden/2010/10/20101003_Rede.html

747 https://www.cicero.de/innenpolitik/gehoert-der-islam-zu-deutschland-umfrage-insa
748 https://www.youtube.com/watch?v=lo0G5hJw_aM
749 https://www.bundeskanzlerin.de/ContentArchiv/DE/Archiv17/Artikel/2011/01/2011-01-13-merkel-europapreis.html
750 https://www.bbc.co.uk/news/uk-politics-18519395
751 https://www.abendblatt.de/politik/article110767639/Merkel-wirbt-fuer-Vereinigte-Staaten-von-Europa.html
752 https://www.youtube.com/watch?v=gtx2lWutVa0
753 http://www.mira-media.de/erklaerfilm-fuer-das-bundesamt-fuer-migration-und-fluechtlinge/
754 https://www.welt.de/politik/deutschland/article145792553/Der-Werbefilm-fuer-das-gelobte-Asylland-Germany.html
755 https://derstandard.at/2000010102927/Eine-Voelkerwanderung
756 http://www.faz.net/aktuell/politik/fluechtlingskrise/wie-der-fluechtlingsandrang-aus-syrien-ausgeloest-wurde-13900101.html
757 http://unser-mitteleuropa.com/2016/05/04/vizepraesident-der-eu-kommission-monokulturelle-staaten-ausradieren/
758 https://www.youtube.com/watch?v=Gg2CNMwEhJ4
759 https://www.sn.at/politik/weltpolitik/eu-kommissar-brauchen-ueber-70-mio-migranten-in-20-jahren-1917877
760 http://www.unhcr.org/dach/wp-content/uploads/sites/27/2017/05/New-Yorker-Erkl%C3%A4rung-Kurzinformation.pdf
761 http://www.faz.net/aktuell/gesellschaft/menschen/marionetten-von-xavier-naidoo-soll-reichsbuerger-hymne-sein-14998067.html
762 https://www.welt.de/deutschland/article171358179/Schulz-will-Vereinigte-Staaten-von-Europa-bis-2025.html#Comments
763 http://www.spiegel.de/politik/ausland/vereinigte-staaten-von-europa-mehrheit-der-deutschen-ist-dagegen-a-1182554.html
764 https://de.wikipedia.org/wiki/Yascha_Mounk
765 https://www.youtube.com/watch?v=eFLY0rcsBGQ
766 http://www.spiegel.de/spiegel/print/d-139000005.html
767 https://www.youtube.com/watch?v=F4G_CI-RDkU
768 http://www.ilgiornale.it/news/cronache/dietro-i-migranti-c-piano-cambiare-i-popoli-europei-1545835.html
769 https://www.mmnews.de/politik/75895-bischof-migration-als-teuflischer-plan
770 http://www.faz.net/aktuell/feuilleton/postdemokratie-europa-schafft-sich-ab-11630285.html
771 https://www.deutschland.de/de/topic/politik/global-compact-on-migration-rechte-von-migranten-staerken#
772 https://www.welt.de/fernsehen/article1250311/Die-oeffentliche-Hinrichtung-der-Eva-Herman.html
773 https://www.eva-herman.net/eva-herman-finale-massenmigration-offenbar-beschlossen/
774 https://www.focus.de/politik/ausland/zuwanderung-un-denkt-mit-globalem-fluechtlingspakt-migration-neu-trump-straeubt-sich-schon_id_8724153.html
775 https://underinformation.files.wordpress.com/2010/02/praktischeridealismus.pdf
776 https://www.n-tv.de/panorama/Merkels-Opa-kaempfte-gegen-Deutsche-Die-Wurzeln-der-Aniola-Kazmierczak-article10353776.html

777 https://www.achgut.com/artikel/im_erika_eine_spurensuche
778 https://www.welt.de/print/wams/politik/article116089754/Die-Tochter-des-roten-Pfarrers.html
779 https://www.spiegel.de/panorama/leute/reinhold-messner-ueber-angela-merkel-die-frau-ist-viel-zaeher-als-die-meisten-denken-a-1285508.html
780 https://www.epochtimes.de/politik/deutschland/petra-paulsen-brief-bundeskanzlerin-merkel-migranten-manchester-familiennachzug-fluechtlinge-schuldenberg-a2126434.html
781 https://www.epochtimes.de/politik/deutschland/petra-paulsen-zweiter-offener-brief-an-die-bundeskanzlerin-was-fuer-ein-teuflisches-spiel-wird-gespielt-a2359666.html?text=1
782 https://bazonline.ch/ausland/europa/die-schwarze-axt/story/15199232
783 https://www.berliner-kurier.de/berlin/polizei-und-justiz/sechs-anschlaege-in-sieben-wochen-wild-west-berlin-31076316
784 https://dieunbestechlichen.com/2018/01/trauermarsch-fuer-mia-in-kandel-attackiert-gutmenschen-mit-bunten-regenschirmen-drehen-durch-video/
785 https://www.focus.de/politik/deutschland/wahlen-2009/bundestagswahl/ddr-vergangenheit-lafontaine-attackiert-merkel_aid_436788.html
786 http://www.faz.net/aktuell/politik/inland/neue-studie-zu-toten-an-der-innerdeutschen-grenze-15050499.html
787 https://www.welt.de/politik/ausland/article180557278/UNHCR-Ueber-1500-tote-Fluechtlinge-im-Mittelmeer.html
788 https://www.youtube.com/watch?v=Fr3JPQo79Tk
789 http://www.faz.net/aktuell/politik/inland/angela-merkels-wahl-zur-kanzlerin-was-bedeutet-der-amtseid-15492589.html
790 https://www.welt.de/politik/deutschland/article162407512/Das-Volk-ist-jeder-der-in-diesem-Lande-lebt.html
791 https://www.europa-union.de/fileadmin/files_eud/PDF-Dateien_EUD/Allg._Dokumente/Churchill_Rede_19.09.1946_D.pdf
792 https://www.bundeskanzlerin.de/ContentArchiv/DE/Archiv17/Artikel/2011/01/2011-01-13-merkel-europapreis.html
793 https://fassadenkratzer.wordpress.com/2013/11/22/hintergrunde-der-europaischen-integrationsbewegung/
794 https://www.focus.de/magazin/archiv/debatte-es-ist-zeit-fuer-deutschland-wieder-aufzustehen_aid_544099.html
795 https://www.nzz.ch/articleEV0F8-1.102318
796 https://www.zdf.de/nachrichten/heute/karlspreis-fuer-macron-100.html
797 https://www.nachdenkseiten.de/?p=28017
798 https://www.basel-express.ch/redaktion/medienkritik/216-ach-wie-gut-dass-niemand-weiss-dass-meine-freundin-springer-heisst
799 https://www.handelsblatt.com/politik/deutschland/portraet-lauf-maedchen-lauf-seite-5/2511074-5.html?ticket=ST-1711856-vVPG2lnMMpfUdw1sK9cQ-ap3
800 https://underinformation.files.wordpress.com/2010/02/praktischeridealismus.pdf
801 https://derstandard.at/2000010102927/Eine-Voelkerwanderung
802 http://www.faz.net/aktuell/politik/fluechtlingskrise/wie-der-fluechtlingsandrang-aus-syrien-ausgeloest-wurde-13900101.html
803 https://www.welt.de/wirtschaft/article152488598/Geschlossene-Grenzen-wuerden-Milliarden-kosten.html

804 https://www.youtube.com/watch?v=pJijNr-sEvo
805 https://diepresse.com/home/wirtschaft/eurokrise/1335097/Junckers-beste-Zitate_Wenn-es-ernst-wird-muss-man-luegen
806 http://www.spiegel.de/spiegel/print/d-15317086.html
807 https://www.welt.de/newsticker/dpa_nt/afxline/topthemen/hintergruende/article171370904/Schulz-will-Vereinigte-Staaten-von-Europa.html
808 http://www.spiegel.de/politik/ausland/vereinigte-staaten-von-europa-mehrheit-der-deutschen-ist-dagegen-a-1182554.html
809 https://www.youtube.com/watch?v=la-GaZjbNaM
810 https://de.wikipedia.org/wiki/Zbigniew_Brzezi%C5%84ski
811 https://www.mintpressnews.com/zbigniew-brzezinski-the-man-behind-obamas-foreign-policy/21369/
812 https://de.wikipedia.org/wiki/Tittytainment
813 https://de.wikipedia.org/wiki/Thomas_P._M._Barnett
814 https://www.zeit.de/2003/22/Menschenrechte
815 Thomas P. M. Barnett: Drehbuch für den 3. Weltkrieg: Die zukünftige neue Weltordnung. J. K. Fischer Verlag, 2016, S. 29.
816 http://www.un.org/esa/population/publications/migration/execsumGerman.pdf
817 Ebd. S. 320.
818 https://de.wikipedia.org/wiki/Selbstbestimmungsrecht_der_V%C3%B6lker
819 http://www.spiegel.de/politik/deutschland/integration-merkel-erklaert-multikulti-fuer-gescheitert-a-723532.html
820 https://www.youtube.com/watch?v=be2pX2IYTEs
821 https://www.bbc.co.uk/news/uk-politics-18519395
822 http://unser-mitteleuropa.com/2016/05/04/vizeprasident-der-eu-kommission-monokulturelle-staaten-ausradieren/
823 https://www.youtube.com/watch?v=Gg2CNMwEhJ4
824 https://www.sn.at/politik/weltpolitik/eu-kommissar-brauchen-ueber-70-mio-migranten-in-20-jahren-1917877
825 https://www.t-online.de/nachrichten/ausland/eu/id_78063760/wolfgang-schaeuble-abschottung-laesst-europa-in-inzucht-degenerieren-.html
826 https://www.unric.org/de/migration-pressemitteilungen/11270
827 https://de.wikipedia.org/wiki/Open_Society_Foundations#Kritik
828 https://www.washingtontimes.com/news/2016/aug/22/george-soros-al-gores-sugar-daddy/
829 https://www.eike-klima-energie.eu/2016/11/30/george-soros-zahlte-millionen-an-al-gore-damit-dieser-bzgl-der-globalen-erwaermung-luegt/
830 https://www.3sat.de/page/?source=/makro/magazin/doks/188650/index.html
831 http://www.spiegel.de/politik/deutschland/christentum-und-islam-die-unterwerfung-kolumne-a-1120073.html
832 https://religion.orf.at/stories/2575531/
833 https://diepresse.com/home/panorama/religion/1357191/Die-Jesuiten-und-die-Naehe-zur-Macht
834 https://www.nrz.de/kultur/papst-wirbt-fuer-globalpakt-migration-id214618889.html
835 https://vera-lengsfeld.de/2017/10/30/die-fluechtlingsgewinner-caritas-und-diakonie/

836 https://www.handelsblatt.com/politik/international/us-aussenpolitik-chaos-ohne-kontrolle/10036758-2.html
837 http://www.spiegel.de/einestages/irakkrieg-2003-george-w-bush-und-der-krieg-gegen-terror-a-1101543.html
838 https://www.freitag.de/autoren/gela/die-libysche-revolutionsluege
839 https://www.n-tv.de/politik/So-versank-Libyen-im-Chaos-article18853481.html
840 https://www.epochtimes.de/politik/deutschland/buch-die-destabilisierung-deutschlands-fall-anis-amri-kein-behoerdenversagen-c-i-a-nahm-einfluss-a2509921.html
841 https://www.evangelisch.de/inhalte/106088/26-08-2011/libyen-der-krieg-um-europas-oel
842 https://www.zeit.de/politik/ausland/2018-03/nicolas-sarkozy-muammar-al-gaddafi-wahlkampffinanzierung
843 https://www.youtube.com/watch?v=_EaEVIh9t5I
844 http://www.fluchtgrund.de/2016/07/vom-irakkrieg-zum-islamischen-staat-westliche-interventionen-und-ihre-folgen/
845 https://www.sueddeutsche.de/politik/merkel-und-der-irak-krieg-ein-golfkriegssyndrom-ganz-eigener-art-1.747506
846 http://www.spiegel.de/politik/ausland/syrien-usa-raeumen-einsatz-von-uranmunition-ein-a-1134694.html
847 https://www.welt.de/politik/deutschland/article148837248/Ich-kaempfe-fuer-meinen-Weg.html
848 https://www.eva-herman.net/eva-herman-finale-massenmigration-offenbar-beschlossen/
849 https://www.focus.de/politik/ausland/zuwanderung-un-denkt-mit-globalem-fluechtlingspakt-migration-neu-trump-straeubt-sich-schon_id_8724153.html
850 https://www.tichyseinblick.de/kolumnen/spahns-spitzwege/un-fluechtlingspakt-assam-und-berlin/
851 https://www.tichyseinblick.de/kolumnen/aus-aller-welt/was-ueber-die-muslimischen-rohingya-terroristen-verschwiegen-wird/
852 https://www.kirche-und-leben.de/artikel/papst-jesus-christus-heisst-heute-rohingya/
853 https://www.zeit.de/2012/07/DOS-Farmermorde/seite-3
854 https://deutsche-wirtschafts-nachrichten.de/2018/08/03/suedafrika-bereitet-gesetz-zur-enteignung-weisser-farmer-vor/
855 https://www.opendoors.de/
856 https://www.welt.de/kultur/literarischewelt/article12583083/Ist-Angela-Merkel-ein-Irrtum-oder-Honeckers-Rache.html
857 https://juergenfritz.com/2018/08/01/islam-soll-europa-erobern/
858 https://www.deutschlandfunk.de/migranten-in-italien-die-neuen-sklaven-europas.1773.de.html?dram:article_id=389841
859 https://www.handelsblatt.com/sport/wm2018/wm-vorrunde-fruehes-deutschland-spiel-kostet-die-wirtschaft-womoeglich-hunderte-millionen/22741216.html?ticket=ST-605412-pDAdjb66ivZK1diEdpxw-ap3
860 https://www.youtube.com/watch?v=MhEZYG8GiIU
861 https://www.sueddeutsche.de/politik/lehrerverband-lehrermangelspitztsichzu-1.4086945
862 https://www.deutschlandfunk.de/obdachlosigkeit-leben-am-unteren-rand.724.de.html?dram:article_id=409005
863 http://www.spiegel.de/lebenundlernen/schule/bertelsmann-studie-kinderarmut-haengt-stark-von-berufstaetigkeit-der-muetter-ab-a-1215011.html

864 https://www.tagesschau.de/inland/salafisten-137.html
865 https://vera-lengsfeld.de/2018/08/07/wir-werden-gewarnt-deutschland-ist-ein-sicherer-hafen-fuer-dschihadisten/
866 https://www.youtube.com/watch?v=a70vJLUDIXE
867 https://www.tichyseinblick.de/daili-es-sentials/zwei-deutsche-berichten-von-afrika/
868 http://www.washingtonpost.com/wp-dyn/content/article/2008/04/30/AR2008043003258.html
869 https://www.youtube.com/watch?v=VqBfHwKpkbA
870 https://www.youtube.com/watch?v=Z31MIMZuDvw
871 http://www.spiegel.de/lebenundlernen/schule/volker-kauder-warnt-vor-bildungsnotstand-a-1225063.html
872 https://deutsche-wirtschafts-nachrichten.de/2018/06/05/die-liste-der-bilderberg-teilnehmer-2018/
873 https://conservo.wordpress.com/2018/06/11/bilderberger-treffen-2018-turin-geheime-verschwoerung/
874 https://www.youtube.com/watch?v=4lacNfvYeEg
875 https://www.heise.de/tp/features/Vereinte-Nationen-bereiten-weltweite-Pakte-zu-Fluechtlingen-und-Migration-vor-3995024.html?seite=all
876 https://www.tagesspiegel.de/politik/vertraulich-eingestufte-liste-dutzende-gewehre-und-pistolen-bei-der-bundeswehr-verschwunden/22591440.html
877 https://www.focus.de/politik/deutschland/bundeswehr-zahl-der-minderjaehrigen-soldaten-in-der-truppe-hat-sich-verdreifacht_id_8273724.html
878 https://www.youtube.com/watch?v=peAnEH4-T38
879 https://www.welt.de/politik/article179736336/Soldatenmangel-Bundeswehr-erwaegt-aus-Personalnot-Aufnahme-von-Auslaendern.html#Comments
880 http://www.faz.net/aktuell/politik/inland/bundeswehr-sortiert-rechtsextremisten-und-islamisten-aus-15608370.html
881 https://meta.tagesschau.de/id/137812/von-der-leyen-fordert-abschreckung-gegen-giftgaseinsatz-in-syrien
882 https://zuercherin.com/ron-paul-giftgas-angriff-in-syrien-war-false-flag-op/
883 https://www.stern.de/politik/deutschland/verstoss-gegen-grundgesetz-gutachten--syrien-einsatz-der-bundeswehr-waere-rechtswidrig-8353426.html
884 https://www.zeit.de/news/2018-09/11/umfrage-fast-dreiviertel-der-deutschen-lehnen-bundeswehreinsatz-in-syrien-ab-20180911-doc-19105t
885 https://www.focus.de/politik/ausland/syrien-krieg-im-news-ticker-entwicklungsminister-mueller-warnt-vor-groesster-humanitaerer-katastrophe-in-idlib_id_9584482.html
886 https://www.sueddeutsche.de/politik/krieg-im-jemen-die-welt-schaut-weg-1.4080943
887 https://www.journalistenwatch.com/2018/09/12/niederlande-unterstuetzung-weisshelme/
888 https://www.n-tv.de/politik/Der-Irak-die-Luege-und-die-bitteren-Folgen-article20408584.html
889 https://www.welt.de/politik/deutschland/article181506934/BKA-Zahlen-Asylzuwanderer-bei-Toetungsdelikten-ueberrepraesentiert.html
890 https://www.amazon.de/Drehbuch-f%C3%BCr-den-3-Weltkrieg-Weltordnung/dp/3941956493
891 https://www.spiegel.de/lebenundlernen/schule/abitur-noten-gibt-es-eine-inflation-a-1246731.html
892 https://www.krone.at/1801367
893 https://www.youtube.com/watch?v=SGaSAv6nxtQ

894 https://www.cvce.eu/content/publication/2006/4/24/dd7105a1-251c-4f7c-9b69-3e881c423eb6/publishable_de.pdf Anm.; Vgl. auch Richard Coudenhove-Kalergi: Ein Leben für Europa, Kiepenheuer u. Witsch, 1966.
895 https://de.wikipedia.org/wiki/Bernard_Baruch
896 https://www.voltairenet.org/IMG/pdf/Sutton_Wall_Street_and_the_bolshevik_revolution-5.pdf
897 https://translate.google.com/translate?hl=de&sl=en&u=http://www.reformation.org/wall-st-bolshevik-rev.html&prev=search
898 https://www.merkur.de/politik/boehmermann-und-strache-video-brisante-informationen-aufgetaucht-satiriker-haelt-sich-zurueck-zr-12309827.html
899 https://www.faz.net/aktuell/feuilleton/medien/gericht-weist-jan-boehmermanns-klage-gegen-angela-merkel-ab-16144003.html
900 https://kurier.at/politik/inland/kurz-im-elitaeren-us-sommercamp/400069886
901 https://www.youtube.com/watch?v=Z31MIMZuDvw
902 http://www.erziehungstrends.net/Lufthoheit/Kinderbetten
903 https://www.abendblatt.de/politik/article110767639/Merkel-wirbt-fuer-Vereinigte-Staaten-von-Europa.html
904 https://www.bild.de/regional/berlin/berlin-aktuell/berliner-seit-40-jahren-lehrer-lehrer-allein-koennen-das-nicht-richten-58624868.bild.html
905 http://www.faz.net/aktuell/politik/inland/bildung-in-berlin-in-sieben-tagen-zum-lehrer-15743043.html
906 https://www.bild.de/regional/berlin/berlin-aktuell/berliner-rektorin-klagt-nur-1-von-103-kindern-spricht-zu-hause-deutsch-58543002.bild.html
907 https://www.mopo.de/hamburg/hilferuf-einer-hamburger-lehrerin-den-job-ertrag-ich-nur-noch-mit-rotwein-28994232
908 https://www.tagesschau.de/inland/integration-schule-101.html
909 https://www.zeit.de/gesellschaft/schule/2018-03/lehrermangel-schulen-deutschland-quereinsteiger-pensionaere/seite-3
910 https://www.ndr.de/nachrichten/niedersachsen/Noch-mehr-Lehrer-muessen-woanders-aushelfen,lehrermangel146.html
911 http://www.spiegel.de/lebenundlernen/schule/berlin-sucht-in-den-niederlanden-und-oesterreich-lehrer-a-1077785.html
912 https://www1.wdr.de/nachrichten/landespolitik/westpol-inklusion-lehrermangel-100.html
913 https://www.tagesspiegel.de/wissen/kmk-prognose-bis-2025-mehr-als-eine-millionen-schueler-mehr-als-gedacht/21245276.html
914 https://www.handelsblatt.com/politik/deutschland/bildungspolitik-lehrermangel-wird-vielerorts-noch-dramatischer/22895202.html?ticket=ST-12858864-4rcreaXZ7hH9eVk51aRb-ap3
915 https://www.sueddeutsche.de/bildung/neue-bundeslaender-erdkunde-bei-mama-1.3653583
916 https://www.welt.de/newsticker/news1/article181186458/Kommunen-Milliardenschwerer-Investitionsstau-an-Schulen-und-Kitas.html
917 http://www.spiegel.de/lebenundlernen/schule/iglu-studie-2016-fast-jeder-fuenfte-viertklaessler-kann-nicht-richtig-lesen-a-1181756.html
918 http://www.fr.de/leben/karriere/nachrichten/fachkraeftemangel-verband-deutschland-fehlen-jaehrlich-10-000-ingenieure-a-1619717
919 https://www.zeit.de/gesellschaft/zeitgeschehen/2018-07/andreas-gassen-aerztemangel
920 https://www.boeckler.de/14_113590.htm

921 https://www.welt.de/politik/deutschland/article184466800/Maas-zum-Migrationspakt-Haben-in-den-sozialen-Medien-die-Verhandlungen-offengelegt.html
922 https://www.bz-berlin.de/berlin/kolumne/bundestag-zensiert-petitionen-der-buerger-zum-uno-migrationspakt
923 http://www.kn-online.de/Nachrichten/Politik/Heiko-Maas-Aussenminister-garantiert-Migrationspakt-schafft-keine-neuen-Aufnahmegruende
924 https://www.theeuropean.de/petr-bystron-bystron/15079-auswaertiges-amt
925 https://www.sn.at/politik/weltpolitik/eu-kommissar-brauchen-ueber-70-mio-migranten-in-20-jahren-1917877
926 http://www.life-info.de/inh1./texte/WELT_Kritik_Migrationspakt.pdf
927 https://www.focus.de/politik/experten/podcast-von-gabor-steingart-hier-spricht-stefan-aust-ueber-seine-thesen-zum-migrationspakt_id_9973666.html
928 https://www.welt.de/politik/deutschland/article172054738/Ex-BND-Chef-ueber-Migranten-Zum-grossen-Teil-wissen-wir-nicht-wer-sie-sind.html
929 https://www.epochtimes.de/politik/deutschland/dresden-zdf-chefredakteur-frey-erhaelt-100-seitigen-migrationspakt-vom-publikum-a2685491.html
930 https://www.news4teachers.de/2018/03/hunderte-von-schulen-schicken-brandbriefe-und-ueberlastungsanzeigen-an-lorz-und-der-antwortet-nicht-mal/
931 https://www.volksstimme.de/sachsen-anhalt/zuwanderung-lehrer-aus-halle-schicken-haseloff-brandbrief
932 https://www.saarbruecker-zeitung.de/politik/themen/lehrer-brandbrief-schlaegt-hohe-wellen_aid-6945051
933 http://www.haz.de/Hannover/Aus-der-Stadt/Inklusion-Hannovers-Gesamtschulen-schlagen-wegen-Ueberlastung-Alarm
934 https://www.sueddeutsche.de/bildung/lehrkraefte-burn-out-im-klassenzimmer-1.4133594
935 https://www.abendblatt.de/hamburg/article214067503/So-hoch-ist-der-Migrantenanteil-an-Hamburger-Schulen.html
936 https://philos-denkraum.de/2018/08/27/gertraud-teuchert-noodt-die-digitale-revolution-verbaut-unseren-kindern-die-zukunft/
937 https://www.deutschlandfunk.de/digitales-klassenzimmer-psychiater-wenn-kinder-nur-wischen.694.de.html?dram:article_id=412480
938 https://www.zeit.de/gesellschaft/schule/2016-11/analphabetismus-deutschland-erwachsene-lesen-schreiben-studie
939 https://www.deutschlandfunk.de/bildungsarmut-wir-machen-irgendetwas-strukturell-falsch.680.de.html?dram:article_id=421345
940 https://www.kmk.org/aktuelles/artikelansicht/laender-benoetigen-jaehrlich-rund-32000-lehrkraefte-bis-2030.html
941 https://www.youtube.com/watch?v=Z31MIMZuDvw
942 https://www.faz.net/aktuell/politik/inland/pisa-studie-2016-deutschland-erleidet-rueckschlag-14561347.html
943 https://www.unesco.de/bildung/bildungsagenda-2030/263-millionen-kinder-und-jugendliche-weltweit-gehen-nicht-zur-schule
944 http://www.spiegel.de/lebenundlernen/schule/weltmaedchentag-130-millionen-maedchen-gehen-nicht-zur-schule-a-1172269.html
945 https://www.epo.de/index.php?option=com_content&view=article&id=14876:weltbildungstag-32-millionen-kinder-mit-behinderung-gehen-nicht-zur-schule&catid=75&Itemid=131

946 https://downloadzdf-a.akamaihd.net/mp4/zdf/19/04/190405_sendung_hjo/1/190405_sendung_hjo_776k_p11v14.mp4https://www.nachdenkseiten.de/?p=50764

947 https://www.tagesschau.de/eilmeldung/mueller-report-101.html

948 https://www.amazon.de/Massenmigration-als-Waffe-Kelly-Greenhill/dp/3864452716

949 http://anno.onb.ac.at/cgi-content/anno?aid=nfp&datum=19091225&seite=5&zoom=33

950 https://www.spiegel.de/spiegel/print/d-138379369.html

951 https://www.epochtimes.de/politik/welt/bestseller-autor-david-horowitz-so-herrschen-george-soros-und-die-schattenpartei-ueber-die-us-demokraten-a2625805.html

952 https://diepresse.com/home/zeitgeschichte/1411329/Henry-Kissinger_Der-Geheimdiplomat-wird-90#slide-1411329-0

953 http://wafflesatnoon.com/kissinger-military-men-dumb-stupid-animals/

954 Herrmann Ploppa: Die Macher hinter den Kulissen – Wie transatlantische Netzwerke heimlich die Demokratie unterwandern, Nomen Verlag, 2015.

955 Ullrich Mies, Jens Wernicke (Hg.): Fassadendemokratie und Tiefer Staat, Promedia, 2018.

956 https://de.sputniknews.com/kommentare/20170116314126681-trump-house/

957 https://www.nachdenkseiten.de/wp-print.php?p=53985

958 https://de.wikipedia.org/wiki/Ignazio_Silone

959 https://www.zeit.de/2007/27/Glob_-Kriminimalit-t

960 https://www.tagesspiegel.de/berlin/aus-vietnam-verschleppte-kinder-berlin-ist-eine-drehscheibe-fuer-den-menschenhandel/24483550.html

961 https://www.focus.de/finanzen/boerse/gold/tid-18398/waehrungspolitik-zurueck-zu-den-goldenen-zeiten_aid_512419.html

962 https://www.focus.de/finanzen/boerse/das-kartell-verschwoerung-oder-hirngespinst-wie-die-us-notenbank-die-weltfinanz-manipuliert_id_3995856.html

963 Ebenda.

964 https://boerse.ard.de/boersenwissen/boersenwissen-fuer-fortgeschrittene/ist-die-fed-so-unabhaengig-wie-die-ezb-100.html

965 https://www.sueddeutsche.de/wirtschaft/ezb-negativzins-1.4475546

966 https://rp-online.de/wirtschaft/finanzen/zinsflaute-2018-sozialkassen-mussten-54-millionen-euro-negativzinsen-zahlen_aid-44623183

967 https://www.manager-magazin.de/unternehmen/banken/grossbanken-in-usa-doppelt-so-profitabel-wie-in-europa-a-1263976.html

968 https://www.focus.de/finanzen/news/das-netzwerk-der-macht-diese-konzernen-kontrollieren-die-welt_id_3929949.html

969 Ron Paul: Befreit die Welt von der US-Notenbank, Kopp, 2010, S. 116.

970 https://www.dw.com/de/gaddafi-droht-europa-geld-oder-fl%C3%BCchtlinge/a-6276484

971 https://www.rubikon.news/artikel/warum-musste-gaddafi-sterben

972 https://www.tichyseinblick.de/meinungen/wie-die-zeit-die-abschaffung-der-familie-und-die-kollektivierung-der-kinder-propagiert/

973 https://www.welt.de/debatte/kommentare/article144195693/Spielt-Deutschland-ab-2050-keine-Rolle-mehr.html

974 https://www.deraktionaer.de/artikel/aktien/friedman-exklusiv-2016-droht-gefahr-fluechtlinge-werden-keine-deutsche-merkel-und-tesla-chef-wichtiger-als-trump-214660.html

975 https://www.bibliotecapleyades.net/sociopolitica/sociopol_brzezinski07.htm#Brzezinski%20Decries%20"Global%20Political%20Awakening"%20During%20CFR%20Speech

976 https://netzbeitrag.de/wirtschaft/151/marken-und-unternehmen-die-man-meiden-oder-boykottieren-sollte/
977 https://www.tichyseinblick.de/meinungen/wie-die-zeit-die-abschaffung-der-familie-und-die-kollektivierung-der-kinder-propagiert/
978 https://www.faz.net/aktuell/politik/wolfgang-schaeuble-abschottung-wuerde-europa-in-inzucht-degenerieren-lassen-14275838.html